U0819224

皮书系列为

“十二五”“十三五”国家重点图书出版规划项目

BLUE BOOK

智库成果出版与传播平台

北京蓝皮书

BLUE BOOK OF BEIJING

北京文化发展报告（2019~2020）

ANNUAL REPORT ON CULTURAL DEVELOPMENT OF BEIJING (2019-2020)

北京市社会科学院
主　编／李建盛
副主编／王林生　陈红玉　陈　镭

社会科学文献出版社
SOCIAL SCIENCES ACADEMIC PRESS (CHINA)

图书在版编目(CIP)数据

北京文化发展报告. 2019－2020／李建盛主编. －－
北京：社会科学文献出版社，2020. 7
（北京蓝皮书）
ISBN 978－7－5201－6490－0

Ⅰ. ①北… Ⅱ. ①李… Ⅲ. ①文化发展－研究报告－
北京－2019－2020 Ⅳ. ①G127. 1

中国版本图书馆 CIP 数据核字（2020）第 054566 号

北京蓝皮书
北京文化发展报告（2019 ~2020）

主　　编／李建盛
副 主 编／王林生　陈红玉　陈　镭

出 版 人／谢寿光
责任编辑／张　媛

出　　版／社会科学文献出版社·皮书出版分社（010）59367127
地址：北京市北三环中路甲 29 号院华龙大厦　邮编：100029
网址：www. ssap. com. cn
发　　行／市场营销中心（010）59367081　59367083
印　　装／天津千鹤文化传播有限公司

规　　格／开　本：787mm × 1092mm　1/16
印　张：25. 75　字　数：386 千字
版　　次／2020 年 7 月第 1 版　2020 年 7 月第 1 次印刷
书　　号／ISBN 978－7－5201－6490－0
定　　价／128. 00 元

本书如有印装质量问题，请与读者服务中心（010－59367028）联系

《北京文化发展报告（2019～2020）》
编　委　会

主编简介

李建盛　北京外国语大学中文学院教授，北京市文艺学会会长，全国文化智库联盟常务理事，中国瑶族文化传承研究中心主任，主要从事文艺理论、文化理论和首都文化发展研究。主要学术著作有《当代设计的艺术文化学阐释》《后现代转向中的美学》《艺术学关键词》《美学：为什么与是什么》《艺术　科学　真理》《北京文化60年（1949～2009）》《公共艺术与城市文化》《中国特色社会主义先进文化之都建设研究》《北京公共文化服务体系与惠民工程建设》等，多部学术著作获省部级优秀科研成果奖，《北京文化发展报告》多次获全国优秀皮书奖。

摘 要

明确首都城市发展定位，坚定文化自信，围绕“做好首都文化这篇大文章”，持续深入推进北京全国文化中心建设，是北京市坚持以创造性转化和创新性发展推动首都文化建设的主题。2019 年，北京市在全国文化中心建设各个方面取得重要成就。本报告研究分析表明，在 2019 年相关指数排名中，中国内地一线城市北京、上海、深圳、广州在经济竞争力、可持续竞争力、营商城市竞争力和科技领先力等方面都处于前列，但北京的宜居城市竞争力较弱，经济竞争力排名第 5，可持续竞争力排名第 2，宜居城市竞争力排名第 13，科技领先力排名第 2，这表明北京的城市总体竞争力位居全国前列，宜居城市竞争力有待加强。在 2015 年以来的百强城市排名中，北京、上海、广州和深圳的综合排名连续五年稳居前 4 位，体现了全国最强的城市综合实力。在 2019 年中国百强城市排名中，北京的经济指标和软经济指标均位居第 1，软经济指标的文化分值排前 5 位的分别为上海、北京、深圳、杭州和广州。在发挥文化的经济作用方面，北京、上海和深圳具有明显的竞争性，具体表现在中国城市文化发展上，2019 年，北京的中国城市文化品牌、文化产业、文旅形象、文化旅游和城市创意指数排名均位居第 1，北京的文化产业增加值占 GDP 的 9.64%，位居全国第 1，这些指数排名表明北京作为全国文化中心强劲的优势地位，但与世界重要城市相比仍有较大差距。

第一部分“总报告”以坚定文化自信，持续深入推进全国文化中心建设为主题，概述 2019 年北京历史文化名城保护、公共文化服务体系建设、文化产业以及文化交流传播等方面的发展动态，比较分析北京在国际国内城市体系中综合竞争力和文化竞争力的优势及存在的差距，并就加强首都文化建设提出相关对策建议。第二部分“文化建设与文化发展战略”概述了2019年北京文化建设相关政策和北京文化发展的新动态与新趋势。第三部分“城市文化与公共文化服务体系”分析了2019年北京城市文化建设和公共文化服务体系建设的新进展。第四部分“文化产业与文化经济”重点考察了北京文化产业发展和文化经济建设的新进展。第五部分“历史名城保护与文化交流传播”分析了北京历史文化名城和非物质文化遗产保护传承以及首都文化传播、北京对外文化交流发展现状。各子报告在分析2019年相关主题和领域发展趋势的基础上，指出其存在的不足和问题，并提出具有针对性的对策建议。

关键词： 全国文化中心　历史名城保护　公共文化服务　文化产业　北京

目 录

Ⅰ 总报告

Ⅱ 文化建设与文化发展战略

Ⅲ 城市文化与公共文化服务体系

Ⅳ 文化产业与文化经济

Ⅴ 历史名城保护与文化交流传播

皮书数据库阅读**使用指南**

总 报 告

General Report

B.1
坚定文化自信，持续深入推进全国文化中心建设

李建盛*

摘 要： 明确首都城市发展定位，坚定文化自信，围绕“做好首都文化这篇大文章”，持续深入推进北京全国文化中心建设，是北京市坚持以创造性转化和创新性发展推动首都文化建设的主题。2019年，北京市在全国文化中心建设各个方面取得重要成就。本报告研究分析表明，在2019年相关指数排名中，中国内地一线城市北京、上海、深圳、广州在经济竞争力、可持续竞争力、营商城市竞争力和科技领先力等方面都处于全国城市前列，但北京在宜居城市竞争力上较弱，北京的经济

* 李建盛，博士，北京外国语大学中文学院教授，北京市文艺学会会长，研究方向为文艺理论、文化理论和首都文化发展。

竞争力排名第5，可持续竞争力排名第2，宜居城市竞争力排名第13，科技领先力排名第2，这表明北京在城市总体竞争力方面位居全国前列，宜居城市竞争力有待加强。在2015年以来的百强城市排名中，北京、上海、广州和深圳的综合排名连续五年稳居前4位，体现了全国最强的城市综合实力。在2019年中国百强城市排名中，北京的经济指标和软经济指标均位居全国城市第1，软经济指标的文化分值排名前5位的城市分别为上海、北京、深圳、杭州和广州。在发挥文化的经济作用方面，北京、上海和深圳具有明显的竞争性，具体表现在中国城市文化发展上，2019年，北京在中国城市文化品牌、文化产业、文旅形象、文化旅游和城市创意指数排名中均位居第1，北京的文化产业增加值占GDP的比重为9.64%，位居全国第1，这些指数排名表明北京作为全国文化中心所具有的优势地位和取得的重要成就，但与世界重要城市仍有较大差距。

关键词： 文化自信　全国文化中心　首都文化　竞争力

一　坚持文化自信，聚焦全国文化中心建设

文化是一个国家和民族的灵魂，是一个国家和民族最深刻最内在的精神性存在和最直观最生动的物质性表征，对于一个城市也是如此，文化也是其内在而深刻的存在。北京作为具有悠久历史的城市，在其发展过程中创造和积淀了深厚博大的文化，并在时代进程中不断创造新的文化，共同展现这个城市的魅力和活力，其蕴含着北京这座城市和中华民族的文化自信。文化自信是一个国家、一个民族和一个城市更基本、更内在、更深刻，也更持久的

发展动力。坚持文化自信才能坚持自己的优秀文化传统，坚持文化自信才能有宽广的文化情怀，坚持文化自信才能创造新的未来。2019 年北京市政府工作报告在关于首都文化建设的任务中提出“坚持文化自信，着力抓好全国文化中心建设”。

《北京城市总体规划（2016 年 –2035 年）》（以下简称《规划》）提出，到 2020 年，全国文化中心地位得到进一步增强，市民素质和城市文明程度显著提高；到 2025 年，把北京建设成为彰显文化自信和多元包容魅力的世界文化名城。只有坚持文化自信，才能建设具有多元包容魅力的世界文化名城，文化自信与多元包容魅力的世界文化名城相互作用、相互支撑和相互促进。到 2050 年，北京全面建成更高水平的国际一流和谐宜居之都，在文化方面，要把北京建设成为弘扬中华文明与引领时代潮流的世界文脉标志。应当说，文化自信既是全国文化中心建设内在深刻的精神动力，也是建成更高水平的国际一流和谐宜居之都的重要精神动力。强化首都风范、古都风韵、时代风貌的城市特色，建成弘扬中华文明和引领时代潮流的世界文脉标志，毫无疑问都需要坚持文化自信，不断完善城市空间和功能的布局，弘扬中华文明和引领时代潮流并重发展、相互推进。“首都风范”可以说是北京作为国家首都城市战略发展并且高度突出的城市特征，而“古都风韵”则是从世界著名的历史文化名城角度来突出北京作为历史名城的城市底蕴，“时代风貌”则紧密结合北京作为现代城市的创新发展来彰显北京的时代面貌，这个三位一体的城市特征界定体现了大国首都的城市气质和文化形象。《规划》在完善城市空间和功能组织秩序方面提出，要通过两轴为统领，完善城市空间和功能的组织秩序，完善中轴线及其延长线。中轴线及其延长线不仅是北京城市的物理性空间存在，而且是北京城市的文化性空间存在，是体现城市历史文脉和彰显文化功能的空间，而文化空间功能是中轴线最突出的功能，《规划》把中轴线界定为“体现大国首都文化自信的代表地区”，不仅要延续历史文脉和展示传统文化精髓，而且要做好有机更新，体现现代文明魅力，因此，它不仅是大国首都的城市空间，而且是大国首都“文化自信”的象征。作为全国文化中心，北京不仅要在全国文化建设发展中发挥引领示范作用，而且需要在国际上具有重大影响力，而这都需要坚持文化自信。《规划》提出，不仅要在首都北京高水平建设重大功能性文化设施，推进首都物质文明和精神文明建设，激发北京文化创意产业创新和创造活力，而且要不断提升首都文化的国际影响力，创建各类文化资源载体，搭建多种类多层次的文化展示平台，构建全方位体系化的国际传播网络，打造体现中国文化自信和具有文化魅力的首都文化品牌，不断扩大文化竞争力、影响力和传播力。总之，要以社会主义核心价值观的培育和践行为统领，以历史文化名城保护传承为根基，建设国际一流的高品质高水平文化设施，努力构建涵盖北京各区、辐射京津冀，以及服务全国和面向世界的文化中心发展新格局，持续推动北京向世界文化名城和世界文脉标志的目标迈进。

2019年北京市政府工作报告提出要聚焦“一核一城三带两区”，坚持提高城市的文化品质，彰显开放包容自信的国家首都人文形象，坚持文化自信，着力抓好全国文化中心建设，其主要集中在如下四个方面。一是加强社会主义核心价值观建设，围绕和紧扣2019年度重大纪念活动节点，持续开展主题教育和系列展览以及文化活动；大力传承与弘扬红色文化，推进香山革命纪念地的保护与利用。继续发挥首都志愿者的带动作用，持续推动学雷锋志愿服务的制度化和常态化发展；大力开展学习“北京榜样”活动，使社会主义核心价值观融入人们的日常生活之中；深化“五大文明创建”工作，推动石景山、顺义、怀柔和延庆等区的全国文明城区创建工作，努力提升首都的城市文明程度以及市民文明素养。二是深入推进历史文化名城保护，编制北京中轴线的保护规划，更加扎实地推进遗产点腾退、钟鼓楼周边疏解整治、正阳门到永定门步行环境提升等多个重点项目；编制完善老城整体保护规划，开展文物腾退和历史文化街区划定等方面的工作。持续保护胡同肌理和四合院；进一步完善文物保护的工作机制，更加深入地明确文物使用单位责任，使文物的活化利用和安全管理得到进一步加强；统筹推进“三条文化带”的保护建设，加快推进大运河源头遗址公园、西周琉璃河考古遗址公园以及长城保护等重点工程，有力提升“三山五园”地区的整体环境。三是推进文化服务质量的提升。搞好公共文化服务与文化惠民工程，积极支持和推动博物馆、图书馆以及文化馆和实体书店等公共文化设施建设，积极鼓励和引导社会力量参与首都公共文化服务投入和运营，打造“书香北京”，营造全民阅读与学习的环境和氛围；加强工业转型发展的挖掘和利用，疏解腾退现有空间，扩展城市的文化艺术空间，扩大公共文化服务空间供给；积极组织和开展中华传统节庆活动，实施非物质文化遗产传承人的培育计划，普及传承中华优秀传统文化；创作出重大题材、现实题材以及北京题材的精品力作，力争推出一批彰显新时代首都风貌、体现大国气派和具有首都特色的优秀文化艺术作品。四是精心打造首都城市的文化品牌，编制完善文化产业引领区建设发展规划，加快北京文化产权交易中心的建设，促进“文化 +”市场主体的繁荣发展，激活和拓展文化市场，传承、创新和发展老字号；编制出台文化特色小镇和文化创意街区的建设导则，加快台湖演艺小镇和宋庄艺术创意小镇等重大项目建设；加大文化综合执法力度，净化网络空间环境以及文化市场生态；继续办好北京国际电影节和国际音乐节，以及国际设计周和文博会等活动，努力提高城市文化的开放性，提高国际影响力。此外，政府工作报告还提出要激发新一轮消费升级的潜力，促进城市文化消费，着力打造 10 个特色示范街区，培育 100 家连锁性品牌企业；制定和出台建设国际一流旅游城市的意见，推进全域旅游示范区的创建工作，不断扩大文化、体育和旅游消费，向境外宣传和推广北京旅游，吸引国际国内知名会展，发挥优质会展对消费的拉动作用，推动首都文化旅游消费经济增长。

“做好首都文化这篇大文章”是加快推进全国文化中心建设和创新发展首都文化的重大举措。2019 年 5 月 31 日，北京市委书记蔡奇在推进全国文化中心建设领导小组第五次会议上指出，要“做好首都文化这篇大文章”，扎实推动全国文化中心建设不断取得新的成效。他强调，要深入学习贯彻习近平总书记对北京的重要讲话精神，把全国文化中心建设与服务党和国家的工作大局，提高首都经济社会的发展水平与增进市民群众的文化福祉结合起来，找准首都文化建设发展的切入点和着力点，努力“做好首都文化这篇大文章”。大力培育践行社会主义核心价值观，全面提高首都精神文明的建设水平；以服务和保障首都重大活动为契机，开展多种多样的宣传教育活动，激发北京市民的爱国热情；加快推进文明城区的创建和新时代文明实践中心的建设，积极拓展各种形式的公共文明引导行动；选拔和树立各类道德模范、最美人物，发挥“时代楷模”的积极作用，从而引领新时代的社会文明风尚；推动志愿服务工作进一步深化发展，使它成为首都志愿者服务的一道亮丽风景线。把中轴线申报世界文化遗产保护作为重要抓手，持续加大老城的整体保护力度，持续推动文物腾退工作，研究并公布历史文化街区、历史建筑以及传统胡同重点保护名录；进一步推进文物单位的周边环境整治，加强老城公共空间景观的规划建设；稳步推进大运河、西山永定河以及长城“三条文化带”的保护利用和发展，擦亮和打造北京历史文化名城金名片，守住北京这个千年古都的“城市之魂”。要提升公共文化服务质量，增强广大市民群众的文化获得感；紧紧围绕新中国成立 70 周年的庆祝活动，推出一批体现国家水准、具有首都气派的优秀文化艺术作品；进一步优化全市公共文化服务设施结构布局，稳步推动博物馆、图书馆以及实体书店建设；要讲好中国故事和北京故事，继续开展“我们的节日”活动，大力传承和弘扬中华优秀传统文化，积极开展各种形式的群众性文化活动。健全完善现代文化产业体系，有力推动北京文化产业高质量发展，推动文化与科技、旅游和金融等融合发展，挖掘文化消费潜力，促进文化消费持续健康增长。2019 年，北京市政府工作报告中重点工作方案共有 2015 项，其中围绕坚持文化自信着力抓好全国文化中心建设的重点工作有 16 项，涵盖培育践行核心价值观、城市精神文明建设、历史文化名城保护、公共文化服务质量提升、文化科技旅游融合发展、文化艺术精品创作、文化设施空间拓展、文化节庆活动等方面，此外还有扩大文化、体育和旅游消费，发挥优质会展对消费拉动作用方面的重点工作方案。与往年相比，在更具体、更到位、更具操作性和实践性的层面推动各项任务的稳步落实，聚焦首都文化建设各个领域和具体事项，着力推动全国文化中心建设取得新成效。

二　2019年北京文化发展现状与动态

（一）启动中轴线和老城整体保护编制工作，扎实推进历史文化名城保护

2019 年 1 月，北京市政府工作报告提出，启动中轴线保护规划与北京老城整体保护的编制工作。中轴线保护的重点是，遗产点腾退、钟鼓楼周边的疏解整治以及从正阳门到永定门的步行环境整体提升等 30 多个重点项目。老城整体保护的重点是，进行文物腾退、历史文化街区划定等工作，保护与完善胡同肌理和四合院。进一步完善文物保护机制，更加深入明确文物使用单位的责任，加强文物活化利用和安全管理。统筹推进“三条文化带”保护建设，同时，加快推进大运河源头遗址公园、西周琉璃河考古遗址公园和长城保护等重点工程，推进“三山五园”地区生态文明环境的整体提升，扎实推进北京历史文化名城保护传承。2019 年，北京按照《北京城市总体规划（2016 年 – 2035 年）》总体目标和北京市委、市政府历史文化保护年度工作要求，持续推进历史文化名城保护工作。重点围绕老城整体保护、中轴线保护、三个文化带保护建设、革命文物保护利用等方面展开，打造北京历史文化“金名片”。

1. 持续推进中轴线申遗保护工作，老城保护取得新进展

2019 年，北京市围绕中轴线申遗和文化保护集中开展如下方面的工作。老城保护与中轴线申遗保护同步推进，整体保护取得积极成效。①遵循“中轴突出、两翼对称”的老城基本格局，中轴线申遗工作中保护与提升并进，加强历史文化遗产的修缮，综合整治遗产点和片区的周围环境，完成皇史宬等央产、军产文物腾退整治，完成钟楼北侧紧邻中轴线的宏恩观、红庙街正阳桥疏渠记方碑周边住户腾退，启动伍连德故居、郝寿臣故居等 12 处文物修缮工作，天坛周边、南中轴路周边环境整治取得重要进展，完成天坛圜丘坛东部泰元门的复原修缮工程，太庙地区的腾退整治和风貌塑造工作进

展顺利。②不断完善中轴线申遗保护体系。与老城整体保护规划和首都功能核心区控制性详细规划相结合，启动中轴线保护规划的编制，按照中轴线申遗保护规划、综合整治规划纲要和配套导则加快推进中轴线申遗保护，继续完善中轴线申遗文本，不断完善中轴线申遗保护体系，同时深入推进中轴线历史文化内涵挖掘工作。③全线贯通南中轴御路，完成铺设南中轴路珠市口至永安路段御道，长达3公里的南中轴实现步行全线贯通，北京自然博物馆西北方路中区域启动御路恢复，逐步完善中轴线的城市空间和文化空间，延伸和拓展中轴线城市空间与文化内涵。

2. 增强城市街区更新活力，助力老城文化魅力重现

2018年12月，北京市规划和自然资源委员会发布《关于推进北京市核心区责任规划师工作的指导意见》。2018年12月北京市编制完成《首都功能核心区控制性详细规划（街区层面）（2018年－2035年）》（草案），2019年2月北京市规划和自然资源委员会完成编制《北京历史文化街区风貌保护与更新设计导则》，2019年北京市出台《关于加强新时代街道工作的意见》，这些文件的编制和出台既从整体保护历史文化名城的高度也从具体措施上提出了可操作性的指导，有效推动了城市街区更新和古都风貌提升，尤其首都功能核心区围绕这些意见和导则积极推动落实，取得了显著成效。首都功能核心区控制性详细规划（街区层面）提出打造政务环境优良、文化魅力彰显、人居环境一流的首都功能核心区，塑造平缓开阔、壮美有序、古今交融、庄重大气的城市形象，划定古都风貌保护区、古都风貌协调区和现代风貌控制区三类特色风貌分区，以古风古貌融入现代城市空间和城市生活；以历史文化街区、传统胡同街巷留存历史印记，以老字号、老物件和老手艺等非物质文化遗产留住京味等，展示传统与现代交相辉映的首都风范和古都风韵。东城区和西城区按照北京市有关要求科学划分街区单元并开展有机更新，分别划出82个、101个街区。东城区出台《东城区街区更新实施意见（试行）》全面推进街区更新，打造史家胡同、草厂四条胡同等“精品示范街巷”，推出东四南、崇雍大街等街区更新样板；西城区已形成多套城市设计导则和重点地区深化设计方案，推出17个重点街区，建成街道街区

整理展示中心并对外开放。为落实《关于推进北京市核心区责任规划师工作的指导意见》，东城区制定《东城区街区责任规划师工作实施意见》《东城区街区责任规划师管理办法》，并出台《东城区老城风貌保护与房屋修缮技术导则》，西城区出台《西城区责任规划师制度工作方案》，同时推进老城历史文化保护和人居环境整治提升。街区更新把传统风貌保护、文物修缮维护与公共空间品质提升、便民服务设施完善相结合，取得了改善民生、优化环境和展示历史文化街区风貌多方面的积极成效，实现了建筑共生、居住共生和文化共生的综合效果。

3. 统筹推进“三条文化带”的保护建设，文物保护工作开拓新局面

2019 年 12 月，中共中央办公厅、国务院办公厅印发《长城、大运河、长征国家文化公园建设方案》，对保护传承利用好长城、大运河历史文化资源提出总体要求。2019 年 4 月，《北京市长城文化带保护发展规划（2018 年 –2035 年）》公布，长城文化带按照“一线五片多点”展开保护利用，该规划按照价值主体将北京长城 664 处/片保护性资源共 2873 处资源点分为长城遗产、相关文化和生态资源三大类。2019 年 10 月，延庆区发布《延庆区长城保护三年行动计划》，计划通过建立数字档案、开展数字化保护，在未来三年实现长城保护体系全覆盖。12 月，《北京市大运河文化保护传承利用实施规划》和《北京市大运河文化保护传承利用五年行动计划（2018 年 –2022 年）》出台，明确 2025 年、2035 年、2050 年三个阶段大运河文化保护传承利用的中长期目标，目标是构建大运河文化带发展格局、推进遗产保护、开展沿线环境整治和河道治理以及提升旅游休闲功能等。本年度，继续围绕河道遗产保护、河道治理、周边综合环境整治等开展大运河保护工作，编制概念规划方案，完成景观建设和亮化工程，点亮北京城市副中心夜景新地标。石景山、海淀和房山区结合保护实践不断完善区域内历史文化资源保护和利用规划。石景山区发布《石景山区西山永定河文化带保护发展规划》，围绕古都文化、红色文化、京味文化、创意文化深入挖掘八大处—模式口历史文化、西山永定河生态文化、首钢工业文化等的深厚内涵，推动文化带保护利用发展。海淀区启动东、西水磨地区环境整治，整体持续推动三

山五园历史文化、景观文化和生态文化保护建设。房山区稳步推进琉璃河考古遗址公园规划建设，积极推动《琉璃河遗址保护规划》和《琉璃河考古遗址公园修建性详细规划》的编制出台。2019 年，北京市不断扩大文物保护工作覆盖面，持续深入保护利用革命文物。本年度，北京市公布首批历史建筑名单，首次公布人民大会堂、吴晗故居、北京大学燕南园历史建筑群等 429 处建筑物为北京市第一批历史建筑，涉及居住、文化教育、办公、商贸、工业、医疗建筑等多种类型，其中 273 栋建筑位于核心区。6 月，住房和城乡建设部、文化和旅游部与国家文物局等 6 部门公布第五批列入中国传统村落名录的村落名单，北京市房山区佛子庄乡黑龙关村等村落入选；10 月，国务院公布《第八批全国重点文物保护单位名单》，北京的上宅遗址、双清别墅、北京站车站大楼等 11 处文物入选。北京市按照《革命旧址保护利用导则（2019）》要求，修缮并开放双清别墅、来青轩、小白楼等八处革命旧址，修缮建筑 3600 平方米，修缮院落共 18000 余平方米，展出各类展品 9495 件，再现中共中央香山时期的革命事业，已成为探索革命文化传承利用的新模式。

（二）公共文化服务的新政策新举措，推动北京公共文化服务体系建设

目前，北京市、区、街乡、社区村四级公共文化设施达到 7131 个，平均覆盖率为 98.85%，公共文化服务实现高质量全覆盖。2019 年，持续推进北京市公共文化服务体系示范区建设，完善公共文化服务基础设施，提升公共文化服务水平和质量，均衡公共文化服务布局，持续开展公共文化服务数字化网络化建设。

1. 推进公共文化服务体系示范区建设，北京公共文化服务形成新亮点

北京持续推进公共文化服务体系示范区建设，不断提升公共文化服务水平。2019 年 3 月海淀区获批“第三批国家公共文化服务体系示范区”，目前北京市朝阳区、东城区和海淀区成功创建国家公共文化服务体系示范区，持续推动石景山、顺义等区创建全国文明城区。本年度，朝阳区和东城区不断

完善公共文化服务网，进一步扩大公共文化产品供给和服务惠民覆盖面。海淀区夯实综合文化中心建设、推进文化科技融合、打造文化供给平台、提升区级文化品牌和加强基层公共文化服务队伍建设，公共文化服务水平大幅提升；石景山区全方位推进公共文化服务建设，以全国文化馆图书馆总分馆制建设试点为抓手，制定《总分馆制建设标准化操作手册》，明确服务标准和管理机制，强化优质均衡服务，探索公共文化资源与旅游服务融合新途径；顺义区印发《顺义区加快推进公共文化服务体系示范区建设三年行动计划（2018－2020年）》，推进区级博物馆机构设置、推动区文化中心运营、健全公共文化服务设施和优化基层公共文化设施，加强公共文化软硬件建设。石景山、丰台、房山、大兴、通州创建首都公共文化服务体系示范区并通过专家组验收，获得“首都公共文化服务体系示范区”称号。

2. 出台文化和旅游融合发展新政策，创新公共文化服务方式

2019年是机构改革后文化和旅游融合发展的开局之年，机构改革带来了公共文化服务建设模式和机制的新变化，即文化与旅游的融合发展。2019年，北京先后出台《北京市文化旅游领域开放改革三年行动计划》（以下简称《行动计划》）、《关于推进北京市文化和旅游融合发展的意见》（以下简称《意见》）等文件。《行动计划》主要侧重文化产业政策、文化市场监管等方面的改革，强调公共文化服务与对外文化交流、国际性文化艺术节庆的相关性和融合性，把文化产业和公共文化活动、文化经济与文化服务结合起来；而《意见》更侧重于北京文化与旅游融合的公共文化服务问题，重点工作是完善历史文化名城资源的保护利用体系，建设文化旅游融合的智慧城市、打造高端文旅智库和文旅资源交易平台，尝试使用5G、人工智能、大数据、云计算等新技术，使文旅融合中的公共服务更加智能化、便利化和精准化，建设文旅融合中公共服务设施共建、公共活动共享和公益服务共促三大工程。为贯彻落实乡村振兴战略，2019年度北京市发布了《关于促进乡村民宿发展的指导意见》，推出“点亮北京”“漫步北京”计划，促进北京市乡村民宿的持续健康发展，促进乡村旅游产业提质增效，从而加快形成农业农村发展的新动能。这些政策措施都有助于提升公共服务水平，营造更好

的文化旅游融合发展氛围。2019年，北京市实施公共文化空间扩展的新措施。北京市相继发布《关于推动老旧厂房拓展文化空间指导意见落地实施的工作方案》《保护利用老旧厂房拓展文化空间项目管理办法（试行）》，具体规定改造文化空间项目从申请到注册的整个规范流程，已经完成改造的项目进行补办手续，对于入驻改造项目的实体书店、新型阅读空间等机构进行集群式登记注册。本年度，北京市各区共梳理出774处老旧厂房资源，其中城六区就有248处，改造完善后可增加北京公共文化服务空间的供给，增加公共文化服务场所供给量。

3. 加快公共文化服务的数字化智能化建设，探索公共文化服务社会共享模式

2019年，北京市进一步加强公共文化服务的数字化和智能化建设。根据文化和旅游部要求，本年度北京市全面落实数字文化工程融合创新发展工作，首都图书馆等公共文化服务单位组织各区分馆业务骨干培训融合创新工作，进行三大数字工程的统筹管理。博物馆、文化馆、图书馆、美术馆、群艺馆等服务机构的数字化建设取得新成绩；北京文化艺术活动中心（群艺馆）进行场馆基础设施改建后推出了新的网络服务平台“北京数字文化馆”，覆盖电脑端、H5端、App、微信公众号等；故宫博物院推出或完善“数字多宝阁”“故宫名画记”“数字文物库”“数字建筑”“玩转故宫2.0版”等多种内容产品，上线故宫第一款以建筑文化为主题的App“紫禁城600”，故宫的数字博物馆建设已经取得丰硕成果；街道社区涌现了保利茉莉24小时智能图书馆、绿地24小时城市书房、通州宋庄阅空间等数字化文化空间。此外，各街道社区也积极建立完善自己的网站、App、微信公众号等数字文化平台。为满足市民多样的文化需求，北京市不断探索和创新公共文化服务社会共享模式。2019年，石景山区八宝山街道、北京经济技术开发区、东城区安定门街道、西城区郭守敬纪念馆等积极探索公共文化服务新方式新途径，探索公共文化服务社会化运营或共建共享模式，取得良好效果。

4. 加强书香京城建设，积极构建全民阅读新生活

近年来，北京市围绕加快全国文化中心建设，持续打造和建设书香京

城，构建“15 分钟公共阅读服务体系”，构建“六位一体”全民阅读公共服务平台，把全市大型书城、24 小时书店以及商业连锁书店和社区书店全覆盖作为抓手，形成“爱读书、读好书、善读书”的全民阅读氛围，北京的全民阅读工程建设始终走在全国前列。2019 年，北京市采取多种形式深入推进全民阅读文化活动，大力推动实体书店、阅读空间发展。其中最突出的是“阅读北京”和北京阅读季两大系列活动。前者由首都图书馆等公共文化服务单位联办，涵盖全市诵读大赛、十佳优读空间评选、“阅读之城”图书推荐活动、少儿阅读主题活动、书评征集等五大板块的活动。后者由北京的新闻、出版单位联办，第九届北京阅读季开展了北京“阅读示范社区”“书香家庭”“金牌阅读推广人”等颁奖活动。2019 年资助 239 家实体书店，资金近 1 亿元，加大支持力度，扶持对象从传统的国有大书店扩展到民营书店、特色阅读空间。预计 2020 年，北京实体书店扶持计划将实现每万人拥有 0. 8 个书店、1. 5 个图书馆或阅读空间。目前，北京市正在着手编制《北京市全民阅读发展规划（2021 -2025)》。可以预料，“十四五”时期，北京全民阅读将有更大的覆盖面、更深入的推进，书香京城建设取得更大成效，市民文化生活将得到极大丰富和提升。

（三）优化文化产业政策措施，推动北京文化产业融合提升发展

2019 年，北京市在优化文化产业政策措施基础上，创新文化产业发展方式，拓展融合提升发展道路，文化产业呈现良好发展态势。北京市文化产业增加值占全市地区生产总值的 9. 64%，北京文化产业规模继续保持全国首位，文化产业仍是北京市重要的支柱产业。根据北京市统计局数据，2019 年 1 ~11 月北京市规模以上文化产业收入合计 11146. 2 亿元，同比增长 8. 3%，从业人员平均人数 59. 4 万，其中，新闻信息服务仍保持最快增长速度，同比增长 26. 4%；文化传播渠道和内容创作生产同比增速分别为 6. 4% 和 5. 4%；文化核心领域增长 10. 1%。

1. 发挥文化创意产业园引领带动作用，推动北京文化产业发展

北京文化创意产业多年来一直处在全国前列，文化创意产业园是北京文

化创意产业发展的重要空间载体，在推动北京文化创意产业规模化、专业化和集约化发展中起着示范带动作用。2018 年 6 月，北京发布《北京市文化创意产业园区认定及规范管理办法（试行）》《关于加快市级文化创意产业示范园区建设发展的意见》，两个政策性文件总结了北京文化创意产业 20 余年的发展经验，提出更加完善和更加切实可行的文化创意产业园区建设的支持政策与管理制度，构建促进文化创意空间载体建设的新机制。两个文件的出台有效推动北京文化创意产业园的审核认定工作，2019 年 1 月，北京市正式发布首批北京市文化创意产业园区名单，认定包括 77 文创园、北京城乡文化科技园、中关村雍和航星科技园等在内的 33 家产业园区名单，这些产业园区具有产业链完善、服务体系健全以及管理运营规范和运营效益显著的共同特征，表明北京文化创意产业园的建设，从更完善的体系、更高的标准和更优化的产业发展方面提出了新的要求，标志着北京文化创意产业园区建设进入新阶段，文化创意产业园区的审核认定将在北京文化产业发展中发挥更大的作用。截至 2019 年 10 月底，首批 33 家市级文创园区人均产出 210 多万元，实现人均税收每平方米 5000 多元。相关数据和指数表明，2019 年北京文化产业发展仍然处于全国首位。中国人民大学文化产业研究院发布的 2019 中国省市文化产业发展指数显示，北京以 82. 67 分居于综合指数首位，北京文化产业增加值占 GDP 的比重为 9. 64%，位居全国第 1，在文化产业竞争力方面保持着强劲优势。

2. 深入创新文化金融融合方式，改善民营小微文化企业的营商环境

目前，推动文化金融融合已成为促进北京文化产业发展的重要趋势，这是使金融业更好地服务实体经济和深化供给侧结构性改革的必然选择。近年来，以北京银行、中国工商银行、杭州银行等为代表，其在产品创新、组织创新、服务创新方面取得重要成绩。2017 年推出“投贷奖”联动政策以来，北京市积极构建“政策 + 市场化平台 + 服务 + 生态圈”模式，完善“投、融、担、贷、孵、易”文化投融资服务体系，解决企业股权融资、债券融资和财政支持资金的难题，提高文化企业融资成功率，有效降低了融资成本。2019 年 10 月，北京市国有文化资产管理中心公示了本年度“投贷奖”

资金拟支持的第一批666家单位名单。中国人民银行北京营管部数据显示，2019年1~7月发放人民币贷款983.92亿元，同比增长28.7%，贷款户5973户，同比增长58.1%。2019年，北京市持续改善营商环境，减税降费为文创企业发展创造良好环境。2019年10月世界银行发布的《2020年营商环境报告》显示，北京作为样本城市获得78.2分，世界排名第28位。2018年以来，北京市先后出台优化营商环境1.0、2.0、3.0系列改革政策，围绕简流程降费用、审批流程优化、产权保护等破解发展中的关键难题。2019年6月，北京股权交易中心与国家文化产业创新实验区（以下简称“国家文创实验区”）共同建设的北京“文创四板”孵化培育基地挂牌国家文化产业创新实验区，二者的合作为首都文化企业提供了一系列专业化的金融服务，构建全产业链文化金融服务体系，其中也重点涉及对小微企业普惠性减税政策的落实问题，降低了中小文化企业专业板块的准入门槛，为民营、中小企业营造良好的发展环境。

3. 构建“文化+旅游”的双向互促发展模式，推动文化旅游经济发展

2019年8月，国务院办公厅印发《关于进一步激发文化和旅游消费潜力的意见》，提出顺应文化和旅游消费转型升级新趋势，深化文旅供给侧结构性改革，以高质量文化和旅游供给提升文化和旅游消费水平。12月，国家发改委、文化和旅游部等九部门联合发布《关于改善节假日旅游出行环境促进旅游消费的实施意见》，提出激发文化旅游消费潜力，就缓解节假日旅游出行难问题、提升旅游景区管理水平等进行部署。2019年8月，北京文旅局等发布《北京市文化旅游领域开放改革三年行动计划》，12月北京市文化改革和发展领导小组出台《关于推进北京市文化和旅游融合发展的意见》，立足北京城市战略定位，坚持“宜融则融、能融尽融，以文塑旅、以旅彰文”理念，打造“一城三带一区一圈”空间发展格局，构建文化和旅游资源支撑体系、服务设施和产品产业体系，建立文旅资产交易平台和文旅公共服务融合发展示范区，通过拓展对外交流综合平台等措施提升文化旅游的国际影响力。国家和北京市的相关政策有力推动了北京市文化旅游的发展。2019年是北京市文化和旅游真正融合的标志性元年，在深化文化和旅

游业供给侧结构性改革，优化产业结构，丰富产业发展业态和产品供给上采取多种举措，积极发展入境游、京郊游，扩大消费规模，提升消费品质。以2020年冬奥会为契机，北京市计划通过举办冬奥会、冬残奥会，大力推动入境游市场，同时，构建“北京旅游海外推广合作伙伴计划”全球合作体系，通过与全球主流渠道和知名旅商加强合作，将高质量商业消费模式与旅游产业体系相结合，推动入境游的高质量发展。在积极促进国际合作的同时，北京市持续大力发展京郊旅游，围绕乡村振兴战略，出台《关于促进乡村民宿发展的指导意见》《京郊精品酒店建设试点工作推进方案》一系列措施，构建京郊旅游休闲体系，在文旅部公布的首批320个全国乡村旅游重点村名单中，北京市密云区古北口镇古北口村、怀柔区渤海镇北沟村等9个村落上榜。北京市全面推进首都服务业扩大开放综合试点，在文化旅游领域深入探索服务业扩大开放，将有力推动文化旅游发展和文化经济增长。2019年前三季度全市实现旅游收入4622亿元，增长6.1%。接待游客总量2.45亿人次，增长4.1%，文化旅游呈收入持续增长和集约化发展趋势。

4. 持续开展北京文化消费活动，激发夜间经济活力

文化消费和文化经济在城市社会生活、文化生活和经济生活中发挥越来越重要的作用。2019年，北京市举办主题为“悦文化惠生活”的第七届惠民文化消费季活动，围绕创意产品设计、文博非遗衍生品开发等推出主题展览、展销和体验活动，评出五大类共50个上榜品牌。其中，故宫“瑞兽”系列产品等入围“十大文化创意产品”榜单，北京非遗文化体验之旅等入围“十大文化旅游线路”榜单，798艺术区等入围“十大文化消费地标”，2019年北京马拉松等入围“十大文化体育盛典”，2019北京国际设计周等入围“十大文化展演活动”，并设立“‘庆祝新中国成立70周年’北京文化消费特别贡献”榜单，北京香山革命纪念地、电影《我和我的祖国》等入围。此届消费季开展活动7816场次，消费人次达6239.36万，实现直接消费金额118.46亿元，惠民金额达2.14亿元。2019年7月，北京市商务局印发《关于进一步繁荣夜间经济促进消费增长的措施》。2019年4月，朝阳区

出台《朝阳区促进消费升级工作方案（2019－2021年）》；2019年5月，海淀区发布《海淀区提升消费能级提升生活品质三年行动计划（2019－2021年）》。“北京市夜消费调查报告”公布的数据显示，最受居民青睐的夜间消费活动依次是：美食餐饮（73.2%）、电影和文艺汇演（52.0%）、旅游景点和公园（48.7%）、逛街购物（48.6%）、健身（45.2%）、逛书店图书馆参观展览等（32.9%）、带孩子上课外班（29.7%）、美容美发美甲（25.9%）、游戏娱乐（24.2%）、桑拿洗浴按摩针灸足疗（18.7%）、其他（0.9%）。其中，超过七成的居民选择美食餐饮，美食餐饮成为最受欢迎的夜间消费活动类型，电影和文艺汇演、旅游景点和公园、逛街购物、健身均占50%左右。美食餐饮领跑夜间经济，是居民夜间消费的最主要内容，但与此同时，北京夜经济已经突破了单一的餐饮消费，夜间消费内容和形式不断多样化，涵盖了旅游、购物、文化、健身、休闲等多种消费活动。2019年，北京夜间经济发展在以下五个方面特征显著：重视顶层设计，为推动城市夜间经济发展提供政策保障；夜间消费内容和形式不断多样化，美食餐饮领跑夜间经济；夜间消费热门商圈呈点状空间分布，且单向性经营模式特征明显；夜间经济消费主体为40岁以下年轻人，其夜间消费行为具有极强的社交性；与夜间消费配套的公共服务水平得到有效提升。

（四）文化交流传播再上新台阶，增强大国首都文化影响力

文化“走出去”和对外文化交流传播是传播北京和中华文化，展示北京国际交往中心和大国首都形象的重要途径。2019年，北京对外文化交流持续深化和发展，不断拓宽文化交流平台，通过“请进来，走出去”推动文化交流传播迈上新台阶，进一步提升首都北京和中华文化影响力。

1. 拓展对外文化交流平台，做强北京国际文化品牌

近年来，北京持续打造北京国际设计周、北京国际电影节、北京国际图书博览会、北京国际音乐节、北京国际舞蹈节等重要专业活动，邀请世界各行各业人才来京展演合作，有力推动了北京文化对外传播和交流。2019年，

北京通过各类国际会展活动，拓展对外文化交流平台，提升北京文化和中华文化的国际影响力。加强文旅融合发展，打造国际文化旅游品牌，举办2019北京国际旅游博览会、第十四届北京国际商务节；本年度，北京市配合国家重大活动和国家发展战略，围绕筹备2022年冬奥会与冬残奥会等活动，以文化助推国际交流和合作；为配合国家“一带一路”建设，推进国际文化交流、加强对外文化贸易，持续深化“一带一路”文化贸易和交流合作；讲好中国故事，北京运用文化发展专项引导资金和北京文化艺术基金，推动企业、文艺院团开展对外传播，积极提升国家文化影响力，推动中华文化“走出去”。2019年北京市75家企业入选国家文化出口重点企业，占全国的22.3%。2018年，北京市文化贸易出口24.3亿美元，同比增长9.9%。原创动漫游戏企业出口产值达182.47亿元，同比增长57%，网络游戏、网络文学等文化产品“走出去”的效果日益显现。

2. 积极促进北京特色文化海外传播，展示魅力北京形象

2019年，北京深入拓展文化海外传播，通过策划体现北京文化特色的宣传活动和文化交往活动，积极向世界宣传北京文化，展示北京形象。2019年，“魅力北京”品牌推广活动走入巴拿马城、加勒比海国家的特立尼达和多巴哥、维也纳、波兰华沙、墨西哥城、萨拉热窝等地，宣传和推广北京文化和旅游，展示北京著名古都魅力和现代国际都市文化形象。本年度，北京市出台的《关于推进北京市文化和旅游融合发展的意见》提出国际一流旅游城市建设目标，以“一城三带一区一圈”文化旅游空间布局打造世界级文化旅游典范区和具有全球影响力的文化旅游带。据世界旅游城市联合会赫尔辛基香山旅游峰会发布的《世界旅游城市发展报告（2019）》，北京综合排名第五位，并入选“经济贡献度”前20名。2019年品牌性公共外交活动“欢乐春节”“北京之夜”“北京周”持续在全球推介和宣传北京文化，2019年春节期间，以文化旅游融合为亮点的“欢乐春节”在133个国家和地区开展1500余场活动，向全世界展示中国传统春节的文化魅力。

3. 主场外交活动促进北京在国际舞台上展示大国首都风貌

近年来，我国主场外交活动频繁举办，有力带动了中华文化对外交流与

贸易，文化软实力和影响力大有提升，大国首都的时代风貌不断彰显。北京作为全国文化中心和国际交往中心，在推进中华文化对外传播与交流中发挥了极为重要的作用。2019 年 4 月第二届“一带一路”国际合作高峰论坛在北京成功举办，参加论坛的有 40 位国家元首、政府首脑和国际组织负责人，150 个国家、92 个国际组织的 6000 余名外宾。2019 年中国北京世界园艺博览会展现了世界各地园艺精品，扩大了北京生态文化在世界的影响力，其间特别举办了“北京日”、中国国家馆日、延庆特色馆等品牌特色活动。2019 年 5 月世园会举办“北京日”活动，重点展示北京生态文明建设成果，富有特色的设计元素和产品展现了北京历史文化名城形象，体现出北京古都风范与现代时尚活力。2019 年 5 月，北京召开亚洲文明对话大会，会议期间，举办亚洲文化嘉年华和亚洲文明周等系列文化活动，北京展示了维护和坚持文明对话的能力，也注入文化发展的新动力。

三 2018年北京城市竞争力与文化实力的国际国内比较分析

文化在城市综合实力和竞争力中具有越来越明显的地位，在某种重要意义上，文化与城市综合实力和竞争力相辅相成、相互促进，文化总是作为某种内在的东西在城市的整体发展中起作用。城市综合实力和竞争力是城市文化发展的重要基础，文化的发展依赖于城市的整体实力，反过来说城市文化实力又是城市整体实力和竞争力的重要维度之一。北京作为中国首都和国际大都市，文化的实力和竞争力在国际国内城市竞争中都极为重要。本报告侧重于北京作为全国文化中心的文化实力和竞争力分析，在国际国内的城市发展坐标中比较和分析北京的城市竞争力和文化实力。

（一）北京与国外重要城市综合实力与城市文化相关性的比较分析

城市的综合实力是指一个城市在一定区域范围内资源聚散、产品和服务供给的总体能力，在全球比较中则是指一个城市在全球范围内的总体能力，它集中体现一个城市经济、社会、科技和环境以及文化等综合发展能力和水平。近年来，在城市综合实力的测算和分析中文化成为其中一个重要因素。“我们生活在一个非常有趣的发展时代。城市变得越来越重要。文化变得越来越重要。”① 因此，城市文化的重要性和城市的重要性紧密相关，没有文化的城市是一个没有品质的城市，于是文化便成为城市综合竞争力的重要表征。

国际管理咨询公司科尔尼管理咨询公司本年度发布的《2019 全球城市指数报告》，揭开了全球城市综合排名和全球城市潜力排名，纽约连续三年保持全球城市综合排名第一位，紧随其后的则是伦敦和巴黎，中国北京则位居国内城市榜首，排第 9 名。《2019 全球城市指数报告》发布了全球城市综合排名和全球城市潜力排名两份榜单，对全球 130 个城市进行排名，其中中国城市共 26 个，其分别评估了当前世界顶级城市的表现和未来城市的发展潜力。2019 年，纽约和伦敦保持了其在“全球城市综合排名”中的领先地位。北京在“全球城市综合排名”榜单中位居第 9 名，北京的迅猛势头得益于人力资本、信息交流、文化体验、政治参与四大方面的突出进步和商业活动方面的稳定表现。苏州首次进入百强，其商业活动的繁荣，尤其是货运量的提升功不可没。

表 1、表 2、图 1 根据 2019 年 5 月 30 日全球管理咨询公司科尔尼公司发布的《2019 全球城市指数报告》整理，包括全球城市综合排名以及全球城市潜力排名，图 1 为 2019 年全球城市指数排行榜，该公司编列的全球城市指数分为五大维度合计 27 个衡量标准，分别根据商业活动（30%）、人力资本（30%）、信息交流（15%）、文化体验（15%）以及政治参与（10%）五大维度进行综合评估。2019 年的全球城市综合排名列出了 2012 ~ 2019 年的名次变化，全球城市潜力排名列出了 2015 ~ 2019 年的名次变化。

① Jordi Pascual, Agenda 21 for Culture, *Sustaining Cultural Development : Unified Systems and NewGovernance in Cultural Life*, Edited by Biljana Mickov and James Doyle, Published by Gower Publishing Limited, 2013, p. 41.

表 1　全球城市综合排名（2012～2019 年）

2019 年	2018 年	2017 年	2016 年	2015 年	2014 年	2012 年	2012～2019 年	城市
1	1	1	2	2	1	1	—	纽约
2	2	2	1	2	2	2	—	伦敦
3	3	3	3	3	3	3	—	巴黎
4	4	4	4	4	4	4	—	东京
5	5	5	5	5	5	5	—	香港
6	7	6	8	8	9	11	5	新加坡
7	6	8	6	6	6	6	-1	洛杉矶
8	8	7	7	7	7	7	-1	芝加哥
9	9	9	9	9	8	14	5	北京
19	19	19	20	21	18	21	2	上海

资料来源：全球管理咨询公司科尔尼 2019 年 5 月 30 日发布的《2019 全球城市综合指数报告》。

表 1 全球城市综合排名显示，2019 年，纽约、伦敦、巴黎、东京、香港仍然位居全球领先城市前 5 名，并且这 5 个城市都保持了 2018 年的位置，在 2012～2019 年的 8 年间保持着平稳的综合实力，新加坡综合实力呈上升态势，与 2012 年相比上升了 5 个位次。北京从 2015 年到 2019 年在全球城市综合排行榜中的位置都保持不变，仍然居全球城市综合排名的第 9 位，与 2012 年排名第 14 位相比，在 8 年间提升了 5 个位次，这表明北京在全球领先城市排名中具有较大的稳定性。上海也保持了 2017 年的全球城市综合排名，位居第 19 名，与 2012 年相比，总体上升了 2 个位次。这说明北京和上海近年来在全球城市综合排名中取得了较大进展，并保持稳定的地位。从综合排名来看，在中国内地城市中，共有 24 个城市上榜，而北京是其中得分最高的，位居第 9。科尔尼公司指出，北京的发展势头主要得益于人力资本、信息交流、文化体验和政治参与四个方面的突出表现。应当说，北京作为全国文化中心和历史文化名城，其文化优势也发挥了重要作用。

表 2　全球城市潜力排名（2015～2019 年）

2019 年	2018 年	2017 年	2016 年	2015 年	2015～2019 年	城市
1	3	4	4	2	1	伦敦
2	5	11	17	14	12	新加坡
3	1	1	1	1	-2	旧金山
4	6	16	8	9	5	阿姆斯特丹
5	4	3	13	19	14	巴黎
6	14	23	19	18	12	东京
7	8	5	3	3	-4	波士顿
8	7	7	9	7	-1	慕尼黑
9	33	40	28	22	13	都柏林
10	11	9	7	8	-2	斯德哥尔摩
24	2	2	2	4	-20	纽约
39	47	45	42	45	6	北京
51	63	61	63	65	14	上海
52	54	54	57	53	1	香港

资料来源：全球管理咨询公司科尔尼 2019 年 5 月 30 日发布的《2019 全球城市综合指数报告》。

2019	2018	Δ	City
1	1	–	New York
2	2	–	London
3	3	–	Paris
4	4	–	Tokyo
5	5	–	Hong Kong
6	7	+1	Singapore
7	6	-1	Los Angeles
8	8	–	Chicago
9	9	–	Beijing
10	11	+1	Washington, D.C.
11	15	+4	Sydney
12	10	-2	Brussels
13	12	-1	Seoul
14	16	+2	Berlin
15	13	-2	Madrid
16	17	+1	Melbourne
17	18	+1	Toronto
18	14	-4	Moscow
19	19	–	Shanghai
20	22	+2	Amsterdam
21	24	+3	Boston
22	20	-2	San Francisco
23	23	–	Barcelona
24	25	+1	Buenos Aires
25	21	-4	Vienna

2019	2018	Δ	City
1	3	+2	London
2	5	+3	Singapore
3	1	-2	San Francisco
4	6	+2	Amsterdam
5	4	-1	Paris
6	14	+8	Tokyo
7	8	+1	Boston
8	7	-1	Munich
9	33	+24	Dublin
10	11	+1	Stockholm
11	12	+1	Toronto
12	16	+4	Geneva
13	19	+6	Sydney
14	10	-4	Melbourne
15	13	-2	Zurich
16	18	+2	Berlin
17	23	+6	Copenhagen
18	25	+7	Vienna
19	17	-2	Vancouver
20	50	+30	Abu Dhabi
21	9	-12	Houston
22	20	-2	Moscow
23	21	-2	Montreal
24	2	-22	New York
25	38	+13	Taipei

图 1　2019 年全球城市指数排行榜

资料来源：全球管理咨询公司科尔尼 2019 年 5 月 30 日发布的《2019 全球城市综合指数报告》。

表2全球潜力城市指数以居民幸福感、经济状况、创新、治理四个维度共13个标准对城市未来发展潜力进行评估，以环保表现、基础设施和创新能力等因素评估城市所具有的长期投资与成功潜力。数据表明，在全球城市潜力排名中，2019年排名前5位的城市分别为伦敦、新加坡、旧金山、阿姆斯特丹和巴黎，而2018年的排名是旧金山、纽约、伦敦、巴黎、新加坡。北京位居第39，相比2018年提升了8个位次，上海位居第51，较2018年提升了12个位次，香港位居第52，较2018年提升了2个位次。而在5年跨度的对比排名中，伦敦保持了第1位，新加坡、巴黎、上海的城市发展潜力上升明显，北京总体上提高了6个位次。数据表明，北京和上海的城市发展潜力稳步提升，还有较大发展潜力和空间。

表3根据澳大利亚咨询机构2thinknow2019年11月23日发布的2019年全球“创新城市”指数报告整理。该报告显示，居前10位的城市分别为纽约、东京、伦敦、洛杉矶、新加坡、巴黎、芝加哥、波士顿、旧金山和多伦多，纽约在本年度取代东京成为全球最具创新力的城市。值得注意的是，世界城市纽约、东京、伦敦居前3位，在前10位的城市中，美国城市有5个，占比50%。全球“创新城市”指数排名开始于2007年，评比指标多达100多项，每年公布一次，2019年全球有500个城市上榜。中国有42个城市进入全球创新城市500强，表明中国城市创新发展有较强的势头。北京创新城市建设发展较快，较2018年上升11个位次，位居全球第26，在中国城市中位居第1，上海位居全球第33，提升2个位次，深圳位居全球53，提升2个位次，而香港较2018年退步明显，下降29个位次，位居全球第56。全球创新城市指数排名表明，北京在全国科技创新中心建设、推动创新城市发展中取得显著成效。

表3　2019年全球创新城市指数排名

排名	城市	国家	指数	较2018年排名变化
1	纽约	美国	59	3
2	东京	日本	58	-1
3	伦敦	英国	57	-1
4	洛杉矶	美国	56	1

续表

排名	城市	国家	指数	较2018年排名变化
5	新加坡	新加坡	55	1
6	巴黎	法国	55	3
7	芝加哥	美国	55	4
8	波士顿	美国	55	-1
9	旧金山	美国	55	-6
10	多伦多	加拿大	54	-2
26	北京	中国	50	11
33	上海	中国	49	2
53	深圳	中国	46	2
56	香港	中国	46	-29
74	广州	中国	45	39
237	重庆	中国	39	44
240	宁波	中国	39	64
242	天津	中国	39	14

资料来源：澳大利亚咨询机构2thinknow2019年11月23日公布的2019年全球“创新城市”指数报告。

表4根据日本城市开发商森大厦株式会社森纪念财团的研究机构，即城市战略研究所2019年11月20日发布的2019年“全球城市实力指数”（GPCI）报告整理。全球城市实力指数表明，“经济”领域排名前5位的分别为纽约（358.5）、伦敦（331.4）、北京（288.4）、东京（286.6）、苏黎世（269.4），前3位被视为名副其实的“全球城市”，北京的经济实力位居第3；“研究与开发”领域居前5位的是纽约（224.5）、伦敦（187.8）、东京（166.2）、洛杉矶（163.1）和首尔（146.6），中国城市香港（113.4）位居第10，北京（96.1）位居第13，上海（80.3）位居第18；“文化交流”领域居前5位的是伦敦（382.7）、巴黎（255.2）、纽约（254.1）、东京（241.9）、新加坡（204.3），中国城市香港（153.4）位居第13，北京（143.1）位居第15，上海（122.2）位居第25；“宜居性”领域居前5位的是巴黎（371.8）、阿姆斯特丹（365.5）、马德里（364.4）、温哥华（364.3）和柏林（361.8），中国城市上海（294.5）位居第38，北京（276.9）位居第43，2018年排名第34，比上年下降了9个位次；“环境”

表 4 全球实力城市指数

名次	经济		研究与开发		文化交流		宜居性		环境		交通	
1	纽约	358.5	纽约	224.5	伦敦	382.7	巴黎	371.8	苏黎世	242.5	巴黎	247.1
2	伦敦	331.4	伦敦	187.8	巴黎	255.2	阿姆斯特丹	365.5	斯德哥尔摩	232.4	伦敦	239.9
3	北京	288.4	东京	166.2	纽约	254.1	马德里	364.4	哥本哈根	222.8	纽约	226.6
4	东京	286.6	洛杉矶	163.1	东京	241.9	温哥华	364.3	赫尔辛基	218.9	上海	225.7
5	苏黎世	269.4	首尔	146.6	新加坡	204.3	柏林	361.8	悉尼	216.0	法兰克福	223.7
6	新加坡	266.4	波士顿	145.7	迪拜	188.2	巴塞罗那	361.4	墨尔本	215.5	阿姆斯特丹	223.6
7	圣弗兰西斯科	266.0	芝加哥	121.2	柏林	177.7	多伦多	358.4	日内瓦	210.0	香港	212.9
8	悉尼	264.8	圣弗兰西斯科	117.3	巴格达	173.8	哥本哈根	352.8	法兰克福	207.5	东京	208.0
9	香港	262.7	巴黎	114.5	首尔	173.4	伦敦	351.8	圣弗兰西斯科	206.2	迪拜	207.9
10	多伦多	248.3	香港	113.4	莫斯科	170.7	斯德哥尔摩	351.2	温哥华	206.1	新加坡	199.7
11	都柏林	246.3	新加坡	112.0	伊斯坦布尔	159.8	东京	343.3	维也纳	204.9	首尔	199.1
12	阿姆斯特丹	244.5	华盛顿	98.3	马德里	159.0	墨尔本	340.8	马德里	196.1	莫斯科	185.8
13	斯德哥尔摩	241.6	北京	96.1	香港	153.4	大阪	340.3	柏林	195.2	维也纳	183.5
14	华盛顿	241.0	墨尔本	95.3	巴塞罗那	148.1	布宜诺斯艾利斯	338.7	阿姆斯特丹	187.8	北京	182.2

续表

名次	经济		研究与开发		文化交流		宜居性		环境		交通	
15	洛杉矶	237.3	柏林	94.2	北京	143.1	吉隆坡	338.1	波士顿	185.8	芝加哥	182.0
16	上海	236.6	悉尼	90.6	阿姆斯特丹	138.4	苏黎世	336.8	新加坡	184.7	马德里	178.2
17	墨尔本	233.1	大阪	90.5	维也纳	137.9	米兰	335.3	华盛顿	184.7	米兰	175.4
18	温哥华	232.8	上海	80.3	墨西哥城	135.3	法兰克福	334.6	洛杉矶	183.5	伊斯坦布尔	173.7
25	吉隆坡	218.9	台北	63.0	上海	122.2	福冈	325.8	台北	171.6	墨尔本	155.3
38	巴格达	156.7	伊斯坦布尔	37.0	特拉维夫	71.5	上海	294.5	约翰内斯堡	139.1	布宜诺斯艾利斯	127.5
43	墨西哥城	127.0	吉隆坡	22.3	雅加达	64.4	北京	276.9	雅加达	108.3	开罗	111.5
47	布宜诺斯艾利斯	87.3	约翰内斯堡	8.1	赫尔辛基	45.7	芝加哥	265.2	北京	64.3	雅加达	102.4
48	开罗	70.6	开罗	7.8	日内瓦	42.4	约翰内斯堡	208.6	上海	63.9	孟买	76.0

资料来源：根据日本城市开发商森大厦株式会社森纪念财团的研究机构，即城市战略研究所 2019 年 11 月 20 日发布的 2019 年“全球城市实力指数”（GPCI）报告整理。

领域居前 5 位的是苏黎世（242.5）、斯德哥尔摩（232.4）、哥本哈根（222.8）、赫尔辛基（218.9）、悉尼（216.0），中国城市台北（171.6）位居第 25，北京（64.3）位居第 47，上海（63.9）位居第 48；“交通”领域居前 5 位的是巴黎（247.1）、伦敦（239.9）、纽约（226.6）、上海（225.7）、法兰克福（223.7），在此次排名中中国城市上海位居第 4，进入世界前列，香港（212.9）位居第 7，北京（182.2）位居第 14。与 2018 年相比，北京的经济指数由第 4 位上升到第 3 位，研究与开发由第 14 位上升到第 13 位，宜居性由第 34 位下降到第 43 位。环境指数方面，纽约、伦敦、东京、巴黎等城市均未进入前 10 名，说明特大城市的环境治理问题比较严峻。交通便利指数方面，北京由上年的第 21 位上升到第 14 位，表明北京的交通便利状况大有改善。在全球实力城市指数排名中，北京的经济、研究与开发、交通等指数有所提升，但与著名城市相比，中国城市的研究与开发明显滞后。值得注意的是，北京的宜居性和文化交流指数都有较大幅度下降，文化交流指数由 2017 年、2018 年的第 7 位下降到第 15 位，分析表明北京宜居环境和文化交流都有待进一步加强。但不同的指数排名会有所差异，科尔尼公司的研究却强调北京的文化体验在城市综合实力中具有重要作用。

（二）北京与国内城市综合竞争力和文化竞争力比较分析

城市竞争力包含城市发展多方面因素，大致涵盖经济、社会、资源和文化四大资源系统，集中体现一个城市综合实力，它在总体上反映一个城市在经济资源、社会资源、环境资源以及文化资源竞争中的能力和水平。表 5 中的经济竞争力、可持续竞争力、宜居城市竞争力和营商城市竞争力排名取自 2019 年 6 月中国社会科学院城市与竞争力研究中心与经济日报社共同发布的《中国城市竞争力报告 No. 17》，科技领先力排名取自 2019 年 7 月中外城市竞争力研究会公布的 2019 中国十大科技领先力城市排行榜。经济竞争力排名前 5 的城市分别为深圳、香港、上海、广州和北京，北京排在第 5 位；可持续竞争力排名前 5 的城市分别为香港、北京、上海、深圳和广州，北京排在第 2 位；在宜居城市竞争力排名中香港位居第 1，广州第5，深圳第8，上海第12，北京第13；营商城市竞争力排名前5位的城市分别为香港、北京、上海、深圳和广州；科技领先力排名前5位的城市分别为深圳、北京、上海、苏州和香港。总体上，中国内地一线城市北京、上海、深圳、广州在经济竞争力、可持续竞争力、营商城市竞争力和科技领先力方面都处于全国前列，但在宜居城市竞争力上较弱。北京的经济竞争力排名第5，可持续竞争力排名第2，宜居城市竞争力排名第13，科技领先力排名第2，这表明北京在城市总体竞争力方面位居全国前列。

表6、图2的数据取自2019年9月华顿经济研究院编制并在上海发布的"2019年中国百强城市排行榜"。"中国百强城市排行榜"选取GDP排名前100位的城市，再根据"经济指标"和"软经济指标"综合得分做出排序，经济指标占比61.8%，软经济指标占比38.2%。经济指标由GDP、(居民)储蓄和财政（收入）3项指标构成，软经济指标由环境、科教、文化、卫生4项指标构成。在2015年以来的百强城市排名中，北京、上海、广州和深圳的综合排名连续五年稳居前四位，体现了全国最强的城市综合实力。在2019年的中国百强城市排名中，经济指标排名前5位的城市是北京、上海、深圳、广州和苏州，软经济指标排名前5位的城市分别为北京、上海、成都、广州和杭州；可以看出，在2019年全国百强城市排名中，北京的经济指标和软经济指标均位居全国第1。值得注意的是，在软经济指标的文化分值上排名前5位的城市分别为上海（99.39）、北京（96.18）、深圳（90.65）、杭州（79.01）和广州（77.71），在发挥文化的经济作用方面，北京、上海和深圳体现了明显的竞争性。

表7根据《经济观察报》政研院与清博大数据和标准排名城市研究院联合编制并于2019年11月发布的"2019中国城市品牌指数"重点城市百强榜整理。该指数以城市硬实力、城市知名度与城市美誉度为三个一级指标，构建城市品牌指数评价体系，整个体系涵盖35个三级指标。城市硬实力包含经济形象、文旅形象、生态形象、城建形象等二级指标，而城市知名度则包括媒体热度和社交热度，城市美誉度包含大众评价与媒体报道量。从列表中可以看出，位居前10的城市分别为北京（66.9632）、上海（52.8401）、

表 5　2019 年中国城市竞争力指数和科技领先力指数排名

城市	经济竞争力	排名	可持续竞争力	排名	宜居城市竞争力	排名	营商城市竞争力	排名	科技领先力	城市	排名
深圳	0.6671	1	0.7060	4	0.7076	8	0.7757	4	92.82	深圳	1
香港	0.5594	2	1.0000	1	1.0000	1	1.0000	1	91.30	北京	2
上海	0.4194	3	0.8344	3	0.7027	12	0.8334	3	90.89	上海	3
广州	0.3062	4	0.6769	5	0.7324	5	0.7406	5	90.45	苏州	4
北京	0.2592	5	0.8463	2	0.7025	13	0.9340	2	89.96	香港	5
苏州	0.2224	6	0.6217	10	0.6970	17	0.6486	13	89.32	杭州	6
南京	0.2000	7	0.6660	7	0.7322	6	0.7178	6	87.64	广州	7
武汉	0.1953	8	0.5722	14	0.7005	15	0.5884	22	87.64	台北	8
台北	0.1885	9	—	—	—	—	—	—	86.87	合肥	9
东莞	0.1840	10	0.5194	27	0.6197	31	0.5371	29	85.73	南京	10

资料来源：2019 年 6 月中国社会科学院城市与竞争力研究中心与经济日报社共同发布的《中国城市竞争力报告 No. 17》，2019 年 7 月中外城市竞争力研究会公布的 2019 中国十大科技领先力城市排行榜。

表 6　中国百强城市排行榜前十位

单位：分

排名	城市	综合分值	经济指标					软经济指标					
			GDP 分值	储蓄分值	财政分值	总分值	排名	环境分值	科教分值	文化分值	卫生分值	总分值	排名
1	北京	94.65	90.71	100.00	96.04	94.36	1	93.07	100.00	96.18	91.20	95.11	1
2	上海	91.07	92.46	90.27	100.00	93.80	2	79.43	89.91	99.39	78.60	86.65	2
3	广州	80.91	87.56	80.87	68.04	81.01	4	76.88	93.47	77.71	74.93	80.74	4
4	深圳	79.22	92.63	71.76	90.30	86.83	3	90.24	41.86	90.65	44.91	66.91	18
5	杭州	74.26	72.61	67.77	73.85	71.71	7	81.18	77.34	79.01	76.04	78.39	5
6	苏州	73.61	83.92	63.04	77.36	77.06	5	80.98	58.04	76.80	56.31	68.03	16
7	成都	71.91	65.96	69.91	61.73	65.89	11	80.87	86.85	69.64	89.23	81.65	3
8	天津	71.78	79.23	61.03	77.66	74.69	6	60.47	82.41	65.25	62.72	67.71	17
9	武汉	70.91	72.32	55.50	69.07	67.30	9	71.33	93.49	68.80	73.37	76.75	6
10	南京	70.22	71.75	55.92	69.80	67.30	8	77.99	85.40	75.41	60.98	74.94	8

资料来源：2019 年 9 月华顿经济研究院编制并发布的“2019 年中国百强城市排行榜”。

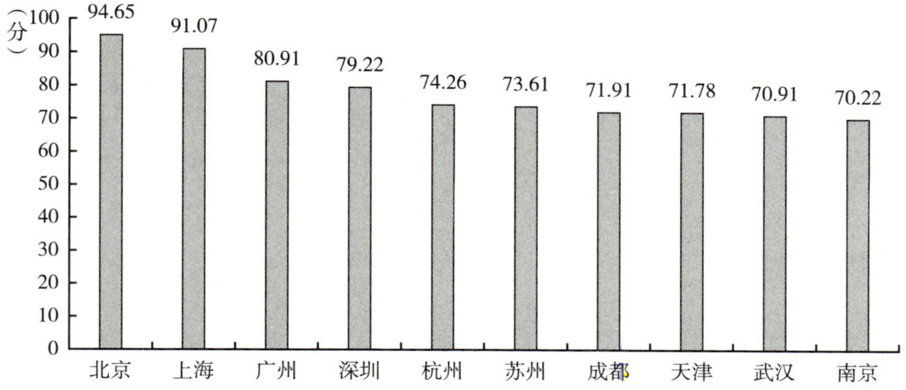

图 2　中国百强城市排行榜前十位综合分值

资料来源：2019 年 9 月华顿经济研究院编制并发布的“2019 年中国百强城市排行榜”。

深圳（31.5672）、广州（31.2638）、成都（27.0093）、杭州（26.1440）、重庆（25.7772）、天津（25.5720）、武汉（24.6592）、南京（23.4468）。居前 4 名的均为中国内地一线城市，四个直辖市均在前 10 名之列。北京在经济形象、文旅形象、生态形象、城建形象和知名度方面均位居全国第一，这表明北京的整体城市品牌形象居全国首位，唯一的遗憾是北京的城市美誉度没有进入全国前 10 名，位居第 11。

表 7　2019 年中国城市品牌指数

排名	城市	品牌指数	经济形象	文旅形象	生态形象	城建形象	知名度	美誉度
1	北京	66.9632	11.8956	12.6667	8.1266	9.1276	25.0000	0.1468
2	上海	52.8401	10.9028	9.3183	8.0245	7.5157	16.7929	0.2860
3	深圳	31.5672	9.0593	2.6461	7.4022	4.1343	7.7584	0.5629
4	广州	31.2638	6.9837	5.6327	6.5634	5.4890	7.0089	-0.4140
5	成都	27.0093	3.9870	6.7382	6.3367	4.0329	5.8831	0.0314
6	杭州	26.1440	4.7128	6.5833	6.3777	2.7614	5.4545	0.2543
7	重庆	25.7772	3.0754	5.0979	6.6381	5.4313	5.5526	-0.0180
8	天津	25.5720	4.6590	6.3134	5.7477	3.8956	4.9706	-0.0143
9	武汉	24.6592	4.2572	6.8353	5.8304	3.3462	4.3631	0.0270
10	南京	23.4468	4.1334	4.6614	6.0360	3.5192	5.1425	-0.0450

资料来源：《经济观察报》政研院与清博大数据和标准排名城市研究院联合编制并于 2019 年 11 月发布的“2019 中国城市品牌指数”。

表 8 为来自不同评价机构的指数排名，包括文化品牌、文化产业、文旅形象、文化旅游和城市创意五个方面。排列 1 显示，北京、上海、香港、杭州、成都、广州、南京、西安、重庆和天津位居 2019 年度中国城市文化品牌指数的前 10 强；排列 2 显示，北京、浙江、江苏、广东、上海、山东、重庆、河南、陕西和福建位居全国前 10 名，北京、上海和重庆作为直辖市分别位居第 1、第 5、第 7 名，说明直辖市在各省份文化产业发展中的强劲力量，尤其是北京；排列 3 的数据显示，文旅形象居前 10 位的城市分别是北京、上海、武汉、成都、杭州、西安、天津、重庆、南京、长沙，这些城市在旅游总收入、旅游人数、A 级景区数量以及高校和科研院所数量、历史文化遗产数量等方面都体现出明显的优势，而北京在这方面的优势尤其明显；排列 4 显示，文化旅游排名前 10 位的城市分别是北京、重庆、上海、广州、天津、成都、杭州、武汉、西安和苏州，该指数排名从旅游总人数、总收入、收入比重以及交通便利程度和基础设施 5 个维度进行评比，报告显示在 2019 年的文化旅游中红色旅游成为一大亮点，以红色为主题的旅游区成为热点；排列 5 为中国城市创意指数（CCCI），该指数从横向和纵向两个纬度量化文化创意产业工作绩效，城市创意指数模型（CCCI）指标体系涵盖要素推动力、需求拉动力以及发展支撑力和产业影响力四大变量以及 11 个二级指标和 28 个三级指标，该指数排名显示，位居全国前 10 名的城市分别为北京、上海、深圳、香港、广州、杭州、苏州、重庆、成都和南京，而北京文化产业增加值占 GDP 的比重为 9.64%，位居全国第 1。从表 8 可以看出，北京在中国城市文化品牌、文化产业、文旅形象、文化旅游和城市创意指数排名中均位居第 1，显示出北京作为全国文化中心的优势地位。

表 8　中国城市文化品牌、文化产业、文旅形象、文化旅游和城市创意指数排名

类别	文化品牌*	文化产业**		文旅形象***		文化旅游****	城市创意*****
排名	城市	省份	指数	城市	指数	城市	城市
1	北京	北京	82.67	北京	12.6667	北京	北京
2	上海	浙江	84.48	上海	9.3183	重庆	上海
3	香港	江苏	80.70	武汉	6.8353	上海	深圳

续表

类别	文化品牌*	文化产业**		文旅形象***		文化旅游****	城市创意*****
4	杭州	广东	80. 37	成都	6. 7382	广州	香港
5	成都	上海	79. 47	杭州	6. 5833	天津	广州
6	广州	山东	78. 51	西安	6. 4392	成都	杭州
7	南京	重庆	77. 97	天津	6. 3134	杭州	苏州
8	西安	河南	76. 92	重庆	5. 0979	武汉	重庆
9	重庆	陕西	76. 77	南京	4. 6614	西安	成都
10	天津	福建	76. 56	长沙	4. 3367	苏州	南京

资料来源：* 文化品牌排名根据中国社会科学院中国城市营销报告课题组 2019 年 12 月发布的《中国城市品牌发展指数报告（2019）》整理；** 根据 2019 年 12 月中国人民大学发布的中国省市文化产业指数排名整理；*** 根据《经济观察报》政研院与清博大数据和标准排名城市研究院联合编制并于 2019 年 11 月发布的“2019 中国城市品牌指数”整理；**** 根据界面新闻 2019 年 10 月发布的“2019 年中国旅游城市排行榜”整理；***** 根据深圳大学管理学院 2019 年 12 月发布的中国城市创意指数（2019 CCCI）整理。

四　问题与建议

北京明确首都城市发展定位，扎实推进“四个中心”建设，在文化建设方面，2019 年北京围绕“做好首都文化这篇大文章”，坚持文化自信，聚焦全国文化中心建设，更加细致更加有力地持续开展首都文化各领域各方面的工作，全国文化中心建设取得重要成效。

（一）实施“十三五”时期全国文化中心建设评估，扎实推进“十四五”时期全国文化中心建设规划工作

2020 年是“十三五”各项规划实施的收官之年，是完成“十三五”时期各项工作任务的关键之年，对于首都全国文化中心建设来说同样如此。围绕坚持和强化全国文化中心核心功能“做好首都文化这篇大文章”，开展“十三五”时期全国文化中心建设评估工作和做好“十四五”时期全国文化中心建设规划是 2020 年首都文化建设的重要工作。①根据《北京城市总体

规划（2016年－2035年）》明确提出的2020年目标任务、《北京市国民经济和社会发展第十三个五年规划纲要》关于首都文化发展的目标任务和《“十三五”时期全国文化中心建设规划》各项目标任务，认真分析“十三五”时期首都文化建设各方面的发展状况，有效评估当前首都文化建设发展的优势和存在的问题。②根据《北京城市总体规划（2016年－2035年）》明确的首都文化建设和全国文化中心建设的总体目标与阶段性目标，以及中央和北京市委、市政府提出的首都文化建设和全国文化中心建设的部署与要求，在总结“十三五”时期全国文化中心建设总体情况的基础上，把握首都文化建设现状以及未来发展的目标要求，编制具有战略性、指导性和可操作性的“十四五”时期全国文化中心建设规划，全面统筹和推动全国文化中心与全国政治中心、国际交往中心和科技创新中心的相互融合和互相促进。③明确“十四五”文化建设发展主线，围绕“做好首都文化这篇大文章”，突出首都文化建设总体目标和重点任务。做到宏观指导性与目标明确性、文化主题性和任务重点性、空间布局性和结构均衡性、历史文化传承与现代文化创新、重大设施建设与文化惠民工程相结合。④主题性文化发展和空间性文化布局相结合，完善首都文化的空间布局体系，构建全国文化中心城市文化地图。紧密结合当前首都城市文化发展的主题结构、空间形态和功能呈现，聚焦“一核一城三带两区”建设全国文化中心的战略部署和要求，深入分析和研究北京城市文化建设发展的空间结构，完善首都文化资源、公共文化服务设施、文化创意产业的空间发展和布局体系，强化首都全国文化中心核心功能。

（二）全面推进历史文化名城保护，传承和发展历史名城文化

历史文化名城是北京乃至中国城市发展的伟大成果，历史名城文化是北京乃至中国城市文化的宝贵遗产，其共同构成北京历史文化“金名片”，精心保护和维护北京历史文化“金名片”是彰显北京古都风韵的重要途径。①在《北京城市总体规划（2016年－2035年）》的框架下，把历史文化名城保护和历史名城文化传承纳入“十四五”规划纲要和全国文化中心建设

规划，编制好历史文化名城保护规划，在重视物质性、空间性保护的同时，加强历史名城文化传承和发展的规划。做到物质性保护与文化性传承、空间性规划和主题性发展相结合。持续推进尚未完成的中轴线保护规划、老城整体保护规划等方面的工作，持续开展文物腾退、历史文化街区划定、历史文物认定等工作，不断完善文物保护管理机制，统筹“三条文化带”保护建设，深入推进大运河源头遗址公园、西周琉璃河考古遗址公园以及长城保护等重点工程，提升和重塑“三山五园”整体环境和风貌，着力打造北京历史文化“金名片”，在北京城市现代化和国际化进程中彰显“古都风韵”，实现古都风韵、首都风范和时代风貌的相得益彰与交相辉映。②深化北京历史文化内涵挖掘和阐释，保护传承文化遗产。坚持创造性转化和创新性发展并重，系统挖掘和深入阐释北京历史文化资源、历史文化主题、历史文化内涵，探索创造性转化和创新性发展北京历史文化的工作机制和实施路径，有效融入现代城市文化发展建构之中，融入城市文化生活之中，成为城市文化建构和城市文化生活的有机元素，彰显当代城市文化和生活，彰显古都文化遗产的历史价值和文化精神。③构建北京历史文化景观体系，提升历史文化名城整体形象。按照《北京城市总体规划（2016 年 – 2035 年）》提出的突出两轴政治和文化功能，加强老城整体保护，打造沿二环路的文化景观环线，重塑首都独有的壮美空间秩序，再现世界古都城市规划建设的无比杰作，从城市文化空间和城市文化主题、城市历史文脉和城市景观分布出发，以南北轴线和东西轴线为基本城市脉络构架，建构和描述北京城市历史景观体系，优化完善政治中心和文化中心功能，打造历史文化名城和世界文脉标志，展现大国首都形象和凸显中华文化魅力。④进一步加强保护利用，推动非物质文化遗产活态传承。坚持创造性转化和创新性发展的方针，全面提升非物质文化遗产保护传承水平，大力弘扬优秀中华传统文化。创新保护传承利用机制，完善配套政策，建立以政府为主导、各有关部门协同推进、全社会共同参与的非遗保护制度体系；围绕推进“一城三带”建设系统工程，深化中轴线文化内涵挖掘阐释工作，深入调查研究传统村落非遗保护，讲好中轴线的文化故事，利用现代表现技术并结合当代精神文化生活需求，讲好北京故事和中国故事，促进非遗文化的国内国际传播，提高文化影响力。

（三）创新文化与旅游融合发展机制，推动公共文化服务新发展

北京公共文化服务体系建设位于全国前列，近年来在积极创建国家公共文化服务体系示范区并发挥其带动作用的同时，公共文化服务建设向纵深和微观方面推进，主要表现为推进城市边缘组团和郊区的公共文化设施建设，规范化利用老旧厂房营造文化空间，公共文化服务的数字化、智能化建设取得长足进步，社会共建共享得到加强。今后需要进一步加强如下方面的工作。①积极推动文化与旅游公共服务的共建共享机制和效能建设。整合利用现有设施资源，推动旅游公共设施文化服务功能配置和公共文化设施旅游服务功能配置的一体化融合发展；共建综合性、多功能的公共服务中心，推动民营实体书店、新型阅读空间、流动公共文化服务设施进入景区，特别是郊区旅游景点；商场、超市、车站、机场、写字楼、银行等商业场所嵌入文化服务设备和文化消费内容；增强游客全域旅游的满足感和获得感，整合文化服务志愿者和旅游志愿者队伍，提高全域旅游地区服务队伍专业水平，提升文化旅游服务水平。②积极破解公共文化资源供给不平衡难题，整体提升全市公共文化服务水平。通过北京市实体书店扶持计划等途径，通过资金扶持、购买服务、租金补贴等办法把更多优秀的民营实体书店、特色阅读空间、儿童绘本馆、美术馆、艺术中心送到京郊人口稠密区域，帮助其拓展郊区市场。引导财政资金更多地向远郊区和城市周边倾斜，加大力度建设大型公共文化设施和文化综合体，以设施项目带动区域公共文化服务提升；推动公共文化资源共享，引导优质文化产品和服务下基层、走乡镇，并锻造一批专业化、特色化、质量硬的优秀文化艺术人才，壮大基层文化服务队伍，为市民群众提供更加优质的公共文化产品和服务。③规范基层文化服务设施的社会化运营。发挥市区级图书馆、文化馆等专业机构的指导作用，吸收具有专业水平的企业、社会组织管理基层文化设施，发挥高水平文化志愿者的力量，在公共文化服务社会化运营中，进一步确定基本公共文化服务的标准、

边界和责任，避免服务外包中可能存在的寻租腐败和资源浪费风险。④充分利用数字文化平台优势，整合基层文化服务资源。进一步强化网络平台社交媒体账号和自行开发数字服务平台的服务互动功能，发挥区和街道两级数字平台资源整合和活动统筹的作用，联合辖区内区级场馆、街镇社区文化活动中心（室）、开放的社会单位和参与文化服务的民营机构，强化公共文化服务精准对接，增强公共文化共享效能。

（四）发挥文化创意产业引领区带动作用，推动“文化＋”市场主体繁荣发展

多年来，北京文化创意产业发展始终位于全国前列，相继以文化创意产业集聚区、文化创意产业功能区建设为抓手推动北京文化产业发展。2019年，北京市发布首批北京市文化创意产业园区名单，认定包括77文创园、北京城乡文化科技园、中关村雍和航星科技园等在内的33家产业园区名单，现代文化产业发展体系不断健全和完善。需从如下几个方面加以提高和完善。①加快编制和出台文化创意产业引领区建设发展规划，明确文化创意产业引领区的发展定位、目标任务、发展措施，更好地发挥其在北京文化产业、文化创新以及融合发展中的示范带动作用。②大力促进“文化＋”市场主体繁荣发展，培育文化融合创新发展新业态。积极推进文化与科技、文化与旅游、文化与体育、文化与生活融合，以新业态培育文化产业发展新模式。以“文化＋科技”壮大数字文化产业，利用文化与大数据、云计算、5G技术、人工智能等融合创新成果，推动内容、技术和模式创新，增强动漫游戏、电子竞技、网络视听新业态的产业实力；以“文化＋旅游”深入推进北京文旅行业发展，开发利用好北京传统和现代文化旅游资源优势，深耕具有北京文化特色的重要IP，推动文化资源向社会开放共享，打造优质文化旅游产品；抓住北京举办2022年冬奥会和冬残奥会的重要契机，大力推动体育产业发展，以“文化＋体育”丰富产品内容、提升产业品质，延伸和实现体育产业的价值，围绕高端化、融合化、国际化推动文化体育产业发展，参与国际市场竞争；以“文化＋生活”推动文化融入社会生活和日

常生活，促进文化消费增长。③发挥文化在夜间经济中的作用，促进夜间经济与城市文化的深度融合。深度挖掘地域特色历史文化内涵，注重文化传承与夜间消费的结合，加快培育具有北京特色的夜间消费活动，以文化体验拉动夜间经济发展，让夜间经济更显文化深度；扩大文化类产品供给，鼓励公共文化空间的夜间开放，鼓励全市范围内博物馆延迟开放时间或者开设夜间专场，拓展城市夜间经济文化空间，盘活夜间经济资源；进一步提升现有文化设施和文化场馆的服务水平，扩大夜间消费的文化供给，不仅要延长包括电影院、咖啡馆、书店等在内的文化设施和场馆营业时间，而且必须有效提升其服务水平，营造良好的具有文化品位的夜间经济环境。④推进文化领域“放管服”机制建设，着力优化文化营商环境。解决文化企业信息分散的问题，运用大数据提升文化企业“放管服”的精准性，建立针对北京文化企业的大数据信用服务平台；利用文创实验区、文化园区等公共服务平台功能，实现文化企业与金融事务、版权事务等便利对接，提高文化企业业务开展效率；拓宽多样化的政策传播途径与方式，确保文化企业所需政策信息的有效传播，着力解决企业与政府部门信息不对称等问题。⑤不断完善政府引导的多元化文化产业投融资格局，推动北京市文化产业进一步发展。挖掘优势项目，寻找社会效益与经济效益兼具的文化项目，尤其在当前文化类基金数量偏少、规模偏小的状况下，政府引导基金应充分发挥财政资金的引导作用，引导金融机构扶持重点文化产业园区等具有示范性、导向性的文化产业项目，鼓励分散式的文化体验中心建设，带动文化生产和文化消费。

文化建设与文化发展战略

Capital Culture Construction and Culture Development Strategy

B.2

2019年北京文化发展与建设的新成就、新进展

晏　晨*

摘　要： 2019年北京城市文化发展质量不断提升，在文化领域不断开拓新局面、取得新成就，以历史文化名城保护、公共文化服务体系建设、文化创意产业发展和对外文化交流传播为抓手，北京全国文化中心功能进一步强化，城市文化竞争力和影响力进一步增强。但仍需推动城市历史文化资源的创造性转化和创新性发展，不断提高公共文化服务的能力和水平，持续激发文化活力，提升文化创新能力，大力推动文创产业向高质量迈进，以及以对外文化交流传播好中国声音，提升北京文化魅力。

* 晏晨，北京市社会科学院文化研究所助理研究员，研究方向为城市文化。

关键词： 历史文化名城　公共文化服务　文化创意产业　对外文化交流传播

2019年是新中国成立70周年，为庆祝建国70周年，北京市深入落实“四个中心”城市战略定位，继续围绕“做好首都文化这篇大文章”推动各项文化工作取得新的成效，积极展示建国70周年来城市文化发展建设的新成就、新风貌，历史文化名城保护工作向纵深推进，公共文化服务质量不断提升，人民获得感得到增强，文化产业发展再上新台阶，文化消费潜力进一步释放，对外文化交流传播影响力进一步扩大，全国文化中心地位不断巩固。

一　持续深化历史文化名城保护，擦亮北京历史文化金名片

北京是世界著名古都和历史文化名城，历史文化保护始终占据着北京城市文化发展建设的重要位置，为加强全国文化中心建设，展示中华人民共和国成立70周年传统文化保护的成就，北京老城整体面貌焕然一新，三个文化带保护不断深入，文博文创持续激发城市文化活力，古都北京正焕发新的生机。

（一）中轴线申遗保护持续开展，街区更新助推老城整体保护

2019年，中轴线申遗保护作为北京历史文化名城保护的重点工作稳步推进。第一，构建中轴线申遗保护规划体系。2019年，中轴线申遗保护按照中轴线申遗保护规划、综合整治规划纲要及配套导则进一步推进，在老城整体保护的视野下，中轴线申遗保护工作的开展与老城整体保护规划和首都功能核心区控制性详细规划相衔接，进一步完善了申遗保护体系，通过规划层面的引领整体推进中轴线申遗保护。第二，遗产点周边环境整治持续开

展。“中轴突出、两翼对称”是老城的基本格局，中轴线申遗保护不仅关注遗产点本身，遗产点周边的环境整治也是其重要内容。2019 年，中轴线申遗保护工作加强遗产点周边区域城市环境综合整治提升，积极推动皇史宬等央产、军产文物腾退整治，完成钟楼北侧紧邻中轴线的宏恩观、红庙街正阳桥疏渠记方碑周边住户腾退，启动伍连德故居、郝寿臣故居等 12 处文物修缮，天坛周边、南中轴路周边整治项目收尾，天坛圜丘坛东部泰元门的复原修缮工程完工，太庙地区的腾退整治工作取得进展，太庙地区已于 2018 年底完成 73 户居民住房腾退，区域内体育场已完成拆除腾退，2019 年太庙以恢复和绿化为主提升地区风貌，新增游览面积 3480 平方米。第三，南中轴御路全线贯通。作为中轴线遗产的重要组成部分，2019 年南中轴御路全线贯通，南中轴路珠市口至永安路段御道铺设完成，同时随着公交集团公司腾退 110 路电车总站临时停车场，北纬路以北、北京自然博物馆西北方路中区域启动御路恢复，至此长 3 公里的南中轴实现了步行全线贯通。南中轴的打通对于提升中轴线南段的景观风貌具有重要意义，也为游人直接体验这条宏伟的城市中轴线、更好地感受古都文化优化了游览环境。

2019 年，街区更新助推老城整体面貌焕然一新。东城、西城历史文化资源丰富，底蕴厚重，如何将古都风貌保护和民生改善紧密结合，让老胡同步入现代生活是老城保护和城市可持续发展的重要内容。2019 年，北京市和东城、西城两级政府大力推动街道街区工作开展，出台了一系列相关文件为老城更新提供政策支持。11 月住建委出台的《北京老城保护房屋修缮技术导则（2019）》为老建筑修缮提供了依据，要求在修缮中最大限度留存历史文化信息，充分利用旧材料旧构件实施原形式、原结构保护修缮。12 月 30 日公布的《首都功能核心区控制性详细规划（街区层面）（2018 年－2035 年）》（草案）提出打造政务环境优良、文化魅力彰显、人居环境一流的首都功能核心区，并划定古都风貌保护区、古都风貌协调区和现代风貌控制区三类特色风貌分区，以古风古貌融入现代城市空间和城市生活，进一步明确了老城保护的要求和 11 类文物保护对象，规划将进一步引导老城保护和传统风貌再现，展示传统与现代交相辉映的首都风范和古都风韵。作为首都功能核心区，东城、西城积极落实北京市《关于加强新时代街道工作的意见》，科学划分街区单元并开展有机更新，分别划出82个、101个街区，以街区为更新单元，确立历史文化遗产保护的首要价值导向，按照功能分类制订设计方案和更新要点。东城以《东城区街区更新实施意见（试行）》为指导全面推进街区更新，已打造史家胡同、草厂四条胡同等“精品示范街巷”，推出东四南、崇雍大街等街区更新样板；西城根据街区分类已形成多套城市设计导则和重点地区深化设计方案，推出17个重点街区，建成街道街区整理展示中心并对外开放。此外，东城、西城还完善了街区责任规划师制度，聘请街道规划顾问、专业设计人员共同推进街区更新工作，使改善人居环境与保护老城历史文化同时推进。

（二）三个文化带保护建设取得新进展，文物保护工作开拓新局面

2019年，北京市统筹推进三个文化带保护建设工作，相关区域结合历史文化资源、利用自然生态环境不断推进三个文化带保护建设工作，在遗产保护利用、景观带建设、区域环境整治、基础设施改造提升上持续用力，取得了良好成效。

2019年12月，中共中央办公厅、国务院办公厅印发《长城、大运河、长征国家文化公园建设方案》，明确了保护传承利用好长城、大运河历史文化资源的总体要求。为贯彻国家文化公园建设的新方案，北京在推进长城和大运河文化保护上持续深化，长城和大运河文化带保护已成为北京市全国文化中心建设的重要支点，其文化内涵已大大超越文化遗产本身，成为中华文化、北京古都文化的展示平台。2019年长城和大运河文化带保护的相关规划密集出台，遗产保护和景观带建设取得实效。

长城文化带保护方面，2019年4月《北京市长城文化带保护发展规划（2018年－2035年）》公布，长城文化带将按照“一线五片多点”展开保护利用，该规划对北京长城664处/片保护性资源共2873处资源点按照价值主体分为长城遗产、相关文化和生态资源三类，今后围绕长城遗产保护、生态修复和增进民生福祉进一步推动长城文化传承。延庆区于2019年10月发布

《延庆区长城保护三年行动计划》，该区计划通过建立数字档案、开展数字化保护，在未来三年实现长城保护体系全覆盖，预计到2022年重点长城点段紧急抢险率达100%。在保护实践方面，长城文化段以分段组团方式有计划地推进重点长城段落抢救性修复、维护修缮和监测工作，为了切实推进长城文化保护，延庆区聘请百余名长城保护员，对长城重点点段开展全天巡查，及时处置出险点段并加强对长城野游的管控，在原状性修缮保护之外，延庆区首次启动数字化保护技术，通过三维激光扫描、无人机巡查等方式开展数字化虚拟复原，利用无人机摄影、卫星遥感等技术获取长城基础数据信息，以信息化支撑长城文化传承保护，随时探测长城本体及周边微小变化，实现人防、技防、物防三结合。

大运河文化带保护方面，以城市副中心规划发展为基础，根据《长城、大运河、长征国家文化公园建设方案》的总体要求和《北京市大运河文化保护传承利用实施规划》和《北京市大运河文化保护传承利用五年行动计划（2018年－2022年）》，构建“一河两道三区”发展格局，全面推进文化遗产保护、沿线环境整治、滨河绿道建设、河道水系治理、旅游休闲功能提升、跨域合作交流等多个层面的工作。[①] 通过发扬大运河历史文化、生态文化，大运河通州段还将打造北京东部首个5A级景区，整合“三庙一塔”（三教庙、燃灯塔）、西海子公园、大运河森林公园等突出的文化旅游资源，增强旅游体验的互动性和特色，打造集旅游、休闲、度假于一体的特色文化景区[②]，大力推动大运河文化传承和城市景观带建设。2019年大运河保护继续围绕河道遗产保护、河道治理、周边综合环境整治等方面展开。大运河源头遗址公园再现“龙泉漱玉”景观，通惠河景观廊道建设工程已完成概念方案编制。

西山永定河文化带保护方面，海淀区、石景山区、房山区围绕各自历史

① 《大运河北京段将实现重点河道通航》，《北京青年报》，http：//epaper. ynet. com/html/2019－12/06/content_ 343603. htm？ div =－1。

② 《通州大运河将建京东首个5A级景区》，新浪网，https：//tech. sina. com. cn/roll/2019－12－06/doc－iihnzahi5706502. shtml。

资源不断深化保护实践。三山五园地区环境整治取得新成效，为了恢复历史景观风貌，海淀区启动东、西水磨地区环境整治项目，东、西水磨地区是处于圆明园和清华大学夹缝中的一块区域，也是三山五园历史文化景区的重要节点，该地区由于道路狭窄、基础设施落后，长期以来环境问题突出、私搭乱建现象较为普遍，此次整治活动的开展将进一步助力三山五园建设，在恢复历史格局的同时改善居民居住环境，提升地区生活质量。2019 年 9 月，石景山区发布《石景山区西山永定河文化带保护发展规划》，以该规划为指导，石景山将围绕古都文化、红色文化、京味文化、创意文化深入挖掘八大处—模式口历史文化、八宝山红色文化、西山永定河生态文化、首钢工业文化等的深厚内涵。2019 年石景山区启动金阁寺古建筑群、十八磴古石堤等水利设施遗址遗迹保护修缮，继续修复永定河生态功能，持续推进模式口文保区修缮改造。2019 年琉璃河考古遗址公园规划建设稳步推进，琉璃河西周燕都遗址为西周燕国都城所在地，是唯一一处城址、宫殿区和诸侯墓地同时并存的遗址，在西周考古中具有突出价值，房山区推进琉璃河西周燕都遗址博物馆的改扩建，并启动琉璃河森林湿地公园和永定河滨水森林湿地公园建设，完善配套旅游服务设施、商业设施和现代农业经济建设，整体推进遗产保护利用和生态环境提升，下一步房山还将积极推动《琉璃河遗址保护规划》和《琉璃河考古遗址公园修建性详细规划》的编制出台。

（三）激发文化创新创造活力，传统文化故事深入人心

2019 年，北京市深入挖掘古都历史文化的深厚底蕴，积极探索传统文化保护传承利用的新模式、新手段，在历史文化资源保护基础上博物馆和公园不断开发融合历史文化、红色革命元素的创意产品，通过增加文化体验中心，打造主题文化旅游线路等方式进一步推动传统文化走入现代生活。作为文博文创界的重要代表，故宫正式提出建设“平安故宫、学术故宫、数字故宫、活力故宫”理念，以平安故宫为基础，增强故宫学术研究的核心能力，以 5G 技术和云计算加强古建文物的数字采集，并推动故宫文化不断深入民众，以传统对接现代，通过举办一系列主题文化展、开辟特色文化空

间，推出《上新了·故宫》第二季等活动和节目，展示文物背后丰富的历史文化价值、美学价值和教育价值等，让文物遗产真正活起来，取得了良好的反响。2019 年，随着北京市属公园景区被纳入文化文物单位创意产品开发扶持范围，天坛、颐和园、动物园等景区结合文化特色开发文化创意产品，如天坛在迎接600 岁生日之际，推出文化体验真人秀《遇见天坛》，普及天坛礼乐文化，并特别推出“中和韶乐”八音盒、天坛圜丘元素祈福礼盒丝巾套装、天坛祈福白茶、天坛国潮黄金首饰、云香香水等系列文创产品；颐和园推出系列彩妆，而动物园则推出醍醐商店特色玩偶，围绕各自景区文化 IP 不断融入新创意新点子，让传统文化通过现代体验经济更好地走入人民生活。文化主题串联景点景区，北京市不断推出精品文化旅游线路。为迎接建国 70 周年，弘扬红色文化，香山双清别墅开展革命文化保护利用主题活动，增强了民众爱国爱党爱社会主义的情怀。截至 2019 年底，香山公园内的八处革命旧址已接待超 150 万游客参观，革命故事融入特色文创带火红色旅游，红鱼、红亭系列文创产品受到游客热捧，印有毛主席笔记的红鱼笔记本、反映革命元素的文创书签和根据领导人饮食习惯推出的特色套餐等，一经推出就成为香山文创的特色品牌，探索了革命文化传承利用的新模式。除了香山革命纪念地引领红色文化旅游风尚，中轴线南段御道贯通后也紧接着推出漫步北京之中轴线南段文化探访路线，通州运河段也将与河北、天津联手打造水上文化旅游精品线路。

二　公共文化服务提质增效，文化惠民工程不断推进

目前北京市拥有市—区—街乡—社区村四级公共文化设施 7131 个，平均覆盖率达 98.85%①，公共文化服务实现高质量全覆盖。2019 年，北京市

① 《15 分钟文化服务圈形成　北京四级公共文化设施覆盖率达 98.85%》，http：//www.bbtnews.com.cn/2019/0926/320663.shtml。

继续推进公共文化服务体系示范区建设，围绕完善公共文化服务设施、提供优质公共文化服务，均衡布局夯实公共文化服务基础；以为人民服务为宗旨，不断增强人民群众的获得感，各区政府将公共文化服务落实落小落细，持续完善公共服务设施体系，满足人民群众的多元文化需求；持续开展公共文化服务数字化、网络化建设，丰富城市文化艺术活动；推进老旧厂房保护利用，大力扶持实体书店发展，城市文化空间品质不断提高，城市文化氛围日益浓厚。

（一）推进公共文化服务体系示范区建设，各区打造公共文化服务新亮点

北京深入推进公共文化服务体系示范区建设，不断提升公共文化服务建设水平。2019 年 3 月海淀区“第三批国家公共文化服务体系示范区”颁牌，目前北京市已有朝阳、东城、海淀等成功创建国家公共文化服务体系示范区，并继续推动石景山、顺义等区创建全国文明城区。2019 年，朝阳和东城区巩固已有优势，不断完善公共文化服务网，持续推进公共文化产品和服务惠及大众。海淀区通过夯实综合文化中心建设、推进文化科技融合、打造文化供给平台、提升区级文化品牌、加强基层公共文化服务队伍建设等措施提升公共文化服务能力，新增三级公共文化设施 16 万平方米，覆盖 7 个区级和 29 个街镇级文化供给平台，打造“文化@海淀”一站式公共文化服务数字平台、形成“中关村”区级文化品牌和“一街一品”街镇级文化品牌，为街镇、社区村等基层配备 750 名文化组织员，群众文艺团队增加到 2800 支。石景山区获第四批国家公共文化服务体系示范区创建资格后，全方位推进公共文化服务建设，作为全国文化馆图书馆总分馆制建设试点，制定《总分馆制建设标准化操作手册》，明确服务标准和管理机制；以优质均衡为原则推进区—街—社区三级公共文化设施建设，每年投入专项资金 1500 万元支持综合文化中心社会化运营；并引导公共文化资源融入旅游服务，在旅游设施和景区中开设公共阅读空间，组织节俗庆典、惠民演出等公共文化活动，整合文旅资源吸引公众走进公共文化设施和旅游景点；推出“石景

山文化 e 站”平台及“石景山文 e”手机 App，建设公共文化服务大数据平台，根据居民文化习惯定向推送个性化的公共文化产品和服务，提升服务效能。顺义区印发《顺义区加快推进公共文化服务体系示范区建设三年行动计划（2018－2020 年）》，通过推进区级博物馆机构设置、推动区文化中心运营、摸底排查继续健全公共文化服务设施、优化基层公共文化设施培植，并对标体系创建要求就设施建设、功能布局、服务规范进行相关培训，促进公共文化软硬件建设。首都公共文化服务体系示范区创建工作持续推进，石景山、丰台、房山、大兴、通州创建首都公共文化服务示范区并通过专家组验收，获得“首都公共文化服务体系示范区”称号。

（二）推进公共文化服务数字化网络化发展，文化惠民丰富群众精神生活

2019 年，北京市依靠丰富的文化资源、互联网基础资源，利用属地网站和人才集中的优势，持续推进公共文化服务数字化发展，积极开发网络文化创新产品，更好地惠及城乡居民。通过推进北京市基本公共文化服务标准化、均等化，全市 530 多万户民众可收看高清交互数字电视，中心城区及部分远郊区实现 12 套中央电视节目无线数字化覆盖，远郊区密云、延庆等 5 个区 48 个乡镇 1024 个行政村覆盖有线电视网络。以“互联网＋文化”创新公共文化服务，2019 年北京依托数字文化馆平台，通过网站、微博、微信多平台普及艺术文化，吸引超过 870 万人次收看网络直播，播放视频 3500 万次，公共文化服务覆盖面进一步扩大，其影响力辐射到河北、天津等省市。网络化助推城市文化传播，2019 年 9 月 6 日，“京・彩”北京城市文化网络传播活动启动，分为“古都韵”“红色城”“京味情”“创新力”“幸福事”“新潮范”多个主题，通过热门景点打卡、短视频挑战赛、网络互动游戏、H5 专题展播、网络公开课和网络直播等丰富的线上线下活动，以网络传播全面展示北京城市文化。

2019 年，北京市文化和旅游局及相关区政府坚持以人民为中心的价值导向，努力丰富首都市民的精神文明生活，不断推动首都公共文化服务事业

的繁荣发展。一是文艺演出精彩纷呈。北京市文化和旅游局主办的2019年首都市民系列文化活动设置了歌唱北京、舞动北京、戏聚北京、艺韵北京、影像北京和阅读北京六大板块，为市民带来了2.3万场精彩的文化活动[①]，并通过惠民低价票补贴政策让更多观众走入艺术场馆感受文化生活。作为文艺舞台的绝对主角，市民不仅在系列文化活动舞台上展现了艺术梦想，贡献了不少精品杰作，如曲艺作品《赤子归心》获得了第十二届中国艺术节第十八届群星奖，还在专业比赛中赢得了荣誉，还有的参与到国庆节当晚在天安门广场举办的联欢活动中，展示了新时代首都群众的精神风貌。北京市不断推出体现首都特色、大国气派和新时代风貌的优秀文艺作品，实现文艺创作从高原到高峰的跨越，由国家大剧院和北京歌剧舞剧院联合制作的原创民族舞剧《天路》摘得国家专业舞台艺术政府最高奖项文华大奖；在2019年8月揭晓的第十五届精神文明建设"五个一工程"获奖名单中，北京共有电影《红海行动》、歌曲《我们都是追梦人》等10部获奖作品，创下历史最高纪录。二是城市公共文化空间日益拓展，市民文艺生活日益丰富。2019年北京市属公园打造文化空间，以"公园+"综合休闲业态升级服务，提供游览新模式，紫竹院公园筠石苑景区友贤山馆与国家图书馆合作提供3000册图书供市民免费阅读，北京植物园的艺景美家园艺生活馆设置了家居体验区、儿童游乐区、植物科普区等多个文化空间，切实满足了人民文化需求。

（三）引导社会力量参与公共文化服务，文化艺术空间提升城市文化品质

北京公共空间文化品质不断提升，城市文化氛围日益浓厚。自2018年《关于保护利用老旧厂房拓展文化空间的指导意见》出台后，不少传统工业空间通过积极改造成功升级为公共文化空间，为广大市民提供了文化艺术体

---

① 《北京2.3万场文化活动满足市民精神需求》，http://bj.wenming.cn/chy/wmbb/201912/t20191230_5366119.shtml。

验的良好场所，也丰富了城市的文化艺术实践。朗园 Vintage 由北京万东医疗装备厂转化而来，是老旧厂房转型文化产业园区的代表，现在已成为重要的文化公园，不仅有展示戏曲艺术的虞社，还有不少剧场、图书馆；过去供应城市东北部煤气的老厂区变身为751D·PARK 北京时尚设计广场，小柯剧场、书吧、餐厅展示了现代文化气息，为市民提供了丰富的文化体验。2019 年，北京市结合已出台的《北京市实体书店扶持资金管理办法》《北京市实体书店惠民活动项目管理办法（试行）》《北京市特色书店、最美书店、最具影响力书店资金奖励管理办法（试行）》等一系列文件，不断加大对实体书店的财政支持力度，实体书店格局不断清晰，书店数量持续增加，传统书店创新升级成为发展趋势，人们的精神生活得到充实。据统计，2019 年北京实体书店同比增长近 30%，北京 239 家实体书店共获得近 1 亿元年度项目扶持，其中 14 家 24 小时书店获专项补贴。网红书店引领全民阅读风尚，三联韬奋书店美术馆店改造后重新开张，它与三联书店三里屯店、Page One 北京坊、中信书店启皓店、钟书阁、模范书局、万圣书园、阅青山书店等网红书店已成为北京一道道亮丽的文化风景，这些书店突出选品特色和业态融合，营造高雅温馨的人性化阅读空间，通过各种文化体验活动吸引了更多人走进书店、亲近阅读，人们在这里读书充电、聆听讲座，感受城市文化氛围。

三　文化旅游融合步伐加快，推动文化创意产业提升发展

2019 年，北京市文化产业增加值占全市地区生产总值的 9.6%，北京文化产业规模继续领跑全国，文化产业仍是北京市重要的支柱产业。根据北京市统计局数据，2019 年 1～11 月北京市规模以上文化产业收入合计 11146.2 亿元，同比增长 8.3%，从业人员平均人数 59.4 万，其中，新闻信息服务仍保持最快增长速度，同比增长 26.4%；文化传播渠道和内容创作生产同比增速分别为 6.4% 和 5.4%；文化核心领域增长 10.1%。中国人民大学文

化产业研究院发布的“2019 中国省市文化产业发展指数”显示，北京市凭借文化产业影响力和驱动力优势以 82.67 分居于综合指数首位。深圳大学管理学院、深圳大学文化产业研究院等联合发布的“2019 中国城市创意指数”（2019 CCCI）数据和排名显示，北京同样位列第一。中央财经大学、北京文投大数据公司在 2019 中国企业家博鳌论坛上首次发布“中国文化高质量发展指数”评价体系，北京居于全国首位，在文化产业竞争力方面保持着绝对优势。

（一）产业园区引领首都文创高质量发展，文化科技融合助推游戏之都建设

北京市将文化产业和文创园区发展作为推进全国文化中心建设的重要环节，以文化产业带动首都城市转型发展和经济结构调整升级，在城市更新的语境下盘活老旧厂房资源发展文创园区经济，使北京文创产业规模持续扩大，创新发展能力不断增强，实现文化产业高质量发展。2019 年 1 月 25 日，北京市正式发布首批文化创意产业园区名单，认定了包括 77 文创园、北京城乡文化科技园、中关村雍和航星科技园等在内的 33 家产业园区名单，标志着文创产业园区建设发展进入新阶段，截至 10 月底，首批 33 家市级文创园区人均产出 210 多万元，实现人均税收每平方米 5000 多元。北京市深入推进文化与科技融合，推动游戏产业提质增效。2019 年 8 月，科技部、中宣部、财政部等六部门共同印发《关于促进文化和科技深度融合的指导意见》，该意见指出要深入推进文化科技融合，激发创新创造活力，以文化和科技融合创新性成果支撑高质量文化供给。以文化科技融合为基础，北京市于 12 月 14 日推出《关于推动北京游戏产业健康发展的若干意见》，提出建成“国际网络游戏之都”的总目标，打造全球领先的精品游戏研发中心、网络新技术应用中心、游戏社会应用推进中心、游戏理论研究中心、电子竞技产业品牌中心，该意见提出了弘扬主流价值、激励精品力作、强化科技支撑、激发创新活力、推进园区建设等重点任务，并力争到 2025 年实现全市游戏产业年产值突破 1500 亿元。区级层面，海淀区发布了支持数字文化产

业发展的重磅政策，文化产业扶持以电竞产业为重点，包括推动游戏研发和内容创作、支持电竞场馆建设和赛事举办、强化人才支撑等6个方面，根据创新性和投资金额给予不同程度的资金补贴，其中按北京市老旧厂房改造政策将区内老旧厂房升级为电竞场馆最高可获不超过1000万人民币补贴，政策的出台将进一步推动海淀数字文化产业创新发展。

（二）改善民营小微文化企业营商环境，文化金融融合创新不断深入

近年来，北京率先建立健全文化产业投融资服务体系，为文化创意企业破解融资难问题，自2017年推出“投贷奖”联动政策以来，北京市积极构建“政策+市场化平台+服务+生态圈”产业支持模式，完善“投、融、担、贷、孵、易”文化投融资服务体系，解决了企业债券融资、股权融资和财政支持资金的难题，提升文化企业融资成功率，有效降低了融资成本。据统计，三年来“投贷奖”共安排超12亿元，撬动社会资本700亿元，支持超过2000家文化企业，民企所占比例超过90%。10月北京市国有文化资产管理中心公示了2019年“投贷奖”资金拟支持的第一批666家单位名单。北京地区中资银行服务文化产业发展，中国人民银行北京营管部数据显示，2019年1~7月发放人民币贷款983.92亿元，同比增长28.7%，贷款户5973户，同比增长58.1%。[①] 2019年，北京市持续改善营商环境，减税降费为文创企业发展创造良好环境。在2019年10月世界银行发布的《2020年营商环境报告》中，北京作为样本城市获得78.2分，世界排名第28位，助推我国连续两年入选全球营商环境改善幅度最大的十大经济体。北京市自2018年以来先后出台了优化营商环境1.0、2.0、3.0系列改革政策，围绕简流程降费用、审批流程优化、产权保护等不断破解关键难题，文化创新型中小微企业收益有所扩大，双创服务效率不断提高。为了给民营、中小企业

① 《文化金融融合亮出“北京模式”》，http://www.beijing.gov.cn/renwen/sy/whkb/t1597904.htm。

营造良好的发展环境，市政务服务大厅启动全国首家首贷服务中心建设，首贷服务集合政府和银行等资源，重点服务民营科创和小微企业，将于2020年一季度末正式运营，进一步解决小微企业的融资难题。为了提升社会效益，文化金融融合深入“文化+老字号”“文化+旅游”“文化+科技”“文化+体育”等领域不断推进首都文化产业高质量发展。

区级文化金融融合创新不断深入，东城、朝阳积极发挥引领示范作用。2019年北京市东城区获批全国首批“国家文化与金融合作示范区”，东城区将在推动文化金融融合发展、探索文化与金融合作机制上不断创新，完善文化金融服务体系，就民营和小微文化旅游企业融资难、融资贵的问题提出解决方案，营造良好的文化产业投融资氛围。朝阳区创新文化金融模式，2018年建立北京首个文化金融服务中心，吸引了各类金融机构入驻，2019年6月继续推动“北京文创四板”落户文化金融服务中心，为文化企业提供四板挂牌、股债融资等专业金融服务，构建全产业链文化金融服务体系。同时，朝阳区大力培育文化领军企业，推行“蜂鸟计划”、培育“独角兽”企业，并量身定制“蜂鸟贷”和“三全三优”系列金融产品，更好地服务文化企业。

（三）文旅融合释放消费新活力，北京市构建文化消费新格局

2019年，北京市激发新一轮消费升级潜力，以促进文旅融合、繁荣夜间经济和推介京郊旅游为抓手，积极实施促进消费提升计划，系列政策为推动文化消费按下加速键。8月国务院办公厅印发《关于进一步激发文化和旅游消费潜力的意见》，提出积极顺应文化和旅游消费转型升级新趋势，深化文旅供给侧结构性改革，以高质量文化和旅游供给促进文化和旅游消费，提升人民群众的获得感和幸福感。12月国家发改委、文化和旅游部等九部门联合发布《关于改善节假日旅游出行环境促进旅游消费的实施意见》，就激发文化旅游消费潜力，缓解节假日旅游出行交通拥堵、提升旅游景区管理水平等具体问题进行统筹部署，以满足人民群众日益增长的美好生活需要。2019年8月，北京文旅局会同相关部门发布《北京市文化旅游领域开放改

革三年行动计划》，12 月北京市文化改革和发展领导小组出台《关于推进北京市文化和旅游融合发展的意见》，这是全国首次推出省级层面文旅融合的规范性文件，以文化和旅游深度融合推动首都高质量发展。该意见立足北京城市战略定位，坚持“宜融则融、能融尽融，以文塑旅、以旅彰文”理念，打造“一城三带一区一圈”空间发展格局，构建文化和旅游资源支撑体系、服务设施和产品产业体系，建立文旅资产交易平台和文旅公共服务融合发展示范区，并通过拓展对外交流综合平台等措施提升文化旅游的国际影响力。该意见的出台顺应了文旅融合发展的大趋势，进一步推动北京文化和旅游资源转化为地区发展优势，不断满足市民和游客对美好生活的向往，增强人民的获得感、幸福感。为了进一步支持各区旅游业发展，北京市财政局、文化和旅游局还印发了《北京市市对区旅游发展补助资金管理办法》。

夜间消费点亮城市生活，文化消费潜力进一步释放。2019 年 7 月北京市商务局出台《北京市关于进一步繁荣夜间经济促进消费增长的措施》，提出了点亮夜间消费场景等 13 项具体内容，繁荣北京夜间消费。北京市统计局关于北京市夜间消费的调查报告显示，除美食餐饮外，2019 年北京夜间消费主要围绕文艺活动和展演展开，看电影和文艺汇演，逛旅游景点或公园，逛书店、图书馆和参观展览等占比分别为 52%、48.7%、32.9%，而在最热夜消费商圈中，奥林匹克公园、前门和大栅栏、朗园等热门文化景点对消费者形成较强的吸引力,[①] 可见文化消费构成夜间消费的主要内容，也为夜间消费提供了体育文化、传统文化、文创文化等多个主题场景。

与城市主要商圈点亮夜间经济形成映照，北京京郊以民宿和精品酒店打造文化消费新热点，涵盖了高端民宿、休闲度假、古旧村落文旅开发、康养旅游等多个类别，使京郊旅游与乡村观光深度结合，打造北京文旅融合发展的新高地。2019 年 12 月，北京市文旅局联合多部门发布《关于促进乡村民

---

① 《激活夜消费　点“靓”夜京城——2019 年北京市夜间消费调查报告》，http://tjj.beijing.gov.cn/zxfb/201912/t20191223_1413227.html。

宿发展的指导意见》《京郊精品酒店建设试点工作推进方案》，北京市文旅局还与北交所共同启动京郊旅游投融资服务平台，为社会力量参与文旅项目开发提供平台，随着品牌旅游机构和社会资本的进入，目前已打造门头沟“梦野童乡”京西儿童乐园、八奇洞景区精品酒店、斋堂真白虎头村精品民宿，怀柔区雁栖镇莲花池村精品民宿，房山区韩村河镇圣水莲庭精品民宿、佛子庄黑龙关村古村落旅游开发项目，平谷区东高村“琴之声”文化旅游项目，顺义区文化影视城旅游体验项目等，推动京郊旅游不断向特色化、规范化和专业化方向发展。

2019 年，主题为“悦文化　惠生活”的第七届惠民文化消费季围绕创意产品设计、文博非遗衍生品开发等推出主题展览、展销和体验活动，并评出五大类 50 个上榜品牌名单。其中，故宫“瑞兽”系列产品等入围“十大文化创意产品”榜单，北京非遗文化体验之旅等入围“十大文化旅游线路”榜单，798 艺术区等入围“十大文化消费地标”，2019 华夏幸福北京马拉松等入围“十大文化体育盛典”，2019 北京国际设计周等入围“十大文化展演活动”榜单。此外，为庆祝新中国成立 70 周年，设立“‘庆祝新中国成立 70 周年’北京文化消费特别贡献”榜单，北京香山革命纪念地、电影《我和我的祖国》等入围。消费季期间开展活动 7816 场次，消费人次达 6239.36 万，实现直接消费金额 118.46 亿元，惠民金额达 2.14 亿元。惠民文化消费季展示了北京全国文化中心建设的丰富内涵，也让北京市民获得了更丰富的文化生活。

四　展示大国首都新形象，对外文化传播交流再上新台阶

作为全国文化中心和国际交往中心，2019 年北京通过国家主场外交、对外文化交流和文化“走出去”展示大国首都新形象，积极传播首都文化和中华文化，不断扩大大国首都的文化影响力。

（一）服务保障国家主场外交，拓展海外传播彰显北京魅力

北京市全力保障国家主场外交活动，积极搭建文化交流平台。2019 年，北京推进国际交往中心功能建设领导小组第一次全体会议召开，会议提出要服务国家总体外交，持续增强重大国事活动服务保障能力，不断健全重大国事活动服务保障长效机制。2019 年 4 月和 5 月，第二届“一带一路”国际合作高峰论坛、2019 年中国北京世界园艺博览会和亚洲文明对话大会先后在北京举办，北京作为会议承办城市承担会议活动服务保障工作，注重文化交流，在景观设计、主题装饰、会务服务等方面既贴合主题，又呈现了京味文化元素。世园会突出了绿色、科技和文化元素，展示全球多样生态文明，以绿色、环保为主题促进世界多元文明交流互鉴；亚洲文明对话大会以相互尊重、开放包容为基础，以对话促进人文交流、文化交融，在文明交流中增进理解和合作，北京利用活动契机向亚洲和世界各国展示了首都的文化风貌，进一步提升了首都文化魅力和大国首都的文化影响力。

2019 年北京市深入拓展文化海外传播，通过策划体现北京文化特色的宣传活动和公共外交活动，积极向世界宣传北京文化。2019 年“魅力北京”品牌推广活动先后走入巴拿马城、加勒比海国家的特立尼达和多巴哥、维也纳、波兰华沙、墨西哥城、萨拉热窝等地，通过图片展、公众日活动、旅游推介活动等宣传推广北京文化和旅游，全面展示北京作为著名古都和现代国际都市的文化魅力，以丰富多样的旅游活动和产品，吸引世界各地对北京的关注和了解。12 月北京市出台的《关于推进北京市文化和旅游融合发展的意见》确立了国际一流旅游城市建设目标，加大旅游的境外宣传推广力度，以“一城三带一区一圈”文化旅游空间布局打造世界级文化旅游典范区和具有全球影响力的文化旅游带，推出精品旅游路线，积极推动入境旅游发展。世界旅游城市联合会赫尔辛基香山旅游峰会发布《世界旅游城市发展报告（2019）》，公布 2019 年世界旅游城市发展排行榜综合排行和六个单项排行城市榜单，北京市居于综合排行前十名的第五位，并进入“经济贡献度”前 20 名。中国旅游研究院和 Google 合作发布的《2019 中国入境游游客

行为与态度研究报告》指出，北京和上海是入境游客第一认知的城市，北京入境游还有很大的发展空间。北京市推行北京入境旅游全球战略合作伙伴计划，征集全球官方旅游合作伙伴，自2018年启动以来已发展了60个合作伙伴，旅行商也突破北京十大重点客源市场和共建“一带一路”国家范围，扩大到中东、南美地区，显示了北京旅游项目的吸引力和影响力。

2019年品牌性公共外交活动“欢乐春节”“北京之夜”“北京周”持续在全球推介北京文化，成功举办第二届中国——中东欧国家文化艺术嘉年华、首届拉美及加勒比文化艺术嘉年华，不断扩大对外文化交流合作。2019年春节期间，以文旅融合为亮点的“欢乐春节”在133个国家和地区开展1500余场活动，涵盖文艺展出、庙会、展览讲座等30多种类型，为各地的人们带去多种文化体验和旅游推广活动，向全世界展示了传统春节的文化魅力；“北京之夜”走进希腊萨洛尼卡、日本东京等城市，通过精彩文艺演出向当地民众展示了中华传统文化的魅力，东京作为北京缔结的第一个国际友好城市，还在端午节期间举办“北京周”活动与当地民众进行积极互动。北京市坚持“引进来”与“走出去”并重，不断扩大北京文化的国际影响力，加强北京与海外的对话交流，提升了北京的文化魅力。

（二）拓展对外文化交流平台，做强北京国际文化品牌

2019年，北京市通过各类国际会展活动，拓展对外文化交流平台，提升北京文化和中华文化的国际影响力。近年来，北京已成功打造北京国际设计周、北京国际电影节、北京国际图书博览会、北京国际音乐节、北京国际舞蹈节等重要专业活动，邀请各行业的国际人才来京展演合作，助推北京文化对外传播和交流。加强文旅融合发展，打造国际文化旅游品牌，2019北京国际旅游博览会、第十四届北京国际商务及会奖旅游展览会向来自欧洲、北美等主要入境客源市场的国际买方推介北京旅游。2019年北京市配合国家重大活动和国家发展战略，以文化助推国际交流和合作。围绕筹备2022年冬奥会与冬残奥会等活动，2019年7月，北京文化投资发展集团下属文投控股股份有限公司正式成为北京2022年冬奥会和冬残奥会官方文化活动

服务赞助商，作为首家奥运文化活动服务赞助商，作为国有企业的文投控股将利用冬奥会契机展现国家和首都形象，让北京冬奥会成为扩大对外开放、展示文化风采的重要国际舞台。为配合国家“一带一路”建设，推进国际文化交流、加强对外文化贸易，12月全国首个国际文物交流平台在顺义天竺保税区成立，平台的建立将促进保税区对外文化贸易发展，以文化贸易基地为依托推动文化“走出去”与“引进来”，持续深化“一带一路”文化贸易和交流合作。为讲好中国故事，北京市运用文化发展专项引导资金和北京文化艺术基金，推动企业、文艺院团开展对外传播，积极提升国家文化影响力，推动中华文化“走出去”。北京市文化企业大力推动产品海外传播，收到了良好的传播效果。四达时代非洲传输平台、俏佳人美国传播平台发挥渠道特色，展映《媳妇的美好时代》等北京优秀影视剧，引发“中国热”；推动文艺院团海外巡演，昆曲《牡丹亭》、话剧《司马迁》在海外引发热烈反响。2019年北京市75家企业入选国家文化出口重点企业，占全国的22.3%。2018年，北京市文化贸易出口24.3亿美元，同比增长9.9%。原创动漫游戏企业出口产值达182.47亿元，同比增长57%，网络游戏、网络文学等文化产品“走出去”的效果日益显现。

五　加强北京文化建设的建议

2019年北京市积极推进城市文化建设发展，城市文化发展质量不断巩固提升，全国文化中心功能不断强化，但仍需不断激发文化活力，提升文化创新能力，推动城市历史文化资源的创造性转化和创新性发展，不断提高公共文化服务的能力和水平，大力推动文创产业向高质量迈进，以对外文化交流传播好中国声音，提升北京文化魅力。

（一）全面推进历史文化名城保护，推动传统文化传承利用

北京历史文化名城保护仍然存在文物遗产保护尚待加强、文化内涵挖掘不够、传统文化保护传承整体性和协同性仍需增强等问题，提出建议如下。

1. 建立完善北京文化遗产资源数据库

北京博大丰富的历史文化资源是城市发展的重要基础，也是不可再生的宝贵文化财富，当前北京名城保护已取得重要进展，但由于资源分散、占用情况复杂、投入不足、对遗产价值认识和重视程度不够等制约因素，仍有不少文化遗产处于不断衰败之中，亟须改善文物保护状况。目前已有向公众开放的展示老城历史文化资源的“北京印迹”平台，今后需进一步深入推进全市范围内的文物遗产普查，全面统计全市各级各类文物古迹、非物质文化遗产基本情况，利用数字技术建立完善北京市文物遗产档案数据库，为每一件文物、每一处遗址、每一个遗产项目构建数字“身份信息”，详细记录并定期监测文物的现存状况，用现代技术为文物保护保驾护航，为今后保护修缮工作的开展提供依据，并可结合具体情况有计划有步骤地面向公众开放。

2. 深化文化内涵挖掘，推动遗产保护利用

保护传统需要立足当下，历史遗产如何更好地对接现代文化仍是重要的现实议题，推动遗产保护传承利用，需要深挖历史文化资源内涵，提炼传统文化理念和元素、融入现代创意讲好传统文化故事，以扎实的学术研究支撑传统的现代诠释，通过现代产业运作和文化传播创新让遗产融入现代文化、走入当代生活，彰显古都文化遗产的历史文化价值。

3. 推动建立全市层面历史景观保护体系

北京作为古都和历史文化名城具有多种类型的丰富历史景观，但目前历史景观只是散落在城市各处，景观之间还缺乏必要的呼应和联系，历史文化线索仍有待厘清，从景观本体保护走向整体形态恢复、从单一具体景观串联起传统文化主题线路、从历史景观出发建构城市文化空间，将有利于点亮城市景观提升北京作为国家首都和历史文化名城的文化形象，展现大国首都和中华传统文化的独特魅力。

4. 统筹推进三个文化带保护建设工作

目前，三个文化带保护工作主要以各区为主体展开，全市层面的统筹还有待加强，需以三个文化带保护建设规划为指引，构建三个文化带共同保护

建设模式，加强不同区域、不同部门之间的共商协作，在全国文化中心城市空间格局、京津冀协同发展的总体语境下，加强三个文化带保护的顶层设计和统一部署安排，形成三个文化带保护建设的合力。

（二）平衡优化公共文化服务供给，不断增强公共文化服务能力

北京公共文化服务体系建设在硬件设施、产品和服务供给以及社会化运作方面取得了显著成效，但仍然存在不同地区公共文化服务能力不平衡、数字公共文化服务建设仍待加强，基层文化场馆利用率有待提高、社会化运营程度需进一步提高等问题，还需从以下方面着力，不断提升公共文化服务水平。

1. 努力破解公共文化资源供给不平衡难题，整体提升全市公共文化服务水平

目前，北京市朝阳区、东城区、海淀区等公共文化服务体系建设处于领先水平，但从全市范围来看，公共文化设施和文化综合体分布仍不平衡，中心城区和发展新区存在一定差距，特色化、专业化的优质文化产品和服务较少惠及城市外环和远郊区。为了突破公共文化资源分配不平衡问题，需要引导财政资金更多地向远郊区和城市周边倾斜，加大力度建设大型公共文化设施和文化综合体，以设施项目带动区域公共文化服务水平提升；推动公共文化资源共享，引导优质文化产品和服务下基层、走乡镇，并锻造一批专业化、特色化、质量硬的优秀文化艺术人才，壮大基层文化服务队伍，以优质的公共文化产品和服务更好地服务群众。

2. 加强公共文化服务体系数字化建设

一是利用北京5G发展的先机，将5G技术运用到超高清视频、演出赛事直播、广播电视、文体场馆体验等丰富的应用场景中，提升城市公共文化服务水平，满足市民高品质文化需求。二是优化精品文化资源的供给，在公共文化服务数字平台建设中加强与故宫博物院、国家图书馆、国家大剧院、中山音乐堂等重点文化单位和优秀文化企业的合作，推动优质文化资源的共建共享。三是在已有的区级公共文化服务云基础上，积极整合全市公共文化服务资源，打造“文化北京”公共文化云服务平台，以公共文化设施、资

源对接群众文化需求，用大数据追踪群众使用状况，进一步提升文化场馆的服务水平和能力。

3. 以社会化运营提升基层公共文化服务能力

一是建立统一透明的政府购买社会服务信息发布平台，及时公布公共服务外包信息，遴选优秀的运营主体参与公共文化场馆改造，打造特色服务空间。二是鼓励社会资本入驻公共文化设施或对老旧厂房进行创意适用性改造，持续引入社会力量盘活公共文化场馆资源，以专业化、优质化的文化产品和服务推动公共文化服务水平提升，如借鉴朝阳文化馆“9 剧场”、朗园 Vintage 成功经验，增强公共文化服务能力。三是继续扶持社会力量建设城市阅读空间，阅读是衡量城市文化的重要指标，但目前中国的人均阅读量远远低于欧美发达国家，北京在推动书香城市建设中需大力倡导全民阅读风尚，积极打造各类城市书房，对开办企业予以税收优惠和奖励扶持，督促企业履行社会公益职责。

（三）积极推进“文化 +”模式，推动文化产业高质量发展

北京文化产业发展保持全国领先地位，近年来通过建立健全现代文化产业体系，培育新兴文化业态，不断提升文化产业的创新力、市场竞争力和影响力，为继续发挥首都文化产业引领作用，需要从如下方面予以加强。

1. 不断完善政策和服务支持，助力文创产业园区发展

健全文创产业政策支持体系，结合文创产业园区和文化企业发展实际需求制定系列文创支持政策，以园区发展咨询、宣传推介、园区配套设施建设等定制服务为企业营造良好的发展氛围；针对企业尤其是中小初创企业面临的融资难、融资贵问题，加强文化金融服务，包括提供文化金融一站式服务，帮助文化企业用好“投贷奖”联动政策和文创金融服务网络平台等，吸引银行入驻文创园区，为企业发展提供专业化、特色化金融支持，探索文化银行、文化保险业务，培育和打造产业特色鲜明、集聚程度高、管理运营规范、示范带动能力显著的文创产业园区，推动文创产业全面高质量发展。

2. 以“文化 +”推进产业融合，培育文化新业态

把握当前产业融合大趋势，推进文化与旅游、文化与科技、文化与体育融合，以新业态培育文化产业发展新模式，推动文化产业新发展。一是以“文化 + 科技”壮大数字文化产业，利用文化与大数据、云计算、5G 技术、人工智能等融合创新成果，推动内容、技术和模式创新，增强动漫游戏、电子竞技、网络视听新业态的产业实力；二是以“文化 + 旅游”深入推进北京文旅行业发展，开发利用好北京传统和现代文化旅游资源优势，深耕具有北京文化特色的重要 IP 如故宫、皇家园林、非遗品牌及资源，完善 IP 合作与授权，推动文化资源向社会开放共享，打造优质文化旅游产品；三是把握北京 2022 年冬奥会和冬残奥会重要契机，大力推动体育产业发展，以“文化 + 体育”丰富产品内容、提升产业品质，延伸和实现体育产业的价值，同时利用体育产业的国际化特点推动文化产业开辟国际化道路，围绕高端化、融合化、国际化推动文化体育产业发展，参与国际市场竞争。

3. 把握文化消费热点，提升文化消费品质

随着文化旅游、夜间经济、京郊旅游成为文化消费的新增长点，文化消费需求被进一步释放，这既是文化和消费领域发展的重大利好，也给城市综合管理带来了挑战。以夜间经济为例，数据显示，国庆期间北京市景观夜间门票在线订单量增速排一线城市首位，夜间消费成为北京文化消费新亮点，同时这也意味着城市需加强交通、消防、安保方面的统筹安排。平衡好消费与文化的关系，以文化拓展消费的形式和内容，丰富文化消费场景，还需提供高质量、多元化、个性化的文化消费产品和服务，运用数字技术优化文化消费模式，促进文化消费升级，更好地满足人们的物质和精神文化需求。

（四）建立健全文化交流传播协调机制，不断扩大对外文化交流

北京市不断深化对外文化交流传播，做强做大文化交流国际平台，中华文化和北京文化的世界影响力不断提升，但影响和制约北京对外文化交流传播的因素仍然存在，针对问题提出如下建议。

1. 抓住国家发展战略和举办重大国际赛事的机遇，打开对外文化交流新局面

落实北京全国文化中心和国际交往中心的战略定位，利用好国际国内两种资源，抓住“一带一路”建设、冬奥会契机，规划建设好重大外交外事活动区、国际会议场所，承办好重大国际会议、论坛和会展活动，吸引更多跨国企业、国际组织和机构入驻，积极展示中华传统文化、地域文化、特色文化；加强与沿线国家和地区、组织的沟通合作，不断促进中外文化交流，开发新的文化贸易市场和合作伙伴，提升中华文化和北京文化的影响力。

2. 顺应文化和旅游产业融合发展趋势，增强文化“走出去”实力

文旅融合是北京文化产业发展的重要内容，在推进北京文化旅游品牌建设方面，吸收国外旅游商经营理念、产品创意等，不断丰富赴京文化旅游线路，一方面挖掘传统文化内涵继续做好长城、故宫等经典旅游目的地的旅游服务和产品供给，以“一城三带一区一圈”拓展北京传统游线路；另一方面开发更为丰富多样的文旅资源，如打造胡同游、特色小镇游，让国外游客体验北京文化的不同方面。针对对外文化贸易中缺乏具有核心竞争力的文化产品和服务的问题，除了以本土文化特色做强文化品牌、培育“走出去”优势之外，还需加强与国外领先企业在内容制作、技术、版权、人才等领域的交流合作，打造更多具有世界影响力的城市文化品牌。

3. 拓展对外文化交流的渠道和路径，提升国际传播水平

构建以政府为主体、官方和民间共同参与的公共外交活动模式，鼓励文化企业、社会团体和个人加强对外文化交流，自觉弘扬中华传统文化和北京文化，促进中外文化的交流和融合。在文化产品和服务供给上要针对国际受众需求，开发面向不同国别、背景的文化产品，通过文艺团体、文学作品翻译、影视游戏等，向世界推出更多具有国际水准、北京特色，体现大国首都精神的优秀文化作品，向世界讲好中国故事，传播好中国声音。

B.3

2019年北京城市副中心文化建设新进展

王文超*

摘　要： 副中心文化建设是北京城市副中心高质量发展的重要抓手，也是推进北京全国文化中心建设的重要组成部分。创建古今同辉的人文城市，需要充分挖掘以大运河为核心的历史文化资源、建设文化旅游融合发展区及相关文化景区、打造满足公众高质量文化需求的公共空间及服务体系，同时推动京津冀文化共融、协同发展。

关键词： 城市副中心　文化建设　大运河　高质量发展

北京的城市副中心建设是在调整首都空间格局、治理大城市病、拓展发展新空间、推动京津冀协同发展的综合需求下提出来的。在规划与设计之初，文化建设就成为重要抓手，深度聚焦如何创建古今同辉的人文城市，充分发挥文化在城市建设中的引领作用，增强文化创新驱动力，促进北京全国文化中心建设等议题。围绕这些长远目标，副中心文化建设在2019年取得了阶段性成果，在挖掘以大运河为核心的历史文化资源、建设文化旅游融合发展区、打造满足公众高质量文化需求的公共空间及文化服务体系方面有条不紊地展开。

* 王文超，博士，中共北京市委党校（北京行政学院）哲学与文化教研部讲师，研究方向为民俗学、城市文化。

一　紧扣大运河历史文脉，深化文化遗产保护与利用

副中心是北京推进大运河文化带建设的重要阵地。2017 年 2 月 24 日，习近平总书记在考察副中心建设情况时强调，“通州有不少历史文化遗产，要古为今用，深入挖掘以大运河为核心的历史文化资源。保护大运河是运河沿线所有地区的共同责任，北京要积极发挥示范作用。”为落实总书记讲话精神，北京城市副中心将打造“古今同辉的人文城市”作为发展目标之一，空间布局方面依托大运河构建城市水绿空间，打造生态文明带，“一带”的确立不仅奠定了副中心建设的空间格局基础，更勾连了城市底蕴与未来发展的时间长廊，将成为城市副中心高水平建设的重要标志。

（一）加强历史文化资源梳理与研究

一是在文物和历史景观资源方面，初步完成《通州区文物保护规划》和《三庙一塔景区保护利用规划》编制工作，结合《北京城市副中心控制性详细规划（街区层面）（2016 年－2035 年）》中“一河三城，一道多点”的整体保护格局，着力进行了文物考古及景观修复。对老城区内有影响力的“三庙一塔”历史景观进行环境整治，健全综合管理机制，逐步恢复历史面貌，通过文物展览增添历史厚重感。

二是活态文化资源层面的工作。民俗文化是大运河文化的底色和重要组成部分，2019 年出版的《北运河民俗志·第一卷：基于文献与口述的考察》从民众生活文化视角对大运河流域文化进行初步总结。[①] 该书是市委宣传部全国文化中心建设重点项目成果，从整体上研究阐释运河文化的特质，分析民众的身份认同及相关信仰记忆，增强了群众对运河文化的认同感和文化体验，这项成果对推动北运河流域民俗文化资料的系统化、科学化、理论化建

① 毛巧晖等：《北运河民俗志·第一卷：基于文献与口述的考察》，中国戏剧出版社，2019。

设有很重要的意义。[①] 该项目组 2019 年还着重对北运河非遗项目的保护与传承进行了研究。

（二）统筹历史文化街区保护和建设

文化街区是历史文化名城保护的内涵，也是当前国家社会治理的重要单元。如何统筹历史文化街区建设，将优秀的街区历史文化资源和生动的民众实践，同副中心功能定位、文物保护与城市管理有机结合，成为 2019 年副中心历史文化保护工作的重要议题。

在副中心街区规划中，每个街区都综合考虑了文物保护单位与公共文化设施。重点是"加强古城以一轴四街为代表的文化景观街道建设，保护古城道路肌理。整体保护'十八个半截胡同'历史文化街区，加强空间肌理与历史风貌控制，同步改善人居环境品质"。[②] 在具体实践层面，通州古城区最典型的南大街在历史上曾是回族聚集区，在《通州文物志》等史志文献中都有关于"十八个半截胡同"的记载，独特的街区构成与格局承载了回族同胞的历史记忆，一并见证了通州古城特有的街区商贸、信仰与市井生活。在历史街区保护进程中，这里被作为回族民俗文化街特色品牌进行专门打造，"对接区级南大街区域发展规划，把文化保护传承与疏解整治结合起来，挖掘地域文化内涵，打造中仓文化符号，聚焦文物保护、整治环境、提升品质等环节，将南大街打造成为通州古城核心区的特色人文街区"[③]，特定历史街区的保护已经融入地方治理进程的重要内容。

此外，副中心还将以通州老城区历史街区保护带动路县故城遗址保护区、张家湾古镇保护区、漷县古城保护区历史片区以及一批重点传统村落的保护和建设。与曹雪芹有很深渊源的张家湾镇提出向社会征集古镇保护利用

① 毛巧晖：《文化想象与地域记忆》，《中国艺术报》2019 年 12 月 23 日，第 3 版。

② 叶楠、刘健：《坚持文化传承　以文化为魂促进北京城市副中心建设》，《北京规划建设》2019 年第 2 期，第 28 页。

③ 通州区中仓街道办事处：《中仓街道 2019 年工作计划》，北京市人民政府官网北京市政府信息公开专栏。

方案，以打造红学文化走廊为主线，保护利用区域内的古城墙、通运桥、大运河与元通惠河古道、明花板石厂等历史遗迹，对一些有特色的历史建筑进行复建，力争重现漕运古镇的历史文化风貌。[①]

（三）持续打造大运河文化品牌

文化品牌是区域发展的定位和标杆，对于城市副中心而言，打造一张能够彰显文化精神和历史使命的金名片，“大运河”无疑是最合适的对象。近年来，通州区及副中心建设也正在围绕运河品牌文化大做文章。

一是把握核心历史景观内涵，实现北运河局部通航。航运无疑是大运河文化体系中最核心、最直观的表达。让大运河（北运河）实现通航，既是政府及专家学者推进北运河文旅产业发展的重要策略，更是群众所向所想。10 月 3 日，北运河通州段（北关闸至甘棠闸段）率先实现游船通航。北关闸不仅是北运河上第一座肩负防洪使命的分洪枢纽工程，更具有历史意蕴，作为温榆河与北运河的交汇口、通惠河与北运河的连接处，其通航增添了特殊的历史意义。通过规划三条游览线路、打造北运河滨河夜景，市民游客可以在约 1 小时的航程中览尽大运河美景。目前所及通航里程仅是长远规划中的一小部分，今后还将实现北运河其他河段、通惠河部分河段、潮白河部分河段的通航，由此共同构建大运河航运景观。

二是继续打造运河文化艺术节，传播通州运河文化。2009 年以来，通州运河文化艺术节在连续举办中不断创新，已成为副中心重要的文化品牌。2019 年与前几届艺术节相比又有了新变化：在时间上，从以往的一月有余延长至两个多月，为文化展示、活动开展提供了充裕的时间；在参与度上，文化艺术节已经逐渐形成基层参与、京津冀交融、运河文化带互通的格局，2019 年进一步深化，在开幕式表演中邀请了来自京津冀三地以及京杭大运河文化带的众多优秀文艺团体参与；在内容上，除了突出艺术公赏，更加强调文化品读，满足群众多元精神文化需求，通过举办“戏说运河”系列主

① 徐淑兰：《统筹副中心历史文化街区建设》，《北京日报》2019 年 1 月 18 日，第 13 版。

题的专家讲座，帮助群众从文化生态、身体美学、摄影技术、运河文化等层面深入理解创建大运河文化带示范区的重要意义，把握国家政策及区域建设的未来方向。

二　推动文旅深度融合，打造大运河文旅精品示范带

（一）推进副中心文化旅游区及大运河景区建设

文化旅游区是城市副中心总体规划的重要组成单元，其发展定位十分明确："旨在打造面向世界的现代时尚旅游目的地和高端产业集聚的文化创意产业园区"。[①] 副中心将在占地12.05平方公里的文化旅游区内，打造以世界知名品牌环球主题公园为核心，以沉浸式、主体化娱乐为主，集零售、餐饮、娱乐于一体的综合性文旅商业体。2019年，主题公园正式定名为"北京环球度假区"，项目一期基本完成钢结构搭建，进入游乐设施安装阶段，一些大型景区建筑及娱乐设施初现雏形，并首次公布七大主题景区，其中"变形金刚基地"和"功夫熊猫盖世之地"为全球首次推出的IP创意品牌。此外，还与阿里巴巴集团达成战略合作，以科技赋能园区运营，引入阿里巴巴的技术和生态系统，以及金融支付等产品，今后将为游客提供科技化、智能化、多场景线上线下一体化的服务体验，在全力打造智能化主题公园及度假目的地的同时，也将为全球娱乐及主题公园行业树立崭新的管理和运营标准。相关主题酒店及交通配套设施建设也取得进展，"梦幻"地铁站即将实现通车。

大运河文化旅游景区是副中心文旅发展的又一重大项目，通州区政府专门成立了创建国家5A级旅游景区工作办公室，全面统筹协调景区建设，加强顶层设计。景区项目以大运河森林公园、运河公园、"三庙一塔"景区为

---

① 北京通州文化旅游区管理委员会：《城市副中心规划建设指挥部调研文化旅游区，着力提升城市规划建设水平》，北京市人民政府官网北京市政府信息公开专栏，2019年8月9日。

核心，辐射绿心、环球主题公园、路县故城、通州古城、张家湾古镇、西海子公园等，整合文旅资源，全面展示大运河流域的文化生态。

（二）打造文旅产业链的文创集聚区及特色小镇

文化创意是实现文旅产业深度融合的重要动力。通州区2019年出台《文化创意产业扶持资金实施细则》，以此引导资金投入，完善顶层设计，推动文化创意产业高质量发展，带动文旅融合高质量发展。与此同时，文创集聚区的形成以及文创园区和相关小镇建设，进一步拓展了旅游新业态的重要空间和窗口。

宋庄文化创意产业集聚区是副中心文创与艺术发展的排头兵，经过十余年的打磨已经渐趋成熟。本年度新规划项目占地26公顷，计划建设艺术品拍卖大厦、展示交易中心、文交所大楼、艺术品物流基地、艺术商业中心等配套设施；在文创发展支撑方面，揭牌成立了北京银行宋庄文创特色支行，聚焦各个细分的文化创意产业领域，建立信贷快速审批的通道，同时配备专业化团队，为文化企业提供更好的金融服务①；在活动内容上，10月举办的宋庄文化艺术节以“艺术之光——艺术参与社会构建的新时代”为主题，集中宋庄全域艺术资源，向游客展示宋庄特有的艺术生活形态。

副中心建设带动周边“拓展区”发展。近年来，文旅小镇受到各方关注，其出发点就是通过凝聚区域内优势资源，打造最具特色的IP，以文化、农业、康养、休闲、医疗、科技等多元素带动产业发展，最终实现“+旅游”的综合发展路径。副中心核心区的功能定位，尤其是文化旅游区及相关景区建设毫无疑问会带来巨大的人口流量，拓展区的差异化定位在分享核心区带动效益的同时，也势必成为拉动核心区发展的支撑力。与大多数旅游小镇有所不同，通州区出于历史原因，原有镇域在历史遗迹、文化生态、自然景观保存上都不甚理想，很多已成为历史记忆，更需要重构和创新。通州

① 《文化金融驱动城市副中心产业发展》，《北京日报》2019年1月28日，第4版。

各乡镇结合自身文化资源优势，坚持“特而精、小而美、活而新”的发展目标，逐步寻求特色化的发展定位（见表1）。

表1　副中心拓展区特色小镇建设及功能定位

镇名	功能定位	具体规划
宋庄	艺术创意小镇	“两区、两带”空间格局：小堡艺术区和镇中心区，温榆河国际交流带和潮白河生态休闲带；全力打造以大视觉产业为核心，以中国原创艺术为特色，具有国际影响力的艺术创意小镇
台湖	演艺文化小镇	3个小组团，以演艺文化功能为核心轴带，串联台湖公园、演艺小镇、环球主题公园，形成绿带穿插、组团化集约紧凑的空间布局
张家湾	文化休闲小镇（漕运古镇）	北部主打设计小镇，南部以镇中心区及南火垡集建区为重点，建设以生态休闲体验为特色的综合服务中心
潞城	生态智慧小镇	营造运潮两河水岸风情、潮白河生态景观带，建设围绕副中心行政办公功能的智库与人力资源聚集区，增强田园国际交往与智慧创新功能
西集	生态休闲小镇	“一轴连四核、两翼带五区、绿道贯两河”的城镇空间发展格局，包括樱桃采摘文化片区、运河文化休闲片区、湿地景观游憩片区、潮白农事体验片区、生态垂钓度假片区
漷县	文化健康小镇	“古城文旅、健康智慧、生态田园”三个主题，积极做好“文化+”和“健康+”，统筹健康产业集群发展，推动健康休闲产业兴盛，促进健康服务产业崛起
于家务	科技农业小镇	以生态科技之乡、中国种业硅谷为目标。科技创新组团，引进高质量企业，构建绿色产业体系
马驹桥	科技服务小镇	服务于高科技的台湖镇环渤海总部基地、亦庄经济开发区
永乐店	新市镇	近期做好用地资源预留和管控，远期发挥区域交通枢纽的重要作用，强化与大兴采育镇、廊坊市区、天津武清区的协同发展

2019年，西集生态休闲小镇融入“科创”元素，正式揭牌国家网络安全产业园，“科创”主题的带入将推动西集农业向生态化、园区化、标准化和产业化转型升级，同时启动第一批16个村的美丽乡村创建工作，还增建一处7万平方米的亲水公园，满足群众休闲生活需求；北京农民艺术节在潞城的北京国际都市农业科技园开幕，全市13个涉农区在运河畔共享农业科技成果；作为北京国际设计周永久会址的张家湾设计小镇，迎来首批33家

城市科技和创意设计企业签约入驻，标志着设计小镇建设进入实质性发展阶段。北京建筑设计研究院等将带动更多高端设计资源在此云集，推动副中心东南部文化创意和设计服务产业高地建设。副中心的特色小镇能否落实功能定位形成文旅产业集群，还有待更细致的工作布局。

（三）深化文旅融合，构建京津冀文旅协同发展圈

一是积极引导企业面向全国，增进文旅产业交流互通。通州区文旅局组织和带领通州区旅游企业参加了在天津举办的2019年旅博会，通过展台展示、画页传播等方式来推介通州深厚的历史文化旅游资源，展示副中心未来的文旅发展规划和方向。

二是以区域文化交流为抓手，切实推进京津冀文旅协同发展。通州区文旅局与天津市武清区文旅局、河北省廊坊市文旅局共同主办了“流动的文化·传承的运河——2019通武廊传统文化季”，探索打造“金三角”地带，发挥三地地缘与文脉优势，通过具体的“六个一”系列活动，集合三地最具代表性、最受百姓喜爱的非遗、摄影、国学等文化活动，搭建文化交流平台，这一活动标志着京津冀文化旅游协同发展进入实质性阶段。

三　营造文化空间，促进公共文化服务高质量发展

（一）打造公共文化服务设施新地标

副中心公共文化设施建设的目标定位是，到2035年基本实现人均公共文化服务设施建筑面积0.45平方米以上，人均公共体育用地面积0.7平方米以上。[①] 为补足副中心公共文化设施的短板，一批重点工程破土动工，最具代表性的“三大新地标”（副中心剧院、图书馆、博物馆）于2019年10

---

① 北京市规划和国土资源管理委员会、通州区人民政府：《北京城市副中心控制性详细规划（街区层面）（2016年－2035年）》。

月投入建设，同期建设主体建筑及配套设施。

城市副中心剧院，又名“文化粮仓”，建筑面积约12.53万平方米，建筑高度49.5米，内设歌剧院、音乐厅和戏剧院，分别能容纳1800人、1600人和1000人，其设计理念源于通州古粮仓和运送物资的船舶，建成后将是集演艺演出、艺术创作、艺术教育、现场体验等功能于一体的达到世界级一流剧院标准的综合性艺术场馆。副中心图书馆，又名“森林书苑”，建筑面积约7.5万平方米，高22.3米，馆内按功能分区设有古籍馆、非遗馆、阅览区、智慧书库、报告厅等，预计每日可接待5000至8000人次。外形设计理念源于中国传统文化符号“赤印”，屋顶采取宛若森林伞盖的树状建筑结构，建成后将是集知识传播、城市智库、学习共享等功能于一体的重要文化传播场所。副中心博物馆，又名“运河之舟”，建筑面积约为9.7万平方米，建筑高度35米（最高点48米），预计每日可接待6000人次。设计上结合古运河文化中的水、船、帆三种主要元素，建成后将是集馆藏、展陈、研究、教育、文保修复等多种功能于一体的大型文化典藏空间。①

在文化新地标引领下，副中心继续推进全域内文化馆、图书馆总分馆制建设，目前已有6个文化馆分馆、9个图书馆分馆，预计到2020年实现镇级、街道级分馆全覆盖，同时优化移动图书馆和电子图书借阅服务，推进创建公共文化服务体系示范区工作步伐。

（二）建设绿色生态文化空间

“城市绿心”是副中心总体规划的重点功能区，承担着守护城市生态的职能，同时也为市民提供了休闲娱乐、健康交际、文化活动的重要场所。绿心园区在设计上综合运用了传统园林造景手法，突出大运河文化元素，还引入人类非物质文化遗产“二十四节气”做环线设计；功能上分文化区、科普区、雨洪区、市民区和体育区五大片区，并配有8米宽的骑行道、健身跑道和3米宽的漫步道，间隙配有休息绿岛。绿心还将与大运河文化带、六环

---

① 《城市副中心三大建筑全面开工》，《首都建设报》2019年12月6日，第2版。

景观带和运河故道景观带共同构成大运河生态水域景观。截至 12 月，绿心内总长 5.5 公里的星形园路环全线贯通，增绿 8000 亩，绿心主体已经初步成形，预计 2020 年将全部建成并向社会开放。届时，副中心将呈现一片拥有“万亩城市森林、百万乔灌树木、百种乡土植物、四季景观大道”的城市森林。①

（三）推出特色化公共文化服务

为了进一步完善公共文化服务惠民工程，增强城市副中心群众的文化获得感和幸福感。2019 年通州区文旅局采取社会化招标采购的形式，推出“通之韵”错峰服务，具体由京演文化艺术发展有限公司承办，以通州区最有影响力的文化馆为据点，充分利用市民业余时间（工作日晚间、周末及节假日全天），面向全区基层群众提供免费开放的公共文化服务。服务内容主要为歌舞、戏曲、朗诵等各种艺术培训，将京演集团下属专业院团的师资及演出带到群众身边，还举办多场艺术赏析讲座、“非遗”项目传承展示、游艺体验活动。通州文化馆还专门举办“文化惠民　韵味通州”主题晚会，展示和汇报错峰服务文化艺术培训成果，在丰富全域文化活动的同时，让市民分享文化获得感和成就感。这种错峰服务还影响到其他文化场所，如韩美林艺术馆也推出了错峰服务“静观世界”摄影班。

四　推进副中心文化建设的问题及对策

2019 年城市副中心文化建设成绩显著，但也面临巨大挑战。目前北京的文旅融合已正式启动，在老旧厂房改造城市文化空间、服务文化创意产业园区方面也有新政出台。进一步推进副中心文化建设、谋求文化高质量发展，需要从以下几个方面重点考虑。

① 《城市绿心年底现雏形》，《北京日报》2019 年 3 月 28 日，第 10 版。

（一）加强文化遗产保护利用工作的顶层设计

当前以大运河流域为中心的文化遗产保护工作已经受到高度重视，但仍然存在一些问题，包括研究的深度与原创性不够、文化遗产的保护利用在实际推进层面存在瓶颈、文化遗产资源利用效率不高等。政府应当加强顶层设计，对副中心文化遗产的保护利用工作进行统筹调度；与此同时，将文化遗产的保护利用纳入党委、政府议事日程，归入干部培训课程，以增强干部的文化保护法治意识，坚决制止破坏性的投资项目。

（二）提升老旧厂房向文化空间转型升级的能力

北京近年来出现了老旧厂房改造利用的热潮，但也随之出现了企业登记注册“审批难”、园区开发模式雷同、破坏性改造、过度商业化等问题。以宋庄为首的文创集聚区已经为副中心文化产业发展提供范例，通州区结合近年来北京市老旧厂房改造利用的总体进程，积极盘查、统计了百余家可改可用的老旧厂房存量，同时营造良好的营商环境，积极引入国内外企业考察改造。在老旧厂房改造文化空间的过程中，一是要借鉴优秀改造园区的成功经验，为企业提供便利化服务，引导和监督企业不盲目改造，避免过度改造；二是要充分发挥园区的产业集聚效应，在企业入驻和整体布局上要做到统筹规划，避免“房地产化”现象；三是要考虑文化产业对周边经济的互动效应，因大量老旧厂房资源位于张家湾镇通州经济开发区西区，要将老旧厂房改造与特色小镇建设整合起来，避免同质化竞争，促进区域功能有效互补；四是要加强文化园区与社区生活的联系，老旧厂房在改造后应当确立开放多元的发展模式，建设成为附近居民的公共生活空间。

（三）借力智慧城市推动公共文化服务现代化

副中心将“智慧城市”作为城市发展目标之一，2019 年着力推进 5G 规划建设及产业应用，以此实现智慧社区和美丽小镇建设。“智慧乡村”建设已经在宋庄镇小堡村、张家湾镇皇木厂村、于家务乡仇庄村、西集镇大沙务村 4 个村试点，通过高清电视云平台资源为村庄提供了定制化的村内专属生活圈，涵盖健康养生、青少年教育、村民代表活动等公共文化服务。但是这种探索还存在着资源利用不充分、体系不完整、供需不匹配等问题，一定程度上影响了使用效率。因此，公共文化设施及相关服务要搭上 5G 快车进一步实现文化设施的智能化、数字化，同时搭建网格化信息反馈平台，利用大数据及精准投放技术整合全域资源与个体需求，在为市民提供更加便利的智慧服务和信息资源的同时，能够在供给侧做到精准投放，满足实际需求，提高数字资源利用率，有效提升公共文化服务体系的现代化水平。

（四）深化京津冀文化协同发展的区域实践

副中心承担着京津冀文化协同发展的示范区建设重任。大运河作为联结京津冀的文化命脉，串联了三地民众的共同记忆和文化认同。近年来，北京、天津及河北沧州都着力挖掘大运河历史文化遗产，以大运河文化带为中心发展文化旅游产业，副中心作为一“翼”新生力量，可以充分借鉴运河文化“流动”的特点，深化同天津、河北相关区域的文化交流。同时，在文旅融合、公共文化服务体系建设上应当加强三地总体统筹，尝试建设一体化的组织、管理和协调机制，持续鼓励局部区域协同。副中心要在京津冀文化协同发展的进程中一马当先，形成生动的区域实践。

B.4

2019年京津冀文化协同发展现状、特点、问题及对策

安静　雷澜*

摘　要： 2019年，京津冀三地不断强化协同理念、加快文化协同发展步伐，取得了显著的发展成果。在国家京津冀协同发展战略指导下，京津冀三地保护传统文化与开创现代文化双管齐下，深入发掘并整合三地文化资源，加快推进三地文化产业对接与合作机制的完善，激发文化产业发展活力。同时，京津冀文化协同发展也存在着一些问题：区域文化发展潜能不能有效发挥；文化产业未形成区域发展合力；文化协同发展内在动力不足等，阻碍三地走向真正的文化融合与协作，仍需各方从优化顶层设计、深化产业合作、强化命运共同体等方面开展积极有效的探索，继续推动京津冀文化命运共同体的构建。

关键词： 京津冀　文化协同发展　文化遗产

2019年，在"京津冀协同发展"重大国家战略与《京津冀协同发展规划纲要》推动下，京津冀三地文化协同发展又往前迈出了坚实的一步。京津冀三地以习近平新时代中国特色社会主义思想为指引，积极构建文

* 安静，博士，中央民族大学文学院副教授，硕士生导师，研究方向为文学与文化理论；雷澜，中央民族大学文学院2018级硕士研究生，研究方向为文学与文化理论。

化协同发展新格局，加快协同步伐，促进三地文化的有机融合和发展，逐步形成文化共同体的意识，通过各项积极举措探索三地文化协同发展的最优模式，进一步加强在文化发展中的深层次合作，取得了显著的发展成果。

一　2019年京津冀文化协同发展相关政策梳理

2019年，京津冀协同发展战略实施五周年之后，迎来了攻坚克难、寻求新突破的关键时期，这既是极具挑战的转折阶段，也是充满机遇的新起点。在过去五年发展所奠定的良好基础上，国家继续推进京津冀文化协同发展，进一步完善相关政策法规，为京津冀地区文化发展提供了强力支撑。京津冀三地相关部门继续积极贯彻党的十九大精神，配合国家大政方针的实施与开展，加快协同步伐，并结合各地实际情况与发展进程制定配套政策和实施细则，力争在文化协同发展方面取得新突破。

从国家层面上看，习近平总书记于2019年1月中旬赴京津冀考察，主持召开京津冀协同发展座谈会，并且发表了重要讲话，进一步为实施京津冀协同发展战略指明了前进方向。6月，国务院办公厅发布《关于同意建立大运河文化保护传承利用工作省部际联席会议制度的函》，要求加强对大运河文化的保护传承，着力将大运河打造成为展示中华文明、彰显文化自信的亮丽名片。10月，国务院印发《关于核定并公布第八批全国重点文物保护单位的通知》，要求各地区、各部门认真做好全国重点文物保护单位的保护、管理和利用工作，在保护利用中实现传承发展。12月，中共中央办公厅、国务院办公厅印发《长城、大运河、长征国家文化公园建设方案》，提出保护传承长城、大运河、长征沿线文物和文化资源，通过国家文化公园的建设呈现中华文化的丰富内涵和独特创造。这一系列政策体现了国家对于传统文化文物传承与保护的高度重视，在文化遗产的传承与保护方面采取了积极的举措。同时，国务院办公厅印发《关于进一步激发文化和旅游消费潜力的意见》，文化和旅游部印发《关于促进旅游演艺发展的指导意见》，以激发文化和旅游消费潜力为目标布置了全面的发展任务，提出促进文化、旅游与现代技术相互融合，为京津冀地区推动文化和旅游相互促进、共同发展提供了思路和保障。

从京津冀区域看，三地政府就推进京津冀文化协同发展，继续加强文化交流与合作，不断完善协同发展体制机制。为推进京津冀文化和旅游协同发展，三地文化和旅游部门组织召开了京津冀文化和旅游协同发展工作会，成立了京津冀文化和旅游协同发展领导小组，研究部署了《京津冀文化和旅游协同发展 2019 年 - 2020 年工作要点》，签署了《京津冀文化和旅游协同发展战略合作框架协议》。三地与新浪、腾讯分别签署了《京津冀 - 新浪文化旅游宣传战略合作框架协议》和《京津冀 - 腾讯文化旅游宣传战略合作框架协议》，大力推动京津冀文化旅游宣传工作的开展。2019 年京津冀三地共出台 24 份文化相关文件，其中北京市 11 份，天津市 7 份，河北省 6 份。这些政策既注重传统文化的保护与传承，如制定了《北京市非物质文化遗产条例》《北京市大运河文化保护传承利用实施规划》《天津市开展戏曲进乡村实施方案》《振兴市管国有企业老字号工作方案》《关于印发 2019 年天津市支持老字号创新发展项目申报指南的通知》《关于加快推进全省完成地方志“两全目标”任务的通知》，也注重对历史文化建筑、古村落的保护与建设，如制定了《关于做好核心区历史文化街区平房直管公房申请式退租、恢复性修建和经营管理有关工作的通知》《天津市保护性建筑认定标准》《关于进一步加强历史风貌建筑修缮和装饰装修管理工作的通知》《关于邯郸市大名县金滩镇、石家庄市井陉县南障城镇小梁江村等 42 个河北省历史文化名镇名村保护规划的批复》。同时，三地注重文化与其他产业的渗透融合，特别是文化产业与旅游业的互助互利，通过激发文化活力带动经济的发展，又以经济增长促进文化的繁荣。

表1　2019年国家和相关部门发布的有关文化发展的文件

文件名称	发布部门	发布时间
国家层面		
《关于继续实施文化体制改革中经营性文化事业单位转制为企业若干税收政策的通知》	财政部、税务总局、中央宣传部	2月
《关于开展“中华优秀传统艺术传承发展计划”2019年度戏曲专项扶持工作的通知》	文化和旅游部办公厅	2月
《关于促进旅游演艺发展的指导意见》	文化和旅游部	3月
《2019年全国基层文化和旅游公共服务队伍培训工作计划》	文化和旅游部	3月
《2019年文化和旅游志愿服务工作方案》	文化和旅游部	3月
《文化和旅游规划管理办法》	文化和旅游部	5月
《关于开展2019年知识产权运营服务体系建设工作的通知》	财政部、国家知识产权局	5月
《关于同意建立大运河文化保护传承利用工作省部际联席会议制度的函》	国务院办公厅	6月
《曲艺传承发展计划》	文化和旅游部	7月
《关于进一步激发文化和旅游消费潜力的意见》	国务院办公厅	8月
《关于促进文化和科技深度融合的指导意见》	科技部、中央宣传部、中央网信办、财政部、文化和旅游部、国家广播电视总局	8月
《体育强国建设纲要》	国务院办公厅	9月
《关于核定并公布第八批全国重点文物保护单位的通知》	国务院	10月
《公共文化服务领域基层政务公开标准指引》	文化和旅游部	11月
《关于强化知识产权保护的意见》	中共中央办公厅	11月
《关于公布国家级非物质文化遗产代表性项目保护单位名单的通知》	文化和旅游部办公厅	11月
《长城、大运河、长征国家文化公园建设方案》	中共中央办公厅、国务院办公厅	12月
《国家级非物质文化遗产代表性传承人认定与管理办法》	文化和旅游部	12月

表 2　2019 年京津冀三地发布的有关文化发展的文件

文件名称	发布部门	发布时间
北京市		
《关于做好核心区历史文化街区平房直管公房申请式退租、恢复性修建和经营管理有关工作的通知》	北京市住房和城乡建设委员会	1 月
《北京市非物质文化遗产条例》	北京市人民代表大会常务委员会	2 月
《关于推动北京影视业繁荣发展的实施意见》	北京市人民政府办公厅	2 月
《北京市老年人文化旅游奖励资金管理办法(试行)》	北京市文化和旅游局	4 月
《北京市提升广播电视网络视听业国际传播力奖励扶持专项资金管理办法(试行)》	北京市广播电视局	4 月
《北京市博物馆展览备案管理规定》	北京市文物局	5 月
《2019 年北京市文化和旅游促消费措施十二条》	北京市文化和旅游局	5 月
《北京市关于进一步繁荣夜间经济促进消费增长的措施》	北京市商务局	7 月
《北京市服务业扩大开放综合试点文化旅游领域改革开放三年行动计划》	北京市新闻出版局、北京市广播电视局、北京海关、天竺综保区管委会	8 月
《北京市大运河文化保护传承利用实施规划》	北京市政府	12 月
《关于推进北京市文化和旅游融合发展的意见》	北京文化和旅游局	12 月
天津市		
《振兴市管国有企业老字号工作方案》	天津市国有资产监督管理委员会	1 月
《天津市保护性建筑认定标准》	天津市规划和自然资源局	4 月
《关于印发 2019 年天津市支持老字号创新发展项目申报指南的通知》	天津市商务局	4 月
《天津市开展戏曲进乡村实施方案》	中共天津市委宣传部、天津市文化和旅游局、天津市财政局	4 月
《关于进一步加强历史风貌建筑修缮和装饰装修管理工作的通知》	天津市住房和城乡建设委员会	6 月
《关于印发天津市促进旅游业发展两年行动计划(2019～2020 年)的通知》	天津市人民政府办公厅	7 月

续表

文件名称	发布部门	发布时间
《关于打造我市夜间经济街区可持续高品质发展 2.0 版的实施方案》	天津市商务局	8 月
河北省		
《河南省省级公共文化服务体系建设专项资金管理办法》	河南省财政厅、文化和旅游厅	3 月
《关于推进政务新媒体健康有序发展的实施意见》	河北省政府办公厅	4 月
《关于做好 2019 年“舞台艺术送基层”活动“戏曲进校园”高校组演出工作的通知》	河南省教育厅、文化和旅游厅	4 月
《关于加快发展体育竞赛表演产业的实施意见》	河北省政府办公厅	5 月
《关于邯郸市大名县金滩镇、石家庄市井陉县南障城镇小梁江村等 42 个河北省历史文化名镇名村保护规划的批复》	河北省政府办公厅	9 月
《关于加快推进全省完成地方志“两全目标”任务的通知》	河北省政府办公厅	8 月

二　2019年京津冀文化协同发展的现状

2019 年是中华人民共和国成立 70 周年，为弘扬以爱国主义为核心的中华民族精神，京津冀三地举办了丰富多彩的“建国七十周年”系列文化活动，力争全面反映新中国成立 70 年来取得的辉煌成就，充分表达时代主题和人民心声。文化兴则国运兴，文化强则民族强，京津冀文化协同发展成就喜人，人民多样化、多层次的精神文化需求得到满足，传统文化与现代文化、中国文明与世界文明、大众艺术与高雅艺术在这片土地上交相辉映、大放异彩。三地在文化建设上紧密合作、齐心合力的良好局面成为坚定文化自信、树立首都区域文化中心的示范形象不可或缺的力量。

（一）传统文化

京津冀三地积淀了深厚悠久的历史文化底蕴，传统文化资源丰富多彩，传统文化的发掘与传承一直是京津冀文化协同发展的重要组成部分。三地传统文化的发展与弘扬主要以传统戏剧展演和非物质文化遗产民俗活动为载体，展示具有地域文化特色的优秀传统戏剧与传统民间文化活动，并在国家与各地政府引导下加强三地传统文化活动的交流和合作，促进三地传统文化进一步活跃繁荣。

2019 年，京津冀在传统戏剧领域继续深入交流与合作，着力推动三地传统戏剧合作交流形成常态化机制，为京津冀传统戏剧长远发展奠定良好基础。2019 年三地传统戏剧展演近 3000 场，演出戏剧种类以京剧、评剧、河北梆子为主，兼顾其他地方戏曲如昆曲、花鼓戏、黄梅戏、越剧等，其中京剧演出数量最多，河北梆子、评剧次之。三地的演出场次与剧目种类仍然存在地域分布上的差距，其中北京传统戏剧演出场次最多，共 2000 余场，传统戏曲推广颇见成效，演出剧目种类也最为丰富。天津传统戏剧演出近 650 场，河北传统戏剧演出共 166 场。三地积极联合举办传统演出，如第二届京津冀戏曲院团新春演出季、京津冀河北梆子名家跨年演唱会、京津冀梅花奖得主精品折子戏评剧专场、纪念老舍先生诞辰 120 周年北京曲剧经典剧目京津冀展演等活动。

同时，京津冀三地积极贯彻落实教育部关于“大力推进高雅艺术、传统戏曲进校园”的要求，在各大高校、中小学大力开展“戏曲进校园”活动，如清华大学承办的“2019 校园戏曲节”、北京大学首届校园戏曲节等活动，弘扬了中华优秀传统戏曲文化，不仅为广大学子带来了精彩纷呈的视听盛宴，而且加深了广大学子对传统戏曲的了解，增强了民族自豪感和文化自信心。同时，三地积极推进“戏曲进乡村”“送戏下乡”活动，争取将文化惠民政策落到实处，大力推动了传统戏曲在乡村的蓬勃发展和传承。

表 3　2019 年京津冀三地传统曲艺类展演

剧名	类型	演出地区	演出时间	演出场所
《长坂坡·汉津口》《凤还巢》《群英会·借东风·华容道》	京剧	北京	1 月	梅兰芳大剧院
“2019 新春戏曲音乐”演唱会	京剧	北京	1 月	梅兰芳大剧院
《昭君出塞/追韩信》	京剧	天津	1 月	天津京剧院

续表

剧名	类型	演出地区	演出时间	演出场所
《四郎探母》	京剧	天津	1月	滨湖剧院
《情殇》	评剧	河北	1月	丝弦剧院
《龙凤呈祥》《杨门女将》《锁麟囊》《红鬃烈马》《梅尚程荀张》五大流派折子戏	京剧	北京	2月	梅兰芳大剧院
迎新春演唱会	评剧	天津	2月	天津海河剧院
河北梆子名家名段演唱会	河北梆子	天津	2月	东丽礼堂剧场
《窦娥冤》	河北梆子	河北	2月	石家庄大剧院
2019年全国舞台艺术优秀剧目暨优秀民族歌剧展演	传统戏剧	北京	3月	梅兰芳大剧院
《红高粱》	评剧	天津	3月	天津评剧院
《赵氏孤儿》	昆曲	天津	3月	天津大剧院
《女驸马》	黄梅戏	河北	3月	精英剧场
《长生殿》	昆曲	北京	4月	长安大戏院
《秦香莲》	京剧	天津	4月	中华剧院
衡水市首届戏曲艺术节	传统戏剧	河北	4~6月	衡水保利大剧院
《红军故事》	现代京剧	北京	5月	梅兰芳大剧院
《周仁献嫂》	评剧	天津	5月	中国大戏院
《白蛇传》	京剧	河北	5月	石家庄大戏院
名剧名段演唱会	京剧	北京	6月	梅兰芳大剧院
国家京剧院第二届武戏展演	京剧	北京	6月	梅兰芳大剧院
《智取威虎山》	现代京剧	天津	6月	滨湖剧院
《龙凤呈祥》	京剧	天津	6月	中国大剧院
《杜十娘》	评剧	河北	6月	石家庄大剧院
2019年全国基层院团戏曲会演	传统戏剧	北京	7~8月	梅兰芳大剧院
纪念著名京剧表演艺术家景荣庆先生诞辰95周年专场演出《通天犀》《红鬃马·算粮》《逍遥津》	京剧	北京	7月	梅兰芳大剧院
纪念张惠云从艺七十周年演唱会	河北梆子	天津	7月	中国大戏院
《麒麟阁》《天女散花》《收大鹏》	京剧	天津	7月	滨湖剧院
《牡丹亭》	昆曲	河北	7月	石家庄大剧院
《红军故事》	现代京剧	河北	7月	石家庄大剧院
北方昆曲剧院庆祝建国70周年经典剧目展演《寻亲记》《玉簪记》	昆曲	北京	8月	梅兰芳大剧院

续表

剧名	类型	演出地区	演出时间	演出场所
《牡丹亭》	昆曲	天津	8 月	天津广东会馆
《花为媒》	评剧	天津	8 月	天津大剧院
《朝阳沟》	豫剧	河北	8 月	石家庄大剧院
《太真外传》	京剧	北京	9 月	梅兰芳大剧院
非物质文化遗产精粹曲艺专场	非遗曲艺	天津	9 月	津湾小剧场
《穆桂英挂帅》《大探二》	京剧	天津	9 月	中国大戏院
《秦英征西》	京剧	河北	9 月	裴艳玲大剧院
“国京新一代”系列演出	京剧	北京	10 月	梅兰芳大剧院
《杨门女将》《状元媒》《珠帘寨》《醉打山门》《八珍汤》《三堂会审》	京剧	天津	10 月	天津广东会馆
《蝴蝶杯》	河南梆子	天津	10 月	天津红旗剧院
河北省第三届乐亭大鼓书会	乐亭大鼓	河北	10 月	河北滦南县
《四郎探母》	京剧	河北	10 月	裴艳玲大剧院
“雅韵三湘・艺动九州”新编历史京剧《梅花簪》巡演	新编京剧	北京	11 月	梅兰芳大剧院
德润西城——京剧名剧名段演唱会	京剧	北京	11 月	梅兰芳大剧院
2019 年全国净行、丑行暨武戏展演	传统戏剧	北京	11 月	梅兰芳大剧院、全国地方戏演出中心
纪念京剧大师李少春诞辰 100 周年专场演出:《红灯记》	京剧	北京	11 月	新清华学堂
纪念京剧大师李少春诞辰 100 周年专场演出:《野猪林》《贵妃醉酒》《打金砖》《满江红》	京剧	北京	11 月	梅兰芳大剧院
2019 清华大学校园戏曲节河南稀有剧种展演	河南稀有剧种	北京	11 月	新清华学堂
《珍珠衫》《秦香莲》青春版	评剧	天津	11 月	中国大戏院
裘韵嘉声之京剧《连环套》	京剧	天津	11 月	中国大戏院
纪念京剧大师李少春诞辰 100 周年专场演出:《将相和》	京剧	河北	11 月	李少春大剧院
《凤还巢》	京剧	河北	11 月	裴艳玲大剧场
《蔡坤山耕田》	花鼓戏	北京	12 月	天桥艺术中心
全国评剧名家名段演唱会	评剧	天津	12 月	天津红旗剧场
裘韵嘉声之京剧《铡判官》	京剧	天津	12 月	中国大戏院
五路丝弦名家名段演唱会	丝弦戏	河北	12 月	丝弦剧场

2019 年京津冀大型民俗文化活动共计 30 余场，数量变化不大。除了春节、中秋、重阳等传统节日的民俗活动，三地在 2019 年更加重视非物质文化遗产的展示，加大了非物质文化遗产的保护与宣传力度。在大运河文化带建设方面，京津冀三地一起发力，携手促进大运河文化带的保护与发展，深入发掘大运河深厚的历史文化资源，如由京津冀三地联袂主办的“第五届京津冀非物质文化遗产联展”，展示了京津冀三地 30 多个非遗项目；由中国杂技家协会、北京市文学艺术界联合会主办的“流动的技艺——大运河文化带杂技精品展演”，展现大运河沿途各省市 10 个杂技院团的 10 台杂技精品节目；由天津市文化和旅游局、天津市西青区人民政府主办的“第三届‘运河记忆’非遗宣传展示活动”，展示了京津冀等京杭大运河流经区域的近 70 个非遗项目。

表 4　2019 年京津冀三地文化遗产和民俗类活动

活动名称	活动时间	活动地点	活动内容	主办方
北京市				
圆梦北京·2019 青少年学习传承非物质文化遗产系列展演	1 月、8 月	北京人民大会堂	以故事讲述、诗歌朗诵、舞蹈、相声快板等多种表现形式展示非遗文化	中国关心下一代工作委员会事业发展中心
第十八届北京民俗文化节	2 月	北京民俗博物馆	民俗博物馆文物展览、东岳庙福文化活动	北京民俗博物馆
明十三陵清明文化活动	4 月	明十三陵景区	祭祀祈福大典、出警入跸仪仗、大射礼、中华武备展演、汉服秀场、游客汉服秀、文创集市展演、帝后巡游表演	明十三陵景区
北京端午文化节	6 月	北京世园会、延庆各乡镇景点	端午之夜交响音乐会、长城文化带非遗展、世园非遗手工艺市集	北京市文化和旅游局，延庆区委、区政府
重阳节非遗游园会	10 月	凤凰岭景区	中国传统插花、剪纸、面塑、京绣、彩塑京剧脸谱、扑蝴蝶、临清潭腿等 30 多个非遗项目展示	海淀区文化馆

续表

活动名称	活动时间	活动地点	活动内容	主办方
中国戏曲文化周	10 月	北京园博园	近20种地方剧种戏曲展演、京剧票友大赛、中华戏曲艺术与文创产业博览会、艺术鉴赏讲座	文化和旅游部、北京市人民政府
中国大运河非遗文创项目推广体验周	10 月	北京新世界百货商场	体验大运河沿线城市的非遗工艺品、传统工艺精品、特色食品、文化创意产品	北京惠民文化消费季官方
流动的技艺——大运河文化带杂技精品展演	11 月	北京世纪剧院	展现大运河沿途各省市10个杂技院团的10台杂技精品节目	中国杂技家协会、北京市文学艺术界联合会
天津市				
春祭大典及己亥年传统文化庙会	1 月	天津天后宫	迎神礼、盥洗礼、上香礼、问讯礼、读祝礼、宝辇巡街及高跷等民俗表演	天津天后宫
葛沽宝辇花会展演	2 月	津南区葛沽镇	设摆、接驾、送驾海神娘娘，主要有耍乐会、座乐会两个部分	津南区政府
第十五届盘山庙会	4 月	盘山景区新山门广场	杨柳青年画木版水印、拼茶技艺、葛沽泥人、内画鼻烟壶、毛猴、和香技艺、骨雕、漆器等民俗展示，舞狮、杂技、歌舞等民俗表演	盘山景区
第五届京津冀非物质文化遗产联展	6 月	天津美术馆	展示京津冀三地非物质文化遗产项目	北京市文化和旅游局、天津市文化和旅游局、河北省文化和旅游厅
第三届“运河记忆”非遗宣传展示活动	6 月	天津市杨柳青镇	展示京津冀等京杭大运河流经区域的近70个非遗项目	天津市文化和旅游局、天津市西青区人民政府
第六届汉沽飞镲节	9 月	天津滨海新区	飞镲表演活动	滨海新区文化和旅游局

续表

活动名称	活动时间	活动地点	活动内容	主办方
		河北省		
第十二届河北省民俗文化节	5~6月	河北省石家庄市	承德满族文化遗产精品展、"非遗+扶贫"手工技艺创业就业成果展、曲艺精品展演、非遗服饰设计展示、非遗文创展示等	文化和旅游部、恭王府博物馆、河北省文化和旅游厅
秦皇岛市2019年"文化和自然遗产日""非遗"宣传展示活动	6月	河北省秦皇岛市	皮影、面塑、剪纸、烙画、蚕丝绣、沙土画等"非遗"项目传承人的现场演示、美食品鉴展等展演、展销活动	秦皇岛市旅游和文化广电局
河北省非遗展演暨正定县第十四届民间艺术节	2月	河北省正定县	舞龙、舞狮、踩高跷、划旱船等民俗节目表演	石家庄市正定县
"非遗保护　河北实践"主题非遗展演活动	6月	河北省邢台市	邢台市国家级非物质文化遗产邢台梅花拳、隆尧秧歌戏、沙河藤牌阵、威县乱弹等十个国家级非遗项目表演	邢台市文化广电和旅游局
第十七届中国吴桥国际杂技艺术节	10月	河北沧州市吴桥县	国家级杂技类非遗代表性项目展演	河北省文化和旅游厅、市政府
石家庄首届龙舟文化节	10月	河北石家庄市太平河风景区	龙舟比赛	石家庄市体育局、石家庄市体育总会
非遗剪纸进校园成果巡展	11月	河北唐山市群艺馆	非物质文化剪纸传承人和韩城镇中门庄小学学生的百余幅作品集锦呈现	唐山市群众艺术馆、路北区文化体育和旅游局、唐山劳动日报社书画院

（二）现代文化

京津冀文化协同发展不仅要挖掘历史文化遗产和特色文化资源，也要切合时代精神，融合国际视野，打造开放多元、兼容并蓄、先进创新的现代文化发展平台。现代文化主要展现形式为音乐会、话剧、舞台剧、艺术展览、文化展览等，具有呈现形式类型多样、古今中外文化兼蓄的特点。2019 年，京津冀现代文化类活动数量稳步上升，其中北京举办超过 20000 场，无论是演出数量还是观众规模都是最为突出的，天津近 4000 场，河北近 700 场。北京作为全国文化中心，拥有卓越的文化实力和丰富的国内外艺术资源，话剧、儿童剧、音乐会和歌剧等艺术形式持续占据重要地位，积极举办规模较大、国际影响力较大的电影节、音乐节、时装周等，同时囊括了先锋艺术、实验话剧等前卫艺术形式，文化演出市场更具包容性和多元性。天津现代文化展演以相声曲艺、音乐会、歌舞剧和儿童剧为主；相较于京津二地，河北现代文化展演类型则比较单一，主要为儿童剧、音乐会。

京津冀三地在现代文化方面也积极开展对话与合作，如京津冀集结三地优质文化演艺创作资源，联袂打造话剧《运河 1935》，于 12 月在首都剧场进行了首演，讲述大运河故事，这部剧还将在大运河沿线多个城市举行巡演，展现京津冀的运河文化记忆。

表 5　2019 年京津冀三地现代文化活动

活动名称	类型	活动地区	活动时间	活动场所
《茶花女》	歌剧	北京	1 月	国家大剧院
《李尔王》	话剧	北京	1 月	国家大剧院
《母亲》	话剧	天津	1 月	光华剧院
2019“冀之春”新年音乐会	音乐会	河北	1 月	河北省艺术中心
《塞维利亚理发师》	歌剧	北京	2 月	国家大剧院
《舞之韵》	踢踏舞	北京	2 月	国家大剧院
春节序曲——新春系列音乐会	音乐会	天津	2 月	天津音乐厅
《正月十五闹雪灯》	音乐会	河北	2 月	河北省歌舞剧院
《你好,忧愁》	话剧	北京	3 月	蜂巢剧场
弦歌雅韵——古琴与琴歌音乐会	音乐会	天津	3 月	天津大剧院
《芭比娃娃历险记》	儿童剧	河北	3 月	儿童剧场
第九届北京国际电影节	电影节	北京	4 月	国家中影数字制作基地
《四世同堂》	话剧	北京	4 月	中国国家话剧院

续表

活动名称	类型	活动地区	活动时间	活动场所
《天鹅湖》	芭蕾舞剧	天津	4月	津湾大剧场
《梦回中山国》	杂技	河北	4月	天缘剧场
2019北京欢乐谷电音节	音乐节	北京	5月	北京欢乐谷
2019麦田音乐节	音乐节	北京	5月	北京房山长阳音乐主题公园
《无人生还》	话剧	天津	5月	天津大剧院
《大河之北》	民族管弦乐	河北	5月	河北省艺术中心
《图兰朵》	歌剧	北京	6月	国家大剧院
《瑞典夏之夜》	话剧	北京	6月	首都剧场
《千禧夜,我们说相声》	相声剧	天津	6月	天津大剧院
意大利大卫三重奏	音乐会	河北	6月	河北省艺术中心
第二届北京IDO全球动漫精品大展	漫展	北京	7月	亦创国际会展中心
《简·爱》	话剧	北京	7月	国家大剧院
百老汇话剧《玩偶之家·续》	话剧	天津	7月	天津大剧院
经典皮影戏片段展演	皮影戏	天津	7月	津湾大剧院
《白雪公主》	杂技剧	河北	7月	石家庄大剧场
《活出你自己》	话剧	河北	7月	精英剧场
《波波波尔斯卡》	玩具动画音乐会	北京	8月	国家大剧院
《海盗》	芭蕾舞剧	北京	8月	国家大剧院
国际滑稽大师疯狂小丑嘉年华	舞台剧	天津	8月	津湾大剧院
《精卫填海》	儿童杂技剧	天津	8月	天津红旗剧场
罗伯特·卡恰帕里亚钢琴音乐会	音乐会	河北	8月	河北省艺术中心
《我不是李白》	话剧	河北	8月	精英剧场
《白鹭归来》	京味话剧	北京	9月	多维剧场
2019北京时装周	时装周	北京	9月	水立方
《拇指姑娘》	木偶剧	天津	9月	华夏未来剧场
石家庄第五届星光音乐节	音乐节	河北	9月	河北正定县长乐门文化广场
《倒梦空间》	幻象剧	北京	10月	天桥剧场
《新国门畅想》	民族管弦乐	北京	10月	国家大剧院
庆祝中俄建交70周年俄罗斯红军歌舞团大型歌舞音乐会	歌舞音乐会	天津	10月	天津大剧院
第十二届NCE动漫游戏展	漫展	河北	10月	石家庄国际会展中心

续表

活动名称	类型	活动地区	活动时间	活动场所
《云门舞集·陶身体剧场交换作》	舞蹈	北京	11 月	国家大剧院
第八届“动漫北京”	漫展	北京	11 月	全国农业展览馆
《歌剧瑰宝》外国歌剧经典选段音乐会	音乐会	天津	11 月	天津大剧院
《锦绣中华——锦绣之花》	杂技剧	天津	11 月	光华剧院
《一船明月过沧州》	杂技诗剧	河北	11 月	沧州荀慧生大剧院
第四届开封艺术节	艺术节	河北	11 月	大众剧院
《仙女们》《火鸟》《天方夜谭》	芭蕾舞	北京	12 月	国家大剧院
《运河 1935》	话剧	北京	12 月	首都剧场
第八届青艺展暨天津青年戏剧节	戏剧节	天津	12 月	天津各剧场
第二届中国(沧州)中华优秀传统文化颂网络电影盛典晚会	电影盛典	河北	12 月	沧州荀慧生大剧院

2019 年，京津冀三地共举办 285 场现代文化展览，以文物展、画展、艺术展为主。其中北京共 220 场，除了文物展、画展等传统形式外，还有数字艺术展、沉浸式展览等新型艺术形式，如“亚洲数字艺术展”“心灵的畅想——梵高艺术沉浸式体验”，带领观众领略“科技 + 艺术”的独特魅力，探索未来文化创新的多种可能。天津共有 33 场，类型较为单一。河北省共有 32 场，涉及文物展、瓷器展、动漫原画展等展览。三地的展览合作交流也逐渐增多，如“美在京津冀”系列展览活动，2019 年 4 月北京市、天津市、河北省三地文联共同主办“美在京津冀——庆祝新中国成立 70 周年美术作品展”，三地美术家创作的 151 幅作品汇聚一堂。

表 6　2019 年京津冀三地现代文化展览

展览名称	类型	展览地	展览时间	展览场所
“汉世雄风”——纪念满城汉墓考古发掘 50 周年特展	文物展	北京	1 月	中国国家博物馆
改革开放 40 周年京津冀民族古籍珍品暨保护成果展	古籍展	北京	1 月	民族文化宫
御苑藏珍——颐和园精品文物展	文物展	天津	1 月	天津博物馆

续表

展览名称	类型	展览地	展览时间	展览场所
其命维新——傅抱石的艺术世界	绘画展	天津	1月	天津博物馆
敦煌不再遥远——走进河北	综合展	河北	1月	河北博物馆
彩绘地中海:一座古城的文明与幻想	文物展	河北	1月	河北博物馆
山宗·水源·路之冲——"一带一路"中的青海	文物展	北京	2月	首都博物馆
风筝不断线——吴冠中百年诞辰收藏大展	绘画展	北京	3月	保利艺术博物馆
美在京津冀——庆祝新中国成立70周年美术作品展	画展	北京	4月	北京炎黄艺术馆
漫游奇境——动漫原画特展	动漫原画展	河北	4月	河北博物馆
亚洲数字艺术展	数字艺术展	北京	5月	海淀区创业路6号
珠宝锦匣——俄罗斯民族博物馆馆藏18~20世纪珠宝展	珠宝展	天津	5月	天津博物馆
心灵的畅想——梵高艺术沉浸式体验	艺术展	北京	6月	中国国家博物馆
雷安德罗·埃利希:太虚之境	艺术展	北京	7月	中央美术学院美术馆
"天命玄鸟"——"一带一路"上的北京雨燕	图片视频创作画综合展	天津	7月	天津博物馆
重华窑光——定窑、井陉窑标本对比展	瓷器展	河北	7月	河北博物馆
屹立东方——馆藏经典美术作品展	绘画展 雕塑展	北京	8月	中国国家博物馆
回望经典筑梦中国——新中国体育发展巡礼展	巡礼展	天津	8月	天津博物馆
"不忘初心　牢记使命"主题教育档案文献展	文献展	河北	8月	河北博物馆
江山如画——12~20世纪中国山水画艺术展	画展	北京	9月	首都博物馆
圆明园历史文化巡展	文物	河北	9月	河北博物馆
与天久长——周秦汉唐文化与艺术特展	文物展	北京	9月	清华大学艺术博物馆
"一带一路"人文历史摄影展	摄影展	北京	10月	故宫博物院

续表

展览名称	类型	展览地	展览时间	展览场所
纪念甲骨文发现120周年特展	图片展	天津	10月	天津博物馆
鼎立中原——豫地瑰宝展	文物展	河北	10月	河北博物院
望故乡兮——中国美术馆藏台湾艺术家作品展	艺术展	北京	11月	中国美术馆
“一门三院士　共筑中国梦”图片展	图片展	天津	11月	天津博物馆
金银曜烁　美熠四方——京冀晋豫陕金银器展	文物展	河北	11月	河北博物馆
运河文化　漆玉传情——中国漆器玉器珍品展	漆器、玉器展	北京	11月	燕京八绝艺术馆
大圣遗音古琴文化展	古琴展	北京	12月	故宫博物院
穆夏——新艺术运动先锋	画展	天津	12月	天津美术馆

三　2019年京津冀文化协同发展的特点

京津冀山水相连、文脉相通，文化协同发展格局的构建将在促进三地融合发展过程中发挥重要作用。目前，京津冀协同发展战略已实施五年，陆续签署了一系列战略框架协议，并通过各项积极举措探索三地文化活动的对接机制与合作模式，三地文化交流与合作成效显著，协同步伐明显加快，逐步形成了明确的合作共赢意识。京津冀文化协同发展整体呈现全面多元、协同程度加深、产业互动性强等特点。

（一）京津冀文化协同全面多元发展

随着京津冀文化协同程度不断加深，三地文化发展水平、文化影响力不断提升，形成了全面多元发展的特点，古今中外文化珠璧交辉、多种文化发展方式相得益彰。从传统文化的协同发展来看，三地“非遗”文化的传承保护工作在国家与地方相关政策的指引下有条不紊地开展，取得了新的进展。京津冀三地非物质文化遗产有很深的渊源，多个国家级非遗项目地跨京津冀，如京剧、评剧、河北梆子、皮影戏、八卦掌、太极拳等，都是三地共同的珍贵的历史文化资源，这为三地非遗文化资源的交流合作与传承保护打下了基础。同时，京津冀大运河文化的传承保护工作也在积极开展，北京市率先落实《大运河文化保护传承利用规划纲要》，将大运河文化带作为北京建设全国文化中心示范工程，天津市与河北省结合京津冀协同发展规划，共同发力加快大运河文化建设与保护工作进程。从现代文化的发展来看，京津冀在大力推进传统文化保护工作的同时并没有忽视现代文化的发展建设，京津冀三地现代文化活动类型丰富、内容多样，国际交流逐渐增多，北京一如既往发挥其文化中心的优势，打造兼具包容性、多样性、创新性的现代文化活动，天津也在逐步扩大国际视野，如成功举办庆祝中俄建交70周年俄罗斯红军歌舞团大型歌舞音乐会，加强中俄文化交流。从文化形式来看，京津冀三地不同的文化形式百花齐放，各项文艺展演活动轮番上演。传统文化通过民俗活动、传统戏曲、历史话剧、歌曲演出、文物展览等形式得以弘扬，现代文化则以艺术品、摄影、书画等文化展览、歌舞剧、音乐会、电影节等方式传播。

（二）京津冀文化产业联合互动激发新活力

在京津冀协同发展的大趋势和大背景下，三地在文化产业领域的沟通与合作迅速升温，形成文化产业优势互补、联动发展的格局，在文创产业协作、文化旅游合作方面均取得了不错的成绩，整体呈现新的面貌。在文创产业方面，三地进一步推进文化创意产业对接与合作，探寻产业合理布局、成果共享互利共赢的协作机制，通过搭建京津冀文创产业交流平台，促进三地在资源、技术、人才等方面实现互惠合作，比如大力支持京津冀文化创意产业合作及项目推介会的举办，开拓三地文创产业合作渠道、丰富推介模式、整合产业资源，形成友好交流、互助合作的稳定机制，为三地文化企业的合作交流提供广阔的平台。在文旅合作方面，国家与地方大力支持和引导文化产业和旅游业的转型发展，出台了多项政策来促进文化与旅游深度融合、推动发展模式进一步完善。国务院办公厅发布《关于进一步激发文化和旅游消费潜力的意见》，文化和旅游部印发《关于促进旅游演艺发展的指导意见》《2019 年全国基层文化和旅游公共服务队伍培训工作计划》《2019 年文化和旅游志愿服务工作方案》《文化和旅游规划管理办法》，北京市出台《北京市老年人文化旅游奖励资金管理办法（试行）》《2019 年北京市文化和旅游促消费措施十二条》《关于推进北京市文化和旅游融合发展的意见》《北京市服务业扩大开放综合试点文化旅游领域改革开放三年行动计划》，天津市出台《关于印发天津市促进旅游业发展两年行动计划（2019 – 2020 年）的通知》。一系列以文化带动旅游发展、以旅游促进文化发展的政策文件的发布与实施，促进了京津冀文化和旅游消费的质量优化与转型升级，三地文旅合作继续加深加强，形成带动经济发展的强劲动力。为响应国家政策的号召，2019 年，三地联合举办京津冀文旅协同发展交流活动，三地相关部门组织召开京津冀文化和旅游协同发展工作会，成立了京津冀文化和旅游协同发展领导小组，签署了《京津冀文化和旅游协同发展战略合作框架协议》，其宗旨是扩大京津冀文旅投融资渠道，加强京津冀文旅试点示范区建设，提升三地文旅基础设施建设与公共服务水平，培育示范区文化和旅游品牌等，通过多项举措来加快京津冀文化和旅游产业的共同发展。

（三）京津冀文化协同治理体系不断完善

京津冀文化协同发展离不开文化协同治理体系的搭建和优化，京津冀文化协同治理体系在文化发展建设实践中不断调整和进步，为文化协同发展奠定良好的基础。京津冀文化协同治理体系由政府、企业、社会组织、人民群众四大主体构成，在政府引导的基础上，企业发挥其市场主体性推动文化产业发展，社会组织与人民群众积极参与文化建设，形成主体间互相作用、相互融合的文化共建体系。在政府方面，相关部门做好统筹规划工作，充分发挥自身职能，加强三地在相关政策法规上的合力对接，搭建好三地合作发展的制度体系。企业充分调动其市场主体的积极性，积极进行投资合作，在互利共赢的良好竞争模式下推动文化市场的健康发展。社会组织通过积极举办各种活动加强三地文化产业在产学研等方面的深层次合作。人民群众比以往发挥着更主动、更重要的作用，京津冀文化协同发展基于人民群众的精神文化需求，上通下达的交流反馈机制的日益完善、文化惠民政策的落实以及网络文化服务平台的不断增加与成熟，增加了政府、企业、社会组织和人民群众的对话机会，使得人民群众作为参与主体在文化治理体系中发挥的作用日益增加。除了治理主体的多元协作外，治理运行机制走向平等高效、方式手段走向科学创新，克服了旧有治理体系单一、封闭和僵化的缺点，驱动京津冀文化治理体系走向现代化、科学化、合理化，以先进的治理体系促进文化协同发展水平的稳步提升。

（四）京津冀公共文化服务协同发展逐步实现共建共享

公共文化服务协同发展是促进文化协同发展的基础和保障，是真正落实文化惠民政策的关键环节，直接关系到人民群众的幸福感和获得感。京津冀三地以构建覆盖全面、公平高效、先进创新的现代公共文化服务体系为目标，以共享优势文化资源为重点，以构建区域文化协同发展机制为抓手，积极推动京津冀公共文化服务体系逐步实现资源共享、深度合作、共同进步。京津冀公共文化服务覆盖率高，设施较为完善，为三地公共文化服务协同建设提供了良好的条件，在此基础上，三地在公共文化服务上加强交流与合作，努力在现代公共文化服务领域实现协同发展。2019 年 12 月“京津冀公共文化服务示范走廊”发展联盟第八届轮值工作会议在天津市北辰区召开，会议以“坚定文化自信　推动公共文化治理现代化”为主题。发展联盟自成立以来通过积极组织戏曲、书画、摄影、非遗文化展示等多种活动来发挥公共文化示范区的辐射作用，推动公共文化服务体系建设的多元发展、共同繁荣。三地还成立了京津冀图书馆联盟、京津冀演艺联盟、京津冀文化产业联盟等多个协同发展平台，在公共文化服务、群众文化活动、演出艺术发展等方面做到资源互通与共享。同时，三地积极发展公共数字文化服务来弥补三地公共文化设施发展不平衡的不足，初步形成了依托网站、移动应用、社交媒体等渠道向公众提供数字文化服务的网络平台，并逐步完善以图书馆、博物馆、文化馆等公共文化服务机构的网站、数据库、移动应用等为核心的网络平台建设。

四　京津冀文化协同发展过程中存在的问题

就目前发展形势而言，京津冀文化协同发展取得了一些成果，但仍然有很大的提升空间，一些深层次的矛盾正在成为构建京津冀文化一体化新格局的阻力，京津冀三地文化协同发展过程中还存在着文化发展不平衡、协同程度不够高、协同效应不够明显等问题。

（一）京津冀仍存在文化经济发展落差，区域文化发展潜能尚未充分发挥

随着京津冀协同发展战略的推进，三地在经济、交通、生态、文化等领域的协同发展不断取得突破性进展，但是由于三地经济发展、资源分配、人才技术等方面的差距，京津冀文化经济发展仍然存在一定的落差，北京作为全国文化中心，文化经济发展水平处于领先位置，天津和河北与之差距明显。各地区国民经济和社会发展统计公报显示，2018 年京津冀第三产业占地区生产总值的比重分别为 81%①、58.6%②、46.2%③，从中可以看出三地产业结构差异较大，天津与河北明显落后于北京。另外，京津冀三地文化消费水平差距较大，严重制约三地文化经济的均衡发展。从文化发展现状来看，河北在三地中处于相对弱势的位置，河北拥有深厚的文化底蕴，但其文化潜能还未得到充分的发掘，河北省许多优秀的传统文化尚待开发成全国性文化品牌，其缺少足够的展示平台，也没有形成具有全国影响力的文化名

① 北京市统计局：《北京市 2018 年国民经济和社会发展统计公报》，http://tjj.beijing.gov.cn/tjsj/tjgb/ndgb/201903/t20190319_418980.html，2019 年 12 月 22 日。

② 天津市统计局：《2018 年天津市国民经济和社会发展统计公报》，http://stats.tj.gov.cn/Item/28977，2019 年 12 月 22 日。

③ 河北省统计局：《河北省 2018 年国民经济和社会发展统计公报》，http://tjj.hebei.gov.cn/hetj/app/tjgb/101548813276749.html，2019 年 12 月 22 日。

片。文化经济发展的不平衡导致三地文化发展步调难以达成一致，北京未能充分发挥其作为核心的带动作用，津冀承接高端文化产业的能力不足，与实现京津冀文化经济完全融合与协作仍有一段距离。

（二）京津冀文化产业未完全打破区域壁垒，未形成统一的区域发展合力

在国家、地方政策的支持下京津冀三地虽在文化产业发展中已经加快协同步伐，逐渐形成文化协同发展意识，但是由于诸多现实限制，京津冀文化产业尚未完全打破区域壁垒，统一的区域发展合力尚未形成。首先，长期历史发展所形成的行政体制壁垒和区域分化意识，导致京津冀三地文化资源整合力度不够，产业协作对接不畅，产业链延伸不足，影响了文化产业协同发展的整体格局。其次，三地目前尚未形成相对统一的文化市场，文化产品流动性不强，企业之间未能做到优势互补、互利共赢，产业互补性、关联性不足，影响了文化产业协同发展的进程。最后，由于京津冀文化产业集约程度、规模化程度较低，同质化竞争和重复投资现象依旧存在，因此三地文化资源未得到高效合理的利用，未能充分开发深层次的文化产品，没有形成打响全国的京津冀文化品牌，品牌带动效应不强。

（三）京津冀文化认同感有待提高，文化协同发展内在动力不足

文化认同是文化协同发展的内在驱动力，文化认同感的提升有助于推动文化协同发展。京津冀地缘相接、文脉相承，但在共通的历史基础上又分别发展出各具地方特色的京味文化、津门文化和燕赵文化，这既构成了京津冀三地独特的精神文化内核，也在客观上阻碍了三地文化的融会贯通，造成三地文化凝聚力不足、文化认同感不强。京津冀尚未完全打破“圈地思维”，其根本原因就在于文化认同感不够强，导致文化协同发展的自觉性和主动性不高。目前，京津冀文化产业发展仍然受制于依托自身某种特色文化自主发展的惯性思维，三地文化资源在产业链定位中还没有获得科学合理的配置，三地具有历史共通性的文化资源有待进一步整合与开发。文化认同感起着凝

聚人心的作用，如果缺少真正的文化认同，政策法规和协同机制只能被动地启动，不能发挥其最大作用。

五　推进京津冀文化协同发展的对策建议

面对目前京津冀文化协同发展进程中存在的诸多阻力，三地应当培育壮大京津冀文化协同发展主体，鼓励多方力量参与文化协同建设，优化文化产业发展环境，健全文化协同治理体系和治理机制，继续推进京津冀文化协同发展。

（一）以强化顶层设计坚持协同立场，带动京津冀三地全面一体化发展

京津冀文化协同发展要始终坚持合作共赢、互惠互利的基本立场，以区域一体化为前提，确立优势互补、短板互助的协作原则，将发展成果惠及三地全体人民作为目标，破除区域“各自为政”的浅短认识，形成全局性、长期性、可持续的合作新态势。政府通过强化顶层设计，在政策的制定中自觉将文化协同理念与区域利益进行融合，综合考量各地的文化发展落差和各地优劣之处，建立互利共赢、区域一体的发展机制，强化利益共同体的发展观念。从顶层设计出发来弥补区域文化发展不均衡的不足，发挥三地文化管理部门的职能，健全政府间文化产业发展联席会议制度，逐步优化三地文化产业协同发展的战略规划，明确目标任务、实施步骤，形成合理清晰、行之有效的文化协同发展路线。同时，以先进文化地区的建设带动后进文化地区的发展，发挥先进文化地区的示范与辐射带动作用，积极培育龙头产业，打造具有规模效应的核心产业集群，从而形成京津冀三地文化整体平衡发展的新局面。

（二）完善京津冀文化产业协作联动机制，深化三地文化产业合作

京津冀文化协同发展的关键之一在于破除三地文化产业之间存在的制度

障碍，彻底打通三地文化市场，加大政府与企业、文化企业及文化组织之间的合作力度，增强京津冀文化产业主体集群力量。首先，通过支持三地文化园区、文化企业与文化组织之间建立深度衔接、高效全面的协作机制，畅通园区共建、项目对接、资源共享等发展路径，以此提升三地文化产业链的关联度，增强文化产业合作的互补性。其次，推进京津冀文化治理体系的进一步完善，通过建立科学合理、平等高效、创新先进的综合治理机制，促进三地信息技术、文化资源和实践经验的流通共享。最后，联合建立临时性机构解决非常态、突发性问题，及时发现并处理发展中遇到的难题，打造兼具长期稳定性与短期灵活性的协同模式，全面清除京津冀文化产业协同发展过程中的种种障碍。

（三）构建区域文化命运共同体，提高京津冀文化协同的主动性与自觉性

文化认同感是文化协同发展的精神源泉，构建京津冀三地的文化命运共同体，将有利于提高文化建设主体的主动性与自觉性。政府相关部门和社会组织应当充分利用京津冀三地丰厚的历史文化资源，挖掘三地共通共生的文化命脉，如京津冀非遗文化、大运河文化等传统文化中蕴含着三地人民相似的历史文化记忆，应当积极传承与弘扬，重新激发三地共同的文化基因。同时结合新时期的社会主义文化内涵，在现代性视野下打造具有京津冀特色的“区域文化”，构建区域文化命运共同体。通过加强三地在文艺展演、文化展览、民俗活动等方面的交流与合作，打造具有京津冀文化特色的精品演出、展览等文化活动，展示京津冀文化的新面貌，提高京津冀文化的影响力，从而提升三地人民的文化认同感。文化认同感的提升，能够充分调动各类文化建设主体的积极性，从思维模式上实现真正的转变，为京津冀文化协同发展营造健康良好的氛围与环境。

B.5

“十四五”时期北京文化产业发展的优势、问题与思路

中国宏观经济研究院课题组*

摘　要： “十四五”时期是我国“两个一百年”奋斗目标的历史交会期，也是全面开启社会主义现代化强国建设新征程的重要机遇期，面对深刻变化的世情、国情和市情，面对新时代社会主义现代化建设的历史重任，北京应充分发挥增长趋势稳固、政策配套体系持续完善、文化产业资源整合提质、“文化+”融合持续发力、现代市场体系稳步建设等优势，着力推动“文化+”产业体系建设，加快培育与新阶段新要求相适应、面向未来参与全球竞争的“高精尖”文化产业体系和现代市场体系，推动“十四五”时期文化产业高质量发展。

关键词： 北京　文化产业　文化消费　“文化+”

一　“十四五”时期北京文化产业发展环境将发生重大变化

（一）有效应对百年未有之大变局

从全球形势看，世界处于百年未有之大变局中，国际格局和政治力量对

* 中国宏观经济研究院课题组成员：刘敏，国家地理空间信息中心副研究员，博士，研究方向为产业经济学；王磊，国家发改委市场与价格研究所副研究员，博士，研究方向为产业经济；程婧瑶，国家地理空间信息中心高级工程师，博士，研究方向为产业经济；侯胜东，国家发改委社会发展研究所助理研究员，博士，研究方向为产业经济等。

比加速演变，国际产业发展和分工格局出现重大变革，全球经济治理体系面临变革，我国重塑实体经济竞争优势成为首要的紧迫任务，为日益融入实体经济的文化产业发展创造了机遇。新一轮科技革命和产业变革兴起，经贸摩擦、科技创新、文化创新等带来诸多挑战，并可能面临科技、产业、场景同步交互、链群传导的三大变革，顺应全球新态势，充分发挥创新的力量，瞄准文化产业等新兴产业发展机遇，构建面向未来的高端产业体系，成为大势所趋。

（二）中国经济进入高质量发展阶段

从国内形势看，中国特色社会主义进入新时代，我国由中等收入国家迈向高收入国家，社会主要矛盾已经转化为人民日益增长的美好生活需要和不平衡不充分的发展之间的矛盾。特别是党的十九大以来，中国经济进入高质量发展阶段，文化产业创新发展，产业结构发生了重大变化，数字文化产业呈现爆发式增长，“文化—科技—金融”三元动力结构基本成形。经验表明，一个国家经济发展出现重大阶段性变化，往往伴随着产业结构的演变升级，与之相匹配的支柱或主导产业也会更新迭代，当前我国经济增长动力机制转换承上启下的阶段性特征将越发明显，新型消费、创新经济等新兴增长动力将进入关键的能量积累期，现代经济体系、供给侧结构性改革和以服务贸易为重点的开放转型成为经济发展的正向推动力，文化产业发展必将为经济新动能储蓄力量。

（三）文化产业和文化消费进入新时期

作为发达国家经济转型过程中的重要产业，文化产业具有高附加值、发展可持续的特征，越来越为各国所重视。文化产业增长速度远高于整体国民经济增速，已成为世界经济增长的新动力，引领全球未来经济的发展。随着新一代信息通信技术、互联网、大数据的发展，5G、人工智能、高清视频互动等技术取得较大突破，对文化创意产业支撑的渗透性增强，AR/VR、数字图像设计等技术快速发展，催生出数字图像、数字媒体、数字展示、虚拟与现实等文化新业态，新兴业态逐步成为文化产业的先导产业，并向主导产业和优势产业加速推进，文化产业发展已经从“战略性短缺”进入“短缺与过剩并存”、从投资推动转向消费拉动的时期。

（四）文化产业政策与区域协调联动

随着文化体制改革全面深化，文化发展的基础和动力机制发生转变，文化产业发展从以产业政策推动为主、市场内生动力为辅的阶段，逐步发展为以开放市场和调动市场内生动力为主、产业政策干预推动为辅的新阶段。京津冀协同发展等国家重大战略持续深入，建立更加有效的区域协调发展新机制，推动北京市文化产业的结构性调整，有效利用疏解腾退空间发展文化产业，充分培育和发挥龙头引领与国家标杆作用，增强对京津冀地区的整体辐射力，带动周边地区文化产业提质升级，推动区域市场一体化和文化等产业协同发展，是我国实施区域协调发展战略的重要要求，北京市作为全国文化中心和京津冀协同发展的龙头，具备引领基础。

二 “十四五”时期北京文化产业发展的优势

（一）主要指标增长趋势稳固，多项指标居全国首位

“十三五”时期，北京市文化产业支柱地位更加巩固，多项指标居全国首位，文化产业增加值占 GDP 的比重稳定在 10% 左右。2018 年，北京市文化产业规模以上企业收入实现了 5 年翻一番，新闻信息服务业收入占全国一半以上，影片产量占全国近一半，版权登记数量占全国的四成，创意设计服务业收入和广告经营额占全国的 1/4 以上。全市文化企业数量由 2015 年末的 278549 家增长到 2018 年末的 327900 家，其中，规模以上文化企业由 2015 年的 1194 家增长到 2018 年的 4104 家，年均增速超过 160%。文化金融市场持续活跃，全市私募股权融资金额位列全国第一，文化产业并购规模全国领先。

（二）政策配套体系持续完善，产业引导政策最为突出

“十三五”时期，北京市持续推动政策创新和业态创新，把数字创意和内容版权作为两大主攻方向，先后出台推动文化产业创新发展、“文化+金融”和“文化+科技”等系列政策，文化产业政策配套更加完备。仔细梳理相关政策文件，据不完全统计，2016年以来，全市共出台文化产业发展及其相关政策文件十大类39个，其中，综合性政策3个、产业引导政策10个、科技支持政策2个、财政税收政策8个、金融投资政策4个、产业园区建设政策2个、消费提升政策2个、人才引进政策2个、对外文化贸易政策5个、市场建设政策1个，极大地推动了文化产业提质升级。

（三）文化产业资源整合提质，多层立体格局呼之欲出

近年来，北京市围绕“一城一主一副，两轴多点一区”城市空间发展结构和“一核一城三带两区”总体布局，持续推动文化产业空间体系构建和优化，着力构建起文化产业功能区、市级文创园区、示范园区、文创街区、文创空间等多层次、立体化的文化产业空间体系，老旧厂房腾退空间改造初见成效，一批“大而美”“小而专”的多层次、立体化文化产业发展空间载体逐步建立，优质文化企业不断集聚发展，文化新地标不断涌现。京津冀文化产业区域分工和产业链上下游协作不断加强，基本形成了以中心城区和节点城市为枢纽，多轴联动、协同发展的一体化发展格局。

（四）“文化+”融合持续发力，助推文化业态迈向“高精尖”

“十三五”以来，北京市把数字创意和内容版权作为两大主攻方向，重点打造创意设计、媒体融合、广播影视、出版发行、动漫游戏、演艺娱乐、文博非遗、艺术品交易和文创智库等九大重点领域及其重点环节，以科技创新和内容价值为引领，创意设计、媒体融合、广播影视、出版发行等重点领域的发展均居全国领先地位。“文化+科技”“文化+金融”“文化+旅游”等文化新业态发展迅速，文化创意和设计服务与相关产业融合发展持续推

进，文化产业智能化、数字化、信息化水平不断提升。重点文化产业园区和国家级文化与科技融合示范基地等快速发展，科技创新对文化产业的支撑引领作用显著增强。在全国范围内初步构建起具有独特内涵和价值体系的高精尖文化产业体系。

（五）现代市场体系稳步建设，对外文化贸易趋势向好

北京市不断完善全市文化市场体系建设领导管理体制，组建北京市文化改革和发展领导小组，创新国有文化资产监管模式。北京文化产权交易中心、北京产权交易所、北京金融资产交易所、中国工艺艺术品交易所等有序运行，初步构建起首都文化要素配置平台体系，市场在资源配置中的积极作用进一步增强。积极出台政策，对文化市场体系建设进行重点扶持，构建了包括资金扶持、融资服务、交易平台和人才保障等在内的综合性的支撑保障体系。聚力优化文化消费环境，激发文化消费潜力，打造文化消费品牌，北京惠民文化消费季已成为具有全国影响力和辐射带动作用的文化消费综合服务平台。对外文化贸易“走出去”规模不断扩大，综合实力不断增强，涌现出一批具有国际影响力的外向型文化企业。

三 “十四五”时期北京文化产业发展面临的问题

“十三五”以来，北京市文化产业发展成效显著，文化相关产业作为支柱产业的地位、作用和功能进一步强化，迈向全国文化中心的步伐进一步加快。然而，北京市文化产业发展与文化产业引领区的目标和要求仍有差距，现阶段北京市文化产业布局主要存在城乡问题、区域问题、集聚问题、功能配置问题、协同问题等五类问题。

（一）体制机制及政策体系不健全

在经济高质量发展阶段，市场机制在北京市文化产业发展中的决定性作用仍需加强，政府在促进文化产业健康发展中的有为功能仍需强化。各级文

化产业园区的多元化配套支持政策仍需完善，文化产业发展的监管机制需要进一步统筹完善，文化与科技融合发展的产业引导政策供给较为短缺。文化产业专业化服务平台功能不健全，知识产权保护功能不足，文化产业知识产权保护制度建设滞后。文化消费刺激政策缺乏系统性，文化消费法制化建设落后于首都文化消费的发展水平。同时，各区文化产业发展规划缺乏统筹和协调，导致各区文化产业同质化竞争严重，价格竞争和政策竞争导致文化资源存在浪费和市场分割的问题。

（二）与高精尖经济结构的差距较大

文化产业发展战略存在泛化、模糊化的问题，具体的文化产业优先发展和重点发展的方向及环节还不明确，九大重点领域中的价值链、创新链、供给链发展较为迟缓。关键文化装备技术领域仍存在短板，原始技术创新对文化装备产业发展的支撑能力不足，文化装备供给端未能有效满足国内和国际市场多元化需求。体验式文化创意新业态发展不足，文化产业内容原创研发能力较弱，具有独特北京美学、北京韵味的文化产业体验较差。广大乡村文化产业发展滞后，乡村文化产业业态、模式较为落后和传统，乡村文化产业与科技、金融、旅游的融合程度较低。

（三）多层次、立体化文化产业布局不平衡

文化产业资源配置和功能定位还存在较大的整合和提质空间。城区和远郊区广大乡村的文化产业发展总体悬殊，城六区不论是文化产业规模还是文化产业结构均优于乡村地区。文化产业发展对全面建成小康社会及乡村振兴的推动作用不足，美丽乡村、特色小镇建设与北京文化产业发展的融合度较低。具有乡村特色的原生文化资源挖掘不足，乡村文化要素市场发育不完善、文化市场建设滞后、市场配置资源的机制和活力仍需进一步释放。远郊区文化产业规模偏小、发展增速滞后、细分领域盈利能力较低，缺乏良好的文化创意产业发展平台和空间载体。

（四）现代文化市场体系和营商环境建设还有欠缺

文化产业集聚平台搭建滞后，企业发展的支持和服务体系尚未完全建立。文化产业发展仍存在行政管理模式“条块分割”问题，统一的文化产业市场管理、知识产权保护政策和利益协调机制仍然欠缺。受经济下行、结构调整和国际环境影响，北京市旗舰型龙头文化企业相对不足。由于缺乏完善的信用担保机制及融资机制，中小微文化企业融资成本高和融资难的问题较为突出。统一完善的区域性文化要素市场尚未完全建立，文化产业发展所需的资本、人才、创意以及技术等相关要素不能实现高效共享；区域间文化产业链缺乏有效整合和衔接，存在重复投资和同质化竞争现象。文化产业整体实力与世界级城市仍具有较大差距，文化产业发展的国际影响力、竞争力和渗透力相对不足。

四　“文化+”是“十四五”时期北京文化产业发展的核心动力

推动文化产业和科技、金融、旅游等融合发展，探索新时代文化体制改革的路径，有助于推进国家治理体系和治理能力现代化，激发文化创造力。北京作为国家首都和全国文化中心，大力推动文化和科技、金融、旅游、商务等资源的融合发展，不仅是顺应时代发展潮流、产业发展趋势，也是推动文化产业高质量发展的必然选择。

（一）“文化+科技”

完善文化产业技术发展体系，发挥北京在互联网新兴技术如人工智能、大数据、5G、物联网、云计算等领域的领先优势，加强语音视听、内容识别、深度学习、人机交互、可视化呈现等领域的关键文化科技装备研发。提升文化产品供给效能，打造和挖掘北京经典文化 IP，强化以 IP 为核心的衍生品之间的联动与协作，积极发展 5G、AR 和超高视频产业，引领未来产业发展。充分利用以大数据、区块链等技术为支撑的各大媒体的中央厨房、“北京云”，积极推动媒体融合。推动清华科技园、中关村软件园、东升科技园、中国北京星光电视节目制作基地、北京亦庄数字电视产业园等文化科技园区发展，新建一批智慧文化业态孵化器、加速器，加快形成特色鲜明的文化科技融合产业集群。

（二）“文化 + 金融”

适时推出《关于深入推进文化与金融合作的实施意见》等符合北京实际情况的专门政策措施，在北京“文化 + 金融”的准入制度、合作机制、合作渠道、合作环境、合作领域等方面给予政策指导，完善知识产权保护政策，以及相应的产业投资安全风险评估体系和管理体系。积极创建“文化 + 金融”融合发展示范区，与相关机构共同指导并形成联动机制，确保融合发展示范区落地和持续发展。构建“文化 + 金融”融合发展服务体系，组建文化产业金融服务战略联盟，搭建专属的网络平台，探索多元化的跨界金融服务模式，为文化创意企业提供专业化的金融服务，大大提高文化产业金融服务的效率。构建“文化 + 科技 + 金融”体系，将科技元素融入文化产业，使文化产品通过其科技属性实现定价，对冲文化金融创新风险。

（三）“文化 + 旅游”

将深入挖掘首都文化内涵贯穿于旅游景区景点开发建设和旅游路线产品设计全过程，以老城保护、三条文化带、北京城市副中心、“三城一区”等区域为重点，设计提升一批传承古都文化、发扬红色文化、体验京味文化、感知创新文化的精品旅游路线和旅游产品。大力发展民宿经济、休闲经济、品牌经济等“文化 + 旅游”新业态，促进“文化 + 旅游”产业链纵向拉长、横向拓展。利用“互联网 + ”等手段，积极培育“文化 + 旅游”接续产业。完善“文化 + 旅游”基础设施，加大“文化 + 旅游”品牌培育和提升力度，构建品牌产品、服务和标识体系，通过观念引导、政策扶持、技术支撑等，多措并举，不断提升“文化 + 旅游”知名度。

（四）“文化＋体育”

大力发展“文化＋体育”，推动科技、传媒、文化创意等产业融合发展。统筹好冬奥会赛事与首都城市规划建设、冬奥文化与城市景观、冰雪运动与文化传承等关系，精心策划一批集文化体验、生态观光、户外运动、冰雪旅游等于一体的跨区域的精品旅游路线，共建京张文化体育旅游带。推出一批以大型体育场馆为主体，以国际顶级赛事及高规格演艺活动为特色的城市体育文化商业运营综合体。

（五）“互联网＋”文化

推动互联网与非遗结合，探索北京文化机构、非遗企业、传承人、老字号等与网站、微博、微信、短视频平台的融合发展，培育和丰富非遗产品的网络直播、网络众筹、O2O 销售、VR 在线体验等展示和推广路径。推动互联网与传统文化结合，促进传统文化与科技手段相结合，以可感知、可触摸、可互动、可体验、可分享为导向，赋予传统文化以新的载体、内容和形式，实现传统文化的时代化和生活化。推动互联网与文博结合，以互联网为载体，整合吸纳北京各类博物馆，搭建文博资源信息数据库，依托大数据等互联网科技，深度挖掘博物馆文物资源、人才资源、品牌资源，打造互联网语境下的文博产业生态体系。

（六）“＋文化”

推动“制造业＋文化”融合，把文化元素的植入、融合，渗透到以亦庄经济技术开发区为代表的制造业基地，赋予制造业以特有的文化内核、文化属性、文化精神和文化价值，提升产品的附加值。推动“商务＋文化”融合，促进 CBD、三里屯、前门大街等商务街区与文化融合，以商务活动、商业综合体、商业街区、商品为依托，打造全新的场景式文化体验，把艺术、文化的美学理念、价值趣味融入商业活动的各个环节，提升消费层次，双向传播商务和文化品牌。推动“老旧厂房＋文化”融合，积极改造传统制造业转移之后的空置厂房、仓储用房及相关工业设施，保留和彰显建筑特有的风格，使其成为承载近代城市工业发展的历史记忆和传承发展历史文化、促进城市有机更新的重要载体。

五 建立健全现代文化市场体系是“十四五”时期北京文化产业发展的核心任务

建立健全统一开放、竞争有序的现代文化市场体系，做响“北京文化”品牌，最大限度地激发市场主体活力，加快建成具有全球资源配置能力的文化强市，为打造具有中国特色的社会主义世界先进文化之都奠定坚实的市场基石。

（一）着力健全多层次文化市场

一是加快健全多层次文化产品市场。适应消费升级新趋势，以市场需求为导向，以北京丰富的文化资源为依托，优化文化供给结构，鼓励文化企业不断丰富和创新产品与服务。积极培育以数字、网络和移动媒体为载体的新兴文化市场，加强文化产品内容创新、形式创新、服务创新，优化文化产品流通渠道。大力开发与文化结合的教育培训、健康养生、健身体育、旅游休闲等服务性消费，带动相关产业发展。二是着力完善文化要素市场体系。深化京津冀区域文化市场协作，不断破解要素自由流动的体制机制壁垒，加快健全文化生产要素市场，促进各类文化生产要素自由流动，不断提高文化生产要素市场运行的便利化、规范化、法治化程度。三是提升文化市场监管效能。创新文化市场监管方式，全面落实行政执法责任制。建立健全文化市场信用体系，建立守信激励和失信惩戒机制，建立健全简便、灵活、高效的文化消费争议解决机制。

（二）培育增强各类市场主体的活力

一是大力促进各类文化企业融通共生成长。深化国有文化创意企业混合所有制改革，培育一批市场竞争力强的旗舰型企业。提升民营文化创意企业的竞争力，重点支持专精特新的中小型文化创意企业。大力发展文化创意中介服务机构，扶持演艺经纪、版权代理、评估鉴定、推介咨询、担保拍卖等行业快速发展，支持影视金融、网络票务、数据分析等专业服务企业发展。二是加大市场主体培育力度。建立开放透明的文化市场准入管理模式，引导各类资本进入文化产业，优化营商环境，激发市场活力和社会创造力，加快“走出去”步伐，提升全球文化资源配置能力，彰显中华文化软实力和品牌影响力。积极引进一批文化创意跨国公司地区总部、枢纽型文化企业、龙头文化企业。对符合条件的小微文化企业，推进税费减免、社会保险费补贴等优惠政策，努力降低小微文化创意企业成本。

（三）大力发展功能性文化市场平台

一是做大文化产业发展平台能级。推动市级产业和服务平台类项目建设，鼓励平台专业化发展，持续提升现有文化创意示范园区、功能区等平台发展能级。聚焦创意设计、数字内容、工艺美术品等具有良好市场前景的文化产业细分领域，建成一批集创意创新、商贸、教育、会展等功能于一体的整合服务平台。推动行业类企业加强合作，组建文化产业联盟等行业组织和商会组织，发挥行业组织在行业研究、标准制定、跨界合作、资源对接等方面的支撑作用。二是做强各类专业性文化市场服务平台。围绕文化市场发展需求，更好地发挥北京产权交易所、北京文化产权交易中心、天竺保税区、国家对外文化贸易基地（北京）等国家级平台的专业化功能，着力提升平台社会化服务水平和适应市场发展的能力。三是做响中国北京国际文化创意产业博览会等专业交易平台，打造文化对外贸易高能级平台。积极发展新兴文化产品、产权交易所和跨境文化电子商务平台，提升文化要素、产品和服务全球配置能力。

（四）着力打造“北京文化”标准体系

一是加强特色专业标准建设。着力完善文化创意产业分类标准，推进完善博物馆、美术馆、文化娱乐场所等重点文化承载物和基础设施质量与检测标准体系，加快制定数字创意、非物质文化遗产保护、动漫、网络文化、文化艺术、演艺娱乐、创意设计、文化装备等领域的标准，形成一批具有北京文化特色的标准。二是大力实施标准国际化战略。实施标准价值提升工程，鼓励文化企业深入挖掘“北京文化”内涵，制定实施标准国际化战略，打造一批形象优质的文化创意企业和“北京文化”标准，推进一批“北京文化”标准上升为国际标准，提升“北京文化”标准的国际话语权和影响力。

（五）优化文化市场营商环境和生态

一是持续推动“放管服”改革。更大力度推进文化领域有序开放，在互联网、文化文物等专业服务业领域争取先行先试更多开放措施。解除在文化市场准入方面法律、法规之外的限制措施和指标。二是着力破除各类显性隐性壁垒。深化商事制度改革，鼓励各类社会资本投资文化创意产业。加快建立公平竞争审查制，着力清除各种不利于市场公平竞争的政策和体制。三是完善文化市场基础设施。以冬奥会等重大活动、重大赛事和重大项目建设为契机，加快推进高品质文化场馆建设，优化提升既有文化场馆设施，为文化产业发展创造更好的条件。加快推进5G、人工智能、物联网等新型数字基础设施建设，促进“文化＋互联网”融合发展，积极推进新一代信息技术在文化产业的推广应用。四是加大知识产权保护力度。实行严格的知识产权保护制度，完善知识产权保护相关法律，探索实施惩罚性赔偿制度。

B.6
北京推进文化领域"放管服"改革，优化文化营商环境

梅 松　廖 旻　富凤丽　杨越明*

摘　要： 自2018年北京市全面推进营商环境各领域改革以来，相关窗口部门针对企业发展全生命周期中存在的难点、痛点与需求进行了大量的创新实践。本文通过文化企业对于北京营商环境的评价调研，结合优化文化营商环境的一些创新案例分析，提出运用大数据提升文化企业"放管服"的精准性等建议：解决文化企业信息分散的问题，运用大数据提升文化企业"放管服"的精准性，利用文创实验区、文化园区等公共服务平台功能，实现文化企业与金融事务、版权事务等的便利对接，拓展多样化的政策传播途径与方式等。

关键词： 北京　文化企业　营商环境

营商环境是企业从登记、设立、运营、变更到终止整个生命周期的各种条件、需求以及周围环境的总和，涉及影响企业经营的法律法规、经济政策、社会文化环境等方方面面。对于市场主体，即企业来说，一个城市的营商环境不仅意味着城市对于企业的吸引力，还关乎企业本身的发展力。营商

* 梅松，北京市文化创意产业促进中心主任，研究方向为文化经济；廖旻，北京市文化创意产业促进中心产业发展部副部长；富凤丽，北京市文化创意产业促进中心项目评审部副部长；杨越明，北京师范大学教授。

环境的优化，能够有效提升企业的在地获得感与幸福感，有效促进企业群体的集聚，推动城市高质量发展。

自2018年北京市全面推进营商环境各领域改革以来，相关窗口部门针对企业发展全生命周期中存在的难点、痛点与需求进行了大量的创新实践，在简化流程、提高办事效率上卓有成效，包容普惠型企业生态逐渐形成。2019年11月推出的营商环境3.0版本，在进一步提高全市政务服务质量基础上，提出了针对细分行业特点实现相关业务精细化、精准化的目标。

北京作为全国文化中心，特别是在非首都功能疏解的政策大背景下，文化产业正成为城市经济发展的支柱产业，文化企业成为文化经济高质量增长的核心。文化相关部门应重点思考优化文化营商环境的具体施策点，针对文化企业的需求有针对性地推进文化领域的“放管服”改革，从而激发文化企业内生发展动力。

文化营商环境与总体营商环境既有相通之处，又有差别，关键在于文化产业和文化企业的特殊性；文化有意识形态属性，强调社会主义核心价值观引领；文化领域市场准入有门槛限制，针对行政审批许可事项不是做减法。从文化企业来看，一是中小微文化企业人才结构偏向文化艺术创意类人才，对工商税务类业务不熟，政策敏感度与了解度也不足。二是文化消费潮流变化、市场竞品态势不确定、政策管理口径收紧等因素，让文化项目本身从孵化到实施面临高风险。三是文化企业，特别是以内容生产为主体的核心领域文化企业，在成长轨迹上存在爆发式增长与断崖式下跌的双重可能性。

基于以上，北京市文化产业促进中心会同北京师范大学首都文化创新与文化传播研究院“新时代社会主要矛盾在首都文化领域的表现及对策深化研究”课题组在2018年6～8月展开了文化企业对于北京营商环境的评价调研，调研方式是面访与问卷相结合。

此次调研的企业由两部分构成，一是通过不同行业不同区域对参与2019文化创意大赛的企业进行抽样选择，最终从入围复赛的文化创意企业中抽取 100 家参与文化营商环境的调研。二是为了确保调研样本的全面性，对具有较高影响力的 25 家中大型民营文化企业进行定向调研，如影视行业的博纳影业、出版行业的磨铁图书、演出行业的摩登天空、设计行业的东道设计、游戏行业的完美世界、广告行业的蓝色光标等。

一 调研结果分析

1. 文化企业对于北京营商环境整体评价良好

当问及北京的营商环境与其他一线城市相比，处于什么位置时，62.1% 的受访文化企业给出的数值是 8 分及以上，其中 8 分的占 29.84%，9 分的占 16.94%，10 分的占 15.32%（见图 1）。以百分制测算，受访文化企业对于北京营商环境的平均评价为 77.2 分。这一评价折射出北京市在营商环境优化方面所做的努力获得了文化企业的普遍认可。

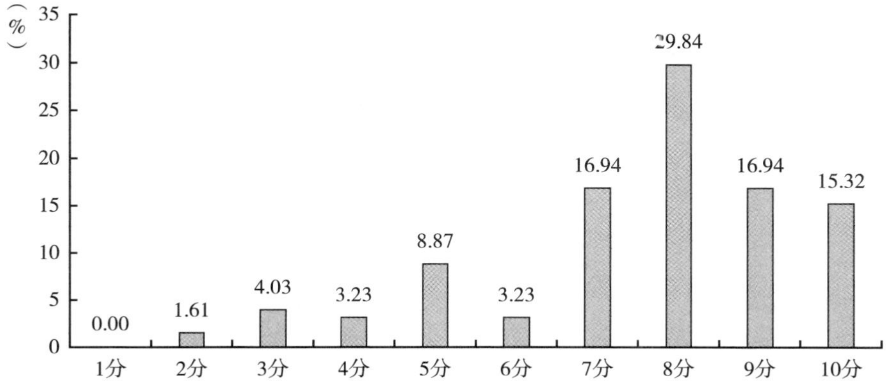

图 1 文化企业对于北京营商环境的整体评价（十分制）

当问及对于目前北京整体营商环境是否满意时，近 50% 的受访企业给出的答案是比较满意，22.58% 的受访企业表示非常满意，两者合计为 71.77%（见图 2）。以百分制测算，受访企业对于北京营商环境的满意度达到 76.12 分。

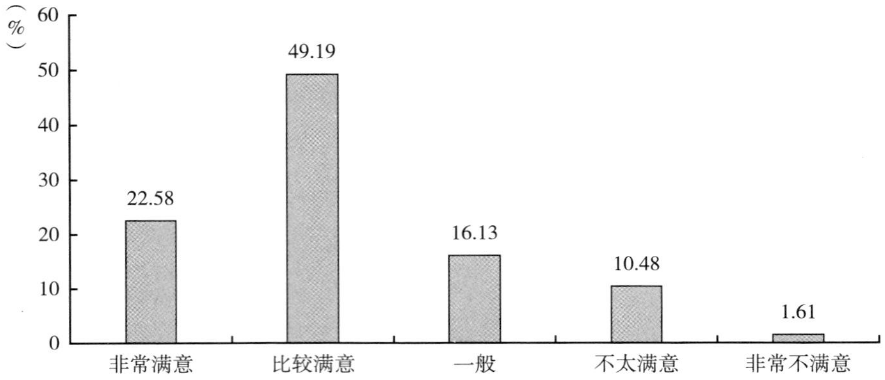

图 2　文化企业对于北京营商环境的满意度（百分比）

2. 文化企业对文化相关部门的评价相对高于其他业务窗口部门

2016 年，就新型政商关系，总书记做出了阐述，将新型政商关系概括为“亲”“清”两个字。

当问及整体而言政府部门与文化企业的关系是否融洽时，超过 80% 的受访企业给出的分值高于及格线，其中 6 分占 10. 48%，7 分占 16. 94%，8 分占 20. 97%，9 分占 12. 9%，10 分占 20. 16%。以百分制测算，受访文化企业对于目前政商关系的平均评价为 74. 6 分，接近 75 分的良好线（见图 3）。

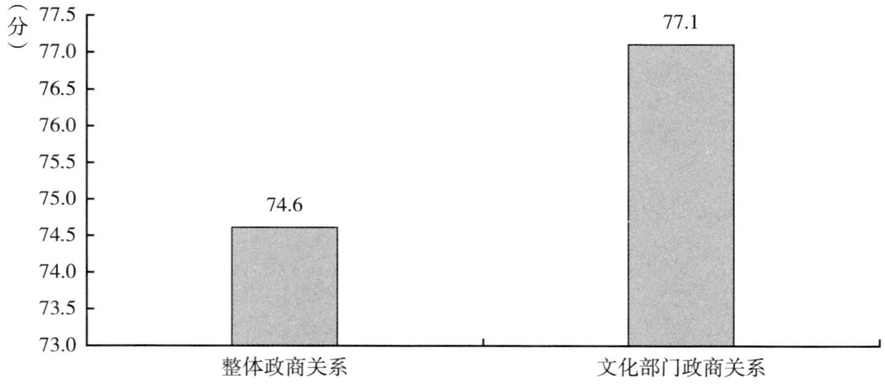

图 3　文化企业对于政商关系融洽度的评价（百分制）

考虑到文化企业在日常工作中与文化相关部门打交道的机会相对更多，需要文化相关部门进行审核管理、给予服务支持的点更多，本次调研向受访企业追问了对于文化相关部门与文化企业的关系评价。调研结果表明，87.81%的受访企业给出的分值高于及格线，其中6分占17.89%，7分占13.01%，8分占17.07%，9分占19.51%，10分占20.33%。以百分制测算，受访文化企业对于文化相关部门的平均评价为77.1分。

3. 文化企业对工商、税务、商务等部门推出的营商环境优化政策措施的了解程度不高，对于上述政策优化的实际感受差异较大

在“9+N”优化营商环境政策体系中，我们从六个部门各选择了一项相对重要的营商环境措施，调查受访企业对于该些政策的了解度。从调研结果来看，税务部门“最多跑一次”便利服务的了解度相对最高，有60.48%的受访企业表示听说过相关政策。工商部门“全市通办新模式”便利服务的了解度排在第二位，47.58%的受访企业表示听说过相关政策。排在第三位的是银行信贷部门的“小微企业贷款增速”相关政策，有38.71%的受访企业表示听说过相关政策（见图4）。受限于受访企业自身的发展阶段与业务规模，涉及建设部门、对外贸易部门的两类政策整体了解度较低。

调研组请企业从自身业务开展实际情况出发，谈谈是否能够切身感受到上述相关营商环境政策服务的优化。20.97%的受访企业给出了5分，20.16%的受访企业给出了6分，16.13%的受访企业给出了7分，打出8分及以上的受访企业总共占20.16%（见图5）。从不同规模的受访企业来看，规模较大的文化企业对于相关营商环境政策服务优化的感受度明显高于小微文化企业。

4. 文化企业对于营商环境进一步优化的期待值很高，对于提升政策公开透明度、简化办事流程、提升互联网电子化办公水平等期待均体现出企业的实际需求

尽管北京的营商环境相对于国内其他城市而言，已经处于优势地位，近几年掷地有声的营商环境优化条例也取得了显著的成效，但对于文化企业而言，其对于营商环境进一步优化、完善的期待依然强烈。调研结果表明，企

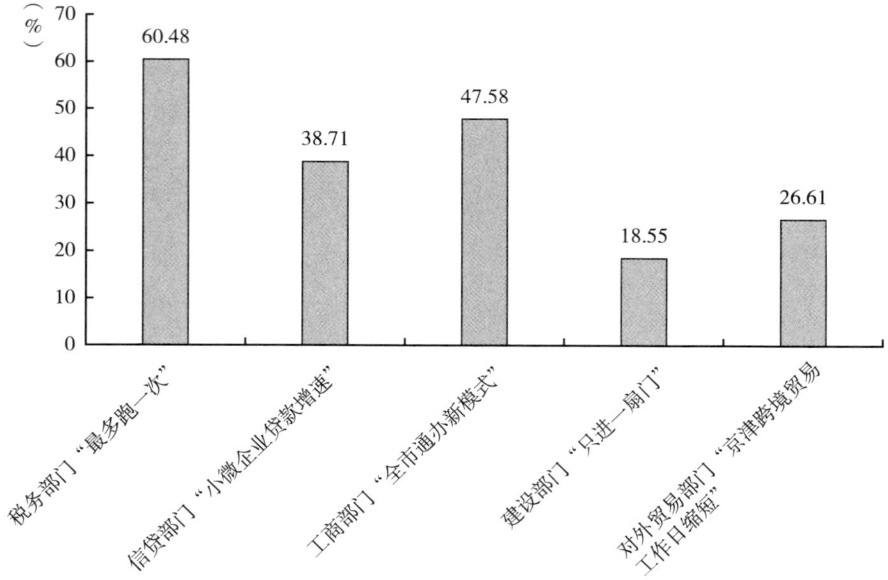

图4　文化企业对相关营商环境优化政策的了解度（百分比）

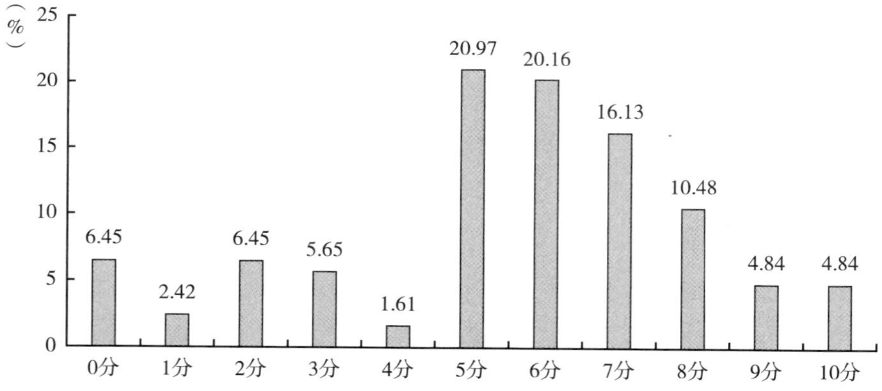

图5　文化企业对相关营商环境政策服务优化的感受度（十分制）

业对于提升政策公开透明度的期待相对最高，达到9.1分。其次是对于简化办事流程的期待，达到9.08分。在利用技术手段提升互联网电子化办公水平以及促进不同部门间的信息互通两项上，期待值均为9分。尽管从各个部门角度来看，办事流程已经有了大幅度的压缩，办事时长也有了量化的承诺，但对于企业来说，缩短各类审批时间依然是刚性需求，期待值达到8.96分（见图6）。

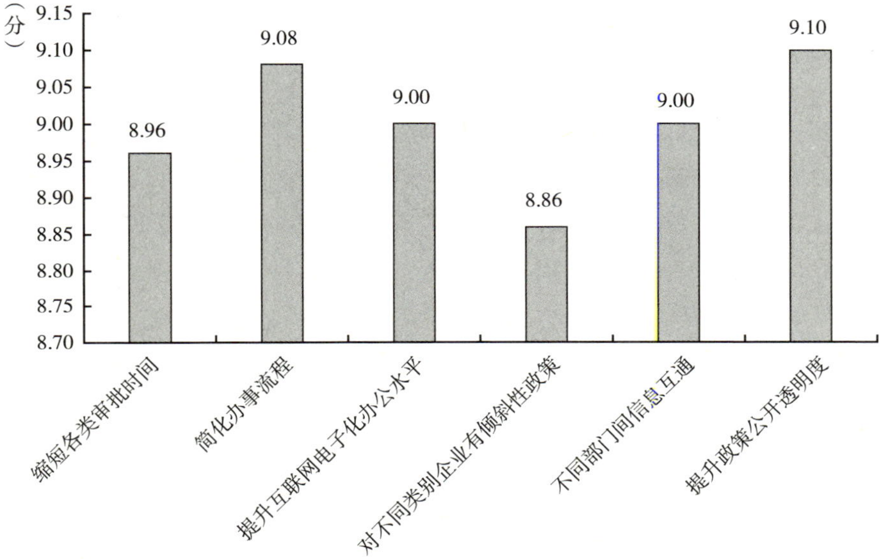

图6　文化企业对于营商环境进一步优化的期待值（十分制）

5. 融资难、房租高、项目周期长是文化企业在实际发展中的痛点，针对这三个痛点精准施策是优化文化营商环境的重点

营商环境的优化，根本目的在于解决企业，特别是民营企业在发展中的痛点与堵点问题。当问及受访文化企业在发展中面临哪些困难时，我们发现文化项目融资难、房租高、周期长是最集中的三个痛点（见图7）。

受访企业在“文化项目融资难”上感觉到困难的比例合计为64.51%，其中表示“有一定困难”的占45.16%，表示“非常困难”的占19.35%。以五分制测算，在融资难上的痛感值达到了3.66分。其中，小微企业选择“非常困难”的比例相对最高。由此可见，对于以轻资产为主的文化企业来说，打通融资渠道面临普遍的难题，尤其对于小微民营企业来说困难尤甚。

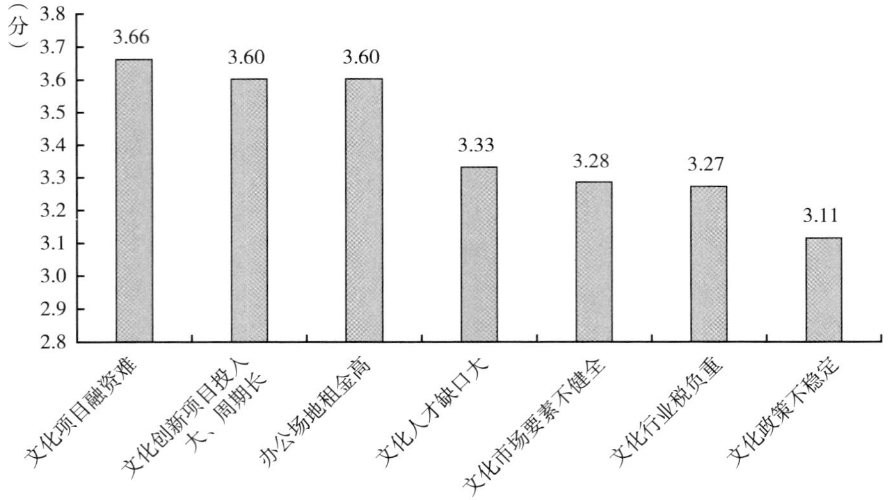

图7　文化企业发展中面临的痛点（五分制）

受访企业在“文化创新项目投入大、周期长”上感觉到困难的比例合计为58.07%。其中表示“有一定困难”的占41.94%，表示“非常困难”的占16.13%。以五分制测算，在项目周期上的痛感值达到了3.6分。其中，带有文化科技创新因素的企业选择“非常困难”的比例相对较高。由此可见，文化科技创新型企业在初创期或成长初期面临的压力较大。

受访企业在“办公场地租金高”上感觉到困难的比例合计为54.83%。其中表示“有一定困难”的占33.06%，表示“非常困难”的占21.77%。以五分制测算，在租金上的痛感值同样达到了3.6分。对于规模较小的文化企业来说，日常房租的支出占其运营成本的比例较高，也间接导致了不少优质文化企业外流。

受访企业在“文化人才缺口大”上感觉到困难的比例合计为48.38%。其中表示“有一定困难”的占40.32%，表示“非常困难”的占8.06%。以五分制测算，在人才上的痛感值达到了3.33分。人是创新的关键要素，通过积极的文化政策解决文化人才不足的后顾之忧，吸引更多的人才聚集，这不仅是整个城市发展的需要，也是企业发展的需要。

受访企业在“文化市场要素不健全”上感觉到困难的比例合计为42.74%。其中表示“有一定困难”的占33.06%，表示“非常困难”的占9.68%。以五分制测算，在市场要素上的痛感值达到了3.28分。市场要素的健全与文化产业所属各个领域的生态链息息相关，须在引导版权、资本、技术、空间等资源优化配置上下功夫。

6. 文化人才集聚、文化政策“风向标”、文化企业集聚是文化企业最看重的北京文化环境因素，全国文化中心建设相关的文化产业发展举措有助于增强文化企业在北京发展的信心

文化企业、文化人才、文化资本、文化资源、文化政策等共同构成了北京的文化环境要素。城市文化环境要素是否满足文化企业的需求，直接决定了城市对于文化企业的吸引力强弱。为了了解哪些是文化企业最看重的要素，课题组针对七类环境要素进行了调研。结果表明，文化人才集聚、文化政策“风向标”、文化企业集聚是文化企业最看重的三大文化环境要素（见图8）。

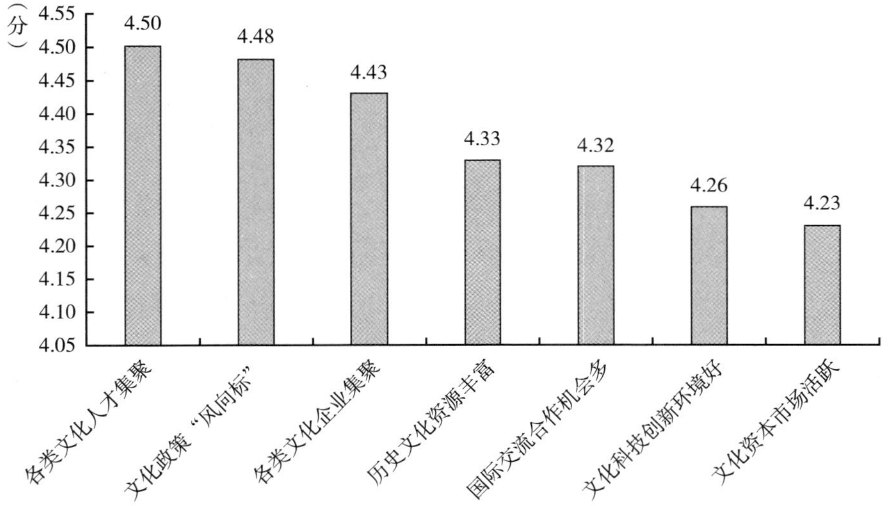

图8　文化企业看重的北京文化环境要素（五分制）

看重北京文化人才集聚优势的受访企业合计占93.55%，其中表示“比较看重”的占37.1%，表示“非常看重”的占56.45%。以五分制测算，对该环境要素的重视程度达到了4.5分。文化产业的第一生产要素是人力资源，在北京生活成本较高的现实情况下，让文化创意人才能引得进、留得住、干得好，将直接决定北京文化企业的发展能力，乃至整个城市的发展。

看重北京作为文化政策“风向标”优势的受访企业合计占91.93%，其中表示“比较看重”的占33.06%，表示“非常看重”的占58.87%。以五分制测算，对该环境要素的重视程度达到了4.48分。这一方面与北京作为全国文化中心的城市定位有关，与各个文化领域相关的国家级主管部门都在此、国家级项目的申报与审批也汇聚于此有关；另一方面，文化政策解读相关的研讨会、论坛、峰会数量众多，也使得北京企业在了解与接触文化政策上有着先天优势。

看重北京文化企业集聚优势的受访企业合计占91.13%，其中表示“比较看重”的占39.52%，表示“非常看重”的占51.61%。以五分制测算，对该环境要素的重视程度达到了4.43分。文化产业集聚与传统产业集群相比，其最大的特征在于通过集聚产生的文化资源整合和价值观趋同效应。下一步应重点研究通过市内文化空间的优化配置，推动相关文化企业集聚。

此次调研涉及的文化企业，一部分为具有发展潜力的创意型中小微企业，另一部分为具有社会影响力的行业领军企业。无论是潜力型还是领军型文化企业，其对于北京文化营商环境优化的信心指数，都在很大程度上决定其所在文化行业的整体发展态势。

当问及受访企业对于北京文化营商环境优化及产业发展是否有信心时，78.87%的企业打分在7分及以上，其中有23.58%的企业打出了满分10分，表示极有信心（见图9）。这一数据充分证明北京作为全国文化中心，对于许多文化企业来说具有独特的吸引力。

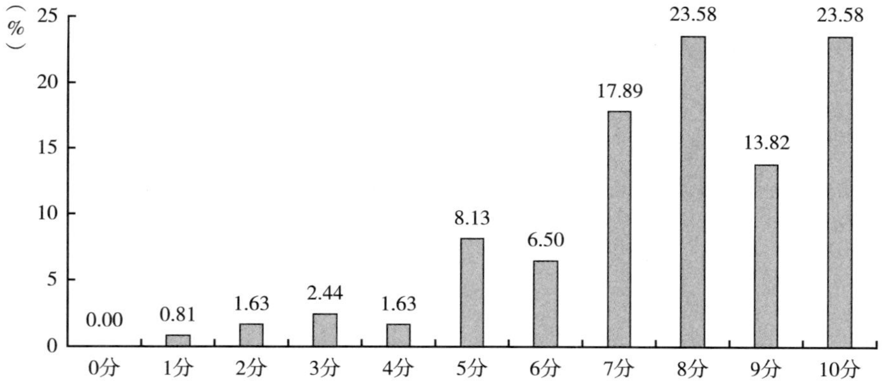

图9　文化企业对北京文化营商环境优化的信心（十分制）

二　优化文化营商环境的创新实践

1. 聚焦文化科技融合，解决文化创意企业申报高新企业的认定难题

早在2016年，文化创意和设计服务内容就被纳入《国家重点支持的高新技术领域》。2018年8月，北京发布《关于推进文化创意产业创新发展的意见》，明确了主攻方向，提出利好政策，全面推动文化科技融合，打造数字创意主阵地。这些政策利好信息都旨在深挖文化科技新兴企业的发展潜力。

但从实际情况看，对文化创意企业进行高新企业认定，并在3年有效期内按照减免15%的税率征收企业所得税并非易事。通过与文化创意企业的面访，我们发现许多企业不知道文化产业哪些服务内容属于国家重点支持的高新技术，哪些企业符合申报高新企业的条件，即使知道，对于相关申报政策、申报渠道的认知度也不高。

通过走访调研，课题组发现国家文化产业创新实验区开展了一些行之有效的工作，有效激发了实验区内符合条件的文化企业申报高新企业的积极性。实验区在2018年颁布的《文化创意企业申请高新技术企业认定指南》

中，针对文化企业申报高新技术企业的疑难点，系统梳理了文化科技类“高新技术企业”认定条件、认定程序、享受政策优惠及认定成功的后续工作。同时通过园区内的企业沙龙邀请专业律师、行业专家对相关文件进行解读，帮助更多的文化科技企业了解该政策，享受这项政策红利。

2. 探索信用评级+融资担保体系，破解文化企业“融资难”问题

文化企业融资的痛点在于“融资难”。文化企业大多是小微企业，企业以无形资产为主，文化企业运营稳定性不足、风险高。针对文化企业的信用评级和无形资产评估实操起来很难。现行金融监管规则和银行等金融机构业务模式、绩效考核模式均不利于文化企业获得融资。解决文化企业融资难问题，除了利用政府财政资金外，还需要金融监管部门、银行等金融机构协力打破壁垒，优化文化金融信贷营商环境。

通过走访调研，课题组发现北京市银监局通过政策性担保机构，逐步建立文化企业信用评级融资担保体系，为文化企业提供信用保证支持从而打通金融活水流向文化企业的“最后一公里”。其中，北京中小企业信用再担保有限公司联合4家市级政策性担保机构和18家担保机构共同组建了北京市融资担保联盟，率先在十余个文化园区建立信用工作站，探索文化金融服务新模式，形成“贴息贴保、信用评级、快捷担保、见保即贷”的工作闭环，有利于解决金融机构和文化企业之间的信息不对称问题，有助于消除金融机构对于文化企业轻资产的顾虑。

除此之外，走访调研发现，文化企业还有很多直接融资的需求，特别是起步阶段的企业，需要担保机构、金融机构、信用服务机构通力合作，从而更好地满足不同发展阶段文化企业的融资需求。

3. 探索知识产权协同保护机制，文化企业保护意识与能力建设是关键

文化产业的核心就是创意和知识产权。知识产权保护在文化产业发展中具有重要作用，知识产权保护也成为营造良好文化营商环境的重要部分。

由于文化产业的知识产权保护体系涉及知识产权局、知识产权法院、商务局等多个部门，机制创新十分重要。通过走访了解到，在知识产权登记环节，2018年北京市专利申请量达到21.12万件，专利授权量达到12.35万

件，无论是知识产权数量还是质量都居全国前列。在知识产权侵权维权方面，除了辖区内的知识产权执法专项行动外，还针对文化领域侵权跨区域、跨境的特点组建了专门的团队。

此外，通过走访国家文创实验区以及十余个市级文化园区发现，以文化园区为平台，围绕知识产权在创造、运用、保护和管理及创造财富的过程中产生的经济关系提供知识产权公共服务平台，对于提升文化企业的知识产权保护意识与加强能力建设起到显著的作用。

以国家文创实验区为例，其建立了“2 + 5”知识产权保护体系，在北京文化产权交易中心影视产权交易平台、国家版权创新基地协同中国版权协会、中国版权协会版权监测中心等建立国家文创实验区知识产权保护服务中心、国家文创实验区版权服务中心的同时，在铜牛电影产业园、东郎电影创意产业园、尚 8 里文创园、三间房国家动画产业基地、竞园（北京）图片产业基地等设立知识产权服务工作站，利用分中心与工作站协同机制，通过多种形式，加强版权保护知识传播，切实提升辖区内文化企业对于版权的保护意识与能力。

4. 顺应国际文化贸易需求，给予从事境外文化服务的文化企业精准服务与配套资源匹配

无论是文化还是贸易，其本质和生机都在于交流。伴随国内文化产业的蓬勃发展，以及在“一带一路”文化交流合作的大势引领下，北京文化企业“走出去”的步伐加快。像万达影业、蓝海电视、俏佳人传媒等在境外提供影视节目（作品）播映服务的企业，趣加游戏（FUNPLUS）、掌趣科技、智明星通等在境外提供游戏服务的企业，嘉德、保利、瀚海等从事跨境艺术品拍卖的企业，都需要获得政策方面的扶持。

通过走访调研，课题组认为税务部门在充分落实《国务院关于推进文化创意和设计服务与相关产业融合发展的若干意见》《国务院办公厅关于印发文化体制改革中经营性文化事业单位转制为企业和进一步支持文化企业发展两个规定的通知》中关于对国家重点鼓励的文化产品出口实行增值税零税率或免税条例的同时，应通过服务的细化着力提升文化企业对于相关政策

条例的认知度。比如与文化园区或文化行业协会合作，召开现场宣讲会，降低从事文化产品或服务出口的文化企业税负成本，为赢得更大发展空间提供税收助力。

此外，针对艺术品进出口贸易，天竺综合保税区充分利用“境内关外”的政策优势，以国家对外文化贸易基地为抓手，协调文物进出境鉴定所、北京文化贸易语言服务基地等要素资源型文化机构入驻，一方面有助于缩短文物艺术品存储、展示、交易的进出境审核时间，提升海外文物进京展示的审核效率，另一方面有助于扫清文化进出口贸易中存在的商务沟通障碍。

三 政策建议

1. 解决文化企业信息分散的问题，运用大数据提升文化企业“放管服”的精准性

从营商环境整体优化的目标上看，由于营商环境涉及企业整个生命周期的方方面面，与此相关的政府行政部门各自有政务的管辖范围，各部门所掌握的文化企业信息条块分割现象比较明显。工商、社保、税务、信贷等企业共性信息，知识产权拥有量、文创项目效度等企业个性信息存在“信息孤岛”现象，相互之间未能通过聚合产生有效关联。这造成了文化企业信用评级、无形资产评估等关键环节难以破冰。

考虑到以上信息与企业自身发展息息相关，且部分数据属于企业商业秘密，针对文化企业的大数据整合无法依靠市场化力量来实现。可考虑建立针对北京文化企业的大数据信用服务平台（见图10），通过跨部门间的后台信息整合，完成文化企业从信用评级到投融资对接的闭环操作。

调研发现，目前北京市在文化企业大数据服务平台、文化企业信用评级、文化企业融资担保等方面均开展了创新探索，但不同操作主体之间依然存在分散性，须以政府主管部门之力打通壁垒，增强数据统合性，进而在文化领域实现北京营商环境改革3.0版本所提出的“汇聚政府、企业和金融机构等数据，建立企业信用信息档案，构建以企业金融信用为核心的信息服

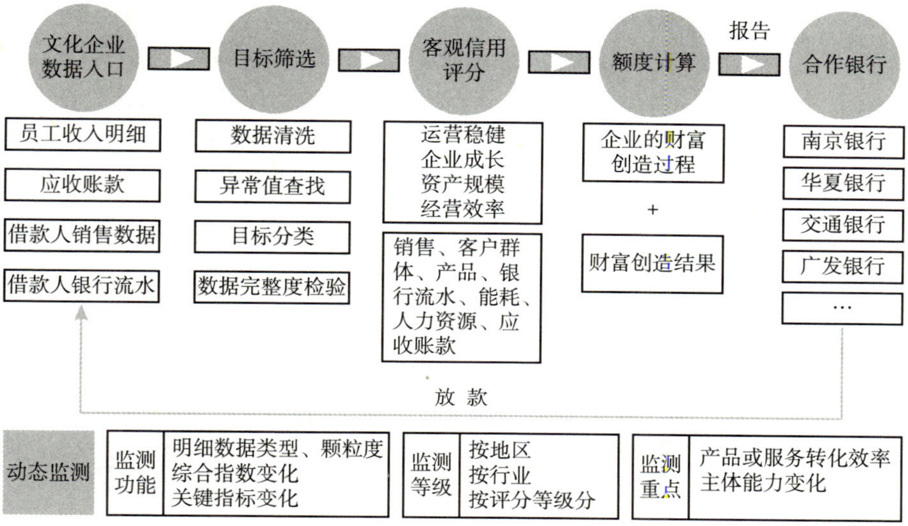

图 10　文化企业大数据信用模型

务体系”。

2. 利用文创实验区、文化园区等公共服务平台功能，实现文化企业与金融事务、版权事务等的便利对接，提高文化企业业务开展效率

2016 年，《文化部办公厅关于进一步完善国家级文化产业示范园区创建工作方案的通知》对文化园区的公共服务平台功能做了明确的表述，即“有效整合文化产业公共服务资源，为园区内文化企业提供创业孵化、融资推介、信息交流、人才培养、市场推广、管理咨询、知识产权保护等公共服务，提高整体服务能力，发挥综合效益”（见图 11）。

文化产业园区本质上是文化产业在空间上集中分布的一种生产力布局形式，文化企业通过园区内的集聚能够享受专业化分工带来的利益和“溢出效益”，实现自身经营效益的提升与产业链生态的构建。对于文化园区而言，重要的评测指标之一是通过卓有成效、富有新意的公共服务项目，解决单一文化企业在自身经营拓展上的痛点与盲区，从而吸引更多优质的文化企业入驻园区，逐步提升文化企业在园区内的占比。

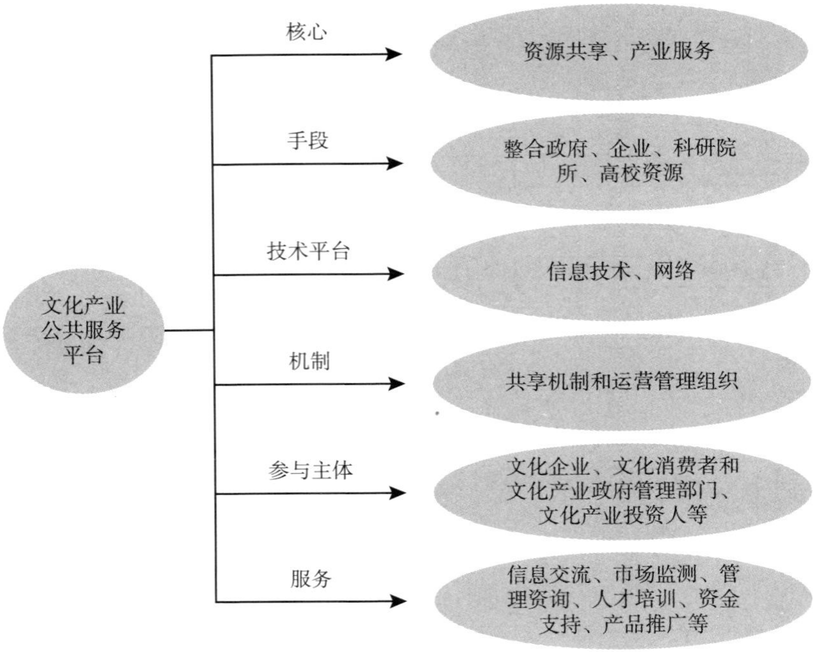

图 11　文化产业公共服务平台框架

调研发现，目前各文化园区根据入驻企业特点，均在不同程度上提供了文创项目投融资沙龙、知识产权代理申报、政策项目申报咨询等服务，同时提供公共会议室、公共路演厅等空间支持。但囿于各个园区体量不同，在公共服务平台功能的挖掘与实施上随意性较强，并未让文化企业普遍受益。建议在对文化园区、文创楼宇、文化空间整体摸底的基础上，建立市、区两级文化园区公共服务标准化模式，确保重要政策宣讲、投融资对接等公共服务内容以更高效方式的组织推进，进而推动文化企业相关核心业务实现北京营商环境改革 3.0 版本所提出的“由串联展开改为并联展开”，体现更具便捷性的“家门口”效应。

3. 拓展多样化的政策传播途径与方式，确保文化企业所需政策信息的有效传播

营造良好的营商环境，除了相关政府部门、窗口单位积极开展自身创新实践外，还需着力解决企业与政府部门信息不对称的问题。再好的政策、再

创新的举措，如果在信息传播方面缺位，实施效果就会大打折扣。

从调研结果来看，文化企业对于政策信息畅通度的打分仅为 64. 4 分，其中打分在 6 分及格分以下的受访企业占 27. 88%（见图 12）。以百分制测算，受访企业对于文化营商环境相关政策畅通度的评价仅为 64. 4 分。通过这组数据我们基本可判断，目前文化企业获得相关政策信息的渠道还不够畅通，如何促使政策举措有效传播值得思考。

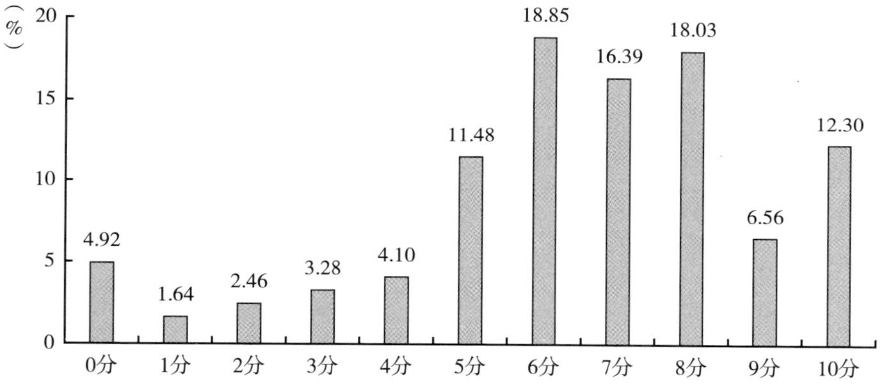

图 12 文化营商环境相关政策信息畅通度评价

具体到不同类别的文化政策，课题组发现不同文化企业对于不同类别的文化政策信息需求存在较大的差异。受访文化企业最需要的三类文化政策信息为文化投融资政策（66. 94%）、文化人才扶持政策（65. 32%）、文化项目扶持奖励政策（65. 32%），如图 13 所示。同样体现出金融资本激活、人才政策赋能、项目扶持是政府部门推动文化产业发展的关键抓手。

此外，文化园区政策关系到企业的生存空间，知识产权政策关系到企业著作权、专利权的市场应用，因此文化企业对于文化园区政策与知识产权政策的需求度较高。

有鉴于此，建议加强文化产业政策信息平台的建设，通过详细的标签化处理促进政策信息结构优化，从而推动文化政策信息的有效传播，实现精准到达。

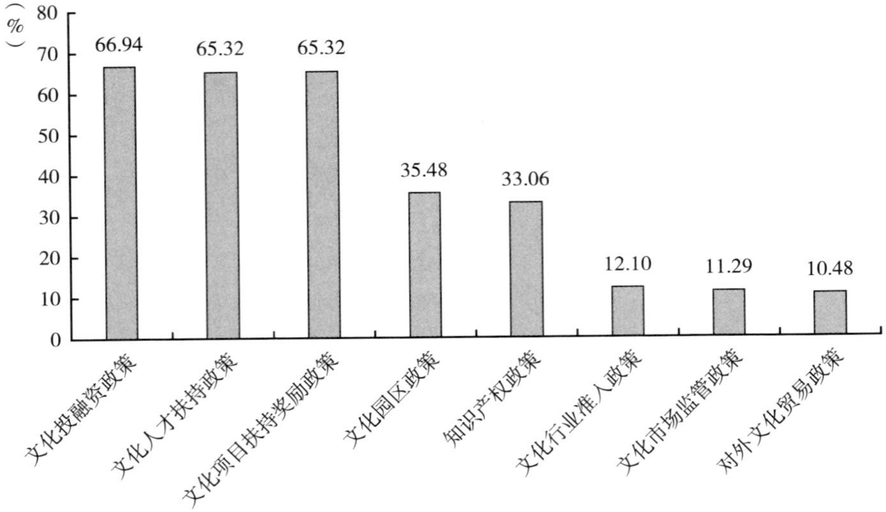

图 13　文化企业对不同文化政策的信息需求

城市文化与公共文化服务体系

Capital City Culture and Public Services

B.7

2019年北京创意城市建设新进展及相关对策*

陈红玉**

摘　要： 创新型城市建设是创新型国家的实现路径，创新型城市建设是首都城市整体创新转型的攻坚战工程。2019 年，北京城市创新竞争力名列前茅，首都进一步加快城市创新转型，加快创意城市建设的步伐，北京创意城市建设与城市创新发展取得显著成效，同时在加强文化创意园区建设、创新发展北京市副中心以及科技文化创新深度融合发展等方面成果突出。北京深入贯彻城市新规精神，创意城市建设向

* 本文是北京社科基金重点项目（16XCA002）与北京市社会科学院课题项目阶段性成果。

** 陈红玉，北京市社会科学院副研究员，研究方向为文化创新。

纵深处延展，对于城市创新发展而言，打造国际消费中心城市也是一个很大的机遇，要实现创新型城市和科技创新中心建设，在坚持四个中心城市功能定位的基础上，需要不断深入创新。

关键词： 北京　创意城市　城市创新发展　创新竞争力

创新型城市建设是创新型国家的实现路径，党的十九大报告不仅重点强调加快建设创新型国家，而且明确指出2020年至2035年是创新型国家建设的时间期限。这一阶段性的目标和任务强调更加重视创新，将创新看成实现中华民族伟大复兴的重要支撑。在这一整体目标与任务框架下，创新型城市建设任务更加凸显。2019年，对于北京城市建设来说，是深入创新发展的一年，也是深度转型的重要一年，北京仍然坚持以创新为第一动力，坚持四个中心战略定位，在城市创新竞争力领域持续保持领先地位，在创意园区建设、文化与科技融合创新、城市副中心发展等方面取得一定成绩，城市创新战略深入发展。

一　2019年北京城市创新竞争力名列前茅

城市创新竞争力是彰显创意城市建设的重要指标，我们可以从城市创新竞争力这一指标看出北京城市创新发展的力度。2019年，北京创意城市建设与城市创新发展取得显著成效，在科技文化创新融合这一着眼点上，北京城市创新发展体现出新的高度。

城市创新竞争力体现着创意城市建设的水平和层次，以往我们一般只是强调城市竞争力，城市竞争力是一个城市在整体水平上与其他城市比较的结果，现在单独把城市创新竞争力拿出来进行讨论，适当的时候还可以进行横向比较以显示差距。利用城市创新竞争力指标来对全国城市竞争力进行比较，不仅说明创新对于一个城市的重要性，也说明我们更加重视城市的创新指标。

2019 年 11 月，中国城市创新竞争力排名正式发布。中国城市创新竞争力排名主要根据各地统计局、知识产权局和市场监管局等部门的统计公报数据，评估城市的创新投入（R&D 经费投入）、创新成果（专利申请量）和创新主体（高新企业）三方面，从而排列出城市的创新竞争力榜单。本报告依据新发展理念和经济高质量发展的要求，构建了中国城市创新能力评价体系，这一评价体系从创新环境、创新支撑能力、创新文化力和科技转化能力四个维度，选取了 32 项指标，通过对全国 668 个城市的相关数据进行整理、采集和分析，按照城市不同级别进行了创新能力综合测评，同时还包括了 4 个单项创新能力测评。

在这次排名中，共 25 个城市成功上榜，北京依然排名第一，深圳第二，上海第三，广州第四，苏州、东莞、杭州成为新一线城市中创新竞争力最强的城市。从创新投入来看，北京以 6.17% 的 R&D 经费投入强度及 1871 亿元的 R&D 经费居首位，而第二位不是上海和深圳，而是西安，广州的 R&D 经费投入强度只排在第 12 位，这可以看出后续的动力差异；在创新成果方面，深圳的专利申请和授权量等综合得分居首位，超过北京与广州，上海排第四；从创新主体方面来看，北京、深圳和上海居前三位，在恒大研究院的《中国独角兽报告 2019》中，北京拥有 75 家独角兽企业，成为“独角兽之都”，创新企业是创新的主体之一，是创意城市建设的中坚力量（见表 1）。回顾最近几年的城市创新竞争力排名，北京均名列前茅，这说明，北京在创意城市建设方面不仅积极投入而且成绩斐然。

表 1　2019 年中国城市创新竞争力排名

排名	城市	专利－综合分值	专利－综合排名	R&D 经费投入强度分值	R&D 经费投入强度排名	创新企业分值	创新企业排名
1	北京	0.8617	2	1	1	1	1
2	深圳	1	1	0.5568	3	0.4395	2
3	上海	0.5091	4	0.5478	4	0.3361	3
4	广州	0.5147	3	0.2036	12	0.3101	4

续表

排名	城市	专利－综合分值	专利－综合排名	R&D 经费投入强度分值	R&D 经费投入强度排名	创新企业分值	创新企业排名
5	苏州	0. 3922	5	0. 2463	10	0. 1433	5
6	东莞	0. 2912	6	0. 2541	8	0. 1266	6
7	杭州	0. 2414	8	0. 3858	5	0. 0974	8
8	西安	0. 0788	18	0. 7593	2	0. 045	15
9	南京	0. 2051	10	0. 3025	7	0. 088	9
10	成都	0. 2557	7	0. 1871	18	0. 0646	12
11	天津	0. 2215	9	0. 2013	13	0. 1124	7
12	佛山	0. 1986	11	0. 1887	17	0. 0757	11
13	宁波	0. 1436	13	0. 1968	14	0. 0358	18
14	合肥	0. 0705	20	0. 35	6	0. 033	19
15	无锡	0. 0906	16	0. 253	9	0. 0409	16
16	武汉	0. 0983	15	0. 1574	20	0. 0863	10
17	重庆	0. 1458	12	0. 0641	23	0. 047	14
18	青岛	0. 101	14	0. 1067	21	0. 0584	13
19	绍兴	0. 0618	21	0. 1968	14	0	25
20	南通	0. 0369	23	0. 2193	11	0. 0087	23
21	中山	0. 0541	22	0. 0763	22	0. 0308	20
22	郑州	0. 0825	17	0	25	0. 0091	22
23	常州	0. 0048	24	0. 1958	16	0. 0121	21
24	温州	0. 0764	19	0. 0064	24	0. 0056	24
25	长沙	0	25	0. 1639	19	0. 0369	17

资料来源：中国城市发展研究会等主编《中国城市创新报告 2019》。

二 2019年北京城市创新发展的新亮点

（一）首都城市创新政策的持续供给

北京市创新政策持续供给，这与国家对创新的政策支持也是分不开的。2019 年 10 月 31 日，中国共产党第十九届中央委员会第四次全体会议强调要坚定文化自信，激发文化创新创造活力，这次会议审议通过了《中共中央关于坚持和完善中国特色社会主义制度、推进国家治理体系和治理能力现代化若干重大问题的决定》。国家层面的创新政策必将发挥激励与示范作用，各城市在激发创新活力与创意城市建设方面持续发力。

2019 年，发改委修订并公布《产业结构调整指导目录（2019）》，主要包括淘汰类、鼓励类、限制类三大类，一共涉及相关行业 48 个，共有条目 1477 条，分类别看，淘汰类有 441 条，鼓励类有 821 条，限制类有 215 条。该目录的最大亮点是将之前的“文化卫生、教育、体育服务业”进行了拆分，现在分别设置为“鼓励类产业”。那么，文化创意产业在该目录中有什么变化呢？此次新发布的目录与之前的目录设计相比，行业数量有所增加，其中鼓励类新增“人工智能”、“人力资源与人力资本服务业”、“家政”和“养老和托育服务”4 个行业，文化创意产业条目从 21 条优化为 9 条。从一定意义上看，产业指导目录的发布实施有着积极意义，是国家在政策指导方面的创新，为推动城市创新发展提供了一定的依据和支撑。

产业目录变化见证了城市创新发展是一个徐徐渐进的过程，在当前新一轮改革推动下，文化与旅游、科技、教育、体育、金融等融合发展，在新的产业目录调整中，北京城市创新发展必然将顺着新一轮产业结构转型的主线找到新机遇。《产业结构调整指导目录（2019）》中，关于文化卫生、教育、体育服务业的条目共有 32 条，初步看其内容似乎很简单，人们也很难一眼发现其中的关联信息，但如果我们从不同的需求和视角去看就能得到启示。该产业目录将数字文化创意与科技城市创新发展作为重点激励的方面，如果从文化与城市发展领域来看，创意城市建设将迎来转型机遇。

2019 年，国家还出台了关于培育国际消费中心城市的政策，这对于北京创意城市建设来说也是另一极大的政策激励。2019 年初，国家提出开展“国际消费中心城市”建设，由商务部牵头试点，得到各个城市的迅速响应。到 10 月，商务部再度出台文件，商务部与多个部门共同印发《关于培育建设国际消费中心城市的指导意见》，这一指导意见要求在 5 年左右时间，逐渐形成一批特色化、专业化、区域性的国际消费中心城市。该指导意见明确了六大重点任务来引导国际消费中心城市的建设，包括发展品牌经济，吸引国内外知名品牌新品首发，打造一批具有较强国际影响力的新型消费商圈，促进休闲娱乐中心、传统百货店、闲置工业厂区向消费体验中心、大型体育场、文化时尚中心等转型发展。这一政策将形塑创意城市的文化业态与整体形态面貌。

2019 年下半年，多个一线城市开始积极响应并进行试点建设，北京、上海、深圳、广州以及厦门、天津、青岛、成都、大连、哈尔滨等城市，都致力于打造国际消费中心城市。北京积极响应并致力于打造国际消费中心城市，这对北京来说既是机遇也是挑战，北京的基础条件好、消费潜力大、国际化水平高，同时全球影响力、辐射带动能力强等也是前提，而所有因素都显示了一个城市创新发展的不同阶段与程度，鼓励国内外重要消费品牌发布新产品，促进新业态发展，这些都需要以城市整体的创新发展为前提和基础。

文化创意产业是创意城市建设的核心领域。2019 年，北京市发布《关于推进文化创意产业创新发展的意见》，该文件要求北京市文化创意产业进一步创新发展，依据该意见进行布局和建设，并要求北京文化创意产业发展必须在“高精尖”上下功夫。第一，要求北京城市创新发展要聚焦高端产业，聚焦高附加值产业，要求北京不断促进文化创意产业结构升级，推动创意城市建设与业态创新。第二，要求北京聚焦构建文化创意产业体系，聚焦构建九大新兴业态，对于北京而言，这九大重点领域是创意设计、广播影视、出版发行、动漫游戏、媒体融合、文博非遗、艺术品交易、演艺娱乐、文创智库，这其实也是 2019 年北京创意城市建设中的重点扶持领域。

北京市级层面的政策支持刺激了各区主管部门，陆续都有相关政策出台，各区纷纷制定或者提出促进区域创新发展的落实政策。以海淀区为例，2019 年 5 月，海淀区正式发布《关于加快中关村科学城人工智能创新引领发展的十五条措施》，其中，最抢眼的当属海淀对人工智能创新引领的资金支持力度，以单个项目支持额度为例，原来最高支持额度只有 500 万元，现在最高是 2 亿元。在中关村科学城创新发展发布会上，海淀区还正式发布人工智能、智能网联汽车、人才公租房、高精尖经济结构产业领域的四大政策，进一步刺激区域创新发展，通过空间利用、资金支持、市场化平台设立、人才服务等政策组合，不断激励创新主体，增加其创新活力。海淀区还围绕人才住房保障和区域空间资源管理方面发布了利好政策，其中在人才住房保障方面，申请人不再要求具有本市户籍，只需申请当月的前3个月在海淀区工作并连续缴纳社保即可，“海英人才”及特殊人才还可适当放宽条件。另外，海淀区还放宽了住房限制，建立人才配租定量机制，提升管理服务效率。在配套政策方面，针对产业空间资源，海淀区也制定了相应的管理和利用政策等，这些政策无不有利于区域创新发展。

（二）文化创意产业园区建设

2019年，北京在创意城市建设和城市创新发展方面令人瞩目的要数文化创意产业园区建设。从园区建设的持续性发展来看，北京在以文化创意产业园区建设推动创意城市建设方面有了多年的积累。早在《北京市文化创意产业功能区建设规划（2014—2020年）》中，就已体现出北京关于文化创意产业园区的发展理念，要求在空间格局上进行错位发展，当时规划提出要建设20个文化创意产业功能区，以形成差异化、集群化、特色化的发展态势。2017年底，《关于保护利用老旧厂房拓展文化空间的指导意见》提出利用好老旧厂房，园区拓展建设开始实际体现在拆迁改造方面。

2019年，文化创意产业园区建设如火如荼，文化创意产业园区建设的创新举措已经成为创意城市建设的标杆性事件。第一，北京纺织仓库变身文化创意产业园。北京纺织仓库园区内拥有30栋建于20世纪60年代的老库房，园区生态环境好，工业风浓厚，变身后主要服务于首都国际文化交往功能，隶属朝阳区重点打造的第三个国际化商圈。11月2日亮相的首批入驻企业，包括腾讯视频、凤凰教育、中国国家地理图书等，不少知名影视文化传媒公司也在首批入驻名单中，园区业态已基本形成。第二，老旧厂房腾退，文化资源整合。2019年，随着北京城市功能定位的调整和疏整工作的推进，诸多老旧厂房逐渐变成文化产业园区，腾退的数量达到242个。怀柔区铜牛小镇就是老旧厂房换新颜的典型个案，2019

年6月铜牛小镇完成一期工程，园区得到形式多样的改造。第三，创意扩容城市文化空间。空间拥挤是所有城市面临的问题，在拥挤的城市空间里如何给文化留下一席之地，这是一个难题。利用创意设计，有效地利用有限空间，不仅是文化空间拓展的方法，也是城市创新发展的途径。例如，位于东城区鲜鱼口片区的西打磨厂218号，就是一处经过专业设计改造之后重新开放的艺术空间。

2019年，北京文化创意产业园区建设主要是落实相关文件精神：《北京市文化创意产业园区认定及规范管理办法（试行）》与《关于加快市级文化创意产业示范园区建设发展的意见》。在《北京市文化创意产业园区认定及规范管理办法（试行）》中，可以找到文化创意产业园区的认定程序、认定标准、支持服务体系、管理和考核机制等内容。在《关于加快市级文化创意产业示范园区建设发展的意见》中，可以找到文化创意产业园区在认定过程中需要坚持的建设目标和总体定位，其中包括不断加大相关政策的支持力度、提升运营管理水平、健全园区管理机制等内容。另外，针对文化创意产业示范园区，北京市还专门提出了七个方面的政策，也就我们所说的19条，即“示范园区政策十九条”。“示范园区政策十九条”对文化创意产业示范园区建设的硬件设施、运营管理机构建设、文化金融服务、公共服务方面给予资金支持，并在品牌建设推广、园区文化人才服务、文化企业培育、先行先试等方面给予政策倾斜。

依据《北京市文化创意产业园区认定及规范管理办法（试行）》，北京市相关部门开始了具体工作。北京市文化创意产业促进中心是执行部门，相继组织开展了首批北京市文化创意产业园区认定评审工作，包括认定前期的调研工作。2019年1月，经过严格调研和论证之后，北京正式发布名单，34个北京首批文化创意产业园区正式出炉。首批北京市文化创意产业园区认定，首先经对各区推荐的文化创意产业园进行合规性审查、实地踏勘和专家评审，提出拟认定“北京市文化创意产业园区”名单，共有34个园区入围，其中朝阳区和西城区最多，共有19个，超过总数的五成（见表2）。

表 2　2019 年首批文化创意产业园区名单（排名不分先后）

序号	所在区	园区名称	序号	所在区	园区名称
1	东城	嘉诚胡同创意工场（包括科玛斯车间、嘉诚有树、东城文化人才创业园、菊儿胡同 7 号、嘉诚印象）	18	朝阳	北京电影学院影视文化产业创新园平房园区
2	东城	中关村雍和航星科技园	19	朝阳	北京懋隆文化产业创意园
3	东城	北京德必天坛 WE 国际文化创意中心	20	朝阳	铜牛电影产业园
4	东城	77 文创园（包括雍和宫、美术馆、国子监）	21	朝阳	798 艺术区
5	西城	中国北京出版创意产业园	22	朝阳	北京塞隆国际文化创意园
6	西城	“新华 1949”文化金融与创新产业园	23	朝阳	尚 8 国际广告园
7	西城	西什库 31 号	24	海淀	清华科技园
8	西城	北京天桥演艺区	25	海淀	中关村数字电视产业园
9	西城	西海四十八文化创意产业园区	26	海淀	中关村东升科技园
10	西城	北京 DRC 工业设计创意产业基地	27	海淀	768 创意产业园
11	西城	天宁 1 号文化科技创新园	28	海淀	中关村软件园
12	西城	北京文化创新工场车公庄核心示范区	29	大兴	星光影视园
13	朝阳	莱锦文化创意产业园	30	大兴	北京大兴新媒体产业基地
14	朝阳	郎园 Vintage 文化创意产业园	31	大兴	北京城乡文化科技园
15	朝阳	东亿国际传媒产业园	32	通州	弘祥 1979 文化创意园
16	朝阳	751D · PARK 北京时尚设计广场	33	昌平	腾讯众创空间（北京）文化创意产业园
17	朝阳	恒通国际创新园	34	经济技术开发区	数码庄园文化创意产业园

资料来源：北京文化创意产业网。

北京市级文化创意产业园区建设是首都创意城市建设的一件大事。首届文化创意产业园区的认定按照北京市出台的相关意见进行部署，本着公平、公开、公正原则进行，包括组织申报、专家评审、资格初审、现场考察以及结果报审五大环节。通过有效提升全市文创园区发展水平，开展文化创意产业园区认定管理，打造一批示范园区，以点带面，这将为首都创意城市建设打下坚实的基础，也将为全国文化中心建设增加亮点。

的确，北京创意城市建设，离不开文化创意产业园区这一空间载体的支撑，出现在名单上的这些文化创意产业园区，其发展的时间相对较长，也较为成熟，可以作为示范区而成为推动文化产业集聚发展的重要动力。出于不同的历史原因和环境因素，这些文化创意产业园区规模与特点都不一样，当然，每个文化创意产业园区都可以发挥不同的作用。比如，有的产业园区功能齐全，可以提供全方位的公共服务，为文化企业营造良好的环境与条件，如清华科技园、中关村软件园等；有的产业园区相对比较专业化，可以提供具有行业特色的专业化平台服务，如北京 DRC 工业设计创意产业基地、中国北京出版创意产业园等；有的产业园区与社区融合得比较好，还建设了一定的公共文化空间，配套设施有实体书店、影剧院、小剧场等，目前像郎园、77 文创园这些文化创意产业园区的配套设施都做得比较好；有的产业园区是改造而成的，比如在老旧厂房的基础上改造而成，改造就成为这座城市的文化新地标，如莱锦文化创意产业园、天宁 1 号文化科技创新园等；有的产业园区还实现了跨区域连锁经营，通过合资运营、品牌授权、自主建设等方式，提高园区影响力与知名度，如北京文化创新工场、尚 8 国际广告园等。这些文化创意产业园区的建设与发展，是北京文化创意产业高质量发展的重要支撑，也为城市整体创新转型和创意城市建设注入了活力。

（三）副中心城市创新发展进程

另外，在创意城市建设与城市创新发展方面，北京城市副中心开始发力，由于没有历史负担，在未来也必将显现其巨大优势。随着北京市级行政中心的迁入、北京城市总体规划的推进，城市副中心的建设进入了一个新的阶段，北京城市副中心对于首都创意城市建设而言将是新的亮点和推手。

2018 年底，《北京城市副中心控制性详细规划（街区层面）（2016 年—2035 年）》获得国务院批复，该规划确定了北京城市副中心的产业定位。该定位是坚持聚焦文化旅游、行政办公、商务服务三大主导功能。北京城市副中心的功能定位决定了其应当更加重视并加强科技创新，另外还需要在承接与吸纳创新资源和要素方面发挥积极作用。当前，关于副中心的任何发展规划与决策消息都会受到极大的关注，就是因为副中心将成为未来城市创新发展的重头戏。

2019 年，通州区坚持以科技创新服务来引导城市副中心建设，这一指导思想谱写了首都创意城市建设的新篇章。这一年，通州区紧紧围绕两个目标，这两个目标分别是“北京城市副中心建设”与“全国科技创新中心建设”，坚持把科技创新作为区域引领发展的第一动力，倡导科技创新与文化创新融合发展，力求打造比较完善的城市创意生态系统，并吸引技术、人才、成果、资本、服务等高端创新要素，为城市副中心建设提供强有力的支撑。

通州区委、区政府将始终坚持把创新发展摆在发展全局的核心地位。发挥创新的第一推动力，这是通州作为副中心开展创意城市建设的指导精神。2019 年 10 月，蔡奇书记在通州调研时强调，要把科技创新摆在首位。为落实市委、市政府的工作部署，通州区要求以科技创新更好地支撑城市副中心发展，其中应注重三个方面：第一，通过产业发展和吸引创新要素，推动行政、交通、文化等城市功能的提升；第二，进一步明确城市的产业定位；第三，在整体考虑功能定位的基础上，选择与自身发展密切相关的高端领域。

2019 年 11 月 26 日，通州区政府与北京市科学技术委员会签订了合作协议，该协议旨在发挥科技创新在城市副中心建设中的引领作用，以更快地推动副中心高质量快速发展。其实，之前通州区政府已经与市科委形成了扎实的合作基础，在共同引导高端要素、打造“设计之都”新平台、建立新能源交通体系、培育农业发展新动能等方面获得了良好成效。与市科委签订合作协议，必将更加有效地加速人才、技术、成果、服务、资本等高端创新要素的汇集，为北京城市副中心提供强大的发展动力，推动通州科技创新与经济社会发展深度融合。同时，通州区还分别与北京工业大学、北京理工大学、首都师范大学这三所高校签署了合作协议，即《共建北京市科技成果转化统筹协调与服务平台合作协议》，以协议形式共同推进科技成果在通州区转化落地，并围绕标杆应用场景建设、张家湾设计小镇建设、高端科技服务业资源落地等重点领域，力争尽快引入一批好的科技创新资源，在推动城市副中心高质量发展的同时，实现建成全国科技创新中心这一目标。

2019 年，通州通过打造城市创意产业集群致力于促进该区域的创意城市建设。通州区六届五次会议决定将于 2025 年在通州建成千亿级产业集群，要求务必符合城市副中心的创新发展思路，这些产业集群主要包括文化科技、文化旅游、信息软件、财富管理、总部经济、智能制造、尖端芯片等领域。当前，北京城市副中心通州的产业结构已经朝着“高精尖”方向发展，其核心思路是发展文化创意产业和科技创新产业。副中心重点发展对象是高端创意创新与动漫设计产业，坚持文化科技融合发展战略，努力提升“文化科技融合”的产业集群竞争力。当前，运河商务区迅速发展，目的是建成北京城市副中心建设的示范区和先行区，其中环球影城的建设是副中心的重大项目，该项目将于 2021 年正式开园。

张家湾设计小镇这一创新中心在近年引起关注，这是通州区与中关村管委会联合打造的首个城市科技创新特色产业园。该产业园以张家湾设计小镇创新中心为载体，力争把城市副中心打造成高质量发展之城与创新之城。首批入驻的企业主要集中在城市民生服务与新兴产业方面，主要包括软件信息、人工智能、智慧城市、创新设计、虚拟现实、机器人等领域，入驻企业一般同时具备科技创新与文化创新的双重属性，这对于北京城市副中心建设将起到重要的引领作用。

提升“高精尖”产业发展能力，促进城市副中心创新发展，区域创新政策需先行。2019 年 12 月，通州发布了《支持张家湾设计小镇创新中心城市科技与创意设计产业发展的若干措施》，这一措施强有力地支持了该园区发展，通州区与中关村管委会将联合从项目落地、房租补贴、住房配套、研发合作、企业孵化、创新平台建设、示范应用、人才落户、子女入学等方面给予政策支持。该政策支持实现从项目落地发展、园区建设发展到企业创新发展的全过程覆盖，始终围绕促进产业项目落地、引导创新资源集聚、加快城市产业发展等方面。针对该区域发展的瓶颈问题形成具体可操作的支持措施，充分体现市、区两级政府促进北京城市副中心产业高质量发展的态度和决心。

三 关于进一步推进首都城市创新发展的对策建议

2019 年，北京城市创新发展成绩显著，但也面临着巨大的挑战。这一年，北京深入贯彻城市新规精神，创意城市建设向纵深处延展，对于城市创新发展而言，打造国际消费中心城市也是一个很大的机遇，要实现创新型城市和科技创新中心建设，需要不断深入创新。在坚持四个中心城市功能定位的基础上，北京城市创新发展中的全国文化中心与科技创新中心建设，这两项重点任务仍然非常艰巨。

1. 新时期以文化旅游创新融合发展来推进创意城市建设

在创意经济时代，一座文化中心城市必然首先是创意城市。随着十九大的召开和北京城市新规的实施，新时代的北京文化旅游融合发展战略问题凸显，中央精神和市委、市政府要求我们首先着眼于“四个中心”建设，“四个中心”建设好了，创意城市建设也将最终到位。认真履行好“四个服务”职能，统观全国文化中心、国际交往中心、科技创新中心这几方面功能，文化旅游业将凸显重要作用。发挥文化旅游业在提升首都功能中的作用，可以使创意城市建设的每个方面都与北京的战略定位相适应，在这一过程中，城市的创新功能也将很容易被调动起来。因为旅游不仅是文化传播的路径，也是国际交往的重要舞台，旅游承载的民间国际交流功能渠道更鲜活、更可信、更平和、更有说服力和感染力，构建优良的文化旅游环境，不断传播我们的政治、经济、文化、社会生活理念，在国际文化的交流、交锋和交融中也能发挥重要作用。可以通过各种文化形式与内容创新进行策划和传播，丰富和强化游客对首都北京的社会文化感知。

2. 坚持不懈地探索文化科技深度融合新路径

在多年坚持文化与科技双轮驱动的背景下，首都城市创新氛围日益浓厚，创新活力不断增强，推进科技创新中心与全国文化中心建设不断加快步伐。首都文化创新传播全新业态不断涌现，主要体现在创意设计、动漫游戏、电子竞技、网络视听等方面，文化、旅游、科技、金融、体育等逐渐融合发展，并发挥文化创意产业园区的引领作用，使得首都的文化创意产业发展体系日益健全。这一切都是可喜现象，但由于转型的特殊阶段，深度融合和创新的程度都是不够的，文化科技创新业态的出现虽然为文化消费与传播提供了新方式、新方法、新技术，但是在形式与内容的探索力度上还远远不够，新的形式还处于萌芽或者尝试阶段，新的内容可能还不完整，其产业化程度也不够高。在这一层面，文化品牌的打造还面临着艰巨的任务，如何通过深入挖掘文化的品牌与内涵，提升民众对城市文化的认知度、认同感、认可度，如何梳理北京当前的文化品牌，未来怎样运营这些品牌资产等，都有待继续研究。这其实还有很大的上升空间，总体来看还需要在政策措施和保障机制方面更加重视引导和激励。

3. 在城市新规指导下走集约创新的路径

集约发展与减量发展，这是城市新规所突出强调的，也是优化提升首都功能的内在要求。在这一指导思想下，未来北京创意城市建设应该逐渐由点状发展延伸为全域发展，由速度通道切换为品质通道。首先，围绕首都功能的调整和聚焦领域，保障首都创意产业发展层次，推动文化旅游创意经济释放集约化和创新化发展的优势。其次，盘整存量，努力提升文化创新发展的品质，做优增量，引导城市文化创新增量向高起点、高标准、高质量方向发展，充分利用“互联网+”和“数字文化”等新兴力量，加速文化创意产业的发展，逐步引导并实现城市文化创意产业结构转型升级。最后，以国际一流标准建设国际知名文化消费城市，整合推广创新型城市建设与形象传播路径。在城市品牌整合营销传播中，以文化创意产品为载体在人们与城市之间建立文化联系，把社会主义核心价值观和北京精神充分体现在历史文化传承、创意城市建设中，传递大国首都风范，在打造创意城市品牌方面，应当加快北京文化创新和科技创新融合发展的步伐，促进文化市场繁荣发展，重视品牌力量，发展特色小镇，支持老字号传承创新发展，推动环球影城等重大项目建设进程。

B.8
2019年北京公共文化服务发展报告

陈 镭*

摘　要： 2019年北京积极推动文旅融合中的公共文化服务建设，对老旧厂房改造文化空间项目进行规范化管理，在城市边缘组团和郊区文化设施建设等方面取得了重要进展。但仍应进一步推动文化与旅游公共服务的共建共享，创新文化惠民活动的形式和内容，以数字平台整合基层文化服务资源，规范基层公共文化设施的社会化运营。

关键词： 北京　公共文化服务　文化空间

2019年是文旅融合“元年”，北京积极采取政策措施推动文旅融合中的公共服务发展，进一步规范老旧厂房改造文化空间项目，在城市边缘组团和郊区的文化设施建设方面也取得突破。另外，从“新时代市民参与享受公共文化服务需求”问卷调查结果看，首都的公共文化服务体系建设还存在问题，如文旅融合的公共服务网络有待完善，基层文化服务需提高知晓率、认知度和专业化水平，文化活动的覆盖面和参与度亟待扩大和提升，需要加以研究解决。

一　北京公共文化服务的新政策新举措

2019年北京公共文化服务体系建设的新政策新举措主要在于，推动文

---

* 陈镭，博士，北京市社会科学院文化研究所助理研究员，研究方向为文艺学、城市文化。

化与旅游深度融合，提升公共文化服务质量和水平，营造更好的文旅融合发展氛围；工业遗存的保护利用步入更加规范化、科学化的轨道，积极拓展城市公共文化空间。

（一）新政策：加强文旅融合中的公共服务建设

文化与旅游融合是北京当前城市文化建设的关键词。北京在文旅融合的机构改革之后，于2019年先后发布《北京市文化旅游领域开放改革三年行动计划》（以下简称《行动计划》）、《关于推进北京市文化和旅游融合发展的意见》（以下简称《意见》）等文件。《行动计划》侧重于产业政策、市场监管等方面的改革，与公共文化服务相关的部分是在重点支持项目中列出了对外文化交流、国际性文化艺术节庆等重要活动，这些活动兼具文化产业和公共文化活动性质。《意见》强调了北京文旅融合中的公共服务问题，主要是进行服务平台和三大工程建设。《意见》提出建设国际化文化旅游智慧城市、打造高端智库和资源交易平台，尝试使用5G、人工智能、大数据、云计算等新技术，使文旅融合中的公共服务更加智能化、便利化、精准化。三大工程是指文旅融合中的公共服务设施共建、公共活动共享和公益服务共促工程。此外，本年度还发布了《关于促进乡村民宿发展的指导意见》等文件，拟推出“点亮北京”“漫步北京”计划。这些政策措施都有助于提升公共服务水平，营造更好的文化旅游融合发展氛围。

（二）新措施：老旧厂房拓展文化空间进一步规范化

北京的工业遗存保护利用走在全国前列，不但涌现出798艺术区、朗园、77文创园等知名案例，还在2017年底率先推出专项政策《关于保护利用老旧厂房拓展文化空间的指导意见》。目前全市的存量资源还很多，2019年各区共梳理出774处老旧厂房资源，其中城六区就有248处。[①] 该指导意见需要落到实处，老旧厂房改造文化空间也存在某些具体问题，2019年北

① 《老旧厂房转型遇两难　北京确定31个试点项目“破题”》，《新京报》2019年12月18日。

京先后发布《关于推动老旧厂房拓展文化空间指导意见落地实施的工作方案》《保护利用老旧厂房拓展文化空间项目管理办法（试行）》（以下简称《管理办法》）。《管理办法》设计了改造文化空间项目从申请到注册的整个规范流程，已经完成改造的项目可以进行补办手续，对于入驻改造项目的实体书店、新型阅读空间等机构进行集群式登记注册。《管理办法》还指出，已经列为不可移动文物的老旧厂房在利用过程中不能改变原状。这些系统性的专项政策为北京的老旧厂房改造提供了清晰路径和制度支撑，也对全国工业遗存保护利用有着示范意义。

二　北京公共文化服务体系建设新进展

2019 年，北京以庆祝新中国成立 70 周年为主线举办了数量众多、形式多样的文化活动，还成功举办了世界园艺博览会等大型活动。公共文化设施建设的进展主要体现在推进城市边缘组团和郊区的公共文化设施建设，进一步规范化利用老旧厂房营造文化空间等方面。与此同时，公共文化服务的数字化、智能化建设也取得长足进步，社会共建共享得到加强。

（一）推进城市边缘组团和郊区的文化设施建设

北京城区边缘组团和郊区的公共文化基础设施与城内一直存在较大差距。2019 年，随着北京推进冬奥场馆建设、完善郊野公园环和环首都森林湿地公园环，边缘组团和郊区的文化设施建设得到了加强，其中城市副中心、“回天地区”的进展最为明显。北京城市副中心的三大场馆副中心剧院、图书馆、博物馆（首都博物馆东馆）是“一带、一轴、两环、一心”副中心发展格局的重要组成部分，已经开工建设。体育文化设施方面，顺义区的国家残疾人冰上运动比赛训练馆、延庆区的冬奥森林公园、昌平区的回龙观体育公园南部场馆、门头沟区体育文化中心等开工建设。主题公园和会展中心方面，平谷区的世界休闲大会主场馆、中国乐谷音乐休闲公园和延庆区的世界园艺博览会园区已建成。郊野公园、森林公园方面，朝阳区的温榆河公园朝阳示范区、丰台区的南苑森林湿地公园示范区和宛平城北天堂公园、通州区的潮白河森林生态景观带（三期）、密云区的冶仙塔城市森林公园等开工建设。城市公园方面，昌平区的霍营公园和贺新公园、石景山区的首钢工业遗址公园等都在建设中，石景山区新安公园、昌平区东小口休闲公园、海淀区西小口公园等已经建成（见表1）。

表1　2019年北京城市边缘组团和郊区的新建文化设施

地区	项目	类型	建成时间
通州区	副中心剧院、图书馆、博物馆（首都博物馆东馆）	公共文化基础设施	2022年
	潮白河森林生态景观带（三期）	郊野公园	2021年
	北京环球影城	主题公园	2020年
昌平区	回龙观体育公园南部场馆	体育文化设施	2020年
	天通苑综合文化中心	公共文化基础设施	2020年
	贺新公园、霍营公园	城市公园	2020年
	东小口休闲公园、牛坊森林公园	城市公园	2019年
朝阳区	孙河郊野公园、温榆河公园朝阳示范区	郊野公园	2020年
	金盏森林公园、朝来森林公园三期	森林公园	2020年
	坝河文化公园、官庄公园、杜仲公园二期、黑桥公园二期、管庄城市公园、小武基公园、心连心公园	城市公园	2020年
丰台区	宛平城北天堂公园	郊野公园	2020年
	花香公园、岳各庄花园	城市公园	2019年
	南苑森林湿地公园示范区	森林公园	2020年
顺义区	国家残疾人冰上运动比赛训练馆	体育文化设施	2020年
	顺义区大剧院	公共文化基础设施	2019年
	城南体育中心	体育文化设施	2019年
延庆区	冬奥森林公园、冰上项目训练基地	体育文化设施	2020年
	世界园艺博览会园区	主题公园	2019年
密云区	冶仙塔城市森林公园	森林公园	2020年
门头沟区	门头沟体育文化中心	体育文化设施	2020年
	绿海运动公园	体育文化设施	2020年
大兴区	西毓顺公园、旧宫城市公园	城市公园	2020年

续表

地区	项目	类型	建成时间
平谷区	世界休闲大会主场馆	会展中心	2019 年
	中国乐谷音乐休闲公园	主题公园	2020 年
石景山区	衙门口城市森林公园	森林公园	2020 年
	新安公园	城市公园	2019 年
	首钢工业遗址公园	城市公园	2020 年
海淀区	西小口公园	城市公园	2019 年
	温泉儿童生态体验园	主题乐园	2019 年
	新树村郊野公园	郊野公园	2019 年

（二）工业遗存改造文化空间取得新成绩

北京近年涌现出一大批由老旧厂房改造成的产业园区、办公空间，但转型为城市文化空间、文化服务机构的数量较少，有过度商业化之虞，相关部门开始着手改善这一状况。2019 年，工业遗存改造文化空间的最大成绩是原首钢厂区的改造，其中三号高炉展厅、首钢滑雪大跳台已建成，冬奥广场（五一剧场、制粉车间改造）、首钢工业遗址公园等体育文化设施建设也在稳步推进中。首钢滑雪大跳台 2019 年底以一场精彩的灯光秀向公众开放，其既是体育设施又能在冬奥会后转化成主题公园，对激活石景山地区的夜间经济有标志性意义。新增改造项目还有三露日化厂改造成的咏园，院内既有工业遗存又有九如楼等历史建筑，还是国内首个复合型非遗主题文创园。京张铁路遗址公园（五道口部分）作为北京国际设计周的分会场亮相。北五环厢白旗桥附近的仓库腾退土地改造为青龙桥二河开 21 号院艺术区，能够服务五公里半径内的居民文化生活。展览路的仓储大院改造为 1.2 万平方米的街道体育场。铜牛纺织集团的通州张家湾园区成为北京时装周的展示交易平台。有百年历史的龙徽葡萄酒厂大院改造成具备文化展示功能的综合体。

（三）推进公共文化服务的数字化、智能化

2019 年，北京公共文化服务的数字化、智能化进一步推进。根据文化

和旅游部要求，北京在本年度全面落实数字文化工程融合创新发展工作，由首都图书馆等公共文化服务单位组织各区分馆业务骨干开展融合创新发展工作培训，进行三大数字工程的统筹管理。博物馆、文化馆、图书馆、美术馆、群艺馆等服务机构的数字建设取得新成绩，北京文化艺术活动中心（群艺馆）进行场馆基础设施改建后推出了新的网络服务平台“北京数字文化馆”，覆盖电脑端、H5 端、App、微信公众号等。故宫博物院 2019 年又推出并完善了“数字多宝阁”“故宫名画记”“数字文物库”“数字建筑”“玩转故宫 2.0 版”等多种数字产品，上线故宫第一款以建筑文化为主题的 App“紫禁城 600”，故宫的数字博物馆建设已经取得丰硕成果，并且能帮助国内其他博物馆进行数字化建设。街道社区涌现了保利茉莉 24 小时智能图书馆、绿地 24 小时城市书房、通州宋庄阅空间等数字文化空间。除“五馆”建设外，各街道社区也积极建立完善自己的网站、App、微信公众号等数字文化平台。北京 2019 年还成功举办了当代中国国际数字艺术展等以数字文化为主题的文化活动。

（四）探索公共文化服务社会共享模式

北京近年来探索公共文化服务的社会共享机制，基层文化设施的社会化管理、运营有所增加，鼓励社会单位的文化设施参与公共服务，一批腾退出的直管公房、文保单位交给社会力量来运营，收到了不错的效果。2019 年，石景山区八宝山街道委托驻区企业华录集团运营沁山水南综合文化活动中心，金顶街、苹果园、五里坨等街道也进行了社会化尝试。北京经济技术开发区在朝林广场、松源酒店举办文化艺术活动，既提供了公共文化服务场所，也对酒店本身的经营有所助益。京演文化公司与东城区安定门街道签署了街道社区文化设施社会化运营合作协议。西城区的郭守敬纪念馆、沈家本故居以社会化运营方式开放逾一年，西城准备继续推动晋江会馆（林海音故居）、梨园公会、歙县会馆、钱业同业公会、西单饭店旧址、聚顺和栈南货老店旧址和新市区泰安里等 7 处腾退的文物单位进行社会化运营。

（五）加快推进全民阅读、书香北京建设

全民阅读是我国“十三五”时期文化领域的重大工程之一，北京的全民阅读工程建设一直走在全国前列，2019 年举办了多种形式的深入推进全民阅读的文化活动，并大力推动实体书店、阅读空间发展。最大的两个系列活动是“阅读北京”和北京阅读季。前者由首都图书馆等公共文化服务单位联办，涵盖了全市诵读大赛、十佳优读空间评选、“阅读之城”图书推荐活动、少儿阅读主题活动、书评征集等五大板块。后者由北京的新闻、出版单位联办，第九届北京阅读季活动进行了北京“阅读示范社区”“书香家庭”“金牌阅读推广人”等颁奖。北京实体书店扶持计划的目标是到 2020 年，每万人拥有 0.8 个书店、1.5 个图书馆或阅读空间。2019 年对 239 家实体书店进行了资助，资金近 1 亿元，支持力度大大超过前几年，扶持对象从传统的国有大书店扩展到民营书店、特色阅读空间。除举办大型阅读文化活动和出台扶持措施外，北京正在着手编制《北京市全民阅读发展规划（2021－2025）》，预计下一阶段加快推进全民阅读工作将获得更充分的政策保障。

三　北京公共文化服务体系建设的现存问题

北京市文化和旅游局 2019 年底公布了一项题为“新时代市民参与享受公共文化服务需求”的在线问卷调查结果，参与调查人数为 285 人，在一定程度上反映出目前北京市民对公共文化服务的需求情况。本报告结合该项调查结果和 2019 年北京公共文化服务进展情况对现存问题进行分析。

（一）文旅融合的公共文化服务网络有待完善

全域旅游是北京文旅融合发展的突破口，把原本局限于特定景点的传统旅游扩展到整个区域的大旅游，以文化旅游带动经济、社会全面发展。全域旅游对北京的公共文化服务提出了更大考验，亟须拓展服务范围、延伸末端载体链条。北京的老街、胡同、会馆、故居数量众多，很多区域的文化资源

丰富但不具备著名景区、重点文物保护单位的身份，这些地方需要增设综合文化服务中心，在重要城市节点提供充足的信息服务，而目前这一类面向所有游客而不只是服务本地居民的公共文化设施是比较缺乏的。全域旅游地区对自身历史文化、特色文化的挖掘与呈现也不足。即使是很早就开展了“胡同游”的什刹海地区也缺乏文化服务网络①，充当讲解主力军的三轮车夫队伍往往不能提供专业的历史文化讲解，此外整个区域商业化程度过高，缺乏非营利或复合功能的城市文化空间，直到2019年才在广福观建立了什刹海街道博物馆。众多的郊区旅游景点更是缺乏提供综合服务的公共空间，信息服务只限于旅游管理部门和文物保护部门设立的标识标牌。

（二）基层文化服务需提高知晓率和认知度

随着国家公共文化服务体系示范区和首都公共文化服务示范区建设的全面推进，北京的公共文化服务设施覆盖率已经达到较高标准，但很多市民仍然不了解身边有哪些公共文化服务。“新时代市民参与享受公共文化服务需求”的问卷调查结果显示，不清楚自己所在社区（村）有何公共文化服务设施的受访者占到了全部受访者的近一半（见图1）。在对“公共文化活动组织存在的主要问题”的回答中，超过60%的受访者认为“信息难获取，各单位信息孤岛，查找难度大”是首要问题。街道社区的文化设施按规定应当制定免费开放时间表，告知市民每周提供服务的内容、主题、时间、时长等信息，北京近年来为弥补基层文化服务设施的不足，还鼓励党政机关、国有企事业单位、学校内部的文化设施向公众开放，一些民营单位也参与开放，但在实际操作过程中无论是基层文化服务机构还是社会单位文化设施的开放，都存在信息传达不及时、沟通不畅、个人申请使用困难等问题。

（三）基层公共文化服务需提升专业化水平

除不了解基层公共文化服务项目之外，很多社区居民尤其是年轻市民没

① 《什刹海胡同游欠点文化味儿》，《北京日报》2018年5月11日。

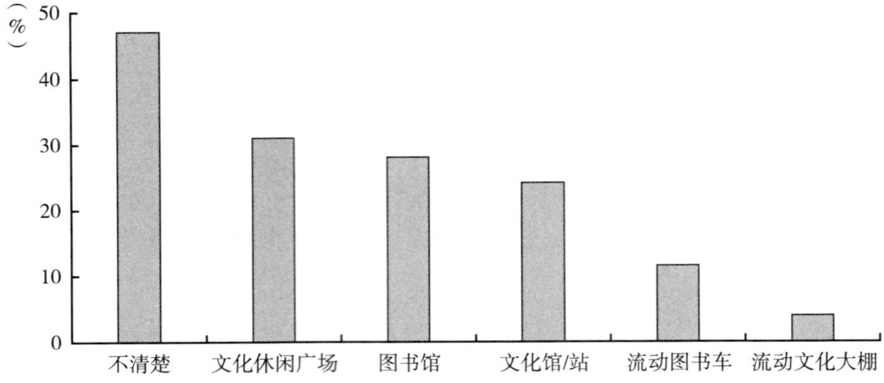

图1　所在社区（村）有什么类型的公共文化服务设施

资料来源：北京市文化和旅游局网站。

有建立在街道社区就近获取公共文化服务的生活习惯，更愿意舍近求远去专业文化机构。“新时代市民参与享受公共文化服务需求”的问卷调查显示，近60%的人主要去国家博物馆、国家图书馆、首都博物馆等“国字号”大型文化场馆和区图书馆这样的专业机构，表示常去街道社区文化活动中心（室）的人仅占全部受访者的6%左右。而问卷调查中“社区（村）需要改善的服务内容”方面，受访者选择较多的是“提供专业活动场地”“提高服务人员专业性”“增配新型活动设备等”（见图2），体现出居民对专业文化服务的需求。从以上两项调查结果可以看出，专业水平不足是困扰基层公共文化服务的瓶颈问题。与缺少活动场地和设备相比，基层的文化管理和服务人才匮乏问题更为突出，也缺少组织化、专业化的文化志愿者队伍。

（四）公共文化活动的覆盖面和参与度亟须扩大和提升

北京的文化设施覆盖率和文化活动数量近年来不断增加，但公共文化活动覆盖面和参与度的扩大和提升比较慢。2019年“新时代市民参与享受公共文化服务需求”调查结果显示，从未参加社区（村）文化活动的受访者超过总人数的一半（见图3）。北京市社会科学院2012年曾对北京公共文化

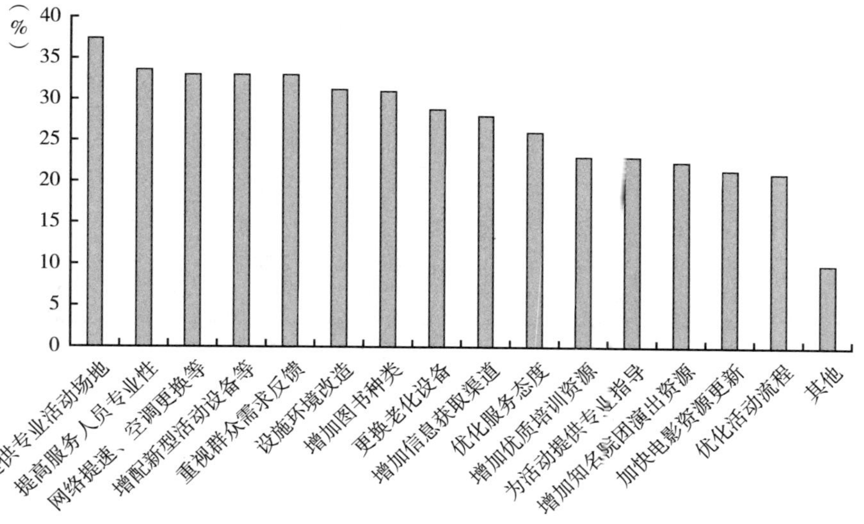

图2　社区（村）需要改善的服务内容

资料来源：北京市文化和旅游局网站。

服务状况进行问卷调查，样本量为2209人，调查结果是针对大部分公共文化活动，受众从不参与的比例超过了50%。与此类似的是2014年北京市统计局发布的居民文化消费调查报告，一半以上的受访者从未参加欣赏演出、参观展览、教育培训等文化消费活动。[①] 前后对比可得知，公共文化活动的参与度近年来并未明显提高。

四　北京公共文化服务体系建设的对策建议

（一）推动文化与旅游公共服务的共建共享

在《关于推进北京市文化和旅游融合发展的意见》等文件指导下，落

---

① 《北京文化消费：旅游消费增两成1/3居民日上网2小时》，《北京日报》2014年3月24日。

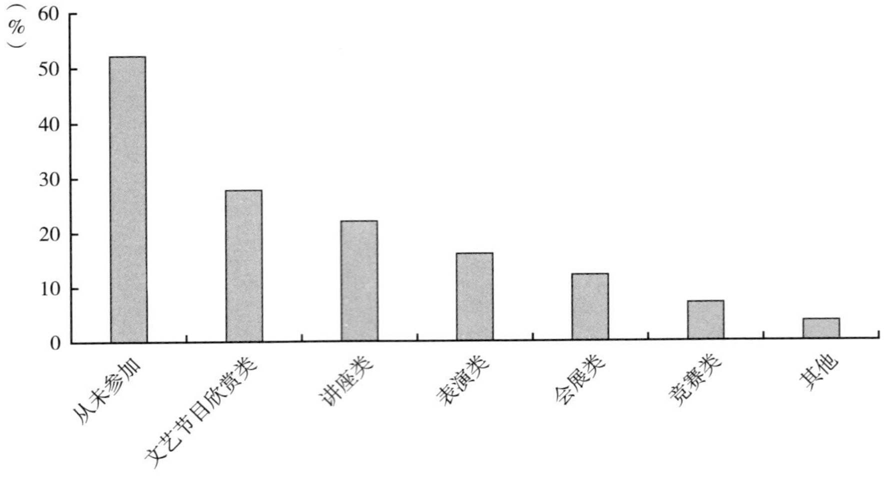

图3　参加过的社区（村）文化活动类型

资料来源：北京市文化和旅游局网站。

实公共服务设施共建、公共活动共享和公益服务共促三大工程，把主要为居民提供公共文化服务的网络延伸到文化旅游这个大领域，帮助解决旅游公共服务资金投入少的问题。首先，整合利用现有的设施资源，为旅游公共设施配置文化服务功能，为公共文化设施配置旅游服务功能，推动两者的一体化发展。其次，共建综合性、多功能的公共服务中心，推动民营实体书店、新型阅读空间、流动型公共文化服务设施进入各景区，特别是郊区的旅游景点。文化资源丰富的地区应当积极建立小型博物馆、纪念馆、陈列室等，提高全域旅游的文化内涵和服务效能。再次，在商场超市、车站、机场、写字楼、银行等商业场所嵌入文化服务设备和文化消费内容。从北京“新时代市民参与享受公共文化服务需求”的调查结果看，市民最希望在商场超市、车站等商业场所增加文化服务设施（见图4），开展全域旅游尤其需要加强此类服务。最后，让游客在开展全域旅游的区域享受到充足、便捷的文化信息服务，增设二维码电子讲解、智慧导游等内容产品，整合文化服务志愿者和旅游志愿者队伍，为全域旅游地区引入更多专业服务队伍，建立完善持证讲解制度，提升文化服务水平。

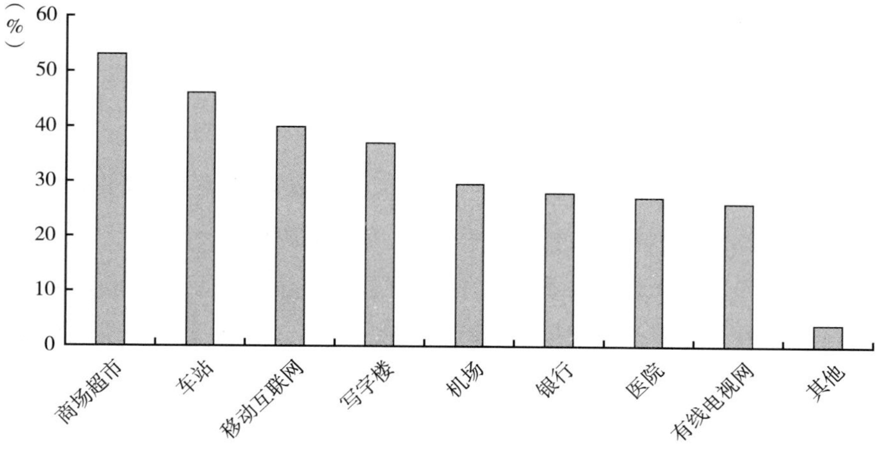

图4　希望能增加公共文化服务设施的商业类型

资料来源：北京市文化和旅游局网站。

（二）创新文化惠民活动的形式和内容

北京的文化惠民活动、群众性文化活动数量众多，但近十年来的多种问卷调查都反映出大量市民从未参加过公共文化活动，表明现有的文化活动尽管投入不断增加，但依然存在覆盖面窄、影响力小等问题，必须在形式和内容上做出改进。2019年“新时代市民参与享受公共文化服务需求”问卷调查结果显示：市民最希望参加的文化活动是“看电影”“博物馆参观”“图书馆阅读”“特色小吃制作体验”“科普”五类；认为社区（村）文化活动室最应该增加的服务类型是“看电影”“参与体验”“展览”“艺术培训”；表示预备增加的文化消费内容则是“旅游”“看电影”“博物馆美术馆参观”等。从这些选择可以看出，当前北京市民的精神文化需求已经不是传统的送戏下乡、周末百姓大舞台能充分满足的，而是指向更高层次的文化生活，更倾向于主动寻求而不是被动接受。面向郊区、基层的文化惠民活动不能把老百姓想象成只爱听传统戏曲、喜好非物质文化遗产的对象，而要逐步增加文博、科普内容，把富有时代感、科技感、趣味性、互动性的文化活动带到市民身边。同时要在数字文化平台发放文博机构、文化消费场所的参观券、体验券、优惠券，让市民自主选择和申领。

（三）以数字文化平台整合基层文化服务资源

提高基层公共文化服务知晓率、认知度的主要途径在于加强宣传，而仅仅通过宣传栏、告示、海报、宣传手册等传统手段已跟不上社会发展的脚步，尤其不便于“上班族”对文化服务信息的获取。在北京“新时代市民参与享受公共文化服务需求”的问卷调查结果中，接近80%的受访者认为微信公众号和微博是最好的了解文化活动信息的渠道，官网排在第三位。同样是网络渠道，选择文化云App、视频网站、点评网站、网络兴趣小组的市民则较少。选择微信、微博渠道的主要原因是“信息获取简便，节约时间成本”“平台日常使用较多，可顺便获取活动信息”。北京的街道社区近年来陆续建立了自己的社交媒体账号，有的地区建立了公共服务数字平台、文化云App等。无论是在网络平台设立的社交媒体账号还是自行开发的数字服务平台，都需要进一步强化服务和互动功能，不能停留在把传统的宣传文稿、活动新闻、工作总结搬到互联网上的初级水平，而要在基层公共文化服务中发挥更大作用。区和街道一级的数字平台应当发挥资源整合、活动统筹的作用，联合辖区内的区级场馆、街镇社区文化活动中心（室）、开放的社会单位文化设施和参与提供文化服务的民营机构，市民可自由查询本地区各类文化设施的开放和服务信息，根据场馆相关介绍及开放时间自主预约，提高整个区域文化设施的利用率，减少设施空置的情况。与此同时，管理者、服务者可通过数字文化平台及时掌握市民文化需求情况和满意度，积累大量文化服务的用户数据，以便不断改进服务工作，提供更加精准有效的文化服务。

（四）规范基层文化服务设施的社会化运营

提升基层文化服务专业化水平的主要途径，一是依靠市区级图书馆、文化馆等专业机构的帮助指导，二是进行社会化运营，吸收具有专业素养的企业、社会组织来管理基层文化设施，三是发挥高水平文化志愿者的力量。北京近年来鼓励社会力量参与公共文化服务，社会力量投资兴办文化实体的积极性比较高，疏解腾退之后也产生了一大批有待运作的文化设施资源。但从以往社区治理的经验来看，街道社区公共设施的建设管理容易产生纠纷，利用公共教育用地经营高价私立幼儿园、侵占小区设施资源而引起居民不满的现象屡见不鲜。针对公共文化设施的服务业务外包，需要确定基本的服务标准、质量和边界，厘清基本服务和公益性收费项目的差别，做好以文化部门和街道社区为主体的监督评估，规避服务外包中可能存在的寻租腐败和资源浪费风险。

B.9
北京公共文化服务与旅游融合发展现状分析

李国栋*

摘　要： 北京公共文化服务与旅游的融合发展已经进入机构改革、政策调整、提质增效的新阶段，也面临着融合发展定位不明、公共服务供给不足、数字文化平台简略等问题。北京应进一步强化顶层设计、深化机构改革，增强供给能力、整合文旅资源，打造综合平台、提升网络体验，推动公共文化服务与旅游的深度融合发展。

关键词： 北京　公共文化服务　文旅融合

推动文化与旅游融合发展是新形势下党和国家统筹文化和旅游事业，推动文化与旅游产业协同发展，满足人民美好生活需求的重要工作。公共文化服务是北京促进文旅深度融合、实现资源共享、发挥文化优势的基础性工作，也是城市建设、文化发展的重点和难点。目前，北京公共文化服务与旅游的融合发展迎来了机构改革、政策调整、提质增效的新阶段，但也面临问题与挑战。因此，北京在贯彻文旅融合政策时，应健全公共文化服务和旅游的融合发展机制，进一步提高北京的综合服务能力和城市文化影响力。

---

* 李国栋，中国人民大学文学院博士研究生，研究方向为文艺学、文化研究。

一　北京公共文化服务与旅游融合发展现状

（一）文化和旅游公共服务政策逐步调整

近两年，北京市大力推进文旅融合发展，不仅对相关政府机构进行改革，也出台了许多关于加强文旅融合发展的政策文件，其中包括公共文化服务体系建设的内容。根据《北京市机构改革实施方案》（2018），北京市文化局、市旅游发展委员会职责整合，重新组建为北京市文化和旅游局，于2018年11月16日挂牌。2019年2月，市文化和旅游局召开深化机构改革工作部署会，对《北京市文化和旅游局职能配置、内设机构和人员编制规定》进行了说明，深入探讨了文化和旅游机构改革的重大意义，严格执行“三定”方案：一是强化深度融合，将资源优势整合并转化为文化和旅游发展新优势；二是强化顶层设计，统筹利用文化和旅游资源，统筹推进文化和旅游公共服务等；三是强化政治建设，坚持党的引导，以党的建设成效不断推动首都文化和旅游改革创新发展。2019年12月，北京出台《关于推进北京市文化和旅游融合发展的意见》，提出26条举措大力促进文旅融合发展。《关于推进北京市文化和旅游融合发展的意见》按照“宜融则融、能融尽融，以文促旅、以旅彰文”的总体要求，在公共文化服务和旅游的融合发展上提出了新的意见。首先，在文化定位上，要立足于北京的城市文化内涵，将旅游产业与北京城建相结合，提高城市的文化形象与吸引力。其次，在资源整合方面，利用数字文化资源和社会文化资源加强城市旅游文化功能的建设。最后，在文化旅游的产品体系和公共服务建设方面，北京将围绕古都文化、红色文化、京味文化、创新文化等主题，营造和谐宜居、主客共享的文化旅游发展氛围，对接当前民众由美好风景向美好生活转变的文化旅游消费需求。这与国家最近出台的《加大力度推动社会领域公共服务补短板强弱项提质量　促进形成强大国内市场的行动方案》《关于进一步激发文化和旅游消费潜力的意见》等政策对公共文化服务与旅游的融合发展要求相一致，其内容都包括对公共服务进行提质扩容，以推动文化旅游融合发展。

（二）文旅融合背景下公共服务质量显著提升

文旅融合对导游服务水平提出了新要求，迫切需要建立一支文化素养好、职业素养佳的专业队伍，更好地向游客阐释地方文化特色和历史文化底蕴。2018 年底，纳入全市旅游咨询服务体系的旅游站已经达到 195 个。① 2019 年，北京举行“导游驿站”活动，在故宫、颐和园、天坛等著名景区设立“导游驿站”，为大批游客提供了便捷温馨的服务。②

在文旅融合发展的要求下，北京市假日旅游提质明显，特色公共文化活动精彩纷呈，公共服务效能获得了更多的收益。2019 年春节黄金周期间，北京市举办的公共文化活动精彩纷呈，庙会活动突出文化和旅游融合、冬奥冰雪主题，游园赏花活动主打文创主题，首次推出“文创闹春”的文化创意活动，提高旅游文化体验。民俗方面突出区域特色新春节庆活动，凸显各地区特色文化的优势。在三天的清明小长假期间，北京充分利用公共文化资源优势，开展了圆明园第二十四届踏青节、玉渊潭公园第三十一届樱花文化活动节、香山公园第十七届山花观赏节等。“五一”期间，北京举办了香山公园“春松华茂”第十七届香山观赏活动、景山公园“夜赏牡丹”活动、首都图书馆“阅读北京——2018 年首都市民系列文化活动”等。2019 年 5 月 19 日，市文化和旅游局举办 2019 年“中国旅游日”北京分会场活动，以“文旅融合，美好生活”为主题，持续推动文化和旅游的深度融合。这次“中国旅游日”活动具有的一大新特点就是提供丰富多彩的旅游产品及旅游咨询服务，并由多个部门机构合作完成：由北京市文化和旅游局法制处、北京旅游咨询服务中心提供文化旅游法制咨询服务，由北京市公安局环

① 《历史文化名城焕发新生——新中国成立 70 周年北京文化建设和旅游发展综述》，《北京晚报》2019 年 9 月 23 日，第 16 版。

② 《2019 年度北京“导游驿站”活动成功举行》，http：//whlyj. beijing. gov. cn/xwzx/xwyl/201906/t20190603_ 485662. html。

境食品药品和旅游安保总队干警为游客宣传“一日游”的危害，由北京志愿者服务岗的志愿者向市民和游客做义务宣传，推广安全旅游、文明旅游等理念。这些活动不仅在观演人数、群众参与度和满意度上有大幅提升，在文化创意上也有较多突破，反映了公共文化服务与旅游融合发展的良好态势。

（三）文化和旅游公共服务的治理成效显著

北京公共文化服务体系在与旅游产业等领域融合发展的同时，也注重对文化市场和旅游乱象的治理，强化公共服务规范，防止违法行为的滋生。在市文化和旅游局等部门的共同努力下，文化和旅游公共服务的治理收到了显著成效，主要表现在以下三个方面。

第一，抽检监督力度加大，日常旅游秩序良好。为保证文化和旅游公共服务质量，近来北京市文化和旅游局联合工商、交通、城管等相关机构大力开展旅行社行业专项检查，如“一日游”执法检查、安全检查等，根据相关法律法规对检查中发现的违法问题进行查处，加大惩罚力度，并将检查和处理结果在北京市文化和旅游局“行业信用监管平台”发布，形成强有力的震慑，为旅游市场秩序和公共文化服务保驾护航。

第二，利用和推广网络监管平台，有效提高了文化和旅游公共服务的问题处理效率。北京市近来将“全国旅游监管服务平台”大力推广至各旅行社行业，就该政务平台的应用开展了多次培训。目前该平台在各旅行社中的填报率大幅提升，能够加强旅行社管理资质的落实，运用电子合同避免不规范行为的发生，为投诉和举报提供新的便捷路径，有效维护游客和企业的合法权益。对于文化和旅游部 12301 系统、北京市紧急救助服务中心 12345 系统等投诉案件，各部门之间紧密配合，予以积极响应和处理。

第三，强化节假日监管体系，构建了严密的假日旅游市场监管和安全保障工作机制。在重要节假日期间，北京市采取市区两级纵向联动、部门之间横向协作、明察暗访相结合的方式，确保旅游期间的公共文化服务能够安全有效运作。在风险防控上，北京市相关部门提前开展细致的安全检查与隐患排查，加大巡查力度与频次，要求立即整改隐患死角，节假日安排专人值班值守。在执法检查上，北京市文化和旅游局与公安、交通、市场监管、城管执法局等部门实行联合值班，借助电子行程单，出动大量执法人员与车辆，持续对重要景区进行高频次的执法检查。在投诉处理上，相关部门及时响应及移交相关案件，大力提高接诉即办效率，营造了文明有序的旅游环境。

二　北京公共文化服务与旅游融合发展中存在的问题

（一）顶层设计欠缺，融合发展定位不明

文旅融合发展包含诸多方面，而公共文化服务与旅游的融合既包括与旅游公共服务的融合，也包括与旅游产业的融合。根据《中华人民共和国公共文化服务保障法》（2017）的定义，“公共文化服务”是指“由政府主导、社会力量参与，以满足公民基本文化需求为主要目的而提供的公共文化设施、文化产品、文化活动以及其他相关服务”。相比之下，“旅游公共服务”的定义、要求则显得有些模糊。从《中华人民共和国旅游法》（2013）来看，旅游公共服务包括旅游交通、旅游安全保障、旅游信用监督等诸多方面。《北京市旅游条例》（2017）对旅游公共服务提出了具体的要求，强调要建立健全旅游公共文化服务体系、完善旅游公共服务设施、提升旅游公共服务的质量和水平等。但总的来说，“旅游公共服务体系在内涵外延、发展依据、体系框架等方面并不十分明确，也没有像公共文化服务一样被纳入国家公共服务体系，缺少稳定的资金来源”。[①] 目前，公共文化服务与旅游的融合大多停留在宏观层面，缺乏具体的施行计划和操作方法。相应的，旅游公共服务、旅游公共文化职能部门等方面的规划、标准还不够健全。在旅游业市场化程度较高的情况下，如何利用公共文化服务提供市场保障，加大惠

① 宋瑞：《公共服务体系如何满足文旅融合新需求》，《中国文化报》2019 年 1 月 12 日，第 7 版。

民力度，提高旅游服务质量，仍然缺乏更完善的顶层设计，需要探索和补充新的建设方式。

（二）公共服务供给不足，旅游产业增速受限

北京市公共文化服务的设施数量上升，服务方式也逐渐多样化和完善，但是当公共文化服务面向旅游业时，就表现出供给不平衡、资源开发不充分等问题。首先，北京市属的文化馆、博物馆、美术馆、图书馆、非遗传习场所、街道社区文化活动中心等主要文化基础设施大多只为当地群众服务，而对外来游客则缺乏服务能力，未纳入文化服务与旅游服务的统筹规划中，缺乏旅游体验的吸引力与宣传力，未能充分利用自身的文化空间和文化资源。其次，在公共文化服务的方式上，也表现出市场融合度较低、创新能力不强的问题。例如对于旅游特色文化产品和旅游纪念品的开发，或表现为一些公共文化场所缺乏市场融合，未推出相应的衍生产品，未实现旅游经济效益的增加；或表现为产品形式千篇一律、吸引力缺乏、价格过于昂贵等问题。在非物质文化遗产的保护与资源开发上，公共文化服务只注重保护，而忽视了这些资源对于促进旅游业发展的巨大潜力。其实，对旅游价值的发掘也同样是对非遗文化的传播和弘扬。最后，重要节假日会带来大量旅客和服务需求，很快超出日常的公共服务量，相关机构只能通过管制、限流等方式来缓解压力。例如“十一”期间，故宫执行每日 8 万游客的限流政策，并需提前通过“故宫博物院门票预售系统”在线预约，这使一部分游客到达现场后无法临时购票入内，天坛、景山公园等热门景区也重新调整了最大游客承载量，分别从 5.8 万人次、2.1 万人次核减到 5 万人次和 1.2 万人次。香山公园也实行预约和限流政策，每日最大售票量为 7 万张，达到后即停止售票。景区的过度拥挤也导致了旅游咨询服务难以满足需求，相关旅游增值产品供不应求，景区环境维护产生困难等诸多问题。过于拥挤的景区还会让游客在心理上产生负面预期，降低对一些旅游景观场所的需求度，让旅游业的经济效益受到影响。

（三）数字文化平台简略，旅游服务相对薄弱

公共文化服务的数字化建设是信息时代的必然趋势，尤其是当前网络服务不断升级和换代，人们更倾向于用智能手机、平板电脑来获取各种信息。因此，网络平台的搭建越来越成为提供文化与旅游服务的重要途径。北京目前已建立了一批公共文化服务云平台，且根据《北京市关于加快推进公共文化服务体系示范区建设的意见》（2017）推出了具有区域特色的App，为满足公众的文化需求提供了便利。在此类App中，有一些将“旅游”作为服务内容上线，体现了“公共文化服务+旅游”的融合思路（见表1）。

表1　北京市“公共文化服务+旅游”App

名称	主办方	地区	旅游服务内容
i游北京	北京旅游网、北京市文化和旅游局	北京市	提供较全面的旅游资讯、攻略、优惠信息、环游号
北京通	北京市文物局、北京市文化和旅游局	北京市	在“生活服务”频道设置“文化旅游”栏目，提供“全景游北京”VR导览、北京市旅行社查询、导游查询、星级饭店信息
海淀公共文化	海淀区文化和旅游局	海淀区	设置旅游频道，提供旅游资讯、攻略、专题文章
北京西城旅游	西城区文化和旅游局	西城区	提供旅游景区、美食、酒店、购物、娱乐等信息的导览、攻略、地图
朝阳文化云	朝阳区文化和旅游局	朝阳区	提供旅游活动报名服务
北京东城	东城区融媒体中心	东城区	设置“旅游”频道，提供旅游专题文章
门头沟融媒	门头沟区融媒体中心	门头沟区	设置“文旅”频道，提供旅游专题文章
平谷融媒	平谷区融媒体中心	平谷区	设置“文旅”频道，提供旅游专题文章

但就目前App的总体研发与应用来看，北京以公共文化服务为主题的App只有少数设置了“旅游”板块，像石景山文E、房山区文化活动中心、文化昌平等公共文化服务型App，其功能主要限于当地社区和民众的日常文化生活服务，如预约公共场馆、参加文艺活动、阅读电子图书、播报文化动态等，缺乏针对游客的服务功能。而且在已有的“公共文化服务+旅游”App中，不少也存在着频道设置过于简单、实用性不强、更新不及时、设计体验差等问题，因此难以吸引游客去了解、下载和使用。可见，公共文化服务云平台与旅游的融合还存在不少问题。首先，公共文化服务的定位本身就更偏重于本地居民和社区，较少考虑到为游客服务的问题。这也反映了在制定公共文化服务与旅游服务的发展规划时，顶层设计还不够完善，未能充分考虑到公共文化服务对旅游服务与旅游产业的推动作用。其次，部分App也显示出一些设计上的缺陷，其功能大大不如现在的商业化App，软件的更新速度、研发水平和实用性还较为落后。这反映了软件研发与维护团队亟须提高自身的业务水平和创新能力。最后，公共文化服务与市场的融合度还不够，自发转向旅游服务市场化的自主性与能动性还有所欠缺。所以在网络云平台的建设上，文旅融合的市场化互补优势还未发掘出来，针对旅游功能缺少合理的设置、引导与管理。

三　加快公共文化服务与旅游融合发展的对策与建议

（一）强化顶层设计，深化机构改革

针对公共文化服务与旅游融合中的顶层设计不够完善、融合改革的具体操作方式不明确等问题，相关部门应强化决策力量，制定更加精细化的发展规划和施行政策。

首先要提高政治站位，强调公共文化服务与旅游的融合发展是党中央统筹文化旅游发展决策部署中的应有之义。在新形势下，北京的文旅融合发展面临着新的机遇与挑战，随着城市影响力的上升和人民对美好生活期待的加

强，公共文化服务和旅游的融合发展是惠及全民、提高城市综合服务功能的重要举措。

其次要深化机构改革，完善政府职能，合理调配人员，对公共文化服务和旅游的融合做出相应的制度性安排。北京市文化和旅游局与各区管理部门的机构改革应进一步体现文旅融合发展理念，按照“宜融则融、能融尽融，以文促旅、以旅彰文”的总体要求，推动旅游公共服务的制度性转型。此外，还要加强国家公共文化服务体系示范区的巩固提升，以示范区的制度改革带动文旅融合。

最后要进一步明确“公共文化服务”和“旅游公共服务”的内涵与外延，明确两者融合的基本要求、发展方向、重点难点与实施步骤。相关政府部门应将公共文化服务与旅游的融合发展提上日程，由北京市文化和旅游局等相关机构带头安排工作计划和考核任务，把具体工作分配到各区相关责任部门以进一步落实，并建立完善的资助方式和监督机制。

（二）增强供给能力，开发文旅资源

针对公共文化服务与旅游融合中的供给不平衡、资源开发不充分等问题，北京应着力加强以下几方面工作。

一是探索与建设文化和旅游综合性服务设施，提高公共文化设施的整体服务功能，增加面向游客的旅游信息服务系统，同时推动服务设施的标准化、规范化和整体化管理。各级博物馆、美术馆、纪念馆、图书馆、文化馆等文化设施应在面向当地群众提供服务的同时，推出文化旅游精品项目，建立相应的游客咨询中心，以吸引游客带动旅游业的发展。例如，高校图书馆也可以开展研学旅游、文化旅游、观光旅游等多种活动，激发图书馆的旅游潜力，助力文旅融合发展。① 在具体实施公共文化设施供给侧改革时，要继续发挥公共文化服务体系示范区的带头作用，依托示范项目和资源，推进文

① 柳英：《文旅融合：高校图书馆助力公共文化服务新路径》，《山东图书馆学刊》2019 年第 4 期，第 57～58 页。

化和旅游公共服务的一体化，同时持续推进昌平、平谷、延庆、门头沟、怀柔等地的全域文旅融合。

二是在公共文化服务和旅游融合发展中坚持市场化融合。社会效益与市场效益相互关联，进行市场化融合有利于推动公共文化服务质量提升，激发旅游发展活力，实现经济效益的增加。例如，一些景区服务点可以推出特色文化产品，如非遗产品、文物高仿品、手工艺品等，“这类产品依托非遗传承人、工艺美术专业人员、创意设计师等设计和生产，体现某种文化价值、美学价值、工艺价值和经济价值，但整体上看市场化程度不高”。[①] 而这些文化产品的推出其实既有利于增强自身旅游吸引力，又能推动文化传播。

三是提高假日旅游资源和服务供给能力，提高游客接纳峰值，平缓游客波动曲线，建立科学化的管理机制。对于假期较长的国庆节、劳动节等，可利用大数据估算北京各景区的游览人数和拥挤程度，从而让游客能够合理安排自己的出行时间，错开高峰拥挤时段。对于一些景点应完善提前预约机制，提供更加完善的通知渠道和多样化的预约方式，尽量防止因信息不畅、通知不到位而导致游客抵达景点却无法进入的情况。[②] 也可以对旅游服务网络平台进行创新，比如统计景点拥挤程度并加以提示，智能生成避开拥挤景区的旅游计划等，这样既能让游客获得舒适、新奇的旅游体验，利用好旅游景点的资源，又能合理疏解一些景区的拥挤情况。

（三）打造综合平台，提升网络体验

北京市“文化 + 旅游”公共服务的网络平台建设应不断更新和升级，尤其应在已有公共文化服务平台上增添旅游功能，进一步提高公共文化服务与旅游的融合度。

一是要提高网络建设的科技研发能力，改善网络云平台的用户体验，

① 毕续龙：《推进文化和旅游融合发展要把握六大关系》，《人文天下》2018 年第 21 期，第 4 ~5 页。

② 张凡：《景区可限流，旅游业当升级》，《人民日报》2019 年 6 月 12 日，第 5 版。

增加服务功能、优化设计界面。目前的公共文化服务型App在设计上还存在着许多改进空间，很多App使用起来总是出现操作不方便、功能不完善的问题，在界面设计上也不够美观简洁，产生了不良的用户体验。所以在开发云平台时，既要在代码编写、功能设置、界面设计等方面多做更新和升级，也要在与同类平台的比较中凸显自身特色，提高实用性。

二是要探索数字化服务的新途径，运用前沿科技手段提高服务能力。目前的网络平台无论是网站还是App，都可以尝试运用数字成像、虚拟现实、人工智能等前沿科技手段进行创新。如VR技术可以提供景区导航服务，制造虚拟化的实景体验，带来更好的旅游体验；又如人工智能技术可以打造机器人咨询平台，这既能及时地处理和反馈游客常见的问题，又能缓解咨询服务人员的工作压力，在总体上提高工作效率。

三是要进行平台与资源的优化整合，使文化和旅游公共服务实现一体化，减少不必要的、分散的小型数字文化平台。网络平台的开发建设并非越多越好，用户创建过多账号，来回切换不同的App，其实不如用统一的网络平台更加便捷。各网络平台应该适当配置，建立界面链接或通用账号，提供更便捷的整体服务；也可以在一个App下设置不同的区域选择，从而使游客或当地群众在不同区域都能快捷方便地使用资源与服务。

四是要建立信息反馈与交流的环节，实现技术与用户的互动，从而提高数字文化平台的完善与更新能力。在大数据时代，可以利用反馈信息系统对用户需求进行调查、统计与分析，因此可以增加活动评分系统、意见反馈系统的设计，及时收集用户满意度信息与相关建议；也可以通过线上线下问卷调查的方式集中收集相关数据，从而为网络平台建设提供更加精准和科学化的决策支撑。

文化和旅游的融合是一项系统工程，公共文化服务与旅游融合是新时代文旅融合发展的基础工作，也是促进全域旅游的重要举措。随着中国国家实力和国际形象的逐步提升，北京作为首都的战略地位更加凸显，北京应率先探索公共文化服务与旅游融合发展的新模式，在文旅融合的各项工作中发挥模范带头作用。但文旅融合发展并非一步就能到位，而是需要社会各界的力量逐步推动转型，逐渐与人民群众的需求对接。因此，北京仍需在公共文化服务与旅游融合发展的基本要求下进一步深入调查、放宽思路、大力创新，最终解决文化和旅游融合发展中的缺陷与问题，使二者在内在互动过程中共同提升群众的生活品质，让“融合改革”的成果为中国特色社会主义建设添砖加瓦。

B.10
北京郊区公共文化基础设施比较分析

代冬梅*

摘　要： 本报告梳理分析北京郊区公共文化基础设施分布现状，与中心城区公共文化基础设施进行比较分析，并在京郊十区之间进行比较，探讨公共文化基础设施布局的均衡性问题。北京应当在京郊人口稠密区域建设地区级文化中心，引入优秀民营文化机构，利用郊区土地优势发展差异化的博物馆，强化京郊公园的公共文化服务功能。

关键词： 北京　公共文化基础设施　公共文化服务

北京的郊区是指大兴区、通州区、顺义区、昌平区、门头沟区、房山区、怀柔区、平谷区、密云区、延庆区共十个区。在《北京城市总体规划(2016 年 - 2035 年)》的“一核一主一副、两轴多点一区”城市空间结构中，原通州新城规划建设区为北京城市副中心的规划范围，即“一副”；顺义、大兴、亦庄、昌平和房山等位于平原地区的新城是“多点”；门头沟、平谷、怀柔、密云、延庆以及昌平和房山的山区组成了生态涵养区，即“一区”。郊区的公共文化设施建设对于北京公共文化服务体系的均等化和城乡一体化发展有着重要意义，本报告对京郊十区的公共文化基础设施状况进行梳理和比较分析。公共文化基础设施包括博物馆、图书馆、文化馆等由

* 代冬梅，北京师范大学文学院博士生，奇想国文化公司副总编辑，研究方向为儿童文学、城市文化。

财政支撑的公益性文化服务设施，也包括实体书店、体育馆、剧场、艺术中心等营利性的文化设施。本报告从文化设施的类型、数量、面积、藏量、人均占有量、分布密度等指标出发，分析图书馆、博物馆等主要公益性文化设施以及部分营利性文化设施的分布现状，探讨北京郊区公共文化基础设施的均衡性问题。

一　北京郊区的公共文化基础设施分布现状

北京的公共文化设施根据《北京市基层公共文化设施建设标准》《首都公共文化服务示范区创建方案》等文件要求进行标准化建设，街道综合文化中心、社区综合文化室大多具备图书借阅、培训、排练、展览、放映等多种文化功能，建设标准有相应的要求，各区街道已建立或正在建设公共图书馆（室）；博物馆、民间图书馆、实体书店、剧场、新型阅读空间等文化设施则没有明确要求，其数量反映了不同地区文化设施建设的差距，但这部分数据尚缺乏权威的统计信息。本报告采取的研究方法是，以现有公开信息资料为基础，结合数字地图检索的方式对文化基础设施进行初步统计，然后根据北京市统计局《北京统计年鉴 2019》公布的人口和土地面积数据，分析各区文化基础设施在数量、类型、人均占有量、分布密度等方面的情况，对各区现状进行初步比较。

（一）郊区公共文化基础设施与中心城区的比较

1. 郊区的区级图书馆、文化馆、档案馆系统与城区差距不大

北京各区通过多年的公共文化服务体系建设，已经构建了较为完备的区、街乡、社区（村）三个行政层级的服务网络，由政府财政负担的图书馆、文化馆、档案馆、文化中心系统在郊区与城区之间并无太大差距，有的郊区拥有的镇街以上文化馆数量更多（见表 1）。城六区的优势主要在于国家级、市级馆都位于中心城区，还有众多社会单位的图书馆。仅在数年前，西城、东城、海淀、朝阳的区级图书馆面积都比较小，藏量也没有太

大优势，近年来四区以及石景山区通过建新馆等途径改善了工作条件，使得服务面积和藏量都有提升。京郊的通州、房山等区同样拥有面积较大的区级图书馆，虽然目前藏量与城区还有差距，但有提升改善的空间。区级综合文化中心方面，各区基本按计划建设了复合功能的文化中心大楼，只有昌平、怀柔两区尚在规划中，东城和门头沟区的综合文化中心即将建成。

表1　北京各区文化馆、博物馆、图书馆、档案馆、文化中心比较

地区	区图书馆				区档案馆		文化馆/中心（镇街以上）		博物馆		区综合文化中心
	面积		藏量								
	面积（平方米）	排名	数量（万册）	排名	面积（平方米）	排名	数量（个）	排名	数量（个）	排名	
东　城	12080	6	140	2	2776	13	19	8	33	1	在建
西　城	11720	7	110	5	5100	4	17	10	29	2	有
海　淀	35000	1	140	2	6513	1	30	2	26	4	有
朝　阳	18600	2	250	1	2880	12	46	1	29	2	有
丰　台	7400	10	40	15	2000	15	21	4	8	5	有
石景山	12300	5	113	4	3732	10	10	16	2	12	有
大　兴	5014	14	60	10	1768	16	21	4	3	10	有
房　山	15840	4	43	14	4700	5	30	3	5	8	有
通　州	17251	3	70	8	2651	14	16	12	5	8	有
顺　义	4520	15	45	13	4262	7	21	4	2	12	有
昌　平	11000	8	70	8	3800	8	16	12	8	5	无
密　云	7500	9	58	12	5440	3	21	4	1	16	有
延　庆	5598	13	33	16	5762	2	16	12	7	7	有
怀　柔	7309	11	71	7	3000	11	17	10	3	10	无
平　谷	6700	12	60	10	3800	8	19	8	2	12	有
门头沟	3742	16	90	6	4651	6	15	15	2	12	在建

注：北京市注册博物馆数量为161个，其中4个有两处地址（不同区），总计165个，数据来自国家文物局2019年9月25日发布的全国博物馆名录。

资料来源：国家文物局网站，北京市统计局网站，各区政府、文委、图书馆和统计局网站，北京市公共图书馆计算机信息服务网，数字地图。

2. 郊区的博物馆数量与中心城区存在较大差距

博物馆与“五馆”中的其他四类设施有所不同，并不按行政单位来规划建设。根据国家文物局 2019 年 9 月发布的全国博物馆名录（该数据为正式登记注册博物馆数），北京城六区博物馆数为 127 个，占北京市总量的 78.9%，郊区博物馆数为 34 个，占总量的 21.1%。这一统计结果按照人均拥有量和分布密度计算，可以显示出城郊之间的巨大差距。北京市 2018 年常住人口规模为 2154.2 万人，其中城六区为 1165.9 万人，京郊十区为 988.3 万人，约占全部常住人口的 45.9%，土地面积占全市的 92% 左右。郊区每十万人拥有的博物馆数量仅为 0.34 个，城区则是每十万人近 1.1 个博物馆。从这一比较可以看出，虽然北京的博物馆事业进步很快，但在城郊之间还有明显差距，城区已经达到中等发达国家水平，郊区不仅博物馆数量少，人均占有量和分布密度都不甚理想。

3. 郊区的营利性文化设施与中心城区存在较大差距

在博物馆、图书馆、文化馆、档案馆、规划馆等“五馆”建设之外，还有大量主要由市场来决定的营利性文化设施，为市民提供更加丰富多元的文化服务。经济发达、人口稠密的中心城区无疑在营利性文化设施方面有着明显优势，但不同类别之间存在具体差异。郊区的剧场、艺术中心以及可以作为演出场地的体育馆数量很少，中心城区则有很高的分布密度。2018 年东城区的演出场所分布密度为每平方公里 0.77 个、每十万人 3.6 个，西城区是每平方公里 0.69 个、每十万人 2.8 个。[①] 2019 年的郊区统计数据显示，京郊十区中演出场所分布密度最高的通州区，也只达到每平方公里 0.012 个，延庆、怀柔两区由于人口较少，人均拥有量在郊区中最高，分别达到每十万人 1.72 个和 1.45 个，其他 8 个区都不太高。实体书店方面，郊区分布密度大大低于城区，城六区中最低的丰台也达到了每平方公里 0.12 个，郊区最高的昌平仅有每平方公里 0.033 个。但是从人均占有量来看，由于城区

① 代冬梅：《北京中心城区公共文化基础设施比较分析》，《北京文化发展报告（2018～2019）》，社会科学文献出版社，2019。

人口稠密，每十万人的实体书店拥有量也不是太高，只有东城、西城分别达到7.9个和6.8个，其余四区跟郊区相差不多，郊区的新华书店系统在市民文化生活中发挥了更大作用。这表明实体书店发展的困境，并不因为城郊差别而有所不同，在互联网时代都面临巨大考验。

（二）京郊十区的四类主要文化服务设施比较

京郊各区的文化设施建设存在差异。表2、表3分别对京郊十区的两类公益性文化设施（博物馆、图书馆）和两类经营性文化设施（演出场所、实体书店）进行比较。其中博物馆数据来自国家文物局的全国博物馆名录（2019）；演出场所数据主要来自北京演出行业协会和数字地图检索；图书馆、实体书店数据来自北京市公共图书馆计算机服务信息网、各区图书馆网站和数字地图检索，统计范围为区图书馆及其分馆、街道图书馆、各类国有和民营书店，不包括政府部门、学校、企业等单位的图书馆。从表2、表3的比较可以得出以下结论。

表2　京郊十区两类公益性文化设施比较

地区	土地面积（平方千米）	常住人口（万人）	博物馆（个）			图书馆（个）		
			数量	每平方公里	每十万人	数量	每平方公里	每十万人
大　兴	1031	179.6	3	0.003	0.16	28	0.03	1.56
房　山	2019	118.8	5	0.002	0.42	29	0.01	2.44
通　州	912	157.8	5	0.005	0.32	9	0.01	0.57
顺　义	1016	116.9	2	0.002	0.17	24	0.02	2.05
昌　平	1352	210.8	8	0.006	0.38	22	0.02	1.04
密　云	2226	49.5	1	0.001	0.20	21	0.01	4.24
延　庆	2000	34.8	7	0.004	2.01	19	0.01	4.46
怀　柔	2128	41.4	3	0.001	0.72	17	0.01	4.11
平　谷	1075	45.6	2	0.002	0.43	19	0.02	4.16
门头沟	1455	33.1	2	0.001	0.60	7	0.01	2.12

资料来源：国家文物局网站，北京市统计局网站，各区文委、区图书馆网站，数字地图。

表3 京郊十区两类经营性文化设施比较

地区	土地面积（平方千米）	常住人口（万人）	演出场所（个）			实体书店（个）		
			数量	每平方公里	每十万人	数量	每平方公里	每十万人
大　兴	1031	179. 6	9	0. 009	0. 50	26	0. 025	1. 45
房　山	2019	118. 8	7	0. 003	0. 59	37	0. 018	3. 11
通　州	912	157. 8	11	0. 012	0. 70	28	0. 031	1. 77
顺　义	1016	116. 9	6	0. 006	0. 51	27	0. 027	2. 31
昌　平	1352	210. 8	11	0. 008	0. 52	44	0. 033	2. 09
密　云	2226	49. 5	4	0. 002	0. 81	14	0. 006	2. 83
延　庆	2000	34. 8	6	0. 003	1. 72	16	0. 008	4. 60
怀　柔	2128	41. 4	6	0. 003	1. 45	11	0. 005	2. 66
平　谷	1075	45. 6	4	0. 004	0. 88	14	0. 013	3. 07
门头沟	1455	33. 1	3	0. 002	0. 91	9	0. 006	2. 72

资料来源：北京市统计局网站、各区文委网站、数字地图。

1. 平原地区新城的公益性文化设施人均拥有量较低

大兴、房山、昌平、顺义和通州（城市副中心）是北京平原地区的新城区域，五区人口数量为783. 9万人，占京郊人口总数的79. 3%。图书馆、档案馆、文化馆、规划馆、文化中心等设施建设并没有按照人口稠密程度和地区实际需求来进行，而是按照区、街乡、社区（村）的行政区划来配置。可以看到，平原新城五区的博物馆、图书馆每十万人拥有量较低，在全市排在靠后位置。生态涵养区的博物馆、图书馆等公益性文化设施的绝对数量也不多，但由于人口不到京郊的20%，人均占有量就显得更高。

2. 平原地区新城的营利性文化设施人均拥有量较低

按照常理推断，在实体书店、剧院、艺术中心等经营性文化设施方面，平原新城的人均拥有量应该大于生态涵养区，但实际调查结果相反，平原新城的此项数据仍然比后者低，昌平、大兴、通州、房山等区的设施数量优势在庞大的人口数量面前显得微不足道。这表明，平原新城的营利性文化设施增长速度远远没有跟上人口增速，没有满足外溢的需求，很多郊区市民要观看演出、体育比赛，听音乐会、演唱会仍要到中心城区才能实现。实体书店的情况则要好一些，虽然平原新城的人均占有量更低，但西西弗书店、樊登书店、言几又书店等采取复合经营模式，带有咖啡馆、文创功能的民营书店近年来都在近郊拓展业务，很少有在生态涵养区开设分店的案例，平原新城新增实体书店的规模、品质都要好得多，实际服务范围和影响力也要大得多，不是数字能够完全体现的。

3. 生态涵养区的营利性文化设施分布密度较低

北京的生态涵养区地广人稀，怀柔、密云、平谷、延庆、门头沟五区的土地面积为8884 平方公里，居民只占郊区总人口的两成左右，而大兴、房山、昌平、顺义和通州五区的土地面积为6330 平方公里，居民占郊区总人口的八成左右。生态涵养区虽然营利性文化设施的人均占有量相对更高，但空间供给密度极低，这五区还存有很多的山地、半山地，门头沟区的山地甚至占辖区面积的98.5%。由于文化设施的服务半径是有限的，这些散落在远郊区广袤空间里的文化设施可达性不佳，实际上无法为较远距离的居民提供有效服务，因此不能对这一相对更高的人均占有量做乐观判断。

4. 京郊十区的公益性文化设施分布密度相差不大

京郊十区的区级公益性文化服务系统之间也没有明显差距，跟城区与郊区之间的对比结果类似，都是在北京市“1 + 3”公共文化政策体系指导下进行标准化建设。博物馆与其他“四馆”情况不同，并未按行政单位来配置，但远近郊区差别不明显，各区的博物馆数量都十分有限，平原新城地区的每平方公里拥有量略高于生态涵养区。

（三）京郊十区的文化公园比较

公园是重要的城市公共文化设施，为各类文化展览、文艺表演、体育健身、科普教育、游戏游园活动提供了空间。北京的公园主要有城市公园、郊野公园、森林公园三大类，城市公园或以历史文化遗存为依托，或是当代建设的具备文化主题的公园，还有各种大型游乐园。森林公园、郊野公园依托森林、河流、湿地、丘陵、草原等自然景观而建，通常而言郊野公园比森林公园更加原生态，人工构筑的部分更少。

近年来，北京的郊野公园、森林公园呈“井喷式”增长，城市边缘地带和郊区的这两类公园数量众多、面积巨大。相比之下，建设在京郊人口稠密地区，有文化主题和文化内涵、具备一定文化设施和较强服务功能的城市公园增长得却不快。对京郊十区具有文化主题的城市公园进行比较（见表4，未统计街道社区的小公园、口袋公园）可以看到：①京郊的文化公园数量比中心城区少得多，而东城、西城区没有任何郊野公园和森林公园，公园大多具备文化主题或历史文化底蕴。②与生态涵养区相比，位于平原地区的新城在文化公园建设上没有明显优势，昌平区、房山区的总面积数位于京郊十区的末端。③是否承办过国际交流活动、文化大会是影响郊区文化公园建设的重要因素。北京曾在延庆举办世界园艺博览会、世界葡萄博览会，在怀柔举办世界妇女大会，在顺义举行北京奥运会水上运动比赛等，在平谷即将举办世界休闲大会，这些文化盛会都为地方留下了主题园区及配套设施，大多能转化为城市公共文化空间，带来文化旅游的客流。

表4　京郊十区的文化公园比较

地区	公园名称	面积(公顷)	总面积(公顷)	排名
大　兴	留民营生态科普公园	141.3	421.9	6
	国际企业文化园	166.7		
	北普陀影视城	30.0		
	黄村儿童乐园	6.6		
	团河行宫遗址公园	26.7		
	呀路古热带植物园	17.3		
	中华文化园	33.3		
房　山	中华石雕艺术园	160.0	257.25	8
	中国版图教育公园	2.55		
	琉璃河天香牡丹园	6.7		
	兰花文化休闲公园	21.3		
	长阳音乐主题公园	66.7		

续表

地区	公园名称	面积(公顷)	总面积(公顷)	排名
通　州	梨园主题公园	35.0	617.2	3
	环球影城	120.0		
	台湖公园	75.5		
	运河公园	368.0		
	潞城镇中心公园	18.7		
顺　义	顺义鲜花港	400.0	430.1	5
	花博会主题公园	26.9		
	北京奥林匹克水上公园	3.2		
昌　平	回龙观体育文化公园	19.1	224.6	10
	乐多港奇幻乐园	35.0		
	西游记主题公园	66.7		
	苹果主题公园	47.1		
	昌平公园	16.7		
	绿洲水乡	40.0		
密　云	古北口历史文化公园	22.7	561.0	4
	法治公园	5.2		
	首云国家矿山公园	358.0		
	冶仙塔休闲公园	41.7		
	玫瑰情园夜景公园	133.4		
延　庆	艾蒿主题公园	13.4	966.6	1
	德蕴清风主题文化园	8.5		
	夏都公园	233.3		
	世界葡萄博览园	208.4		
	世界园艺博览会园区	503.0		
怀　柔	鹿世界主题公园	7.0	639.7	2
	普罗旺斯薰衣草庄园	10.0		
	乡土植物科普园	4.5		
	人口文化园	3.3		
	廉政文化公园	2.8		
	世界妇女大会纪念公园	65.1		
	圆金梦国家矿山公园	547.0		
平　谷	世界休闲大会园区	36.7	245.3	9
	中国乐谷音乐休闲公园	147.5		
	平谷文化公园	57.4		
	金海湖水上乐园	3.7		

续表

地区	公园名称	面积(公顷)	总面积(公顷)	排名
门头沟	永定河公园	1.5	335.0	7
	绿海运动公园	53.4		
	永定河自行车公园	33.3		
	京浪岛文化体育公园	18.3		
	京门铁路遗址公园	1.2		
	莲石湖公园	226.0		
	窑神庙公园	1.3		

资料来源：北京市园林绿化局网站、各公园官方网站，未统计各类街道社区小公园、口袋公园。

二　京郊十区公共文化基础设施的均衡性问题

北京的现代公共文化服务体系建设取得了巨大成绩，但郊区的公共文化服务设施建设与中心城区相比仍存在明显差距，平原地区的新城与生态涵养区之间也存在差异。京郊十区公共文化服务设施的均衡性问题主要表现在三大方面。

1. 不同区域设施建设的均衡性问题

北京的公共文化基础设施呈现“中心—外围”空间分布趋势，中心城区的博物馆、图书馆、实体书店等文化设施的人均拥有量已经达到较高标准，而郊区要实现《关于支持实体书店发展的实施意见》等发展计划的目标还有很大压力。例如北京的实体书店扶持目标是，2020 年各区至少拥有一座具备文化体验中心功能的综合性书城，每十万人拥有 8 个书店、15 个图书馆或阅读空间，而截至 2019 年底，京郊十区中公共图书馆数量最多的区只有每十万人 4.46 个，实体书店最多的区只有每十万人 4.6 个。从京郊十区内部来看，平原地区新城无论是公益性文化设施还是营利性文化设施的人均拥有量都低于生态涵养区，排在全市靠后位置，而这些新城恰恰承接了外溢的居住需求，辖区居民有旺盛的精神文化需求和较强的文化消费能力，这些区域的公共文化服务发展速度没有跟上城市规模的扩大和人口增长速度，成为最迫切需要加强文化设施建设的区域。

2. 不同类型设施建设的均衡性问题

从前文的对比分析可以看到，在传统的“五馆一中心”建设中，各区的区级图书馆、文化馆、档案馆、文化中心系统之间差别不大，发展出自己的总分馆体系，郊区与中心城区相比虽有差距也在迅速缩小之中，而博物馆数量却存在明显差距，演出场所、实体书店等营利性文化设施的数量、分布密度和人均拥有量也存在很大差别。郊区具有文化主题和文化内涵的城市公园数量较少，以自然景观为主要特征、无配套设施的森林公园和郊野公园却很多。郊区目前缺乏的大多是在“保基本”之外提供更加丰富多元的文化服务、满足市民更高层次精神文化需求的文化设施。此外，生态涵养区的营利性文化设施分布密度很低，平原地区新城的公益性文化设施和营利性文化设施人均占有量都很低。

3. 不同规模设施建设的均衡性问题

北京郊区不乏大型的森林公园、地质公园、郊野公园、寺庙道观，也有一些像明十三陵博物馆这样的大型博物馆，但这些设施主要作为旅游景区存在，为本地居民提供文化服务的能力比较弱。京郊各区人口稠密的中心地带以及回龙观、天通苑、亦庄等位于城市边缘的新兴组团，在总体上还很缺乏地标性、枢纽型、具有综合服务功能的大中型文化服务设施。郊区由于缺乏大中型专业文化设施，居民往往需要进城才能观赏演唱会、音乐会、体育比赛或参与科技文化体验活动，容易造成出行压力和交通拥堵。没有大型文化设施带动，京郊很多区域的整体文化氛围、城市文化品位都有所欠缺，不能体现出首都水平。

三　北京郊区公共文化基础设施优化布局的建议

北京近年来推动公共文化设施建设向五环外区域倾斜，通州的城市副中心三大场馆、延庆的世界园艺博览会园区、平谷的世界休闲大会主场馆、顺义区大剧院、昌平的回龙观体育公园、天通苑综合文化中心等项目都是郊区公共文化设施建设的最新成果。要进一步优化京郊的公共文化设施布局，可以重点考虑以下几方面的路径。

（一）在京郊人口稠密区域建设地区级文化中心

解决公共文化服务体系的区域均衡性问题，首先要弥补按行政单位划分的传统模式的不足，根据环境、资源、人口、需求等要素来建设公共文化服务设施。朝阳区已经开始在传统的三级公共文化设施之外设立地区文化中心，形成“区—地区—街乡—社区（村）”的“3 +1”网络，在香河园、垡头、798、常营、豆各庄等多个地区建设了地区级文化中心。昌平的“回天地区”也在北京市政府大力推动下把原有设施改造成地区综合文化中心。地区级文化中心介于区和街乡之间，具备一定规模甚至可以成为地区文化地标，覆盖多个街道的人群，甚至能达到数十万之多，提供的文化服务质量也超越了原来的镇街水平。北京的平原地区新城有不少类似回龙观、天通苑的人口稠密区域，可以组建独立的大型地区级文化中心，生态涵养区相邻的几个街乡也可以联合组建综合文化中心，集中力量打造专业程度较高、具备复合功能的中等规模文化中心。

（二）为京郊人口稠密区域引入优秀民营文化机构

应当通过实体书店扶持计划等途径，用资金扶持、购买服务、租金补贴等办法把更多优秀的民营实体书店、特色阅读空间、儿童绘本馆、美术馆、艺术中心送到京郊人口稠密区域，帮助其拓展郊区市场。以新型书店构筑城市公共文化空间，以特色的文创、餐饮、讲座、签售、读书会、品牌展示等复合功能营造当地的城市文化氛围。郊区以政策优势、租金优势吸引民营文化机构入驻城市综合体，也可以帮助提升商业综合体的品位、带动客流，以文化体验式消费对抗电子商务的冲击，对双方来说都是一种突围之道。

（三）利用郊区土地优势发展差异化的博物馆

在郊区文化资源丰富的区域或人口集中、交通便利、配套设施较好的区域建设一批具有文化特色的博物馆，提升郊区博物馆的人均拥有量。郊区博物馆要找准自身定位和文化主题，进行差异化发展。例如门头沟区博物馆在原有的综合性地志博物馆基础上突出了水域文化主题，最终在 2011 年演变成永定河文化博物馆，走出了一条差异化发展之路。随着北京城市规模不断扩大，郊区居民进城看展的时间成本、交通成本越来越高，地区博物馆要不断增强服务意识，面向本地居民完善展览展示、社会教育、文化交流等服务功能，同时在文旅融合的大背景下完善旅游服务功能，在地区文化发展中发挥更大作用。

（四）强化京郊公园的公共文化服务功能

郊区公园迫切需要克服面积巨大、景观单调、设施匮乏、服务功能缺失的问题。在不破坏自然风貌、公园景观的前提下，为郊区的城市公园、森林公园、郊野公园配置更多的雕塑、装置、景观柱、文化柱、文化墙等设施，注入更多文化元素，突出其文化主题。为公园建设配套服务设施，适当增加经营性的文化服务和餐饮服务项目，采取“以园养园”模式将部分服务外包给社会力量，用经营收入来反哺公园建设，弥补财政投入的不足。此外，还应当定期开展历史文化、地域文化、非物质文化遗产、节庆民俗、科普教育等方面的展览展示活动。

B.11
2019年北京博物馆研究报告

王 涛　尉 苗　蔡劲松　张普彪　郑以然*

摘　要： 2019年，北京市博物馆整体发展平稳，并呈现自身的特色。根据国家文物局公布的博物馆具体数据，本报告从规模数量、分类级别、藏品数量、展览和教育活动以及参观人数等多个方面，对2018～2019年度北京市博物馆进行较为全面的分析。在调查研究的基础上，选择近年博物馆领域颇受关注的中小型博物馆和高校博物馆状况进行较为深入的分析，指出现存问题主要是博物馆之间在规模、藏品、专业人员等方面发展不平衡，在管理体制、评价体系、经费支持等方面差异较大，需要优化顶层设计，推进各级博物馆健康发展，各级各类博物馆应找准定位，不断提升运营效能，坚持错位发展，以推动北京市博物馆事业走上持续健康发展的轨道。

关键词： 北京　博物馆　公共文化建设

北京是世界上历史文化遗产最丰富的城市之一，有不可移动文物3840

---

* 王涛，首都师范大学历史学院副教授，公众考古学中心执行主任，研究方向为考古学；尉苗，老舍纪念馆馆员，研究方向为文化理论；蔡劲松，北京航空航天大学人文社会科学学院（公共管理学院）院长，人文与社会科学高等研究院院长、教授，研究方向为公共艺术及传播；张普彪，北京航空航天大学人文与社会科学高等研究院文化传播与管理专业研究生，研究方向为文化传播；郑以然，首都师范大学文化研究院副研究员，研究方向为都市文化研究。

处，可移动文物 80 多万件/套。[①] 推动北京博物馆的发展，是建设全国文化中心的需要，是满足新时代人民群众精神文化需求的内在要求，也是打造北京城市形象、建设国际化文化旅游城市的客观需要。北京博物馆的发展与历史文化保护传承关系密切。

2019 年度，北京市辖区备案且正常开放的博物馆有 161 家。结合北京总体规划中“一城三带两区”的定位，北京博物馆系统把中轴线申遗作为抓手，打造历史文化名城；各相关区的博物馆将大运河文化带、长城文化带、西山永定河文化带沿岸的文物保护传承与展示利用相结合；各级博物馆为居民和游客提供了多元化的公共文化服务，而且以故宫博物院为首，开创了博物馆文创产品的网红经济时代。然而，北京的博物馆仍然存在着发展不平衡不充分的问题，大力推动中小博物馆和高校博物馆发展，才能提高北京城市发展软实力，打造博物之都。

2019 年，北京各级博物馆围绕习近平总书记在敦煌研究院座谈时的重要讲话精神进行了工作设计。总书记在讲话中鼓励博物馆研究和弘扬中华传统文化，一方面要“深入挖掘文化和历史遗存中蕴含的哲学思想、人文精神、价值理念、道德规范等，更要揭示蕴含其中的中华民族的文化精神、文化胸怀，不断坚定文化自信”；另一方面也要“以更加博大的胸怀，更加广泛地开展同各国的文化交流，更加积极主动地学习借鉴世界一切优秀文明成果”。在文物保护和研究工作中，“要关心爱护科研工作者，完善人才激励机制，为科研工作者开展研究、学习深造、研修交流搭建更好平台，提高科研队伍专业化水平”[②]。这也为北京博物馆的建设发展提供了方向指导。

2019 年底，北京市出台了《关于推进北京市文化和旅游融合发展的意见》，即“北京文旅融合 26 条”，这也是全国首个省级层面出台的推进文化和旅游融合发展的总揽性规范性文件。其中提出要完善历史文化名城资源保护利用体系；聚焦老城、依托三带，打造具有全球影响力的文化旅游带；在

① 《北京市文物局局长舒小峰访谈》，北京市文物局官网，2018 年 1 月 29 日。

② 《习近平报道专辑》，新华网，http：//www. xinhuanet. com/2019 - 08/22/c_ 11249 09349. htm，2019 年 8 月 22 日。

文旅公共服务与活动上实现共建、共促、共享；在产品上，紧扣“四个文化”主题，聚焦文化文物单位创意产品开发，发展夜间经济……这都为博物馆未来的蓬勃发展提供了发展方向和坚实支持。

一　北京博物馆现状与分析

（一）数量与级别

按照国家文物局数据，2018 年北京市在全国省级单位博物馆数量中排名第 13 位，是全国博物馆数量最多的城市之一（见图 1）。

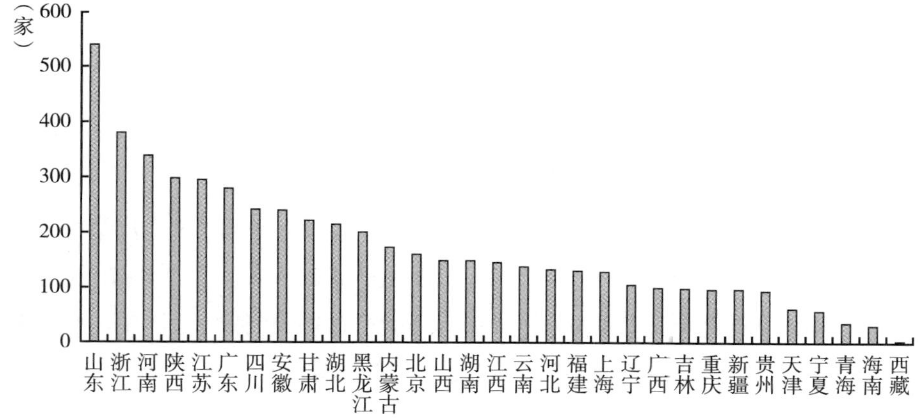

图 1　2018 年全国博物馆机构数量分布

从北京市内部博物馆数据具体来看：截至 2018 年，北京市共有各类登记注册博物馆 161 家（另有一定数量未登记注册，数量不详）。其中文物局系统的博物馆 56 家，一级博物馆 7 家，二级博物馆 4 家，三级博物馆 7 家，一般博物馆 38 家，其他 105 家博物馆未定级（见图 2）。从一级博物馆的数量和比例来看，其在全国都具有优势地位，这也是北京作为全国文化中心的底蕴所在。在保持发扬一、二、三级大馆优势地位的同时，也要充分开发一般博物馆和未定级博物馆的特色展陈与活动，吸引游客，建成多级别全方位的博物馆体系。

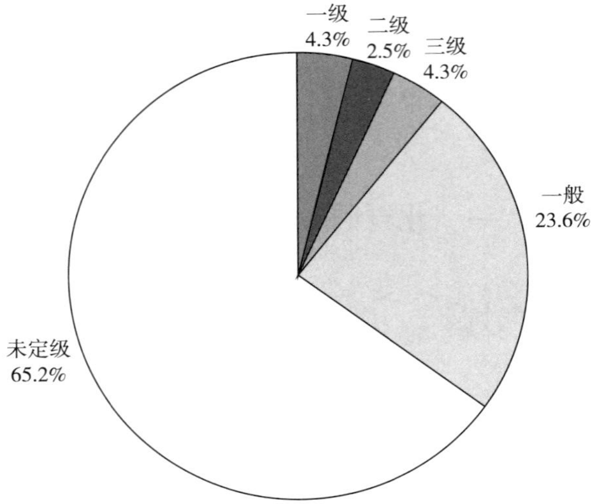

图 2　博物馆分级数量统计

（二）归属与分类

现阶段我国博物馆类型多种多样，在全国范围内，综合类尤其是历史类博物馆居多，凡冠以省、市、县博物馆的大多如此。名人类博物馆（纪念馆）、行业博物馆近年来发展势头较好，面向社区的特色博物馆则不突出。整体来看，我国各类博物馆隶属关系极为复杂，除隶属政府文化文物部门的博物馆外，还有大量博物馆分别隶属于其他政府部门、部队、社会团体、科研机构、高等院校以及企业等。以北京地区为例，如国家体育总局的中国体育博物馆、农业部的中国农业博物馆、总政治部的中国人民革命军事博物馆、空军的航空博物馆、中国航天设计院的航天博物馆、中国社会科学院的郭沫若纪念馆、宋庆龄基金会的宋庆龄故居、北京市公安局所属的北京警察博物馆、北京天桥投资公司的北京戏曲博物馆等。其中，有些博物馆的行政级别比地方文物局的行政级别还高一个等级，这些情形在其他地方博物馆中同样普遍存在。

就北京而言，按归属性质分类，属于国家文物局和北京市文物局系统的博物馆共 56 家，各类行业博物馆 81 家，非国有博物馆 24 家（见图 3）。按博物馆类型划分，其中历史类49家，综合类9家，艺术类28家，科学类18家，名人类15家，专门类42家，共161家（见图4）。总体来看，历史类明显居多，约占1/3。

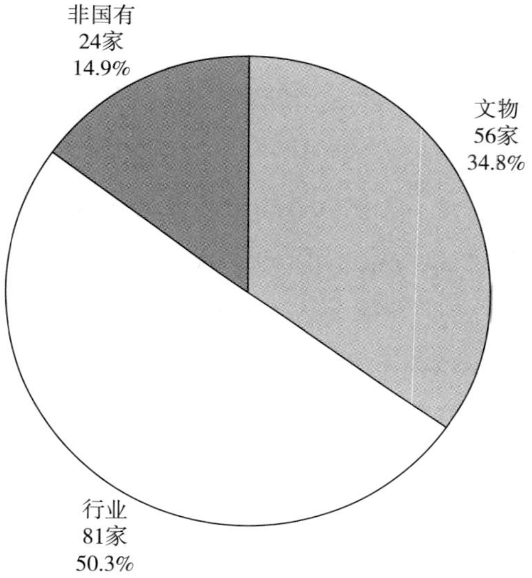

图3　博物馆归属分类

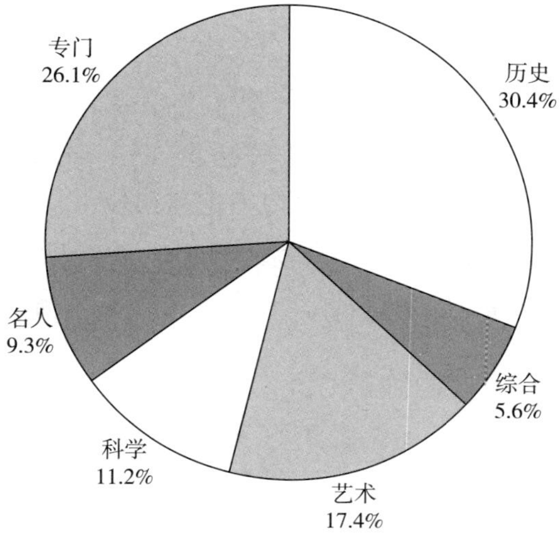

图4　博物馆类型划分

尤其值得注意的是，在高校聚集、高等教育资源十分丰厚的北京，高校博物馆数量较多，其建设发展状况在全国处于相对领先地位。截至2018年底，我国有近400座高校博物馆，而且还以每年8~10座的数量增加，不少高校兴起了新建、扩建博物馆的热潮。其中，北京地区拥有高校博物馆近40座（归在图3所列的行业类博物馆），约占全国总量的1/10，位居全国各省区市前列。发展北京高校博物馆，可以有力支撑首都公共文化服务体系建设，实现高校文化资源优势的转化、利用和传播。

从旅游和观展体验来看，这些博物馆的人气和旅游吸引力等存在较大程度的差异，这一定程度上与博物馆的类别有关。一项对大众点评网2009~2014年9847个评论样本的调研分析显示："游客偏好于历史文物、自然科学、文化艺术、民族宗教和军事类博物馆。游客满意度与博物馆的旅游吸引力因素密切相关，主要影响因素包括功能、票价、展馆特色、布展活动、设施环境、管理服务、区位交通等。"①

（三）面积与规模

从馆舍面积来看，全国博物馆场馆建筑总面积超过2600万平方米，馆均面积约5500平方米；展厅总面积超过1200万平方米，馆均超过2500平方米，不过低于此平均数的不在少数。

在北京，尚缺乏各博物馆面积的完整统计。从已公布数据来看，除了故宫博物院72万平方米、中国国家博物馆20万平方米，其他三级及以上博物馆几万到几千平方米不等，剩余大量博物馆面积较小，部分只有几百平方米。北京市城区面积相对不大，但博物馆数量众多，因此博物馆尤其需要考量如何在有限面积内更巧妙地进行空间设计，以及更有效率地开展博物馆教育和宣传活动。

① 何丹、李雪妍、周爱华、付晓：《北京地区博物馆旅游体验研究——基于大众点评网的网络文本分析》，《资源开发与市场》2017年第2期。

（四）藏品数量

藏品数量是衡量博物馆的重要指标。据国家文物局数据，全国博物馆中，藏品数超过 10 万件/套的博物馆有 65 家，超过 1 万件/套的博物馆有 568 家；有 266 家博物馆藏品数量为 0 或显示为空，藏品数量低于 100 件/套的博物馆 425 家。另外，有 1977 家博物馆珍贵文物数量显示为空，1009 家博物馆珍贵文物数量为 0。

北京市的博物馆中，故宫博物院馆藏 1862690 件/套、中国国家博物馆 1401299 件/套，这两家累计起来占比接近北京市馆藏总数量的近一半；馆藏文物 1000 件/套以下的博物馆有 76 家，最少的博物馆馆藏则只有个位数，对比极其悬殊（见图 5）。

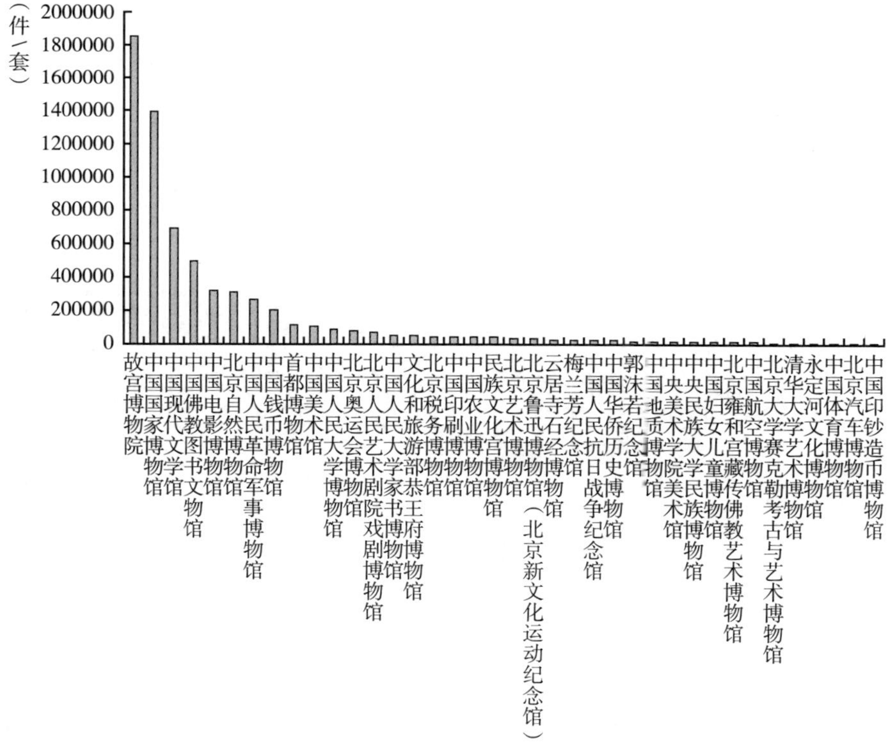

图 5　藏品数量 1 万件/套以上的博物馆（38 家）

（五）展览与教育活动

国家文物局数据显示，全国博物馆的展览数量总计2299个，其中最多一家达到712个，有195家博物馆展览数量显示为空，有504家博物馆展览数量为0。

从北京市来看，中国科学技术馆以712个展览高居榜首，中华世纪坛艺术馆123个，中国美术馆100个；其他博物馆展览数量均在100个以下，其中99家博物馆展览数量低于5个。其他大型博物馆中，中国国家博物馆64个，故宫博物院18个，首都博物馆16个，展览数量8个以上的共49家。值得指出的是，几家名人故居博物馆，如宋庆龄纪念馆、老舍纪念馆和郭沫若纪念馆，体量虽小，但展览数量并不少，都是8个（见图6）。

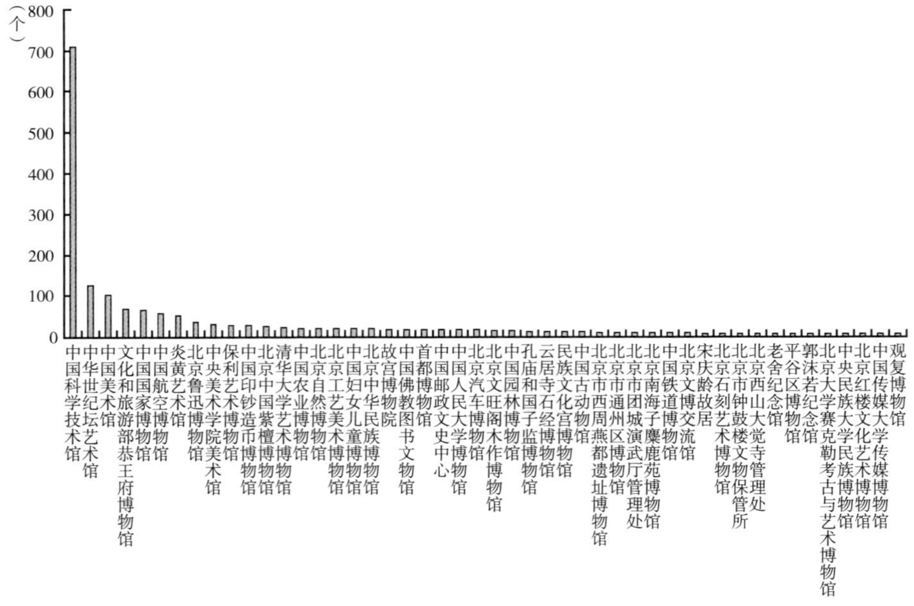

图6 展览数量10个以上的博物馆（36家）

开展教育活动方面，中国科学技术馆仍然高居榜首（36720次），前十名具体分布见表1。31家博物馆举办教育活动50次（含）以上，73家博物馆举办教育活动低于10次。

表 1　北京地区博物馆开展教育活动数量（前 10 名）

单位：次

博物馆	教育活动
中国科学技术馆	36720
北京自然博物馆	6615
中国国家博物馆	2817
故宫博物院	2299
中国园林博物馆	1171
北京汽车博物馆	687
李大钊烈士陵园	527
中国铁道博物馆	312
首都博物馆	264
中国农业博物馆	208

首都博物馆与国家博物馆分别立足于“北京”和“中国”，前者的“读城”系列活动生动接地气，以丰富的互动形式激发了广泛参与热情，参与者不仅包括游客，还有大量的本地居民，尤其是在北京长大，但对北京历史文化缺乏深入了解的青少年，常见一家祖孙三代一起来游览。

对首都博物馆的访谈调研获得这样一个案例：一位北京孩子在海外留学，学习西方艺术史，在卢浮宫做志愿讲解，但当被游客问起北京的历史文化时，张口结舌、无从应对，因此利用假期专门来到首都博物馆，潜心补课，希望永远避免不了解自己祖国和家乡文化的尴尬，能向外国人讲好北京故事，带北京文化“走出去”。这个例子也证明，地方性博物馆能够“唤起当地居民对该地的认识与认同。但这种认同和文化参与，并非建立在种族血缘的单一因素上，而是奠基于当地居民共同参与而产生的认同，是建立在多因素基础上的认同……首都博物馆以全面的视野检视了北京每一个特定时空中的生活方式及其演变。博物馆不是现代都市空间中展示另行文物古迹的亡者墓地，而是与当下活生生的观者对话的公共空间”。[①]

① 孙权：《北京都市空间与历史文化记忆——数字时代的首都博物馆》，《华南师范大学学报》（社会科学版）2019 年第 2 期。

（六）参观人数

对博物馆参观人数进行统计之后发现，超过 100 万人次的博物馆有 236 家，参观人数低于 10 万人次的博物馆有 3100 多家。有 39 家博物馆参观人数显示为空，有 161 家博物馆为 0（一般博物馆 5～8 年需要进行固定展览改陈，参观人数显示为空的有可能是闭馆改陈或者修缮）。

从北京市来看，故宫博物院以 1700 万人次高居第一，中国国家博物馆 861 万人次、中国科学技术馆 440 万人次，分居第二和第三位，100 万人次以上的共 18 家博物馆（见图 7）。39 家博物馆参观人数低于 1 万人次。

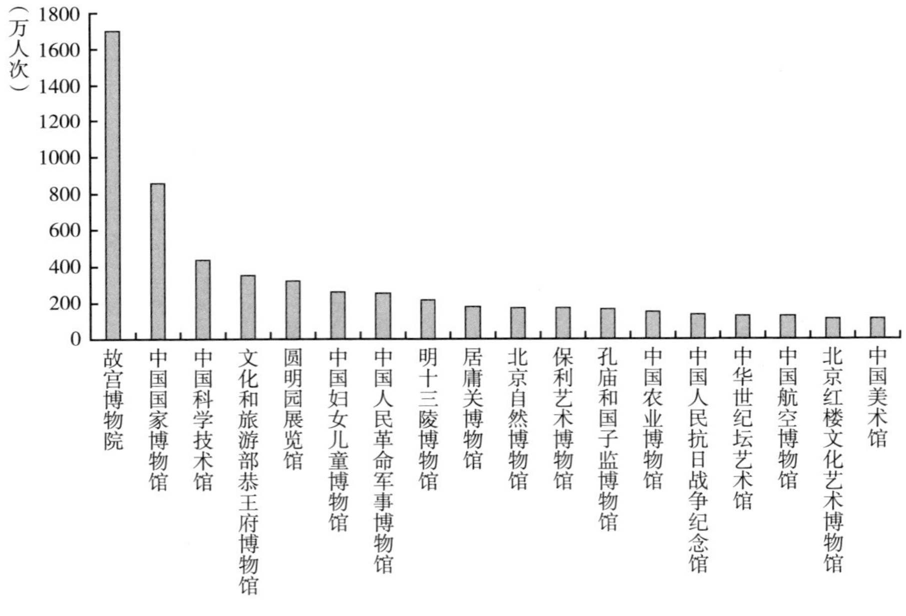

图 7　参观人数 100 万人次以上的博物馆（18 家）

从上面的数据分析可以看出，目前北京市博物馆发展趋势整体向好，尤其是位列一级、二级的国家级大馆，在传播知识、传承文明、提供公共文化服务等方面起到了很好的示范作用，对于展示首都政治中心、文化中心方面的风采，满足社会大众对美好生活的向往至关重要。

二 北京博物馆现存主要问题

北京市作为全国文化中心、重要旅游城市，一级博物馆无论在资金、人员投入还是活动频次、到馆率方面都遥遥领先；但是出于多方面原因，还存在不少发展不平衡现象，比如规模、藏品、专业人员等；尤其是大型博物馆和中小型博物馆之间，在管理体制、评价体系、经费支持等方面差异较大，一定程度上导致“强者愈强，弱者更弱”的分化态势，这显然不利于北京博物馆未来的良性发展。

为了进一步了解大数据背后的隐藏问题，我们通过对北京博物馆各方面展开调研，进行个案分析，希望从一定程度上了解其真实的生存状态和诉求。通过调研与分析，希望从政策制定、运营发展、人才建设等方面，为北京各类博物馆错位发展、共同服务公共文化建设提供建议。在此，主要探讨北京中小博物馆和高校博物馆的现存问题。

（一）北京中小博物馆现存主要问题

进入21世纪以来，国家投入大量资金建设博物馆，全国各省、市、县都在加大力度，积极新建或改扩建各自地区的博物馆，一派热火朝天；同时，各级政府把博物馆发展重点都落在建设大而全的综合性博物馆上，中小型尤其小微型博物馆受到的重视明显不够，不管是资金投入、政策配套还是人才建设等方面，都出现资源分配不平衡的情况，这样就导致不少中小型、小微型博物馆资金少且拓展乏力、藏品少且来源不足、人员少且专业人才匮乏，有些很有特色的中小型博物馆、名人纪念馆等惨淡经营，后继乏力。

1. 资金少且拓展乏力

目前，制约中小型博物馆发展的普遍且突出的问题是经费不足。对于不少中小型博物馆而言，每年财政按编制拨付给博物馆的事业经费基本上仅能维持职工工资的发放，用于展览等方面的资金捉襟见肘，因此博物馆业务开展与自身建设规划受到经费极大的制约。此外，当前国有博物馆的文创产品开发也存在政策壁垒，不鼓励中小型博物馆从事经营性活动，博物馆既没有专项资金也没有积极性开展这方面工作。

对于大量非国有博物馆而言，其运行经费主要由举办者筹措，能实现可持续发展的并不多；另外，还有不少未登记注册的博物馆，因在藏品数量、专业技术人员等方面难以满足《博物馆管理条例》关于设立博物馆的条件，无法被纳入政府帮扶体系。

2. 藏品少且来源不足

出于历史原因，以往的文物尤其是精品文物多集中在国家级或省级大型博物馆，很多中小型博物馆藏品数量少，缺少精品文物；囿于馆舍面积，现有藏品的保管和存放都有困难，也难以吸收更多的捐赠文物；没有足够的文物征集经费，中小型博物馆征集文物亦存在困难。而反过来，没有足够多的藏品或文物，就在博物馆评级过程中处于劣势；没有特色藏品，也难以形成高质量、有特色的展览。

3. 人员少且专业人才匮乏

中小型博物馆一般编制少，业务人员更少；由于要应对诸多工作，目前不少博物馆普遍存在业务人员既要从事策展，还需兼顾科普教育、讲解等工作；业务人员中文博专业科班毕业生所占比例小，专业培训和知识更新有待加强。专业人才匮乏问题，极大地制约着中小型博物馆的发展。

（二）北京高校博物馆现存主要问题

北京高校的近40座博物馆，坐落在不同的校园之中。但是，与它们所在高校相比，人们对高校博物馆似乎了解甚少。通过问卷调查及访谈调研发现，公众对北京高校博物馆的知晓情况并不乐观。近40座高校博物馆中，仅有其中几座较多频次地被人提及，如北京大学赛克勒考古与艺术博物馆、清华大学艺术博物馆、北京航空航天大学航空航天博物馆、中央美术学院美术馆等，而大多数北京高校博物馆呈现养在“深闺”人不识的状况，其公众认知程度较低、社会公共教育职能不完善，这些问题限制了北京高校博物馆公共文化服务职能的发挥和自身的发展。

在管理体制机制建设方面，高校博物馆受制于高校发展规划和管理规章，受教育和文物部门的双重管辖，因此处境尴尬；在公共服务方面，高校博物馆存在认知程度低、开放程度低的问题，不少高校博物馆仅仅面对本校师生开放，或对校外人员设定较多的参观限制；在开放时间方面，仅有少数高校博物馆可以保证全年开放，大多处于间歇性开放状态，高校博物馆的资源利用率低、社会效益发挥不充分。这些问题，在北京高校博物馆中不同程度地存在，成为制约北京高校博物馆公共文化服务建设的“瓶颈”。高校博物馆公共文化服务的不足，主要体现在如下几个方面。

1. 整体发展不平衡，建设理念和发展模式相对陈旧

北京高校拥有博物馆的数量处于全国前列，但除了个别高校博物馆具有良好的建设发展基础和较大的社会影响力外，大部分高校博物馆还处于摸索性缓慢发展甚至停滞发展阶段。同世界著名都市、著名高校的博物馆群相比，北京高校博物馆整体上发展极不平衡，建设发展理念和模式比较陈旧，不同程度地存在“等、靠、要”思维，“因地制宜、因校制宜、因馆制宜”的观念尚未完全树立和落实，部分满足于学校“教辅”机构的单一定位。需要从源头和顶层设计上，加强对北京高校博物馆的不可或缺性及其文化传播职能重要性的认识。

2. 机构设置不规范，管理工作相对落后

多数北京高校博物馆缺乏健全的职能设置，如办公、安保、技术、展陈、典藏、资料、宣传、公共教育等部门；管理模式缺乏统一规范，员工管理依循一般行政、教辅人员管理的传统经验，较少考虑博物馆特殊的工作性质以及工作人员的专业特殊性。同时，作为高校内设的二级机构，绝大多数北京高校博物馆正式编制人员寥寥无几，馆内的藏品维护、策展、专职管理等繁杂事务都由少数人负责，往往一个人身兼数职。正式编制和专业人员不足，严重制约了北京高校博物馆的发展和改善，也在很大程度上影响了其承担文化育人和社会公共文化服务的主动性、积极性。

3. 运营经费短缺，来源渠道单一

现阶段，北京高校博物馆的正常运营主要依靠学校内部经费支持，根据各自学校的财力情况，由学校给予行政拨款，大多属于“以校养馆”模式，这导致博物馆各方面工作乃至事业拓展有一定局限。随着北京高校博物馆逐步参与到向社会提供公共文化服务工作中，仅仅依靠高校自身的经费投入远远不够，需要获得更加稳定、多种渠道的经费与政策支持。

4. 展陈传播创新不足，文化吸引力、影响力不够强

一方面，北京高校博物馆通常采取静态陈列式展览方式，属于“一个展览做到底”的运营模式，形式比较单一，展览内容更新不及时，数字新媒体和智能化互动的基础设施缺乏。另一方面，许多高校博物馆安于现状，开放程度低，危机意识、竞争意识不强，常处于习惯性管理运营的“惰性”状态，很少举办公益性公共教育活动，没有挖掘其自身文化特色和内涵，没有开发基于其特殊馆藏的文创产品，这限制了其文化形象的塑造、传播和公共文化服务价值的传递。

三　北京博物馆个案分析

中小型博物馆要摆脱前述各类困境，需要政府部门在顶层设计方面进行对应的调整与改革。但是政策的制定需要综合各方面实际情况，尚待时日。以下，我们选择老舍纪念馆、郭守敬纪念馆和观复博物馆为例，这三家博物馆立足自身，为突破困境积极探索、努力实践，摸索出适合自身发展的新路子，值得借鉴。

（一）老舍纪念馆：定位社区，抱团取暖

老舍纪念馆是一家名人故居类小型博物馆，其建筑本身以及所处区域承载着重要的文化内涵与地域情感，是非常有特色的“京味博物馆”。但该馆发展首先受限于馆舍面积（共400多平方米，展厅仅为200平方米），难以开展较大规模的展览与公共活动；尤其是库房面积有限、条件不足，藏品保

存环境不够理想。而且由于实际工作中的种种困难和政策经费难以协调等问题，藏品征集和展陈更新工作困难重重。

针对这些困难，老舍纪念馆积极寻找对策，一方面与多家同类型中小博物馆联合，先是组成8家名人纪念馆联盟，大家“抱团取暖”，联合起来做大事，已经形成一定特色和品牌，每年都有不同主题，形成规模优势，现在已经发展扩大为“8+名人纪念馆联盟”，涵盖包括14位名人在内的19家名人纪念馆。另一方面老舍纪念馆也深挖潜力，明确自身定位，立足北京特色和社区服务做文章，积极寻求展览形式与内容创新，聚焦京味文化举办展示活动；通过外出巡展和开辟分馆的方式，弥补场地不足的缺陷，现在已经成为颇具特色的京味社区博物馆。

（二）郭守敬纪念馆：创新思路，引进“外援”

面对专业人员不足的现状，北京市西城区文化和旅游局以同样是名人纪念馆的郭守敬纪念馆为突破口，在社会力量参与博物馆运营领域积极探索，并取得成效。

在保证产权公有的前提下，郭守敬纪念馆将部分运营权委托给专业社会机构——北京忆空间文化发展有限公司，开展为期3年的社会力量参与运营国有小微博物馆的改革实践。在社会化专业团队的运营下，一年多来，郭守敬纪念馆在志愿者发展、文化活动、对外交流等方面都做出了有益探索。

在西城区历史街区复兴发展的大背景下，很多类似郭守敬纪念馆的国有小微博物馆都面临政府运营压力大、包袱重的问题，郭守敬纪念馆的社会化运营模式能够缓解这些问题，吸纳专业团队提升博物馆运营水平，盘活国有文博资源，提升博物馆社会服务水平，为人民群众提供更加丰富、多元的公共文化服务。

（三）观复博物馆：多管齐下，解决资金问题

观复博物馆是中国内地首家由政府注册成立的非国有博物馆。与其他中

小型博物馆一样面临馆舍狭小、资金不足等难题。2005 年，观复博物馆开始创立理事制度，由董事会承担博物馆日常盈亏，各位理事则成为董事会的协助力量，这就为博物馆经营注入了新鲜血液，一定程度上缓解了资金缺乏等问题。同时，通过创建观复文化基金会，推动博物馆逐步走向社会化。除此之外，该馆还尝试借力市场，与企业合作，进行博物馆的企业冠名。其内家具馆、油画馆以及工艺馆等已先后推行了冠名措施，部分解决了博物馆资金短缺问题。

四 推动北京博物馆建设发展的建议

北京博物馆在自身建设发展和公共文化服务方面，在政府、高校和社会的支持下，已经取得显著的成绩，具有可期的前景。当前，越来越多的博物馆向社会公众免费开放，参与社会公共文化服务的意愿与举措不断增加，用多元化的展陈活动，融入北京全国文化中心建设。

（一）中小博物馆发展建议

1. 深挖潜力，找准定位

在现有的政策框架下，中小型博物馆首先要做的是立足本单位实际，充分挖掘内部潜力，找准定位谋发展，实现自身造血功能。博物馆内部应进行职能转变和思路革新，重视地方文化服务，通过深挖地域文化，成为社区文化和情感的中心。国内外诸多博物馆的成功经验显示，博物馆不一定要藏多少一级文物，而要看办好了多少场观众喜闻乐见的好展览。各级博物馆应该充分发掘现有馆藏，让沉睡在博物馆库房中的文物再现历史光辉。金银重器是瑰宝，寻常旧物也有其难以替代的重要价值。

2. 加强政策法规等顶层设计

目前，我国《博物馆条例》和相关行业法规存在着诸多问题，如政策法规级别过低、效力不足以及内容不够具体等，由此在执行层面导致一系列障碍，如制度设计与现实状况不匹配、审批主体不清、设立条件不统一、缺少执行标准、备案制度与配套制度缺失、鉴定制度缺失等。不少法律专家由此建议，博物馆行业亟须制定上位法，同时需要制定《博物馆条例》的执行细则。此外，应将监管机制和舆论监督机制结合起来，多方共进，保障博物馆行业有理有序健康发展。当然，值得指出的是，行业管理要从国家层面展开顶层设计，但策略研究需要有真招实招，博物馆不能一味等待和依赖顶层设计，需要自身不断探索创新。西城区郭守敬纪念馆的实践就提供了很好的借鉴。

3. 通盘规划，错位发展

各级政府除了重视那些综合性大型博物馆外，还要加强特色专题类中小型博物馆建设，尤其是散落在百姓身边的社区博物馆、科技馆。博物馆既可以是让人仰望的文化殿堂，亦可以是寻常巷陌的普通所在，让人没有距离、触手可及，随时走入其中，俯身拾起一片安宁。

此外，提倡馆际交流、合作办展。依托各自馆藏，同类型博物馆可以合作办展，突出某一主题特色；亦可跨地区交流，互通有无，分享精品。总之，立足各地实际，政府部门和社区人民一起为博物馆事业集思广益，一定会推动我国中小型博物馆的良性发展，成为公共文化建设的重要支撑。

（二）高校博物馆发展建议

从高校博物馆的发展来看，国外高校博物馆的兴起与建设迄今已有300余年历史，在西方发达国家的知名大学中，博物馆已经成为高校教育、科研和公共文化服务必不可少的设施。如美国500所大学拥有800多座博物馆，仅哈佛大学就有17座。其普遍选用专业人员和管理团队，开展广泛的社会交流与合作，充分拓展育人和公共文化服务功能。相比之下，北京高校博物馆应着重从以下几个方面改进完善。

1. 更新办馆理念、加强顶层设计，确立价值坐标与职能定位

北京高校博物馆应该始终坚守教育性、文化性、社会性与公益性的价值坐标，从定位上承担四项主要职能：一是专业教育实践，以拓展教育教学实践功能为核心；二是学术研究和学科传承，以支撑及延续大学优势特色学科

发展为核心；三是科学人文精神普及与传播，以深化人才培养为核心；四是社会公众文化服务，以辐射公共教育为核心。这是破解北京高校博物馆始终处在社会文化“消费”边缘地带问题的有效方式，更是其社会责任所在。

2. 加强政策扶持、健全机构设置，多渠道提升运营管理效能

2019 年 11 月，教育部办公厅印发了《关于加强高校博物馆管理工作的意见》，北京市如能将“北京高校博物馆及公共文化服务”正式纳入促进全国文化中心建设专项议题，适时出台北京高校博物馆建设及其融入全国文化中心建设的实施细则，从体制机制改革、组织机构设置、职能拓展设计、专业人才支撑、运营经费保障等方面，制定有针对性的扶持政策与重点举措，如设立“北京高校博物馆公共文化服务”专项经费，则可破解制约北京高校博物馆公共文化服务能力不足、不强的瓶颈问题。

3. 实施文化品牌战略，提供专业人才支撑保障

北京高校博物馆的品牌塑造与战略拓展，应该主要围绕四个方面展开：一是坚持学术内涵、文化水准和高品位标准；二是突出馆藏特质、文化特色和知识生产传播三轨并行的主业挖掘；三是注重品牌推广与打造良好形象、服务社会公益的有机结合；四是注重展陈丰富性、项目多元化以及文化关联性的运营管理体系设计。同时，要高度重视北京高校博物馆专业人员的引进与专业化培养，尤其高校博物馆馆长，是运营管理团队的核心与社会文化号召力的关键。

4. 拓展文化传播载体平台，加强数字新媒体技术创新应用

对首都公众开展的随机问卷调查结果显示，人们了解北京高校博物馆的展览活动信息主要是通过宣传海报、官方网站、朋友推荐等方式。北京高校博物馆应充分利用微信、微博、短视频、直播、App 等社交平台和传播手段，不断扩大自身品牌影响力和传播效果。同时发挥高校技术优势，加强管理运营过程中的数字新媒体技术应用，如 VR、AR 等，增强展览及活动的可参与性。

中国特色社会主义进入新时代，我国社会主要矛盾已经转化为人民日益增长的美好生活需要和不平衡不充分的发展之间的矛盾。2017 年 4 月，习

近平同志在广西考察工作时强调："中华民族历史悠久，中华文明源远流长，中华文化博大精深，一个博物馆就是一所大学校。博物馆建设要注重特色。要让文物说话，让历史说话，让文化说话。要加强文物保护和利用，加强历史研究和传承，使中华优秀传统文化不断发扬光大。要增强文化自信，在传承中华优秀传统文化基础上发展社会主义先进文化，加快建设社会主义文化强国。"只有博物馆在数量、类型、展览活动方面充分平衡发展，才能够满足人民日益增长的美好生活，特别是精神文化生活需要。根据总书记视察北京时的讲话精神，北京市正在呈现新面貌，如四大主体功能区、三个文化带等，北京中小型博物馆和高校博物馆有能力也有义务积极参与北京建设，成为促进文旅融合、打造和谐宜居之都的重要力量。

文化产业与文化经济

Culture Industries and Culture Economy

B.12
2019年北京市文化旅游发展报告*

荆艳峰　陆跃祥　刘　敏　肖　添**

摘　要： 2019 年，北京市赋予旅游更深层更精彩的文化内涵。本报告开展北京市民文化旅游幸福感评价，总结文旅融合下北京文化旅游发展特征：北京全域旅游向纵深发展、全域旅游示范区创建全面展开并形成了部分经验做法；中医药文化旅游示范基地等文化和旅游基地建设、北京环球度假区等项目稳步推进；文化遗产保护利用与旅游开发方面也进行了多种形式的尝试，文旅消费（特别是夜间文旅消费）凸显地位；同时，跨界融合走向纵深，特色中医药文化资源，为北京海外文旅营销提供了新的思路和方式，受到了海内外游客的喜爱，也推动了中华优秀传统文化创新性发展。

* 本文是北京联合大学人才强校优选计划（BPHR2017CS10）资助项目成果。

** 荆艳峰，北京联合大学旅游学院副教授，研究方向为旅游文化；陆跃祥，北京师范大学教授；刘敏，北京联合大学旅游学院教授；肖添，北京联合大学本科生。

关键词： 文旅融合 优质旅游 全域旅游

2019 年是北京市文化和旅游真正融合的标志性元年。北京市在 70 华诞、十九届四中全会、“一带一路”国际合作高峰论坛、中国国际进口博览会、中国北京世界园艺博览会、大兴国际机场投入使用等一系列重大事件中，推进了文化旅游业的高质量融合发展。2019 年前三季度，全市规模以上文化及相关产业实现收入 8875.8 亿元，同比增长 7.3%。实现旅游收入 4622 亿元，增长 6.1%。接待游客总量 2.45 亿人次，增长 4.1%。旅游收入增速持续高于旅游人数增速，继续显示集约化发展趋势。

2019 年，北京市赋予旅游更深层更精彩的文化内涵。全域旅游向纵深发展、全域旅游示范区创建全面展开并形成了部分经验做法；中医药文化旅游示范基地等文化和旅游基地建设、北京环球度假区等项目稳步推进；文化遗产保护利用与旅游开发方面也进行了多种形式的尝试，推动了中华优秀传统文化创新性发展。

一　2019年文化旅游政策供给

2019 年是北京市文化和旅游局机构合并后开展工作的元年。文化和旅游部以及北京市文化和旅游局均对行政规范性文件进行了全面清理。8 月 19 日文化和旅游部公告现行有效的行政规范性文件目录和废止的行政规范性文件目录。同时，文化和旅游部与北京市文化和旅游局也分别出台了一系列文旅促进政策，集中体现在以下几个方面。

1. 文化与旅游融合政策

2019 年 12 月，北京市文化改革和发展领导小组办公室印发《关于推进北京市文化和旅游融合发展的意见》（以下简称《意见》）。北京成为全国首个在省级层面出台推进文化和旅游融合发展总揽性规范性文件的城市。《意见》提出了七个方面共 26 条工作举措，即“北京文旅融合 26 条”。《意见》

在资源支撑体系建设上，提出完善历史文化名城资源保护利用体系，建设国际化文化旅游智慧城市，打造高端智库和资源交易平台等 4 项举措。5G、人工智能、大数据、云计算等先进技术的引入将为市民和旅游者提供更为智能化、便利化、精准化的公共服务。《意见》的推出将开启文化旅游事业高质发展的新动能，满足市民和旅游者对美好生活的新期待。

2.《北京市文化旅游领域开放改革三年行动计划》

为贯彻落实《国务院关于全面推进北京市服务业扩大开放综合试点工作方案的批复》（国函〔2019〕16 号），推进文化旅游领域开放改革，不断强化全国文化中心功能定位，按照北京市服务业扩大开放领导小组办公室的安排，市文化和旅游局牵头组建了文化旅游领域开放改革专班（以下简称"文化旅游专班"），文化旅游专班由市商务局、市电影局、市新闻出版局、市广播电视局、市国有文化资产管理中心、北京海关、天竺综保区管委会、市文化和旅游局等 8 家成员单位组成，共同研究制定了《北京市文化旅游领域开放改革三年行动计划》（以下简称"文旅领域三年行动计划"）。文旅领域三年行动计划共包括四大类 14 条，内容涵盖审批许可、扶持政策、重点项目、市场监管等方面。文旅领域三年行动计划在扩大市场准入方面有很大突破，如在全市范围内允许外商投资设立娱乐场所、演出场所经营单位、演出经纪机构，不设投资比例限制；允许在京设立的外商独资经营旅行社试点经营中国公民出境旅游业务（赴台湾地区除外）等。

3. 提升旅游服务质量政策

2019 年 1 月 16 日，政府出台了《文化和旅游部关于实施旅游服务质量提升计划的指导意见》（以下简称《指导意见》），《指导意见》立足于大众旅游新阶段的特点和规律，聚焦当前旅游服务质量存在的主要问题，明确了提升旅游服务质量的指导思想、基本原则、发展目标、主要任务和保障措施，以指导和推动各地提高旅游管理服务水平，提升旅游品质，推动旅游业高质量发展。主要任务是："提升旅游区点服务水平、优化旅游住宿服务、提升旅行社服务水平、规范在线旅游经营服务、提高导游和领队业务能力、增强旅游市场秩序治理能力、建立完善旅游信用体系"等 7 项。

4. 全域旅游示范区验收文件

2019 年 3 月 1 日，文化和旅游部办公厅印发《国家全域旅游示范区验收标准（试行）》和《国家全域旅游示范区验收、认定和管理实施办法（试行）》，并决定开展首批国家全域旅游示范区验收认定工作。北京市的延庆区、怀柔区、平谷区进入首批国家全域旅游示范区名单，并已经通过验收。

5. 文化旅游规划管理办法

2019 年 5 月 7 日，文化和旅游部印发《文化和旅游规划管理办法》，这一办法对推进文化和旅游规划工作制度化、规范化、科学化起到重要作用，对文化和旅游规划管理进行了完善，目的是提高规划质量，并从总则、编制、立项、论证、衔接、报批、发布、实施以及责任等方面对文化和旅游规划体系进行统一。

6. 各项具体的促进和规范性文件

2019 年 3 月 14 日，在促进旅游演艺发展方面，文化和旅游部印发《关于促进旅游演艺发展的指导意见》。5 月 14 日上午，市文化和旅游局组织召开旅游演艺资源座谈会，探讨如何整合现有旅游演艺资源、开发新的消费增长点、打造“秀北京”旅游演艺品牌，对于推动旅游演艺提质增效、消费升级、繁荣文化市场和促进旅游产业发展将发挥积极的作用。

在线旅游经营管理方面，2019 年 10 月 8 日，文化和旅游部《在线旅游经营服务管理暂行规定（征求意见稿）》公开征求意见。

非遗保护和传承方面，2019 年 12 月 9 日，文化和旅游部印发《国家级非物质文化遗产代表性传承人认定与管理办法》。

2019 年 10 月 31 日下午，北京市文化和旅游局组织召开了《北京市旅游市场黑名单管理办法（征求意见稿）》征求意见会，要求不断健全北京市旅游行业信用监管体系，加强联合奖惩制度的落实，进一步维护旅游市场秩序。

12 月，北京市文化和旅游局等部门联合印发《京郊精品酒店建设试点工作推进方案》和《关于促进乡村民宿发展的指导意见》。发布地方标准《北京市乡村民宿标准及评定》，以适时启动乡村民宿评定工作，推动乡村民宿向品牌化、特色化、规范化发展，北京乡村民宿发展被正名。

机构整合和制度完善为文化旅游业的健康、有序、规范和可持续发展保驾护航。

二　旅游市场发展现状

1. 北京入境旅游市场同比回落

自2018年北京入境旅游市场出现短期回暖现象后，2019年由于众多因素的影响，北京入境旅游市场又出现了回落现象。一是国际经济形势继续缩紧，导致有效需求不足；二是2019年我国适逢新中国成立70周年和几项重大事件，出现了入境管理的政策性收紧。

2019年1～10月，北京累计接待入境旅游者的数量是320.4万人次，这一数量同比下降了5.7%，其中包括接待外国游客272.9万人次，同比下降5.6%；接待港澳台同胞47.5万人次，只有接待澳门游客数量实现了同比增长11.2%，香港和台湾均有回落。

按国别划分，接待入境旅游者的前5个客源国分别是美国53.7万人次、日本20.7万人次、韩国20.5万人次、德国17.2万人次、英国13.4万人次。增速方面，两升（德国、日本）三降（美国、韩国、英国），其中德国增幅最高，为2.4%，降幅最大的是美国，同比下降13.0%。

据中国旅游研究院相关报告，2018年入境游客对中国旅游价格合理性、旅游质量与价格相符状况均给出超过8分的评价（10分满分），表明入境游客普遍认为来华旅游价格合理，性价比较高。此外，入境游客在华旅游的满意度也较高（评价超过8分），说明入境游客的需求得到了较好的满足。入境游客对未来重游及向亲朋好友推荐也给予很高评价。根据中国旅游研究院与谷歌联合开展的外国游客行为与态度调查结果，在过去两年来过中国的外国游客中有42%明确表示可能再次来华旅游。

此外，2019年举办的世界园林博览会、即将举办的冬奥会和冬残奥会，也将给北京入境旅游发展带来新的契机。入境旅游是一个城市具有国际都市的魅力和形象的重要体现，也是全国文化中心和国际交往中心建设的重要指标。北京入境旅游的发展需要纳入国家战略层次。

2. 旅游区（点）活动情况

2019 年 1 ~ 11 月，北京市 A 级及以上旅游区（点）实现旅游收入 819906.5 万元，同比增长 3.6%；其中，门票收入（495377.9 万元）和其他收入（295400.4 万元）仍为旅游区（点）营业收入主要来源，合计占营业收入总额的 96.4%。接待人数方面，1 ~ 11 月累计接待 30326.5 万人次，同比增长 2.3%，其中接待境外人数同比下降 10.1%。

3. 限额以上住宿业接待情况

2019 年 1 ~ 11 月，北京限额以上住宿业接待住宿者人数 4067.2 万人次，同比下降 1.4%。接待入境住宿者人数 282.6 万人次，同比下降 8.7%，主要由于三星级、四星级和五星级饭店住宿人数下滑。星级饭店接待住宿人数和天数同比下降 4.8% 和 6.7%。其中，国内住宿者和入境住宿者之比分别为 9.1∶1 和 8.0∶1。

4. 住宿和餐饮业营业额

2019 年 1 ~ 3 季度，全市住宿和餐饮业营业额实现 12217839 万元，同比增长 6.5%。

5. 旅行社外联(组团)接待旅游情况

2019 年 1 ~ 3 季度，旅行社外联（组团）接待国内旅游总人数 2607282 人次，同比增长 23.4%；接待入境旅游总人数 695611 人次，同比下降 7.8%。其中，接待中国香港同胞 29010 人次，同比下降 21.5%；接待中国澳门同胞 3945 人次，同比增长 3.1%；接待中国台湾同胞 27217 人次，同比下降 2.4%；接待外国人 635439 人次，同比下降 7.3%。

6. 旅行社组织出境旅游情况

2019 年 1 ~ 3 季度，旅行社组织出境旅游数 3666859 人次，同比下降 7.6%。按主要前往地分，前 5 位分别是：日本 732238 人次（同比增长 10.2%）、泰国 364041 人次（同比下降 41.3%）、韩国 168534 人次（同比增长 17.3%）、法国 145364 人次（同比增长 10.3%）、意大利 133510 人次（同比增长 7.5%）。

上升最快的目的地分别是澳大利亚（同比上升55.1%）、中国台湾（同比上升20.6%）、韩国（同比上升17.3%）。

下降最快的目的地分别是泰国（同比下降41.3%）、中国香港（同比下降11.7%）、美国（同比下降1.9%）。

三　北京市民旅游幸福感评价

旅游是人们追求幸福的主要途径之一，旅游幸福感是近年来的研究热点。科学有效地测评北京市民的旅游幸福感指数，将旅游幸福感指数作为参考，可以让旅游业与文化及自然条件共同发展，提供超越游客期望的产品或服务，从而为地区旅游业的发展提供有价值的参考。

1. 北京市民旅游幸福感评价体系的建立

本部分以北京市民旅游幸福感评价体系研究为论题，通过对国内外学者关于旅游幸福感研究的文献进行梳理，提取影响旅游幸福感的主要因素，建立北京市民旅游幸福感评价体系，设计相关的调查问卷，以北京市民为研究对象，利用SPSS等软件对回收的数据进行分析，计算北京市民的旅游幸福感指数。旨在了解北京市民的旅游幸福感水平，为北京旅游业发展提供参考。

通过分析整理国内外学者的文献，梳理文献中影响旅游幸福感的主要因素，最终将旅游幸福感归纳为满意感、价值感和快乐感的有机统一。

与旅游满意感相关的主要指标有：出游的经济条件、充裕的旅游时间、良好的身体条件、良好的旅游信息来源、便利的咨询条件、丰富的旅游产品体系、便利的预订支付系统、产品展示比较条件、给力的投诉平台、便利发达的交通条件、特色鲜明的地方文化、旅游开支。

与旅游价值感相关的指标有：对本地旅游品牌形象自信、（作为出游者）乐意与当地居民交流、（作为旅游地居民）与游客互动良好、通过出游促进成长、通过出游促进人际关系、乐于分享旅游经历（经验）、通过旅游可以获得成就感。

与旅游快乐感相关的影响因素主要可以总结出以下这些指标：出游前的

期待、出游中的激情、出游后的温馨回忆、旅游后意犹未尽的感觉、通过旅游享受到的身心自由、出游时优美的环境带来的愉悦感。

本部分构建了由 3 个模块、25 个三级指标组成的评价体系（见图 1），通过问卷调研的方式收集数据，测量北京市民的旅游幸福感。

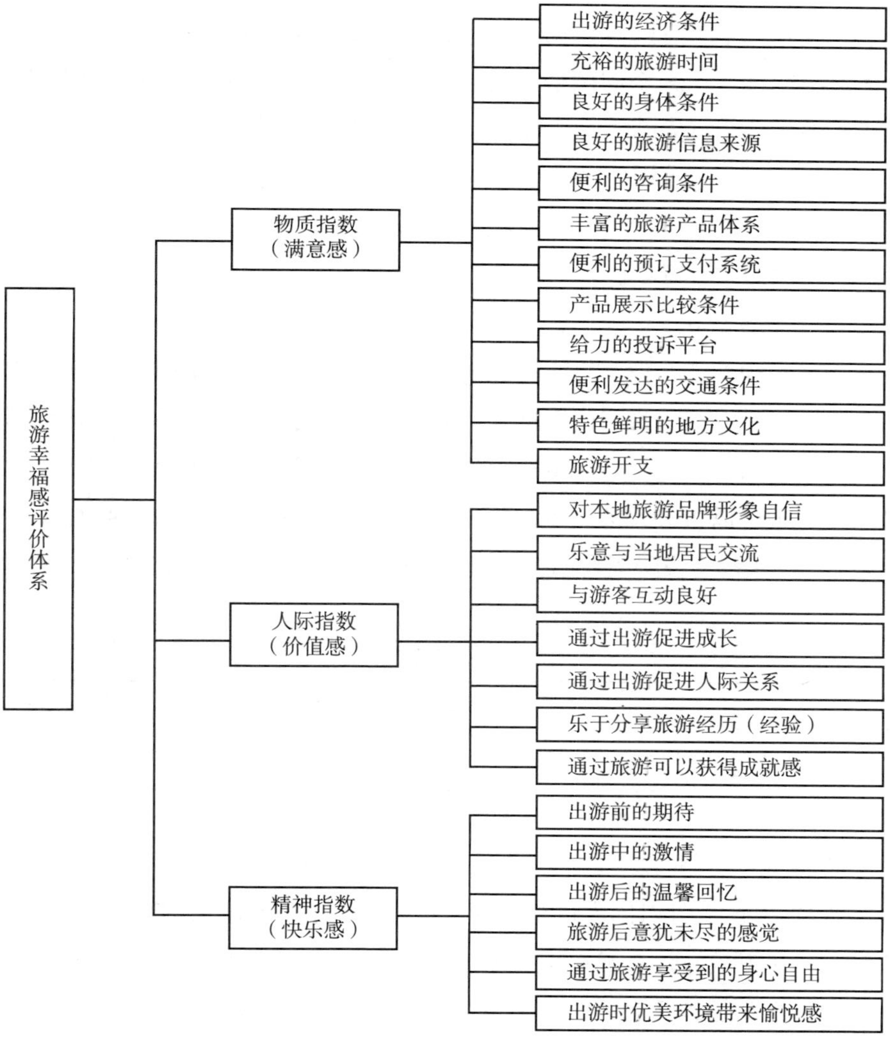

图 1　旅游幸福感评价体系

对三级指标进行赋值，以分析测评旅游者的幸福感水平，并给予相应的评价。每个三级指标分别为 4 分，共计 25 个三级指标，满分为 100 分。其中设非常不同意为 X1 =0. 8 分，不同意为 X2 =1. 6 分，一般为 X3 =2. 4 分，同意为 X4 =3. 2 分，非常同意为 X5 =4 分，通过 SPSS 计算出每题的频率 Z1、Z2、Z3、Z4、Z5，使频率 Z1 到 Z5 分别与 X1 到 X5 相乘，再将它们相加，得出第一题的总分，设为 Y1，最终的结果便用 Y = Y1 + Y2 + … + Y24 + Y25，得出 25 个问题的总分。90 分及以上说明市民旅游幸福感非常高，80 ~ 89 分说明市民旅游幸福感比较高，70 ~ 79 分说明市民旅游幸福感一般，60 ~ 69 分说明市民旅游幸福感比较低，60 分以下说明市民旅游幸福感非常低。

2. 问卷的检验与发放

（1）信度分析

对此次问卷进行信度分析，克朗巴哈系数达到 0. 9 以上时表示信度非常高，达到 0. 8 以上时说明信度良好，数据真实可进行进一步分析；达到 0. 7 以上时表示信度一般，勉强可以分析问卷数据；若不超过 0. 6，一般认为信度不足，不可以再进行进一步的数据分析。由表 1 可知，此次问卷的克朗巴哈系数为 0. 897，说明问卷的信度良好，问卷调查具有可信度。

表 1　可靠性统计量

Cronbach's Alpha	基于标准化项的 Cronbach's Alpha	项数
0. 897	0. 916	30

（2）效度分析

通过 SPSS 软件对问卷进行效度分析，检验了问卷的结构效度。KMO 的值大于 0. 9 为最好，大于 0. 8 为比较好，大于 0. 7 是中等水平，大于 0. 6 较差，大于 0. 5 是最低水平，若 KMO 值低于 0. 5 则不易做因子分析。本问卷包含 25 个问题，公因子数 5 个。对 5 个公因子联合进行结构效度检验，具体如表 2 所示。

表2　KMO 和 Bartlett 的检验

取样足够度的 Kaiser - Meyer - Olkin 度量	0. 912
Bartlett 的球形度检验近似卡方	2805. 682
df	300
Sig.	0. 000

由表2可知，此次调研数据中联合 KMO 值是 0. 912，此 KMO 值大于 0. 9；Bartlett 检验的 p 值为 0. 000 < 0. 05，说明各变量间具有相关性，这五个因子适合进行因子分析。总体来讲，本问卷结构效度良好。

（3）发放与回收

此次共发放问卷210份，其中，回收的有效问卷共200份，问卷回收率为95. 24%。主要调研地为西城区、朝阳区、顺义区、大兴区等。为体现不同北京市民在旅游幸福感方面的差异性，本次问卷采用分层抽样的方法，按不同年龄不同学历对北京市民进行了划分。

（4）人口统计学特征

通过表3可知，参与本次调研的北京市民中，男性为83人，占比41. 5%，女性为117人，占比58. 5%，男女比例差距不大。年龄划分方面，18岁以下的市民为6人，占比3. 0%；18～30岁的市民为61人，占比30. 5%；31～40岁的市民为40人，占比20. 0%；41～50岁的市民为63人，占比31. 5%；51～60岁的市民为25人，占比12. 5%；60岁以上的北京市民为5人，占比2. 5%。各个年龄段都有涉及，样本分布较为合理。

月收入方面，收入在1000元以下的北京市民为10人，占比5. 0%；收入在1000～2999元的北京市民为28人，占比14. 0%；收入在3000～4999元的北京市民为42人，占比21. 0%；收入在5000～9999元的北京市民为80人，占比40. 0%；收入在10000～20000元的北京市民为29人，占比14. 5%；收入在20000元以上的北京市民为11人，占比5. 5%。

受教育程度方面，初中以下学历的北京市民有 4 人，占比 2.0%；初中学历的北京市民有 11 人，占比 5.5%；高中/中专学历的北京市民有 35 人，占比 17.5%；大专学历的北京市民有 30 人，占比 15.0%；本科学历的北京市民有 99 人，占比 49.5%；研究生及以上学历的北京市民有 21 人，占比 10.5%。

职业方面，公务员为 16 人，占比 8.0%；专业技术人员为 23 人，占比 11.5%；企业职工为 72 人，占比 36.0%；退休人员为 19 人，占比 9.5%；个体工商人员为 16 人，占比 8.0%；学生为 27 人，占比 13.5%；事业单位职工为 27 人，占比 13.5%。

表 3　人口统计学特征

单位：人，%

特征	特征值	频数	占比
性别	男	83	41.5
	女	117	58.5
年龄	18 岁以下	6	3.0
	18～30 岁	61	30.5
	31～40 岁	40	20.0
	41～50 岁	63	31.5
	51～60 岁	25	12.5
	60 岁以上	5	2.5
月收入	1000 元以下	10	5.0
	1000～2999 元	28	14.0
	3000～4999 元	42	21.0
	5000～9999 元	80	40.0
	10000～20000 元	29	14.5
	20000 元以上	11	5.5
受教育程度	初中以下	4	2.0
	初中	11	5.5
	高中/中专	35	17.5
	大专	30	15.0
	本科	99	49.5
	研究生及以上	21	10.5

续表

特征	特征值	频数	占比
职业	公务员	16	8.0
	专业技术人员	23	11.5
	企业职工	72	36.0
	退休人员	19	9.5
	个体工商人员	16	8.0
	学生	27	13.5
	事业单位职工	27	13.5
	其他	0	0.0

3. 旅游幸福感的运算及分析结果

（1）满意感的运算及分析结果

通过对回收的问卷数据进行频率分析以及运算，最终得出表4的结果，按得分高低进行排序后可以得知，市民旅游满意感各指标普遍较高。

表4　满意感的均值及运算结果

单位：%，分

题目	非常不同意	不同意	一般	同意	非常同意	均值（5分制）
预订支付	0.5	3.0	17.0	30.5	49.0	4.25
身体条件	0.0	2.5	22.0	25.5	50.0	4.23
交通条件	0.5	2.0	18.0	40.5	39.0	4.16
地方文化	1.0	3.5	25.5	31.5	38.5	4.03
咨询条件	1.0	3.0	29.5	29.0	37.5	3.99
信息来源	0.5	3.5	30.0	32.5	33.5	3.95
经济条件	4.0	4.0	28.0	28.0	36.0	3.88
展示比较	1.0	6.5	37.0	28.0	27.5	3.75
旅游开支	3.0	5.0	34.0	31.5	26.5	3.74
产品体系	3.0	6.5	34.5	28.0	28.0	3.72
投诉平台	4.5	11.5	35.0	24.0	25.0	3.54
旅游时间	9.5	14.0	27.5	19.0	30.0	3.46

从逆序看，得分较低有以下几个原因：第一，旅游时间指标的得分较低，主要原因是放假制度不够合理，带薪休假制度落实不到位，限制了员工休假自由；第二，投诉平台指标的得分较低，主要原因是小部分旅行社、酒店、景区的服务质量差，设施不健全、消费不合理，甚至存在强制消费等行为，进行举报投诉的时间和机会成本较大；第三，产品体系尚未得到市场充分认可；第四，旅游开支受市民收入水平影响，加之部分景区消费水平较高，门票贵且内部食品、饮料以及纪念品售价过高，再加上旅行社出现的一些强制消费行为，多方挤压导致得分不如所愿。

（2）价值感的运算及分析结果

通过对回收的问卷数据进行频率分析以及运算，最终得出表 5 的结果，按得分高低进行排序后可以得知，市民旅游价值感各指标得分相对较高。值得关注的是北京市民对本地旅游品牌形象自信的评价并不靠前，说明还有提升的空间。

表 5　价值感的均值及运算结果

单位：%，分

题目	非常不同意	不同意	一般	同意	非常同意	均值
促进成长	0.0	0.5	20.0	33.0	46.5	4.26
人际关系	0.0	1.0	22.5	33.5	43.0	4.19
分享经历	0.5	3.0	18.0	38.0	40.5	4.15
与当地人交流	0.5	2.0	27.0	35.5	35.0	4.03
成就感	1.0	1.0	25.0	41.5	31.5	4.02
同伴互动	1.5	3.0	33.0	35.0	27.5	3.84
品牌自信	1.0	4.5	40.0	31.5	23.0	3.71

（3）快乐感的运算及分析结果

通过对回收的问卷数据进行频率分析以及运算，最终得出表 6 的结果，按得分高低进行排序后可以得知，市民旅游快乐感各指标得分最高。

表 6　快乐感的均值及运算结果

单位：%，分

题目	非常不同意	不同意	一般	同意	非常同意	均值
期待	0.0	2.5	18.5	37.5	41.5	4.18
激情	0.5	1.5	20.0	42.5	35.5	4.11
温馨回忆	0.5	1.0	17.0	36.5	45.0	4.25
意犹未尽	0.5	2.5	21.5	35.0	40.5	4.13
身心和谐自由	0.0	1.5	17.0	32.0	49.5	4.30
愉悦感	0.0	0.5	17.5	32.5	49.5	4.31

（4）幸福感总分计算

根据北京市民旅游幸福感评价体系，将每个指标的频率分别与均值相乘，将各个指标结果全部相加，最终得出总分为80.13分。依据上文的界定标准，说明北京市民旅游幸福感较高。

4. 结论与建议

虽然调研显示北京市民旅游幸福感较高，但北京旅游业依然有很大的提升空间，无论是在物质指数、人际指数还是精神指数上，政府及有关部门还需进一步促进旅游业的发展，除了做好旅游交通服务、公共设施服务、信息服务等之外，也应该在政策法规、安全保障上积极改进。当然，北京市民本身的心理状态也应当适时调整，及时了解景区、景点信息以及错峰出游等，还要合理运用法律来保护自身权益。在出游中也应遵守文明道德，互相体谅，这样才能收获更多的旅游幸福感。鉴于此，提出以下发展建议。

（1）真正向带薪休假、错峰出游方向努力

针对北京市民出游时间不充裕的问题，首先，有关部门应该积极适度调整放假制度，使广大市民有更多的时间出游。其次，各企业应当积极响应政策，落实带薪休假等制度，不限制员工休假，让市民可以灵活地选择出游时间，错峰出游，不仅有充裕的时间，还保证了出游质量，大大提升了旅游幸福感。

（2）在丰富与宣传旅游产品体系上下功夫

现如今，随着市民生活水平的提高，人们已经不再满足于传统的旅游方式，开始追求一些多元化、个性化的旅行。这就要求旅行社以及政府相关部门积极开发新的旅游产品体系，科学进行市场定位，融合来自不同地方的旅游者的文化和思想，满足广大市民的旅游需求。同时，针对已经开发的新产品也应通过更为有效的渠道进行信息传播，提高市民的认知度与认可度。

（3）增加旅游产品展示比较平台

针对北京市民认为缺乏适合自身定位的旅游产品展示比较条件的问题，应当增加有关旅游的官网、App 数量，增强权威性，让广大市民有统一的平台来比较选择旅游产品。各旅行社、酒店、景区也应积极配合，构建公平合理的展示比较条件。这样不仅可以提升市民旅游幸福感，还能使旅游业发展得更加全面。

（4）落实处罚制度，加大处理投诉的力度

数据显示，不少市民依然认为投诉平台不够方便和给力。随着旅游政策、法规的不断完善，各旅游相关部门应该严格落实处罚制度，对违反规章制度的企业、单位加紧进行处罚，坚决杜绝对游客的不公平现象。积极开发投诉平台、App，对处罚的结果进行展示，让执法的过程向市民透明化。

（5）提高市民收入水平，降低景区消费

针对北京市民旅游开支不充足的问题，政府首先要大力发展经济，努力提升市民收入水平。但最重要的还是解决景区消费水平高的问题，现如今很多景区门票价格高昂，内部食品、饮料以及纪念品售价过高，再加上旅行社出现的一些强制消费行为，这种现象大大降低了出游时的消费性价比，使市民出游时得不到与消费同样价值的旅游体验。整改这些现象，降低旅游地消费水平，可以降低市民旅游花费，提升市民的幸福感。

（6）加大北京旅游品牌形象建设与宣传力度

相关企业在进行旅游开发时，要尽可能保留北京的特色与文化，多宣传老北京的名胜古迹、历史沿革、特产以及美食，还要减少城市建设对古建筑的破坏行为，使一些早期的、带有北京特色文化的古建筑得以保留。

四　文化旅游融合业态新发展

1. 乡村文化旅游借力投融资展现新活力

京郊旅游是北京文化旅游发展的重要引擎。发展京郊旅游是践行“绿水青山就是金山银山”理念和实施乡村振兴战略的重要举措，能有效促进京郊农民创收，精准实现扶贫，推动美丽乡村建设。

2019 年 7 月 23 日，文化和旅游部、国家发展改革委公布第一批全国乡村旅游重点村名单：北京市怀柔区渤海镇北沟村、延庆区井庄镇柳沟村、密云区古北口镇古北口村、房山区周口店镇黄山店村、怀柔区喇叭沟门满族乡中榆树店村、门头沟区斋堂镇灵水村、顺义区龙湾屯镇柳庄户村、延庆区刘斌堡乡姚官岭村、门头沟区斋堂镇马栏村入选。

北京在全国率先建立旅游资源交易、旅游产业基金、旅游政策性保险和旅游融资担保等四个旅游金融服务平台，为京郊旅游提供融资、招商、推介、流转及风险防范等服务。华侨城集团、中国旅游集团、光大集团、中青旅控股、保利集团、新华联集团、中交旅投、新希望集团、唐人文旅等优质投资企业及协会代表纷纷关注并有相当一部分已经签约，带动了京郊旅游产业融合新业态、新产品迅速兴起。

截至 2019 年底，全市乡村精品民宿 500 余家，特色旅游村镇 100 个，乡村旅游特色业态 710 家，星级民俗旅游村 263 个，星级民俗旅游户 5595 户，并涌现出乐多港、古北水镇、世园人家、长城公社、山楂小院等新兴旅游品牌，展现了无限商机和活力。

2. 冰雪文旅借势成长

借力 2022 年北京冬季奥运会的建设事项，北京冰雪旅游已经出现蓬勃发展的态势。冰雪文化旅游节打包各项冬季文化旅游消费，伴随国际和国家级冰雪赛事活动、京津冀省际冰雪赛事活动、市区级冰雪赛事活动等 214 项“北京市民快乐冰雪季”系列活动，设计出冬季中医养生、冰雪节庆体验、冬日皇城民俗、冰雪自驾休闲、冰雪红色旅游、冬季冰雪游学、冬季美食购物、冰雪文博演出、冰雪冬奥体验、冰雪家庭亲子等不同线路产品。万科石京龙滑雪场、世葡园冰雪乐园、大隐于世冬奥小镇（民宿）等独具特色的冰雪旅游项目，助力北京冬奥会的举办，丰富来京游客以及市民的冬季文化旅游生活。

3. 遗产文旅推陈出新

非物质文化遗产携带中国传统文化的强大基因，在传承和弘扬中不断彰显其独特的生命力。截至 2019 年底，北京全市普查到各类非遗信息 12000 余项。其中有昆曲、古琴艺术等联合国教科文组织“人类非物质文化遗产代表作名录”项目 11 个，国家级非遗代表性项目 126 个，市级非遗代表性项目 273 个，区级非遗代表性项目 909 个；国家级代表性传承人 101 位，市级代表性传承人 252 位，区级代表性传承人 731 位。

开展非遗文旅活动的探索，讲好中国故事、北京故事，加强与世界上不同国家、不同城市间的文化交流互鉴，夯实共建人类命运共同体的题中应有之义。近一年来，在《北京市非物质文化遗产保护条例》正式实施第一年的大背景下，北京市开展国家级、市级非物质文化遗产传承人群研修研习培训计划；2019 年 6 月 28 日，以非遗为主题的文创园区“咏园”在北京东城区永生巷 4 号正式开园；北京市各区分别出现了非遗博物馆、非遗技艺传习所、非遗商店、非遗展览、非遗研学、非遗民宿、非遗文创等跨界融合形式，推动传统文化创新性发展。

4. 红色文旅规模拓展

北京红色旅游自 2004 年发展至今已有 15 年，经过不懈努力，规模不断扩大，体系不断完善，游客量逐年增加，并形成了香山革命纪念地、北大红楼等一批红色旅游网红打卡点。目前，全市共有红色旅游景区 120 家，其中国家红色旅游经典景区 15 家。

5. 研学旅游蓄势待发

研学旅游是重要的文化旅游形态。独特的科技文化积淀和区位资源优势使北京具有良好的研学旅游条件，为北京入境游学市场和相关行业注入新的活力。为贯彻落实教育部等 11 部门印发的《关于推进中小学生研学旅行的意见》精神，推动研学旅行事业健康、科学发展，2019 年 6 月 28 日，北京市旅行社协会研学旅行专业委员会成立并通过《研学旅行专业委员会管理办法》，行业协会与陶行知基金会、国家开放大会签订战略合作协议，并向首批通过培训的部分代表颁发《研学导师培训结业证书》。

本年，第二届北京国际游学大会成功举办，这是北京市文化和旅游局适应供给侧结构性改革要求做出的新举措，对发挥北京游学资源优势、促进北京入境旅游市场发展、带动文化和旅游消费、优化入境客源结构有重要的引导意义。

五　未来文化旅游业发展动向

1. 文旅消费（特别是夜间文旅消费）凸显地位

2019 年，国务院办公厅颁发《关于进一步激发文化和旅游消费潜力的意见》（国办发〔2019〕41 号），包括“推出消费惠民措施；提高消费便捷程度；提升入境旅游环境；推进消费试点示范；着力丰富产品供给；鼓励打造中小型、主题性、特色类的文化旅游演艺产品；推动旅游景区提质扩容；促进产业融合发展；发展假日和夜间经济；支持邮轮游艇旅游、非物质文化遗产主题旅游等业态发展；促进文化、旅游与现代技术相互融合，发展基于 5G、超高清、增强现实、虚拟现实、人工智能等技术的新一代沉浸式体验型文化和旅游消费”等内容。

其中，夜间文旅消费备受重视。11 月，中国旅游研究院的大数据分析显示，北京市被评为中国“夜间经济十强城市”，北京的夜经济需求旺盛、消费能力突出、发展潜力巨大。2019 年 4 月，北京市制定印发《2019 年北京市文化和旅游促消费措施十二条》，围绕增加夜间文旅服务有效扩大消费规模，推动有条件的文化场馆、景区公园开展夜间服务活动等开展了积极探索和有益尝试。7 月，会同北京市商务局等相关部门出台了《北京市关于进一步繁荣夜间经济促进消费增长的措施》（即“夜经济十三条”），重点围绕三个方面开展夜间经济促进工作。一是推广夜间消费主题活动。二是打造夜间消费“文化 IP”，丰富夜游文化体验，满足广大群众享有公共服务的需求。三是开发夜间消费旅游“打卡”地，吸引市民游客打卡热点景区，感受夜间旅游新体验，进一步繁荣夜间消费市场。

2. 跨界融合走向纵深

北京中医药健康旅游资源对接大会是文旅和中医药跨界融合的年度资源对接盛会。有特色的中医药文化资源，为北京的入境、会奖、研学等中高端旅游产品设计和策划提供了丰富的素材，也为北京海外文旅营销提供了新的思路和方式，受到了海内外游客的喜爱。文体旅融合与文商旅融合将激发北京文化旅游发展新活力。北京文化和旅游部门与银行系统将围绕京郊旅游、乡村民宿、动漫游戏、演艺娱乐、艺术品交易等重点领域开展深度合作，共同开启文化和旅游高质量融合新篇章。

B.13 2019年北京文化和旅游产业融合发展报告

张　凯*

摘　要： 2019年，北京深化文化和旅游产业的融合，在政策引导、文旅产品和服务创新、文旅消费提升、民宿建设等方面取得了重要进展。本报告梳理了2019年北京文化和旅游产业融合发展的现状，指出当前北京文化和旅游产业融合发展中还存在文创产品创新性不足、旅游市场环境有待改善、新型专业人才队伍缺乏、宣传渠道与形式略显单一的问题，未来需要着重加强文化旅游产品品牌打造、旅游空间环境品质提升、投诉反馈机制健全、宣传平台拓展等方面的工作。

关键词： 文化和旅游产业融合　文旅产品　文化消费

2019年是机构改革后文旅融合发展的元年。面对新任务和新形势，北京立足首都城市功能定位，聚焦全国文化中心建设，紧紧围绕古都文化、红色文化、京味文化、创新文化，按照“宜融则融、能融尽融，以文促旅、以旅彰文”的文旅融合发展要求，充分开展北京文化和旅游资源的整合利用，培育新的文化旅游消费市场，谋划文旅融合发展新篇章。

---

* 张凯，北京市社会科学院文化研究所助理研究员，研究方向为文化研究、城市空间研究等。

一　文化和旅游产业融合新政策

2019年全国“两会”期间，政府工作报告首次明确提出“发展壮大旅游产业”，并将“建设美丽乡村”、“深化国家公园体制改革”以及“深化中外人文交流”写进2019年的工作重点，大力推进文旅融合发展。以此为指导，北京针对当前城市文化和旅游产业融合建设的现状与问题，制定了指导和规范发展的相关政策。

（一）颁布全国首个省级文旅融合发展意见

在体制机制方面，为更好地促进文化和旅游产业的深度融合，2019年12月，北京市文化改革和发展领导小组颁布了全国首个省级文旅融合发展的意见——《关于推进北京市文化和旅游融合发展的意见》，从资源利用、空间布局、公共服务、产品体系和监督治理等多个方面提出了26条举措，即“北京文旅融合26条”，回答文化旅游“融什么”“为谁融”“怎么融”等问题，明确了北京文旅融合建设工作的细节和方向，其主要包括以下几点。

在空间布局方面，围绕“一城三带一区一圈”的发展格局，充分利用老城和三个文化带资源，建设世界级的文化旅游圈，开发西郊线、怀密线等城市轨道沿线文化资源，推动乡村旅游提质升级，串联京郊知名旅游景点的线路设计，打造多条“开往春天的列车”。在文化旅游产品开发方面，围绕“四个文化”，设计历史文化精品旅游路线擦亮首都历史文化金名片，建设“北京香山革命纪念地”等红色文化重点项目彰显北京红色文化，着力打造富有文化内涵、北京特色和人文情怀的北京文化旅游消费品牌，促进北京文化旅游夜间经济发展，加强旅游文创产品开发，着重开发北京时尚文化资源，打造富有现代文化生活气息的旅游空间。在提升文化旅游国际影响力方面，加强北京文化旅游产品品牌对外宣传推广，通过展会、推介会、赛会举办等形式搭建对外交流平台，探索多层次的对外交流渠道，努力扩大北京文化旅游在国际上的影响力和话语权。在文化和旅游产业市场监管方面，健全工作机制、完善服务标准和规范、加强人才培训、完善市场秩序治理体系，为市民和游客打造更为贴心、舒心和安心的文化旅游环境。

（二）促进夜间文旅消费

挖掘文旅消费潜力，创造新的文旅消费增长点能够为文化和旅游产业的融合提供更多的动能。为此，北京市文化和旅游局 4 月发布了《2019 年北京市文化和旅游促消费措施十二条》，围绕增加夜间文旅相关服务和产品扩大消费供给，积极探索和挖掘夜间文旅消费潜力，主要包括以下几个方面：一是增加演出和影视内容供给，以票价补贴等形式拉动文化消费；二是延长景区公园营业时间，举办夜间游览等活动；三是开发新线路丰富旅游资源供给，促进京郊旅游消费升级；四是加强北京特色文旅活动品牌的宣传，发挥品牌文化活动的影响力，带动文化消费水平的提升。

在此基础上，2019 年 7 月，《北京市关于进一步繁荣夜间经济促进消费增长的措施》正式出台，要求到 2021 年底，按照布局合理、管理规范、各具特色、功能完善的要求在全市基本建成一批能够满足消费需求的“夜京城”地标、商圈和生活圈。其主要包括三个层面的工作：一是通过“秀北京”平台大力推广夜间文旅消费活动，吸引目标消费群体；二是鼓励各种文化场馆延长营业时间，举办夜间文化活动，着力打造夜间消费“文化IP”，满足市民和游客对夜间文化产品的需求；三是紧跟时代流行趋势，在全市开发新的夜间文旅消费“打卡地”，增加富有创意的新型文化旅游项目和节目，为景区增加新的旅游体验和感受，形成更具影响力和吸引力的旅游消费空间，打造具有国际知名度的“美丽夜京城”。

（三）规范京郊乡村民宿建设模式

乡村民宿游是近年来颇受城市居民欢迎的新兴旅游业态，对展现地方性自然风光和民俗文化，推动乡村振兴有着重要的作用。目前，北京拥有 13 个涉农区，建成 710 家特色旅游业态，拥有精品民宿 500 余家、星级民俗旅游户 5595 户、星级民俗旅游村 263 个，形成了农业观光园 1216 个、特色旅游村镇 100 个，诸如古北水镇、世园人家、乐多港、山楂小院、长城公社等早已成为著名的旅游品牌。但一直以来，乡村民宿建设缺乏相应的行业标准，在土地产权、旅客维权、卫生安全等方面仍存在许多问题。

针对这些问题，北京 12 月发布《关于促进乡村民宿发展的指导意见》以及《京郊精品酒店建设试点工作推进方案》，设定了京郊民宿和酒店建设的标准和规范，主要包括：一是明确乡村民宿的商业定位问题，认定乡村民宿为乡村旅游发展中产生的一种新业态，属于住宿业，但不同于旅馆业，可以办理公共场所卫生许可证，并需在公安部门办理备案；二是对乡村民宿的经营主体、营业规模做出了明确的规定，对安全管理、从业人员以及规范经营等条件也有了相应的规定；三是明确了乡村民宿的管理体系，建立市、区、镇（乡）分级管理体制，分别负责乡村民宿的宏观指导、审批监管以及日常服务。除此之外，两个文件还出台了一揽子支持政策，包括推介招商、拓宽融资渠道、优化项目周边环境、贷款贴息等。

二 文化和旅游产业融合新发展

从业态发展的角度来看，文化和旅游产业实际上本就密不可分，尤其是 20 世纪 80 年代以后，随着文化产业的快速发展，文创产品消费已经成为世界各国城市旅游经济中的重要组成部分，形成了一种新的文化旅游形态。博物馆、美术馆、剧场、主题公园等几乎已经成为一些城市旅游中的热门“打卡地”。纽约、伦敦、巴黎、东京等世界著名旅游城市都有着发达的文化产业以及知名的“文化 IP”品牌，而其中一些极具辨识度的文创产品和空间恰恰又组成了这些城市旅游中的消费热点。因此，文化和旅游产业之间是一种互为载体、互为内涵的关系。文化产业的兴盛很大程度上能够带动旅游产业的发展，反过来，旅游产业作为一种天然的文化传播渠道，又成为文化产业开拓市场、提升影响力的驱动力。文化和旅游产业的融合，实际上就是寻找两者之间最具契合度和爆发力的连接点，以文创产品创造旅游热点，以旅游热度提升文创产品的市场影响力，从而打造更为鲜明和独特的城市文化形象。

北京文化和旅游产业融合已经有了一定的基础。2018 年北京文化产业收入达到 9250.1 亿元，同比增长 13.1%；与此同时，旅游总收入 5921 亿元，同比增长 8.3%，旅游总人数共计 3.1 亿人次，同比增长 4.5%。其中，旅游购物和餐饮消费额占社会消费品零售总额的 24.2%。仅从这些数字来看，一方面，北京的文化和旅游产业发展都较为迅速，已经奠定了进一步融合的基础；另一方面，旅游已经在北京消费结构中占有一定的比例，且提升空间仍然较大。因此，2019 年北京文化和旅游产业融合发展的工作重点集中在旅游（文化）产品的创新与推广上。

（一）文化旅游产品形式多样

丰富的传统历史文化资源一直都是游客眼中北京的“金名片”，故宫、颐和园、长城等历来都是北京旅游必到的“打卡地”。2019 年，为加强文化和旅游产业的融合，北京以老城区、中轴线以及三个文化带文化资源为依托，推出了一系列富有创意的旅游产品。

2018 年底，东城区文旅局与寺库、爱彼迎、凯撒旅游等跨界合作推出区域文化旅游目的地品牌“故宫以东”，仿照“巴黎左岸”“伦敦西区”打造知名文旅名片，先后推出了“寻迹”“骑迹”“腔调”等系列产品。2019 年，“故宫以东”与寺库联手推出了“时间设计师”的概念，邀请不同领域的专家用 48 小时（一个周末）带领游客深度感受东城的文化旅游魅力。目前，“带你用乐高粒了解古建”“在故宫制造时间定格回忆录”“在天坛来一场‘天’字游戏”“在东交民巷梦回民国”等 30 余个“故宫以东”系列旅游线路及产品顺利上线，接待了 300 余名游客和市民。8 月，“故宫以东”与凯撒旅游合作推出“文化行旅”项目。根据东城区旅游资源推介合作备忘录，双方联合设计“故宫以东”之文化行旅主题产品，深入挖掘东城区的传统历史文化资源，讲好北京故事，并以威尼斯国际艺术双年展 12 月归国巡展首站在嘉德艺术中心举行为契机，打造艺术主题线路。

中轴线和三个文化带是近年来北京重点修复和保护的文化空间。2019年，在文旅融合的背景下，中轴线南段中央御道贯通后，北京拟打造10条文化遗产精品旅游线路，通过名人足迹、文学经典、古城风韵串联起经典景区景点，力争为游客重现老北京的文化风光。在三个文化带保护和建设方面，4月，《北京市长城文化带保护发展规划（2018年－2035年）》发布，明确了长城文化带的空间范围为4929.29平方千米，涉及的相关文化包括军防村镇文化、寺观庙宇文化、抗战红色文化、交通驿道文化、陵寝墓葬文化和历史文化。由此，长城旅游开发将不再仅是长城“一线”的观光，而是在一个空间范围内文化资源的深入发掘和展示，为下一步长城文化带文旅融合建设打下了基础。12月，《北京市大运河文化保护传承利用实施规划》和《北京市大运河文化保护传承利用五年行动计划（2018年－2022年）》发布，提出将在白浮泉、颐和园、万寿寺、什刹海－玉河等大运河文化资源密集区，整体保护恢复遗址遗迹，形成7个运河文化展示区，按照国家5A级景区标准完善北运河生态文化发展带旅游基础设施和公共服务设施，拓展体验性、互动性的特色文化内容，打造集休闲、度假、体验、购物于一体的5A级大运河景观。

（二）夜间经济带动新的旅游消费增长点

在2019年中国夜间经济论坛上，中国旅游研究院发布了国内“夜间经济十强城市”，北京位列其中，另外，北京的簋街夜市、德云社相声（剧场）分别入选“游客喜爱的十大夜市”和“游客喜爱的十大夜间演出”，大栅栏历史文化街区、三里屯和王府井步行街入选“夜间游客最喜爱的十大历史文化、商业街区及网红步行街”。从这份表单中可以看出，北京有着丰富的夜间文化和旅游产业融合资源与空间，有着巨大的消费增长潜力。

2019年初，北京市政府工作报告中要求进行消费升级，其中“夜经济”成为一项重要内容。在此指导下，5月，海淀区出台《海淀区提升消费能级提高生活品质三年行动计划（2019—2021年）》，其中在促进夜间经济发展方面，按照资金补贴、开通夜间交通线路等方式鼓励企业和商店延长夜间营业时间，西客站食宝街、北太平庄电影展览展示区等6个街区被设计成重点建设的夜间消费空间。另外，在通州区夜间消费生活圈的建设中，梨园－九棵树、宋庄、运河沿岸等成为下一步促进夜间经济增长的重要区域。

目前，在三里屯、五棵松、蓝色港湾、世贸天街等北京已有的传统夜间商圈区域中，深夜食堂美食节、灯光节、“秀北京”旅游演出等夜间主题活动深受市民和游客的欢迎，天坛夜宴、长城夜宴等项目也已经成为游客夜间文化体验的重要内容。夜间阅读、观影、看戏，举办文化活动也渐渐成为常态。下一步，北京将实施“点亮北京”旅游消费计划。该计划将以王府井、前门、西单等六大热点商圈为重点，鼓励特色商圈、文化街区、创意园区以及有条件的旅游景点等延长营业时间，延伸服务消费长度，打造地标性的夜生活集聚区。

（三）旅游演出市场持续繁荣

在城市旅游中，演出和体育等大型活动对游客的目的地选择有着很大的影响。如全世界最著名的演出聚集区美国纽约百老汇，每年上千万的观演人次中，有大约一半是游客。而拉斯维加斯的演出项目则更加繁多，除音乐剧、演唱会外，还有喜剧秀、模仿秀、魔术表演等，能够满足不同类型游客的需求。目前中国演出市场的游客参与度还比较低，一些旅游城市如桂林、张家界、杭州等推出的演出节目并非游客的固定选择。

2019年3月，文化和旅游部印发了《关于促进旅游演艺发展的指导意见》，要求将旅游演艺作为文化和旅游融合发展的重要载体，到2025年建成繁荣有序、发展布局更为优化的旅游演艺市场，能够形成一批有示范价值的旅游演艺品牌，以及运营规范、信誉度高、竞争力强的经营主体。作为全国文化中心，北京独特的文化资源优势极大地促进了演出市场的繁荣。2019年北京共举办演出22823场次，观众人数达1040.0万人次，票房收入为17.44亿元；其中旅游演出共8391场次，占整体演出场次的

36.8%，观众人数达304.7万人次，票房收入为2.26亿元。国家大剧院、首都剧场已经有了众多来京专程观看演出的“拉杆箱观众”；德云社、老舍茶馆、嘻哈包袱铺、开心麻花等近年来成为国内知名的曲艺品牌，而798艺术区、宋庄艺术区以及众多美术馆优质的艺术展也培育了一批来京看展的游客。

（四）京郊民俗游发展迅速

近年来，民俗游越来越受到城市居民的热捧。身处优美的自然环境之中，住民宿赏民俗构成了一种全新的旅游体验。民宿作为一种有别于标准化旅馆的住宿形式，既能够满足民俗游旅客“回归自然”的情怀，又因其有着地方性和独特性的色彩而成为民俗游市场中的热门业态。

北京郊区兼具优美的自然风光和深厚的文化底蕴，早已形成了许多知名的旅游路线，是节假日旅游出行的热门选项。尤其是近年来，随着北京历史文化保护工作的开展和旅游景点的开发，一些新的旅行主题和线路逐渐形成，大大促进了京郊民俗游的发展。仅2019年春节假期，北京郊区的民俗游游客就达到113.8万人次，同比增长8.6%；实现营业收入1.09亿元，同比增长6.9%。国庆假期由于市内限流和禁行的影响，京郊民俗游受到了旅客更多的热捧，其间共接待游客500万人次，同比增长8.7%，民俗旅游收入达4.5亿元。

为促进京郊民俗游的进一步发展，北京2019年先后发布了以“秋韵百味之旅”和“邂逅民宿柔情之旅”为主题的“金秋旅游季”京郊旅游线路，以及以“温泉滑雪美食养生游”为主题的冬季京郊游线路，涵盖了京郊丰富的美食、民宿、温泉、滑雪等旅游资源，为市民和游客提供实用的路线出行指南。

（五）金融服务平台开始搭建

在文化和旅游产业融合中，企业是打造产品和服务的主体。为促进北京文旅企业的发展，7月北京市文化和旅游局与北京银行合作，签署《支持文化和旅游产业高质量发展全面战略合作协议》，推出“文旅贷”金融服务行动计划。其中共包括三大行动计划以及六大行动路线，涵盖动漫游戏、文艺演出、休闲民宿等重点文旅产业，服务范围覆盖大中小微各类企业，在资金投放、客户培育和产业服务方面为北京文旅企业提供资金支持。在未来5年，北京银行计划为相关企业投放200亿元意向性表内外授信额度，鼓励和支持企业产品和服务的创新。

针对民宿建设资金方面的问题，北京市文化和旅游局12月联合北京产权交易所发布了“京郊旅游投融资服务平台”。这是国内首个旅游产业交易平台，主要面向京郊高端民宿、精品酒店等旅游新业态的建设，通过招商引资、项目推介等方式吸引外部企业和民间资本参与京郊旅游开发，为投融资双方提供专业化、系统化、精细化服务。在此过程中，北京市文化和旅游局将按照“意向项目抓签约、签约项目抓落地、落地项目抓实施”的原则，为投融资双方做好服务和推进工作，争取在未来让京郊旅游成为社会投资的热点和重点。

三　文化和旅游产业融合发展中的问题

2019年9月，世界旅游城市联合会发布的《世界旅游城市排行榜（2019）》显示，北京在世界旅游城市发展综合排名中位列第五，中国城市排名第一，与2018年的排名持平。这一排名是根据城市知名度、产业景气度、城市智慧度、旅游便捷度、经济贡献度和旅游满意度6个单项指标进行评分，最后对城市的综合功能进行总体指数评分。从单项指标来看，纽约在产业景气度上得分居首位，伦敦在城市知名度上居首位，巴塞罗那是城市智慧度最高的，东京则是旅游便捷度最高的城市，经济贡献度最高的城市是曼谷，旅游满意度最高的是巴黎，而这几个城市除曼谷、巴塞罗那外分别列榜单前四位。与这些城市相比，北京无论是在单项指标还是综合功能上都存在一定的差距，这在一定程度上反映了当前北京文化和旅游产业融合发展中需要着重解决的问题。

（一）文创产品创新性不足

在文化和旅游产业融合中，文化内涵的挖掘和创意开发是基础和核心。第一，目前北京深厚的文化资源尚未得到很好的彰显，中轴线和三个文化带的文化构成和特色阐释不足，历史文脉梳理工作没有充分开展。在这一点上，“讲好北京故事”并不仅仅是“讲北京故事”，一些众人皆知、浅层次的文化内容和产品仍充斥于旅游市场之中，缺乏深耕细作、形象单一、创意不足等问题仍然存在。第二，文化资源与旅游产业的融合不足。北京优秀传统文化的创造性转化、创新性开发还存在短板。旅游开发中对北京地方文化资源的展示不够，一些重要节庆文化资源尚未得到充分利用。第三，旅游市场上“跟风式”重复“文化感”的现象屡见不鲜，缺乏创新性，各种相似的旅游产品开发雷同，产品吸引力差。以 24 小时书店为例，三联韬奋书店开办北京第一家 24 小时书店后实现了盈利，成为北京旅游中的热门“打卡地”，但后来一些新建的 24 小时书店却因为人们新鲜感丧失，夜间消费的人群减少，只能取消这一形式。第四，文化保护与旅游产品开发之间的矛盾仍然存在。长期以来，包括北京在内的全国各地景点都存在过度商业开发的问题，尤其是在特色小镇建设中，由于过度追求商业利益，各地特色小镇建设千篇一律，当地文化特色在旅游开发中消失殆尽，旅游之中并无文化的身影。

（二）旅游市场环境有待改善

文旅融合中，旅游市场是文化产品的展示和宣传空间。2019 年，北京在大力推动文旅融合、丰富旅游产品的同时，也暴露出一些需要解决的问题。第一，基础设施配套不足、服务水平不高，尤其是在新开发的京郊旅游景点，功能完善、承载量充分的游客集散中心仍有不足，景区间连接不畅、公共旅游专线不足，交通标识有待完善。市区内的基础设施虽然比较完善，但也存在夜间公共交通供给不足的问题。几乎所有的热门夜间经济商圈或文化空间，如三里屯、簋街、后海、国家大剧院、中山音乐堂等都存在打车难、交通不便等问题，制约着夜间文旅经济的发展。第二，文化产品的盗版侵权现象依然存在，劣质、伪造、仿制的文创产品在诸多景区周围并不鲜见，一些景区周围甚至充斥打着北京地方特色旗号的封建迷信产品和服务，这些都会严重影响北京的旅游形象。第三，北京景区的游览设备信息化程度不高，免费 Wi－Fi、智能监控等软硬件配套不足，运用大数据进行调研、管理和营销的能力不足，移动端旅游营销水平不高，市场反应迟钝。

（三）新型专业人才队伍缺乏

文旅融合对相关的研究和服务人员提出了新的要求，人们必须打破过去文化和旅游之间在专业、产业方面的壁垒，从新的高度和层面上去认识“融合”对当前工作的诉求。第一，管理人员的权责范围尚不明确。文旅融合并非简单的文化和旅游部门的合并，它同时还需要继续在融合新形势下明确各部门之间的权责。第二，文旅融合的研究仍不够深入。文旅融合是文化和旅游产业发展中的一种新业态，它不是一种产业或产品的简单叠加，而是要思考如何重新深度整合已有的文化和旅游资源，探索新的融合发展模式。目前北京文旅融合研究人员对融合机制、层次和实践的思考仍比较受制于自身专业的局限，跨学科、跨领域的综合研究能力尚需提升。第三，旅游从业人员“讲好故事”的能力还需提升。长期以来，粗放式发展的旅游产业中，旅游从业人员的整体受教育水平偏低，景区管理人员和导游的服务水平和意识参差不齐，能够真正深入理解当地文化资源内涵并可以“讲好故事”的人才缺口较大。

（四）宣传渠道与形式略显单一

2019 年，在宣传推广城市文化和旅游资源方面，展会与推介会仍是最主要的形式，虽然一定程度上对扩大北京城市文化的影响力有着积极的作用，但政府作为宣传的主体，其中官方的色彩和语调过重，中规中矩却立体感与亲和度不足，难以照顾市场上多样化的受众群体尤其是年轻人群体。在文化和旅游信息的实时发布方面，北京在新媒体使用和运营观念方面还比较滞后，发布内容几乎都是围绕着本地文化政务、文化信息、文化活动、政府业绩等，还没有形成全新的文旅融合宣传端口。在移动互联网应用方面，为宣传推广北京旅游，北京市已经推出了“一部手机游北京”等应用程序，但是这种移动客户端在内容和功能上仍基本与官方网页相似，并没有真正打通与游客之间的“最后一公里”。

四 推进文化和旅游产业融合发展的对策建议

作为全国文化中心，北京对全国文化事业的发展有着引领示范作用。2019 年北京在文化和旅游产业融合方面做了大量的工作，进行了许多有益的尝试，在政策制定、模式创新、资源开发等方面率先开展了卓有成效的探索。针对目前北京文化和旅游产业融合方面的问题，提出以下几点建议。

（一）以市场需求为导向，加强文化旅游产品品牌的设计

创新文旅产品是文化和旅游产业融合发展的基础和生命。目前，北京文化和旅游产业融合中，除故宫文创外，还没有形成更多具有国内外影响力的知名文旅产品品牌。因此，第一，继续加深对北京文化资源内涵的发掘以及历史文脉的梳理，以中轴线申遗与三个文化带建设为抓手，注重历史文化资源与旅游产业的整合，解决历史文化资源在旅游产品中的形象和定位问题，打造高品质的文化旅游产品。第二，因地制宜加快文旅融合项目的规划，立足当地文化特色推出一批内容丰富、形式多样、创新性强的旅游路线或产品，避免重复建设和盲目跟风。第三，着力打造一批具有国内外知名度的文旅产品品牌，在文创产品设计、深度旅游模式、特色民宿设计等方面注重发挥自身文化资源的优势，以鲜明的地方性、民族性、独特性打造具有国际水准和首都气派的精品。

（二）以全域旅游为引领，提升旅游空间环境品质

提升旅游环境品质，为游客提供更好的旅游体验。北京应以建设世界一

流全域旅游目的地为导向，促进城市生活、生态与旅游的和谐发展，以和谐宜居的城市环境带动文旅融合发展。第一，继续完善城市及景区周边的基础设施建设，提高游览的出行效率和便捷程度，根据夜间经济市场需求延长公共交通营运时间，鼓励社会资本以多种形式参与到旅游配套设施的建设和维护中，打造人性化、舒适化、便利化的旅游环境。第二，加强市场监管，完善酒店、餐饮、导游、购物等领域的监督执法体制，加大对欺诈、宰客、强制消费、制售假冒伪劣产品等各种不良市场行为的打击力度。第三，加强网络化、信息化、智能化技术的应用，打造智慧文旅综合管理服务平台，充分利用“三微一抖”等移动互联网内容发布端口加大文化资源的展示力度，利用大数据平台发掘和整理游客的构成与消费偏好，智能设计和推荐相关的文旅产品。

（三）提升服务意识，健全投诉反馈机制

在文旅融合相关专业人才的培养方面，第一，在机构融合的基础上加强管理者工作意识和思维层面的融合，提升对文旅融合发展趋势的理解水平和创新本领，鼓励文旅融合管理部门根据新的形势创新工作机制和方法，在文化资源保护与旅游产业开发方面打破之前条块分割、各管一摊的作风，建立协同合作、联合共进的工作平台，创新文化保护传承与市场开发管理机制。第二，充分调动在京科研机构、高校和高端智库的研究力量，深入发掘整理北京文化内涵与历史文脉，探索分析文化和旅游产业融合发展的新形态与新问题，对以文化为主导的旅游开发模式提出新对策与新建议。第三，建议组织编写新的文旅融合应知应会手册和业务培训教材，帮助文旅从业人员更新观念，了解当前文旅融合发展的新形式与新要求，加强对导游等旅游服务一线人员在当地历史文化、风土人情方面的培训，创建文旅融合高素质人才库，增强人力资本在文旅融合发展中的推动作用。

（四）拓宽对外交流渠道，搭建更广泛的宣传平台

近年来，北京不断加强对外文化交流平台建设，丰富文化交流的途径和

形式，提高北京城市文化的世界影响力，也带动了北京旅游业的快速发展。在此基础上，为进一步适应文旅融合的发展趋势，北京需要在以下几个方面改进自身的工作：第一，继续丰富北京文化宣传的内容和形式，有针对性地根据不同年龄、性别、文化背景的游客群体制作和开展形式多样的文化产品和活动，细分文化旅游市场，借助互联网、影视传媒、图书出版等打造文旅IP，实现精准宣传和营销，从多种角度讲好北京故事。第二，加强文化旅游服务和客户端的建设，在新媒体运营方面做出新的尝试，在科技化、市场化和互动性方面增强用户感受，增加旅游实时服务中的文化内涵展示与讲解内容，丰富游客旅行中的文化体验。第三，充分发挥并利用北京国际交往中心的优势，抓住“一带一路”等重大项目建设机遇加强与沿线城市的合作与交流，以举办2022年冬奥会为契机开发更优良的文旅精品，打造更具影响力的宣传窗口和平台。

B.14
2019年北京夜间经济发展分析报告

王淑娇*

摘 要： 北京夜间经济的发展成果显著，本文主要从制度保障、消费内容和形式、热门商圈分布、消费主体、配套服务等方面概述夜间经济的发展现状，并从业态较单一，服务内容有待进一步丰富；热门商圈呈点状分布，且区域间发展不平衡；同质化倾向严重，文化特色挖掘不够；公共交通等城市基础设施和公共服务仍存在短板等方面分析其中存在的问题，提出为推动夜间经济的持续繁荣，应更加注重夜间经济整体布局，规划建设业态丰富的夜间经济集聚区；用文化助力夜间经济，促进夜间经济与城市文化的深度融合；提升城市夜间服务水平，优化夜间消费环境。

关键词： 夜间经济　夜间消费　夜间服务

作为一种经济学概念的夜间经济（night - time economy，又称夜经济或夜晚经济）是对正常工作时间之后发生在夜晚城市时空下的各种商业服务性消费活动的总称，主要包括餐饮、购物、娱乐、旅游、休闲、健身、教育等内容。夜间经济因发生在非工作时间，一般从当日下午六点到次日凌晨六点，而成为城市经济在第二时空中的重要延伸。2019 年发布的《北京市关于进一步繁荣夜间经济促进消费增长的措施》强调了要进一步繁荣夜间经

---

* 王淑娇，博士，北京市社会科学院文化研究所副研究员，研究方向为西方文论、城市文化。

济，努力把北京建设成为国际消费中心城市。围绕这一目标，北京市继续强化夜间经济的制度保障、推动夜间消费内容的多样化、提升城市夜间服务水平，将夜间经济的发展作为促进经济高水平发展、满足人民群众多元文化需求、增强城市活力彰显城市魅力的重要载体。

一　发展城市夜间经济的价值与意义

2019 年，包括北京、上海、重庆、天津、南京、西安等在内的全国多地相继出台和印发相关政策，推动夜间消费，打造城市消费的夜间模式（见表 1）。2019 年 8 月 27 日，国务院办公厅印发的《关于加快发展流通促进商业消费的意见》同样提出，要通过形成夜间消费集聚区、延长城市交通夜间运营时间、打造深夜营业专区等方式活跃夜间商业和市场。“夜间经济”仿佛一夜之间成为城市经济和城市发展中最时髦的宠儿，它不仅是促进城市经济增长的推动力，满足人民日益增长的精神文明需求的重要途径，更是城市管理水平、城市活力和城市形象的集中体现。

表 1　2019 年中国各地区已出台夜间经济相关政策措施汇总

出台时间	地区	政策
2006 年	杭州	《杭州市夜间娱乐休闲生活发展报告》
2010 年	河北	《关于推进夜经济发展的实施意见》
2012 年	辽宁	《关于发展夜经济的指导意见》
2014 年	宁波	《关于发展月光经济的指导意见》
2014 年	重庆	《重庆市人民政府关于发展夜市经济的意见》
2017 年	南京	《关于加快推进夜间经济发展的实施意见》
2018 年	西安	《关于推进夜游西安的实施方案》
2018 年	北京	《支持“深夜食堂”特色餐饮发展项目申报指南》
2018 年	天津	《关于加快推进夜间经济发展的实施意见》
2019 年	北京	《北京市关于进一步繁荣夜间经济促进消费增长的措施》

（一）城市经济高水平发展的必然要求

发展夜间经济是完成城市消费功能转型的重要途径之一，是顺应城市经济结构调整、城市经济发展方向转变的必然结果。从主题内容来看，夜间经济“是人们一般需求之外的增量需求，这些增量需求可以促进服务业的快速发展，催生新的服务内容。夜间经济的繁荣能进一步提高服务业发展水平，提高服务业在产业中的比重，是推进经济结构调整，加快经济发展方式转变的重要推手”。[①] 可以说，夜间经济就是城市经济发展水平和质量的直接体现。在中国城市经济高速发展和产业结构不断升级的过程中，消费已逐渐取代投资和外贸，成为促进中国经济高水平发展的第一推动力。根据国家统计局的数据，从 2014 年到 2019 年，最终消费支出对国内生产总值的贡献率分别为 48.8%、59.7%、66.5%、58.8%、76.2%、57.8%，消费已经连续五年超过资本形成总额、货物和服务净出口对国内生产总值的贡献率。商务部发布的《城市居民消费习惯调查报告》指出，我国大约 80% 的消费活动发生在夜间，大型商场每天晚上 6 点到 10 点的销售额超过全天销售总额的一半。毫无疑问，夜间已经成为城市消费的黄金时间，夜间经济无疑是消费领域中一个势头强劲的增长点。事实上，夜间经济对城市经济增长起到了巨大的推动作用，2018 年全年我国夜间经济市场规模达到 228592.2 亿元，与 2017 年（205106.5 亿元）相比增长了 11.5%（见图 1），预计 2022 年全国夜间经济规模将达到 42 万亿元。[②]

（二）满足不断丰富的精神文化需求

现代都市人作息时间整体后移，大量夜间闲暇时间的存在使得人们在休闲、娱乐、教育、健身、社交等方面产生了更加丰富的个性化的需求，服务行业的“全天性”特征越发明显，咖啡馆、酒吧、24 小时书店、深夜食堂

① 鬼虎子：《夜间经济学》，北方文艺出版社，2019，第 233 页。

② 数据来源于《2019 年中国夜间经济行业分析报告－市场深度调研与发展潜力评估》。

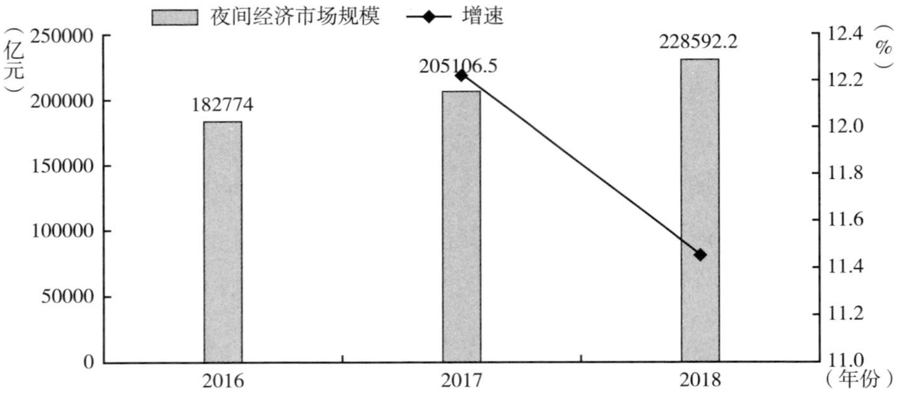

图1　2016～2018年中国夜间经济发展规模及增速

资料来源：http：//www. huaon. com/story/460121。

等以及各种文艺演出和文化活动逐渐进入城市人的夜生活，城市的夜晚变得和白天一样，甚至是比白天更能满足人们不断丰富的精神文化需求的时间段。《北京市夜间消费调查报告》中的数据显示，超七成的居民有夜间消费活动，他们表示，白天工作节奏过快，需要有高品质的夜间生活来缓解压力，仅有不到一成的居民不愿意进行夜间消费，而其中有将近一半为60岁以上人群。可以看出，越来越多的人愿意走出家门参加夜间活动。由于参与主体的广泛化、参与形式的灵活性，夜间活动和夜间消费早已不仅仅意味着逛和吃，内容更为丰富、形式更为多样的夜间经济才能在满足多元消费需求的基础上成为拉动城市居民消费的新引擎。在消费格局发生重大变迁的今天，业态种类多样、服务内容丰富、文化体验多元的夜间经济，是顺应人们不断升级的文化需求和消费需求的现实选择。

（三）城市治理水平和服务品质的体现

城市夜间经济不仅关涉城市的经济发展，更与城市服务与城市管理密切相关，不仅是城市经济发展水平的衡量标准，也是对城市治理水平和公共服务品质的检验。可以说，夜间经济是一个系统性、综合性的城市发展项目，基础设施、公共交通、夜间治安、电力供应、卫生条件、应急管理等，都是影响夜间经济发展的重要因素。因此，提升城市公共文化服务水平和城市治理能力是繁荣夜间经济的前提条件，城市夜间经济能否实现真正意义上的繁荣在很大程度上就取决于各城市公共服务部门提供的公共服务是否完善，夜经济的发展潜力将由城市基础设施建设程度和公共服务在时间与空间上的延伸程度共同决定。公交、地铁、安全、卫生、停车、互联网等配套服务均不应该成为短板，它们都是提升夜间经济服务水平的重要因素。目前，夜间经济可以说是异常火爆，俨然成为各大城市开展新一轮竞争的主赛场。但是，在各大城市热火朝天地发展夜间经济的同时，一系列城市问题也相继凸显出来，噪声扰民、地铁公交停运、食品安全问题、停车位少、光污染等，对城市总体上的治理和服务水平提出了质疑：夜间经济的确是火了，但城市治理和城市公共服务真的跟上节奏了吗？不可否认的是，各大城市对夜间经济的重视实际上正反推着城市服务功能的完善与提升。

（四）彰显城市活力，塑造城市形象

“城市活力”是评价城市生活品质与功能形态的首要标尺。简·雅各布斯在《美国大城市的死与生》中提出，正是人类活动使城市获得了活力。夜间经济能为城市创造源源不断的人流，以北京东三环外的合生汇为例，仅2019年6月单月的销售总额就达4073万元，客流达281万人次。可以说，夜间经济的繁荣是一个城市开放程度的重要体现，夜间经济发展水平与人气高低是判断一座城市是否具有良好活力的主要依据，充满活力与秩序的夜生活正成为提升城市活力的新动因。事实上，展现出强大活力的著名夜间经济场所，不仅是城市吸引力的体现，还在很大程度上丰富了城市文化与城市形象的内涵。城市文化与城市夜间经济互为条件，城市文化为城市夜间经济赋予内容上的丰富性与多样性，城市夜间经济的发展同时又拓宽了城市文化的传播路径，城市文化与城市夜间经济的融合发展不仅可以提升夜间消费的吸引力，增强城市活力，而且可以推动城市特色文化的创新性发展和创造性传承，塑造独具魅力的城市品牌与城市形象。

二　2019年北京夜间经济发展情况

2019 年，北京夜间经济发展在以下五个方面特征显著：重视顶层设计，为推动城市夜间经济发展提供政策保障；夜间消费内容和形式不断多样化，餐饮消费领跑夜间经济；夜间消费热门商圈呈点状空间分布，且单向性经营模式特征明显；夜间经济消费主体为 40 岁以下年轻人，其夜间消费行为具有极强的社交性；与夜间消费配套的公共服务水平得到有效提升。

（一）重视顶层设计，为推动城市夜间经济发展提供政策保障

2017 年 12 月，北京市出台《关于进一步优化连锁便利店发展环境的工作方案》，提出到 2020 年连锁便利店数量达 3000 家，其中 24 小时便利店占比达 50% 以上的总体目标。2018 年 5 月，北京市商务局发布《支持“深夜食堂”特色餐饮发展项目申报指南》，将对符合首都城市功能定位、特色元素凸显、具有良好业态且经济效益与社会效益明显的深夜食堂特色餐厅、深夜食堂特色商业街区和深夜食堂特色商圈的规划设计、形象提升、装修改造、设备投入等提供政策与资金支持，同时鼓励连锁餐饮企业延时或 24 小时经营。

2019 年 7 月，北京市商务局印发《北京市关于进一步繁荣夜间经济促进消费增长的措施》，提出要通过建立夜间经济协调推进机制、优化夜间公共交通服务、点亮夜间消费场景、策划点亮“夜京城”促消费活动、打造夜间消费“文化 IP”、开发夜间旅游消费“打卡地”、引导夜间体育消费新风尚、推出 10 条深夜食堂特色餐饮街区、培育 16 区的特色精品夜市、鼓励夜间延时经营、编制《北京夜京城消费指南》、加强夜间经济风险防控工作、加大资金支持力度等 13 项具体措施，实现到 2021 年底在全市形成一批布局合理、管理规范、各具特色、功能完善的“夜京城”地标、商圈和生活圈的工作目标。2019 年 4 月，朝阳区出台《朝阳区促进消费升级工作方案（2019—2021 年）》，提出要进一步推动夜间特色商圈的改造，促进夜间

消费的高品质发展。2019 年 5 月，海淀区发布《海淀区提升消费能级提高生活品质三年行动计划（2019—2021 年）》，提出将鼓励相关企业延长夜间营业时间，开通一批夜间公共交通线路，推动夜间文化消费，举办各类夜间文化活动，出台夜间经济资金补贴办法等。

（二）夜间消费内容和形式不断多样化，餐饮消费领跑夜间经济

《北京市夜消费调查报告》的数据显示，最受居民欢迎的夜间消费活动依次是：美食餐饮（73.2%）、电影和文艺汇演（52.0%）、旅游景点和公园（48.7%）、逛街购物（48.6%）、健身（45.2%）、逛书店图书馆参观展览等（32.9%）、带孩子上课外班（29.7%）、美容美发美甲（25.9%）、游戏娱乐（24.2%）、桑拿洗浴按摩针灸足疗（18.7%）、其他（0.9%），如表 2 所示。其中，超过七成的居民选择美食餐饮，美食餐饮成为最受欢迎的夜间消费活动类型，电影和文艺汇演、旅游景点和公园、逛街购物、健身均占比 50% 左右。美食餐饮领跑夜间经济，是居民夜间消费的最主要内容，但与此同时，北京夜经济已经突破了单一的餐饮消费模式，夜间消费内容和形式不断多样化，涵盖了旅游、购物、文化、健身、休闲等多种消费活动。

表 2　最受居民欢迎的夜间消费活动类型

单位：%

项目	占比
美食餐饮	73.2
电影和文艺汇演	52.0
旅游景点和公园	48.7
逛街购物	48.6
健身	45.2
逛书店图书馆参观展览等	32.9
带孩子上课外班	29.7
美容美发美甲	25.9
游戏娱乐	24.2
桑拿洗浴按摩针灸足疗	18.7
其他	0.9

根据《夜间餐饮消费大数据报告》，夜间餐饮消费排在前20名的城市依次为：北京、上海、深圳、广州、成都、重庆、杭州、苏州、南京、武汉、东莞、西安、郑州、天津、佛山、长沙、昆明、宁波、无锡、福州。北京引领全国城市，在夜间餐饮消费排名中位居第一。被选为首批“夜京城”地标的大栅栏·北京坊区域内的餐饮店铺营业时间从最初的22点延长至夜间2点。2019年5月1日，位于顺义区的首个夜间特色餐饮街区中粮·祥云小镇深夜食街正式落成，23家品牌餐厅营业到凌晨。2019年“五一”小长假期间，商务部重点监测的60家餐饮店铺累计销售额达17.9亿元，同比增长6.2%，其中，夜间餐饮消费同比增长近50%。2019年7月，北京世贸天阶举办首届深夜食堂活动，仅半月时间就有小江南、西贝莜面村、恒河印度等20家餐饮品牌亮相，消费者在这里“边吃边向上看”。2019年8月，“玩转深夜食堂”活动正式启动，活动期间，簋街、三里屯、蓝色港湾、五棵松华熙Live、中粮·祥云小镇等数十个热门商圈的上千家餐饮商铺将在晚上10点以后继续营业。除了到店消费，餐饮外卖也是居民夜间餐饮消费的重要方式，夜宵外卖成为夜间餐饮消费的重要补充。根据美团提供的数据，北京地区2019年上半年夜间（晚上9点到次日凌晨5点）外卖订单量同比增长近四成，其中朝阳区订单量最多，约占30%。

（三）夜间消费热门商圈呈点状空间分布，且单向性经营模式特征明显

在北京首批公布的“夜京城”商圈中，消费者最经常去的夜间消费商圈依次为：奥林匹克公园（27.9%）、簋街（15.2%）、荟聚中心（14.6%）、蓝色港湾（13.7%）、五棵松（13.2%）、三里屯（13.0%）、世贸天阶（11.5%）、前门和大栅栏（10.7%）、国贸（10.4%）。根据2019年1月到4月北京商圈夜间（当天晚上9点到次日凌晨5点）消费热度调查，排名前十的人气最旺消费场所依次为：朝阳大悦城（100）、簋街（95.754）、北京荟聚中心（94.618）、凯德MALL（太阳宫店）（93.997）、凯德MALL（西直门店）（93.538）、北京朝阳合生汇（92.086）、龙德广场

(90.190)、龙湖星悦荟（北京西苑店）（89.844）、什刹海（89.628）、北京五彩城购物中心（89.583），如表3所示。数据显示，最具有消费吸引力的热门商圈在全市范围内呈现点状式空间分布状态。同时，夜间热门消费商圈单向性经营模式特征明显，簋街、北京朝阳合生汇深夜食堂、食宝街以餐饮为主，三里屯酒吧街、什刹海酒吧街夜间消费热度较高，但以酒吧为主，凯德MALL、五彩城购物中心等主要通过购物推动夜间消费。

表3　人气最旺夜间消费场所排名

2019年1~4月			2018年1~4月		
排名	场所	消费热度	排名	场所	消费热度
1	朝阳大悦城	100	1	簋街	100
2	簋街	95.754	2	朝阳大悦城	98.857
3	北京荟聚中心	94.618	3	北京荟聚中心	97.387
4	凯德MALL(太阳宫店)	93.997	4	南锣鼓巷	94.004
5	凯德MALL(西直门店)	93.538	5	什刹海	93.759
6	北京朝阳合生汇	92.086	6	西单大悦城	92.564
7	龙德广场	90.190	7	三里屯太古里	91.668
8	龙湖星悦荟(北京西苑店)	89.844	8	五道口购物中心	91.454
9	什刹海	89.628	9	北京朝阳合生汇	91.334
10	北京五彩城购物中心	89.583	10	北京apm	91.082

（四）夜间经济消费主体为40岁以下年轻人，其夜间消费行为具有极强的社交性

根据中国旅游研究院公布的数据，“80后”“90后”在夜间旅游消费中所占的比例分别为40%、19.8%；根据银联商务提供的数据，游客夜间消费最为活跃的人群为“80后”，消费总额占所有游客消费额的40%以上。《北京市夜消费调查报告》对不同年龄段的夜间消费人群进行了调查，结果显示，“00后”“90后”“80后”“70后”“60后”“50后”的次均消费金额和月均消费次数大体上呈现递减的趋势，分别为：239.3元和5.2次、228.6元和5.1次、226.7元和4.9次、193.9元和4.3次、169.7元和4.5次、145.0元和4.5次。其中，次均消费金额和月均消费次数最高的均为“00后”，其次是“90后”

和“80后”，次均消费金额最低的是“50后”，为145.0元，月均消费次数最少的是“70后”，为4.3次（见图2）。可以看出，城市夜间消费的主体是40岁以下的年轻人。

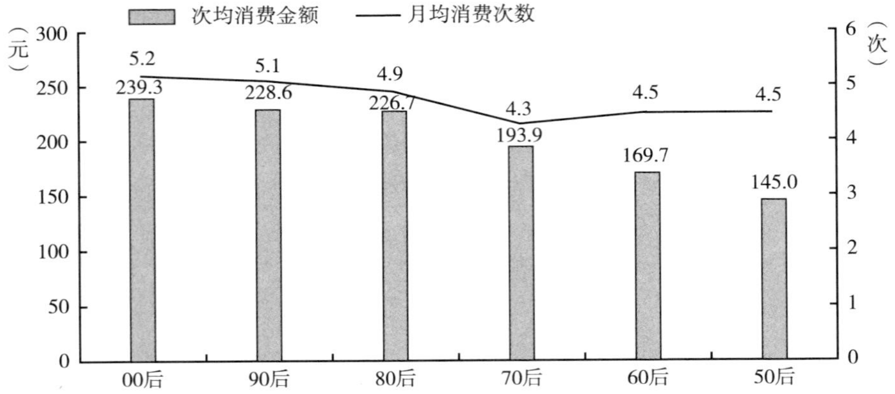

图2　各年龄段人群的次均消费金融和月均消费次数

由于白天生活节奏快，许多都市年轻人的社交活动都挪到了晚上，美食、健身、看电影、逛街、喝咖啡等成为重要的聚会内容，“夜经济+社交”的生活模式填补了年轻人下班后的夜晚。夜间消费也早已不仅仅是单纯的消遣方式和娱乐方式，而是成为现代都市人进行面对面交流的社交方式。奥林匹克森林公园“龙形水系”旁的月色码头设有投影大屏，夏季夜间有重大足球赛事时，这里就成了吃夜宵、看球、聊天、社交的好地方，其夜间经济的发展同时促进了足球迷群体的人际交往。

（五）与夜间消费配套的公共服务水平得到有效提升

城市公共交通是制约夜间经济发展的主要因素之一，“以消费和经营习惯来看，不论是消费者，还是服务提供者，在夜间很大程度都依赖便利的公共交通”①。就北京的实际情况来看，高品质、高人气的餐饮、购物、休闲、

① 曹伟：《“夜经济”是对城市治理水平的检验》，《小康》2019年第24期。

文化等夜间消费场所多位于主城区内，但多数消费者和服务提供者无法居住在房价较高的主城区，在夜间消费的黄金时段，很多人会出于交通原因早早逃离主城商业圈。公共交通夜间行车时间短、班次少，自驾停车难，网约车难约等在很大程度上影响着北京的夜经济发展。针对夜间出行难、打车难这一现实问题，北京市采取了一系列有效措施，极大地提升了与夜间消费配套的公共服务水平，尤其是夜间出行服务水平。

2019 年 7 月 19 日，涵盖公交、地铁、网约车等在内的多项夜间出行配套保障措施正式施行。根据对前门、三里屯、国贸、五棵松、簋街、世贸天阶、奥森公园等在内的城市地标与商圈的实际需求调研，北京公交集团不断优化夜间公交线路和时刻，增发了 25 条夜班公交线路，每日凌晨到 1 时双向发车，发车间隔时间缩短为 20 分钟。同时在“回天地区”新增 7 条夜间接驳公交线路，分别从地铁天通院北站、地铁立水桥站、地铁龙泽站等发往北亚花园、宏福苑小区等多个小区，运营时间为晚上 10:50 到次日凌晨，极大地方便了天通苑、回龙观地区居民夜间出行。北京地铁 7 号线和 2 号线在每周五和周六分别延长运营时间一个小时和一个半小时，运营时间均延长至次日凌晨。约车平台通过奖励、优化系统等措施鼓励车辆前往重点商圈提供乘车服务。夜间出行配套保障措施如表 4 所示。

表 4　夜间出行配套保障措施

新增加密车次的夜间线路(共 25 条)	夜 1:老山公交场站——四惠枢纽站 夜 2:祁家豁子——万源路 夜 3:青年路小区——地铁海淀五路居站 夜 5:北京站东站——田顺庄站 夜 6:青年路小区——国家体育馆 夜 7:韩庄子北——平乐园北 夜 8:颐和园——小马厂 夜 10 内:南菜园——航天桥东 夜 10 外:东直门——东直门 夜 13:小营公交场站——西城三里河 夜 14:北京西站——国家体育馆公交场站 夜 17:北京站东——北京南站 夜 18:城南嘉园北站——左家庄站

续表

新增加密车次的夜间线路(共25条)	夜19:北京焦化厂——北京站东 夜20内:北京南站——北京站东 夜20外:北官厅——北官厅 夜22:北京西站南广场——西红门西站 夜24:和平东桥南——北京南站南广场 夜25:左安路——石各庄 夜27:武夷花园——大北窑东 夜28:地铁宋家庄站——惠新东桥西 夜30内:十里河桥南——十里河桥北 夜30外:十里河桥北——十里河桥西 夜32:北官厅——东湖 夜34:慧忠里——北京华侨城
新增夜间接驳专线(共7条)	1路:地铁天通苑北站——燕丹 2路:地铁天通苑北站——北亚花园 3路:地铁天通苑北站——宏福苑小区西 4路:地铁立水桥站——天通北苑 5路:霍营公交场站——龙腾街 6路:地铁龙泽站——和谐家园二区西门 7路:地铁龙泽站——紫金新干线小区西门

三　北京夜间经济发展存在的不足和问题

2019年，中外城市竞争力研究会根据旅游目的地指数、城市夜间景观指数、城市夜间市场指数、城市夜间文娱指数、城市下榻服务指数、城市夜间安全指数等6项指标对城市夜景、夜生活、夜文化进行综合评价，最终公布了世界十大不夜城排行榜，法国巴黎、美国拉斯维加斯、泰国曼谷、日本东京、英国伦敦、阿联酋迪拜、阿根廷布宜诺斯艾利斯、中国香港、西班牙马德里和中国上海位列榜单。在以同样的指标参数公布的中国十大不夜城排行榜中，澳门、重庆、成都、贵阳、西安、武汉、兰州、西双版纳、延边、佛山榜上有名。两个排行榜中，北京都未见其名（见表5）。就目前的情况来看，虽然北京夜间经济在顶层设计、服务水平、配套设施、产品供给等方面都取得了突破性进展，但是相对于国际国内其他重要城市尚有一定差距，北京夜间经济还存在着业态较单一，服务内容有待进一步丰富；热门商圈呈点状分布，且区域间发展不平衡；同质化倾向严重，文化特色挖掘不够；公共交通等城市基础设施和公共服务需要进一步完善等问题。

表5 世界和中国十大不夜城

单位：分

世界十大不夜城			中国十大不夜城		
排名	城市	得分	排名	城市	得分
1	法国巴黎	96.04	1	澳门	91.37
2	美国拉斯维加斯	95.82	2	重庆	91.16
3	泰国曼谷	95.27	3	成都	90.29
4	日本东京	94.79	4	贵阳	89.78
5	英国伦敦	94.54	5	西安	89.12
6	阿联酋迪拜	94.13	6	武汉	88.64
7	阿根廷布宜诺斯艾利斯	93.68	7	兰州	88.31
8	中国香港	93.37	8	西双版纳	87.46
9	西班牙马德里	92.86	9	延边	86.65
10	中国上海	92.16	10	佛山	85.33

（一）业态较单一，服务内容有待进一步丰富

发展夜间经济，美食是必不可少的，全国多个地区都将打造餐饮特色美食街区与发展夜间经济结合在一起，北京不断推出深夜食堂特色餐饮区和精品夜市，在“吃”上做足了功夫。目前，虽然夜间消费产品供应已涵盖了文化、教育、健身、休闲等多个方面，夜间经济也从单一的餐饮消费扩展为包括各种商业服务性消费活动在内的综合性概念，但是就北京夜间经济的发展现状来看，夜间餐饮消费仍然占据着主导地位。可以说，北京夜间经济的产品供应还是以餐饮类为主，业态较为单一，其他类产品供应，尤其是精神文化类产品供应还比较少。夜间活动、夜间产品好吃不好玩、够吃不够玩的问题仍然较为突出。

在对为什么不愿意在夜间出门活动的调研中，没有感兴趣的消费项目一项占比38.4%，居于首位。[①] 数据显示，当前以餐饮为主的夜间经济已经不能满足不同消费群体的多样化、个性化需求，夜间消费产品供给和服务内容有待进一步丰富。

（二）热门商圈呈点状分布，且区域间发展不平衡

目前，北京主要热门商圈在整体结构上仍然呈点状空间分布，尚未形成综合性的网状系统，集中性的布局与开发还较少，这在很大程度上抑制了居民的夜间消费热情。如果缺少相应的周边配套，不能形成吃、喝、玩、逛、游等于一体的一站式消费体验，即便单个商场或店铺延长营业时间，也很难满足居民夜间消费的多元需求。热门商圈呈点状分布，且在空间布局上集中性强，以2019年1月到4月北京人气最旺夜间消费场所（前十）为例，位于朝阳区的场所就有三个［朝阳大悦城、凯德MALL（太阳宫店）、北京朝阳合生汇］，占比30%。在夜间消费人群最常去的夜间消费商圈中，就有奥林匹克公园、蓝色港湾、三里屯、世贸天阶、国贸位于朝阳区。总体来看，北京夜间经济还存在区域发展不平衡的问题，东部相对于西部热度更高，主城区相对于周边地区热度更高。

（三）同质化倾向严重，文化特色挖掘不够

同质化倾向严重和人气不断流失是众多商圈面临的共同困境，这不仅仅是由于夜间消费产品供给单一，逛和吃是其主要内容，很大程度上也是因为文化类产品供给不足，夜间经济活动的特色文化内涵挖掘不够。夜间消费不是一种目的性极强的消费形式，也不是单纯的餐饮消费。夜间消费更多的是一种体验式、休闲式、互动式消费，它首先是体验和休闲，是流连于城市的特色街区切实体验这座城市所特有的文化魅力，其次才是消费。夜间消费的这一特点就决定了夜间活动不能局限于千篇一律的商业街打造和夜间灯光营

---

① 周晓轩：《北京：夜经济成为拉动消费新引擎》，《四川省情》2019年第11期。

造。但是，当前以餐饮为主导的夜间经济缺乏高质量的文化产品供给，历史文化内涵挖掘不够导致“特色商业街”逐渐失去特色。以前门大街为例，近年来人们对前门的热情逐渐下降，由于夜间活动的文化内涵扩展不足，很多游客认为前门和其他商圈没有什么不同，他们到前门也并不能获得独特的文化体验与消费体验。

（四）公共交通等城市基础设施和公共服务仍存在短板

对于夜间消费者和夜间消费服务者来说，“去”和“回”始终是困扰他们的首要问题，夜间交通设施配套不足仍然是夜间经济发展中的短板。2019年，北京市通过新增多条夜间线路，延长地铁运营时间等措施，有效地提升了城市夜间出行服务水平，但是与城市夜间活跃人口相比，夜间公共交通设施依然是制约夜间经济高质量发展的瓶颈。从全国范围来看，北京是夜间人口活跃度最高的城市，其次是上海（见图3）。如此高流动高活跃的夜间人口对城市夜间交通提出了更高的要求。在对北京夜间消费需求提升进行的实际调研中，分别有50.5%、41.9%、22.8%的受访者认为需要延长公交地铁运营时间，提高夜间出行安全保障水平，引导正规出租车、网约车在夜间消费密集区运营，所占比例居前三位。① 夜间经济繁荣的同时，交通拥挤、

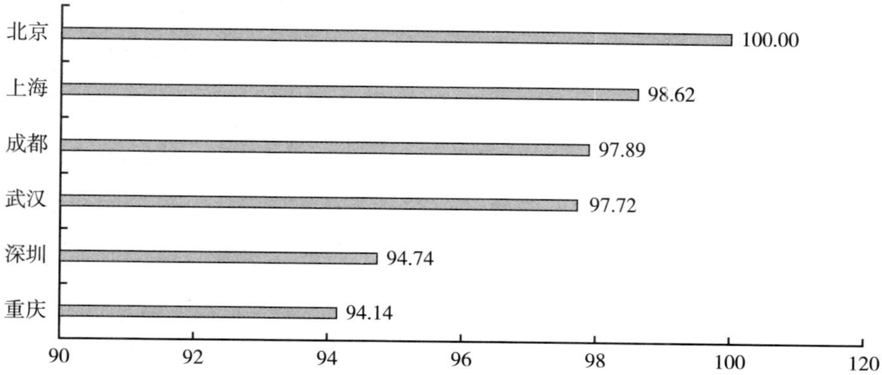

图3 主要城市夜间人口活跃度

① 周晓轩：《北京：夜经济成为拉动消费新引擎》，《四川省情》2019年第11期。

噪声和灯光污染、安全卫生、扰民等问题渐显，夜间经济拉长了城市的活跃时间和营业时间，城市基础设施建设和公共服务水平则面临着更加严峻的挑战。

四 北京夜间经济未来发展的对策建议

虽然北京市夜间经济发展在很多方面取得了可喜的成就与进展，但在总体布局与建设上还存在一些问题与不足，需要进一步加强如下三个方面的工作：注重夜间经济整体布局，规划建设业态丰富的夜间经济集聚区；文化助力夜间经济，促进夜间经济与城市文化的深度融合；提升城市夜间服务水平，优化夜间消费环境。

（一）注重夜间经济整体布局，规划建设业态丰富的夜间经济集聚区

发展夜间经济不是在城市空间中孤立地植入一片夜间消费区，如果缺少合理的配套设施，不能提供业态丰富的夜间产品供应，无法满足多元消费主体的个性化需求，那么，某个商铺、某个商场或小型商圈则无疑会成为城市夜晚中的一座“孤岛”，缺少对规模化、成熟化、品质化夜间经济集聚区的整体规划与布局，即便其营业时间延长了，也还是无法激发消费者专门跑一趟进行消费的意愿。目前，北京夜间经济的发展主要在打造“夜京城”地标、升级“夜京城”商圈等方面进行积极的尝试和探索，对夜间经济整体规划和布局较少，重要的热门商圈呈点状分布且集中性强，空间分布较不均衡。针对这一问题，首先需要将夜间经济列入城市空间总体规划和布局中进行统筹考虑，在城市总体空间中合理布局具有高度影响力和认同感的夜间经济集聚区。其次要充分利用现有夜间商圈的周边空间资源，大力引进特色小吃、休闲娱乐、文艺演出、观光旅游等资源，为消费者营造更加多元化、更具差异性的夜间消费场景，不断挖掘夜间经济的消费潜力。最后要科学布局夜间消费空间场所和配套设施，对现有的夜间消费场所进行集中性的结构调

整、品质提升，以形成多个具有鲜明特色的夜间消费区，避免多个夜间消费区的同质性竞争。

（二）文化助力夜间经济，促进夜间经济与城市文化的深度融合

随着物质生活的不断丰富，人们对文化休闲和文化体验有了更多的消费诉求，文化融入夜经济将“有助于打破‘夜经济’千篇一律的困境，赋予‘夜经济’样式的多样化，满足不同人群的多样化消费需求”①，夜间经济与城市文化的深度融合还能有效提升城市品质和文化魅力。在此基础上，文化助力夜间经济不是文化与夜间消费在物理形态上的简单相加和功能拼凑，而是要以文化为导向，最大限度地挖掘区域特色文化，合理延伸夜间消费的经济业态和供给规模。就北京夜间经济发展现状来看，夜间活动的历史文化内涵挖掘不足仍然是亟待解决的难题。首先，应当深度挖掘具有地域特色的历史文化内涵，注重文化传承与夜间消费的结合，加快培育具有北京特色的夜间消费活动，以文化体验拉动夜间经济发展，让夜间经济更显文化深度。其次，扩大文化类产品供给，鼓励公共文化空间的夜间开放。2019 年 7 月，北京市文物局发布《关于倡导博物馆夜间开放、助力繁荣夜间经济的通知》，鼓励全市范围内的博物馆延迟开放时间或者开设夜间专场，但是，包括中国园林博物馆、北京天文馆等在内的多个文化场馆推出的夜场文化活动只限于特定节假日，而公共文化空间的夜间开放在国际重要城市中已经成为常态化的文化消费模式。以法国巴黎为例，该城市每年都会通过区域联动在全市范围内举办大型文化活动，如巴黎不眠夜、博物馆之夜等。最后，进一步提升现有文化设施和文化场馆的服务水平。扩大夜间消费的文化供给，不仅仅是延长包括电影院、咖啡馆、书店等在内的文化设施和场馆的营业时间，还需要有效提升其服务水平，为消费者提供安静、舒适的文化消费环境。

---

① 郑自立：《文化与“夜经济”融合发展的价值意蕴与实现路径》，《当代经济管理》2019 年第 12 期。

（三）提升城市夜间服务水平，优化夜间消费环境

夜间经济的发展也考验着一个城市的夜间治理能力和服务能力。从城市公共服务角度来看，夜间经济普遍还存在着交通、治安、污染、食品安全、噪声等一系列不容忽视的问题，这又在极大程度上制约着人们的夜间消费意愿和城市夜间经济的繁荣发展。为进一步促进城市夜间经济的高品质发展，可以从以下几个方面提升城市夜间服务水平，优化夜间消费环境。第一，编制夜间经济配套服务详细法规。夜间经济是一项系统性的城市综合项目，其可持续的健康发展必须以完善的城市夜间服务系统和管理系统为前提，这就要求加强顶层设计与管理，从宏观上制定较为详细的夜间经济配套服务实施与管理准则。第二，加强夜间经济环境管理。要提升城市夜间服务水平，在编制夜间经济配套服务详细法规之外，相关监督和管理部门还需要对夜间经济发展过程中的城市环境进行检测与评估，对夜间消费活动中产生的环境污染等问题进行认真排查和严肃处理，加大夜间消费活动中水电供应、垃圾处理、油污排放等方面的监管力度。第三，进一步提升夜间交通服务水平。相关部门需做好实际的夜间交通需求调查和分析，并根据实际需求分重点、分区域、分线路地调整和优化已有公交地铁线或增加新的夜间交通线，尤其是为消费热度较高的区域提供具有针对性的夜间停车、打车等便利服务。

B.15 首都互联网文化产业内容治理的路径与问题

王林生*

摘　要： 首都互联网文化产业内容治理，是关乎首都治理体系和治理能力现代化的重大命题。2019 年首都通过加强法律法规建设、推动从“管内容”向“管主体”的方式转变、发挥互联网企业的市场主体作用、查处秩序失范现象、加强互联网平台的道德引导等举措，有力推动了互联网文化产业的内容治理。同时，首都互联网文化产业的内容治理也存在维护国家文化安全、资本泡沫、法律法规不健全、“科技中立”价值不良影响等因素的制约，因此，强化内容治理的价值引领、建立风险预警机制、健全法律法规以及倡导“科技向善”理念，成为探索首都互联网文化产业内容治理可选择的途径。

关键词： 北京　互联网　文化产业　内容治理

“十三五”以来，随着我国互联网文化产业的快速发展，加强互联网文化产业内容治理是推动互联网文化产业高质量发展的重要举措。2019 年 10 月，《中共中央关于坚持和完善中国特色社会主义制度　推进国家治理

* 王林生，博士，北京市社会科学院文化研究所副研究员，研究方向为文化产业、创意城市。

体系和治理能力现代化若干重大问题的决定》指出“全面提高网络治理能力”，“完善以高质量发展为导向的文化经济政策”。加强互联网文化产业的内容治理，针对的是各类依托互联网平台快速发展的互联网企业、客户端、论坛等，确保互联网信息传播和产业的合理有序发展。首都北京是我国互联网文化产业较为发达的地区，也是文化产业乱象的高发区，所以，探索和总结互联网文化产业的内容治理，对推动首都文化产业高质量发展具有重大意义。

一　互联网文化产业内容治理的路径与进展

互联网文化产业的治理，是一项涉及互联网文化产品生产、投资、传播、营销、消费等多个环节的复杂性系统性工程。加强互联网文化产业内容治理，有助于发挥互联网文化产业的市场主体作用，保障互联网文化产业健康有序发展。

（一）加强互联网内容治理法律法规建设

法律是产业经济健康发展的重要保障，法律对经济的规制与约束，本身也是产业经济主体的希冀和要求。因此，法律与经济二者之间构成了相互呼应、相互促进的交融关系。近年来，国家为保障互联网文化产业的健康发展，制定出台了各类法律法规，《反不正当竞争法》（2017）增设“互联网专条”，着重对互联网领域的新型不正当竞争行为进行专门规定。除此之外，近年针对互联网垂直领域出台的《网络安全法》（2017）、《电子商务法》（2019）等法律，与直播、出版、公众号、论坛、社区、域名、音视频、区块链、个人信息保护等领域相关。系列法律法规的密集出台，从法律的角度明确了互联网平台主体的行为准则和责任义务（见表1）。

表1　2016～2019年施行的互联网文化产业相关法规一览

名称	施行时间	发布单位
《专网及定向传播视听节目服务管理规定》	2016年4月25日	国家新闻出版广电总局
《网络出版服务管理规定》	2016年3月10日	国家新闻出版广电总局、工业和信息化部
《互联网直播服务管理规定》	2016年12月1日	国家互联网信息办公室
《网络表演经营活动管理办法》	2017年1月1日	文化部
《网络产品和服务安全审查办法（试行）》	2017年6月1日	国家互联网信息办公室
《互联网用户公众账号信息服务管理规定》	2017年10月8日	国家互联网信息办公室
《互联网群组信息服务管理规定》	2017年10月8日	国家互联网信息办公室
《互联网论坛社区服务管理规定》	2017年10月1日	国家互联网信息办公室
《互联网域名管理办法》	2017年11月1日	工业和信息化部
《互联网新闻信息服务新技术新应用安全评估管理规定》	2017年12月1日	国家互联网信息办公室
《点播影院、点播院线管理规定》	2018年3月30日	国家新闻出版广电总局
《网络音视频信息服务管理规定》	2019年11月18日	国家互联网信息办公室、文化和旅游部、国家广播电视总局
《网络短视频平台管理规范》	2019年1月	中国网络视听节目服务协会
《区块链信息服务管理规定》	2019年2月15日	国家互联网信息办公室
《儿童个人信息网络保护规定》	2019年10月1日	国家互联网信息办公室
《App违法违规收集使用个人信息行为认定方法》	2019年11月28日	国家互联网信息办公室、工业和信息化部办公厅、公安部办公厅、市场监管总局办公厅
《网络信息内容生态治理规定》	2019年12月15日	国家互联网信息办公室

首都在贯彻落实国家相关法律法规的同时，也根据自身发展实际，出台《关于加强中小学App、互联网群组、公众账号管理的通知》，对教育领域的App，以及用于教学和相关信息发布的互联网群组、公众号加强管理。同时，首都积极开展各类专项整治活动。2019年1月，北京市互联网信息办公室，针对搜狐、百度传播低俗庸俗信息等事件，约谈相关负责人，加强网络生态建设。开展“净网2019”专项行动，对黑客攻击、侵犯公民个人信

息、涉黄赌毒等违法行为进行查处打击，及时清理了一批违法 App，强化对移动互联网应用的安全监管。

（二）推动从“管内容”向“管主体”的方式转变

互联网文化产业在保持快速发展的同时，也出现了突破道德底线、法律准则的违法乱纪现象，如行业数据造假、侵犯知识产权、私服外挂侵权、敲诈勒索犯罪、不正当交易、不正当竞争、盗窃、涉黄赌毒、违反文化伦理等。① 加强互联网文化产业内容治理，就是通过互联网对自身内容的审查、审核和清理，从信息传播的源头治理行业秩序失范现象，使互联网平台本身成为遏制各种产业乱象的“第一道关卡”。同时，北京市网信办根据国家的相关要求，开展互联网内容的专项行动，积极指导属地自媒体平台履行主体责任，加强自媒体账号管理工作，指导抖音、快手等短视频上线推行“青少年防沉迷系统”，从主体平台加强防控。2019 年 12 月，百度等 15 家在京互联网企业联合发起主题为“围绕首都文化中心建设，共促网络生态环境治理”的倡议，从积极践行社会主义核心价值观、增强社会责任意识、履行信息审核责任、加强技术进步和创新、加强行业自律和他律等五个方面，推动自身管控体系建设。

（三）发挥互联网企业的市场主体作用

企业是市场的主体，是社会经济活动的最基本的单位。加强互联网文化产业内容治理，就是规范企业的市场运作，强化企业的市场主体地位。正确处理政府与市场关系历来都是推进我国经济体制改革的核心问题。进入新时代以来，市场的主体地位得到明确强调，主要通过“放管服”改革减少政府行政干预，发挥互联网企业作为市场主体的活力。2019 年国务院同意并批复的《全面推进北京市服务业扩大开放综合试点工作方案》，明确对包含

① 王林生、高宏存：《媒体融合视域下互联网文化产业的秩序失范与行业治理——以 50 个全国首案为分析对象》，《行政管理改革》2019 年第 12 期。

互联网文化产业在内的“信息传输、软件和信息技术服务业”“文化、体育和娱乐业”相关领域，优化服务、扩大开放领域，培育和发展互联网新兴业态，拓展文化消费空间。2019 年 11 月，北京市印发《北京市新一轮深化“放管服”改革优化营商环境重点任务》，大力推进大数据、人工智能、区块链、5G 等新技术的智能场景应用，激发市场主体活力。

（四）高效发现查处秩序失范现象

加强互联网文化产业内容治理，关键是要打击各类互联网违法乱纪行为。近年来，随着互联网文化产业的快速发展，各种违法乱纪的新手段、新途径层出不穷，严重损害了互联网文化产业的健康发展。2018 年 12 月，海淀法院审结全国首例利用“爬虫”抓取数据案，警示产业技术有道德边界；2019 年 1 月，海淀法院判决“闲徕互娱起诉巨石在线侵权运营游戏案”，彰显出棋牌游戏侵权以知识产权侵权行为判罚的重要内容；2019 年 4 月，海淀法院审理全国首例广告使用短视频侵害著作权案，揭示出短视频的制作和传播已成为一个新产业；2019 年 5 月，北京互联网法院审理全国首例“暗刷流量案”，把“暗刷流量”这个互联网潜规则曝光在众目睽睽之下。这些案例作为全国首案或第一案，体现了北京既有活跃的互联网文化市场，也存在产业发展失序的隐患。因此，互联网文化产业内容治理和互联网企业对产业发展的监督意识，对及时高效地排查、发现和处理相关秩序失范行为，具有积极的推动作用。

（五）加强互联网平台的道德引导

以互联网平台为载体的产业经济与产业道德也存在密切的关系。产业道德是指企业在生产经营活动中自觉遵守的伦理准则和道德规范，也是产业主体在运营发展中不可逾越的底线。当前，直播、短视频等各类互联网平台为争夺流量和用户“眼球”，发布或推送的内容往往以间接或“擦边球”的方式，包含某些违背社会道德的低俗、媚俗和不健康内容，危害巨大。2019 年印发的《新时代公民道德建设实施纲要》中对互联网空间的道德建设予以关注，明确要求互联网平台将正确的价值导向和道德要求体现到经济、社会、政治、文化等各领域的新闻报道中，体现到娱乐、广告、体育等各类节目中，自觉履行平台主体的道德责任。

首都作为首善之区，历来重视互联网的伦理与道德建设。2016 年，北京市就出台《北京网络表演（直播）行业自律公约》，通过强化互联网主体的道德责任，加强对直播平台的监控和内容审核。2018 年 12 月，网络游戏道德委员会在北京成立，该协会旨在引导网络游戏企业遵守社会道德、履行社会责任。2019 年 11 月，针对“今日头条”中出现的诋毁革命英烈方志敏同志的不良信息，北京市网信办责令平台进行整改，加强对信息搜索服务的管理，防止歪曲、丑化、亵渎、否定英雄烈士事迹和精神的信息传播，塑造以“文化清流”为主的网络生态，确保意识形态安全。

二 互联网文化产业内容治理存在的问题与障碍

互联网文化产业内容治理，是一个多方共治的整体性概念体系。作为首都既要体现全国文化中心城市的引领和示范作用，确保政治正确，又要充分保护和激发互联网文化企业的活力和创造力。因此，从这个层面来说，互联网文化产业内容治理，需要协调统筹各利益相关方，共同破解治理中遇到的障碍与问题。

（一）国家文化安全对互联网文化内容治理提出重大挑战

国家文化安全是国家安全的重要内容，互联网文化产业作为既涉及文化内容生产，又涉及文化传播载体的综合性文化行业，对维护国家文化安全意义重大。首都作为全国文化中心和互联网文化产业发达的城市，在维护国家意识形态安全和引领社会主义核心价值观等层面发挥着重要的支撑作用。但是首都互联网文化产业在以“互联网+娱乐”为核心的泛娱乐产业的推动下，内容产品也呈现日益娱乐化的趋势。

近年，以娱乐化调侃社会或危害社会主义核心价值观的事件时有发生。

2018 年，“内涵段子”因存在导向不正、格调低俗等突出问题被永久关闭；2019 年 4 月，对问题突出的 PC 端“新浪博客”和“新浪看点”平台进行深度整改，暂时下架“新浪新闻”“新浪博客”App；2019 年 11 月，“北京某相声演员辈段子调侃京剧艺术前辈”等乱象，无不是把以娱乐为导向的价值原则推向极端的体现。尤其是西方国家利用互联网优势，采取越来越娱乐的方式对我国进行更为隐蔽的文化殖民和文化渗透，这些均对首都文化产业内容治理，国家互联网安全、文化安全乃至国家安全提出了较大挑战。

（二）资本催生出的“泡沫”成为互联网文化内容治理的隐患

互联网文化产业的发展离不开资本的驱动，一些互联网文化新业态作为文化产业的重要组成部分，它们的快速发展与金融资本的介入存在密切的关系。北京是文化资本流入量较大的城市，也是各类文化资本较为活跃的城市，尽管受整体形势的影响，北京互联网行业投融资市场的活跃度有所下降，但互联网行业在全行业中的活跃度仍是最高的。如 2019 年 1 月京东数科完成 B 轮融资，11 月京东健康融资 10 亿元等。2019 年 11 月，爱奇艺智能完成亿元级 A 轮融资，12 月小米完成第五轮融资，美团完成 B 轮 5000 万美元融资等。影视产业尽管受到国家政策收紧的影响，资本市场的活跃度有所下降，但仍有大量资本进入。如爱奇艺智能科技、女魔头驾到、雄孩子传媒等均融资成功。字节跳动作为首都的独角兽企业，在短视频、体育、教育、知识服务、咨询等领域积极进行战略布局。资本的注入推动了互联网文化新业态的快速成长，但一些企业也在资本的“寒冬”中举步维艰。如北京的盛夏星空、开心麻花等相继宣布终止挂牌新三板，华谊兄弟和唐德影视市值严重缩水。而视频播放平台暴风影音，从 2015 年上市后被冠以“妖股”的称号，到 2019 年 6 月第三次被列入“失信者名单”，市值从 400 亿元降至如今的 15 亿元，陷入低谷。资本市场的大起大落，源于近年来互联网文化产业在资本的推波助澜下出现了“虚胖”的不良发展趋势。这种趋势一旦面临政策变化或资本变动，就会影响产业的正常发展，进而也会给产业的长效治理带来一定程度的影响。

（三）法律法规体系的不完善制约互联网文化内容治理的依法施政

互联网平台的主体责任与义务应有明确的法律依据，只有建立在法律之上的主体责任才具有真正的约束力。《网络安全法》（2017）、《电子商务法》（2019）尽管对互联网平台主体责任的建构与治理具有重大意义，但是法律制定与实施本身具有的先天滞后性，所以在信息互联网、消费互联网向产业互联网全面转变，新业态、新模式不断涌现的语境下，现行法律法规针对性与操作性不强、效力层级较低的特性便凸显出来。一方面，法律的规定设计过于宽泛，缺乏配套的法规和标准。[①] 尤其在产业和市场细分的整体趋势下，对某些框架性界定的司法解释或法律间的衔接关系到互联网主体责任的认定。如“诉斗鱼客户端以旁观者模式直播电竞赛事案”“《奇迹神话》游戏画面抄袭案”等均涉及“类电影作品”这一概念的理解。另一方面，相较于实施的法律，对互联网主体责任认定的部门法规数量居多，这就决定了其效力层级较低，缺乏必要的强制约束力。也就意味着，对互联网平台主体责任的建构与治理存在无法可依、有法难依的尴尬困境。

（四）“科技中立”原则成为加强互联网平台主体责任建构的障碍

互联网平台应坚守产业的道德底线，产业伦理与道德对规范产业平台的运营和维护良性的竞争秩序意义重大。与互联网平台应包含的其他内容主体责任相比，道德责任更多地体现为行业自律以及产业各链条共同遵守的价值观念。尽管相关行业主体发布了一些行业公约，如《中国新闻工作者职业道德准则》《北京网络直播行业自律公约》，但违反产业伦理与道德的事件仍层出不穷，如2019年初《甘柴劣火》引发的“洗稿”争议，彰显出道德责任在产业发展中的缺位。究其根源，道德缺位不仅是互联网平台在经营运作中只顾及法律的约束而自动放弃了对道德的诉求，“而且反映了企业内部缺乏一种机制给予道德因素和财力因素相同的重视与考虑，也体现了企业内

① 何治乐：《〈网络安全法〉有效性评估及提升路径》，《中国信息安全》2018年第7期。

部人员缺乏进行公开道德推理论证的能力与自信”①。易言之，互联网平台尚未完全建立起道德约束机制，尤其在“科技中立”观念的影响下，一些互联网平台从“工具—独立”的视角出发，提出“用隐私交换便捷”② 等论断，出现“大数据杀熟”等现象，把平台本身从社会构成中剥离出来，把互联网技术视为纯粹的工具，未把道德视为互联网平台整体运营的重要组成部分。

三 推动首都互联网文化产业内容治理的思路与建议

首都互联网文化产业内容治理关系首都互联网文化产业的高质量发展以及首都文化建设的健康发展。根据梳理出的相关问题，本文拟就推动互联网文化产业内容治理提出以下建议。

（一）强化互联网文化内容的价值引领，维护互联网文化安全

必须把互联网文化产业内容治理提高到维护互联网文化安全的高度，把握文化娱乐和价值导向之间的平衡。为实现这一平衡，一方面互联网平台应强化对自身的内容审核和安全管控，加强行业自律和自我监管，改善内容推荐算法，及时排查不良隐患，坚决摒除各类有害信息，坚持正确的平台责任导向；另一方面要为互联网提供“寓教于乐”的文化内容，不断优化和提升内容供给的品质，让更多吸引人、鼓舞人、感动人的优质文化产品占领互联网文化平台，压缩境外和境内滋生与传播的各类不良信息生存和蔓延的空间。2019 年北京网信办征集与发布“北京优秀网络视听节目”，推出网络电影《我的爷爷叫建国》、纪录片《中国：变革故事》和《不负四十年》系列节目，创作生产了一批网络视听精品力作，以头雁效应引领首都网络音视频产业，助力打造“北京新视听”的发展格局。

① 〔美〕理查德·T. 德·乔治：《经济伦理学》，李布译，北京大学出版社，2002，第 22 页。
② 孟飞：《李彦宏的错觉从何而来》，《经济日报》2018 年 4 月 3 日，第 012 版。

（二）强化互联网文化产业的风险管控，推动产业高质量发展

风险管控是互联网文化产业治理不能或缺的内容，互联网文化产业的发展应是可持续性，“挣快钱”、高溢价收购等不应是产业谋求发展的路径，也非真正的成长之道。“文化产业改革要去‘虚胖’强‘筋骨’”，“把工作重心放在创新供给上”，[①] 才能真正地培育和发展对产业和社会具有巨大带动作用的独角兽企业。所以，强化互联网文化产业的风险管控，关键是要建立相对完善的金融资本风险预警体系。第一，加强互联网文化金融资本的大数据平台建设，定期发布行业、企业的金融需求，为投融资提供精准对接。第二，针对社会重大的文化并购、收购、兼并等关切问题，文化资产管理部门、协会或组织应及时发声，向社会披露进展，乃至组织专家讨论，避免行业恐慌。第三，鼓励理性投资、理性融资，稳步发展。优化产业发展环境，不断改进文化企业的信用评级体系，为文化资本的投融资提供风险评估和防控服务，合力引导资金流向，培育一批经营规范、发展稳定的文化企业。

（三）完善相关法律法规建设，强化互联网文化内容的监管机制

法律法规是互联网文化产业内容治理最有效的手段和路径，健全与完善互联网法律法规，有助于提升互联网文化产业的治理能力和治理水平，也能够确保互联网平台及其相关产业本身在合法有序的区间运营。韦伯指出：“在完全相互依赖的市场上，有许多情况是立法者所未料的，因为市场是建立在私人利益基础上的。正是这些怀有私人利益的当事人会千方百计地歪曲法律的真正意义。”[②] 因此，真正理解法律法规的内涵和外延，破解互联网平台主体责任建构与治理的尴尬困境，一方面需要根据现实的发展变化尤其是大数据使用、人工智能、短视频等互联网垂直领域及时进行立法、修法，

① 宋志红：《文化产业改革要去“虚胖”强“筋骨”》，《中国新闻出版广电报》2017 年 6 月 22 日，第 004 版。

② 〔德〕马克斯·韦伯：《论经济与社会中的法律》，张乃根译，中国大百科全书出版社，1998，第 34 页。

同时加强司法解释，且根据已发生的案件“以案释法”，实现有法可依；另一方面加大执法力度，完善《网络安全法》确立的“1+N”（1指国家网信部门负责统筹协调，N指国务院电信主管部门、公安部门和其他有关机关在各自职责范围内负责网络安全保护和监督管理工作）网络安全和相关监督管理机制，高效促进互联网平台履行主体责任。首都作为全国首个服务业扩大开放综合试点城市，应充分利用政策红利，不断创新监管理念和方式，加快推进“证照分离”改革，降低治理成本和企业运营成本，调动互联网文化企业的市场积极性。

（四）倡导“科技向善”理念，强化互联网行业自律意识

“科技向善”是互联网企业应追求的价值观念，强调“科技向善”的目的是让互联网文化企业树立正确的价值观念，促进互联网文化企业在整体社会经济活动中，坚决破除“科技中立”的不良价值观念，把技术或平台本身作为与社会经济发展具有密切关系的变量，凸显平台或技术本身的道德责任。从互联网文化产业内容治理的层面来说，强化互联网平台的道德边界意识，一是加强平台本身的自律和内部管理，恪守道德底线，如建立总编辑内容管理负责制、先审后播制度等，增强平台自我管控能力。严格落实和完善信息审核发布制度，强化信息发布和政策解读工作机制，提升信息发布的质量和水平。二是设置好新议程，在问题出现舆论发酵后“定点打援”，实现舆论分流，化解舆情危机。三是加强对核心算法的改进与设计，树立“算法善用”“科技向善”的价值理念，寻找技术与传播内容、价值观之间的平衡，切实发挥互联网平台作为技术中介的最大社会效用。

整体而言，互联网文化产业内容治理是一个具有高度复杂性和综合性的命题，因此破解这一命题面临的问题与挑战，既需要从国家高度进行顶层设计，在法律法规完善、行政管理体制改革等层面战略性地调整和提升行业的治理体系和治理能力，又需要首都从自身产业发展的实际和国家给予的政策红利出发，制定切实有效的措施和监管机制，进而在内容治理的同时，提升行业的治理能力和治理水平，助力首都文化高质量健康发展。

B.16
2019年首都网络文化发展报告

张恰恰*

摘　要： 2019年，北京在互联网文化产业、公共文化服务数字化和历史文化资源保护利用的数字化等方面都取得了新的成绩。但也存在着文博文创的互联网模式不成熟、个人信息安全保护不足等问题，需要进一步加强互联网文化产业的创新生态体系建设，加强网络文化领域的隐私保护、产业监管等。

关键词： 北京　公共文化服务　数字文化产业　“互联网+”

2019年，北京在互联网文化产业、公共文化服务数字化和历史文化资源保护利用的数字化等方面进行了丰富的实践创新并取得可喜成绩。对数字文化设施进行提档升级，进一步推动多样传输渠道的聚合式发展，促进文化政务类新媒体平台整合增效；对网络视听、动漫游戏、网络文学等产业进行大IP链条式衍生发展，不断丰富内容产品和文化服务，吸引市民的广泛参与互动；推动文博领域的数字化发展，对历史文化资源的保护利用起到了重要的支撑作用。

一　首都公共文化服务的数字化建设新成果

2019年，北京根据文化和旅游部《公共数字文化工程融合创新发展实

* 张恰恰，中国社会科学院大学文学系博士生，研究方向为技术哲学、媒介理论。

施方案》的要求，积极推动公共数字文化工程的融合创新发展，对市区各级博物馆、图书馆、文化馆等机构的数字化基础设施进行了内外结合的多样化拓展；街道社区提供了更加精准的数字文化服务，通过搭建和精简文化政务类新媒体平台进一步提升服务效能，加强与民众的互动交流。而北京数字文化馆的正式上线运行标志着北京公共数字文化云网络的最新成果。

（一）数字文化设施的多样拓展

近年来，云计算、大数据、区块链、人工智能、物联网、5G 等新一代数字信息技术飞速进步，在“互联网 +”时代背景下更加深刻地影响着群众文化生活。中国互联网络信息中心（CNNIC）2019 年 8 月发布的第 44 次《中国互联网络发展状况统计报告》（以下简称《互联网报告》），截至 2019 年 6 月，我国网民规模达到 8.54 亿人，较 2018 年底提升 1.6%；手机网民规模达 8.47 亿人，较 2018 年底增长 2984 万人。国民精神文化需求的重心向线上转移，公共文化服务的数字化建设也随之呈现多媒体化、双线联动的发展态势，博物馆、图书馆、文化馆等文化基础设施不仅利用数字技术升级设备管理、运行和宣传模式，也借由互联网向外联结多平台促成跨领域合作。

1. 数字文化设施的提档升级

首先是馆藏资源全面线上升级，加快文化信息资源共享工程建设。2019 年，北京各区的图书馆、博物馆、文化馆、档案馆等公共文化设施进一步加强内部信息化设备的完善，丰富线上数字文化资源，提高管理系统信息化程度。首都图书馆 2018 年的数字资源点击下载量达 3000 万次，2019 年又增开了 20 余种数字资源远程访问功能。此外，国家图书馆联合国内 20 多家图书馆推出了 7.2 万部古籍碑帖的数字版供读者免费查询。故宫博物院发布数字文物库，一次性上线 7 款数字产品，包含“数字多宝阁”、“数字文物库”、“数字建筑”、主题 App“紫禁城 600”、“玩转故宫”微信导览等项目。其中“数字文物库”涵盖 26 个大类文物，有超过 186 万件（套）文物的基础信息、5 万张精选文物影像。

其次是加强线下虚拟互动与全息成像互动交流，增强服务趣味性与民众参与性。虚拟现实（VR）、增强现实（AR）、大数据智能、3D－4D多维技术等数字技术改变了博物馆、文化馆传统而单一的线下展览方式，极大地提高了展览效率，为民众提供了多维性、互动性、沉浸式的参观体验。故宫“数字多宝阁”程序用高精三维数据来重建文物，立体化展示文物全貌和细节，观众实现了与文物的“零距离”接触及互动。国家博物馆在2019年书法艺术展中使用了名为“万毫齐力——书画智能动态展示”的装置，吸引大量市民参与互动，通过大屏幕不断动态展现书画作品的创作过程，创作速度可以根据观众的互动进行智能调整，这是国内外传统文化作品展出中首次使用人机互动智能技术的创新尝试。北京许多高校的图书馆目前也设立了阅读、音乐、书法、绘画等交互式文化体验设备专区。

2. 数字文化平台的聚合式发展

北京数字文化馆于2019年2月正式上线运行，作为全国数字文化馆建设试点单位，它是推进建设国家公共文化云的重要组成部分，经由北京文化艺术活动中心全新升级后的综合性网络平台，是北京市提升公共文化服务效能的重要举措。北京数字文化馆包含四大端口——网页端、H5端、客户端和微信公众号，各端口基本划分为九大功能模块：文化动态、线上课程、网上展厅、特色资源、场馆导航、现场直播、电子读物、志愿之家和文化配送，向上直接纳入国家公共文化云，向下关联全市各区共23个文化数字平台、13个微网站。市民可以通过网站、客户端、微信、微博等多种方式了解北京最新的文化资讯，参与到线上线下各种文化活动之中，北京数字文化馆作为汇聚基层文化云、与国家公共文化云互联互通的“高速公路”，为首都公共数字文化建设有效地整合文化资源、提升服务效能，延伸了品牌影响力。除此之外，北京数字博物馆自2005年上线至今，已经关联66个自然科学类博物馆或遗址、103个人文科学类博物馆或古迹、27个艺术类博物馆或美术馆，集中展示北京地区众多博物馆的动态信息，进一步推动资源共享平台、宣传平台的建设和发展。

（二）基层数字化服务的优化完善

1. 街道社区文化服务的数字化

2019 年，北京各区对基层公共电子阅览室、数字借阅设备等硬件设施进行及时的更新换代，进一步提升数字文化服务的具体性、针对性和公平性，促进数字文化服务在基层社区的互动性发展和良性循环。此外，还在设置云屏数字借阅机的基础上加强了对特殊群体的数字阅读设施配置及培训，建国门街道、东花市街道与龙潭街道等基层单位开展了此类工作。

2. 文化政务类新媒体平台建设

北京的政府网站数量从 2017 年的 1042 个减少到 2018 年的 80 个，到 2019 年 6 月减少到 77 个，全市已建成 16 个区级融媒体中心。网站整合有利于推动一体化在线政务服务平台建设，明确政府网站服务职能，加强宣传推广，提高用户量与影响力。政务微博由 5777 个（2018 年 12 月）增长至 5838 个（2019 年 6 月），9 月新入驻微博的@北京文化艺术活动中心（即北京数字文化馆）截至 2019 年 12 月 23 日累计发博量 308 条，粉丝量 57195 人。而由其主持的微博话题#北京文旅资讯#累计阅读次数 822.2 万。相关话题#首都市民系列文化活动#累计阅读次数 1020.8 万，#文化带上的北京#累计阅读次数 2.9 亿，#京彩好网民#累计阅读次数 1915.3 万。利用官方网站、微信、微博和客户端等新媒体平台，协同、整合、加速发展，推进建设更加权威的信息发布和服务平台，助力政务新媒体矩阵体系的建立完善，让市民享受一体化、多功能、高效能的数字文化服务。

3. 窗口服务单位推出5G 应用

2019 年是 5G 商用元年，工业和信息化部 6 月正式向中国电信、中国移动、中国联通、中国广电发放 5G 商用牌照。5G 技术的发展为公共文化数字服务体系建设带来了新的机会和可能。随着信息传播速率的大幅提升，大数据、人工智能等新兴技术必然对数字文化建设产生积极影响。国家图书馆站作为 4 号线地铁首个 5G 信号试点车站，为乘客提供了地铁场景下的5G应用，乘客可以通过5G手机、AR眼镜人脸信息识别、VR云游戏、4K高清直播、物联网应用、云教育等感受5G网络高速率的流畅体验。

二　首都互联网文化产业的新进展

互联网文化产业正处于新一轮爆发性增长的前夜，以新技术为依托，逐步成为文化产业的领跑引擎。北京的短视频直播、动漫游戏与网络文学等基于互联网的文化业态在2019年都有很好表现，成为文化产业发展的新动能和增长点。

（一）异军突起的短视频直播

《2019中国网络视听发展研究报告》显示，截至2018年12月底，我国的网络视频用户达到了7.25亿人，其中短视频的用户规模为6.48亿人（见图1）。短视频的用户使用时长占总上网时长的11.4%，超过综合视频的8.3%，成为仅次于即时通信工具的第二大应用类型。市场规模方面，2018年视频内容行业的整体市场规模为1871.3亿元，与2017年相比增长了52.8%，其中短视频的市场规模增速最快，同比增长744.7%。

目前综合来看，总部在北京的两个短视频App抖音和快手已成为我国短视频市场的第一梯队，合计市场份额达54.2%，占据了行业的半壁江山。截至2019年6月，抖音月活跃用户达到4.89亿人次，快手紧随其后达到3.41亿人次。依托于智能移动终端的不断升级、网络信息传输技术的更新换代，以及大数据算法的不断完善，网络短视频的融合发展成为必然趋势。以抖音为例，短视频内容包括科普教育、城市形象传播、政府媒体信息推广、传统文化习俗继承等。人人可创作、人人可上传、人人可分享的短视频社交空间，极大地激发了个体参与互动、共同创新的数字文化生产动力，“短视频+”的多维度发展态势将有利于推动形成多元主体协同创作、跨界融合的数字文化产业新趋势。

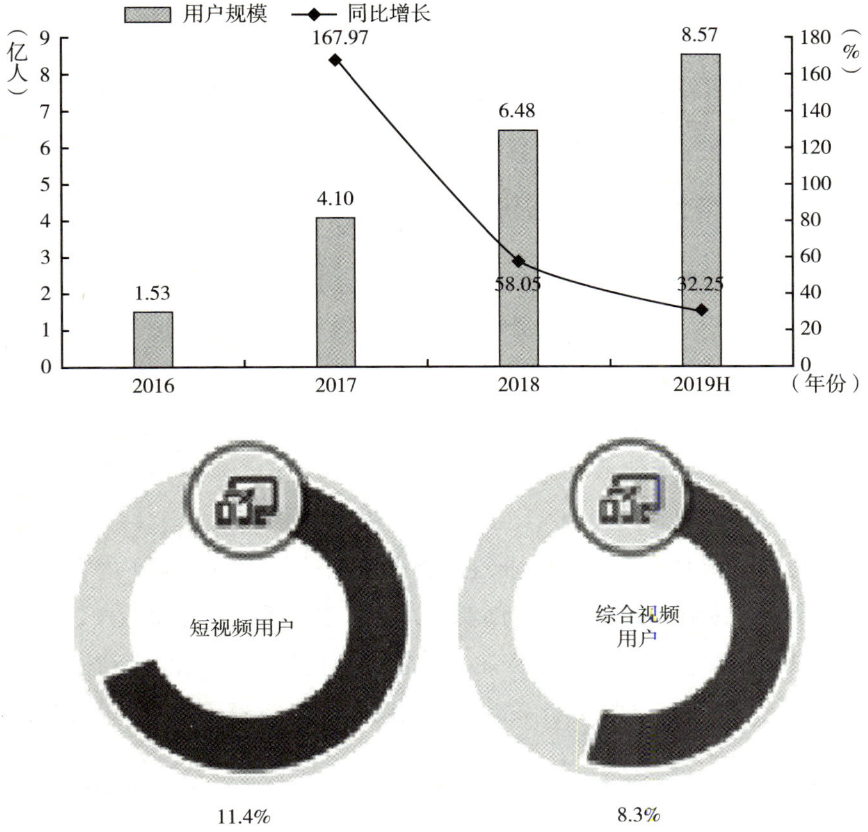

图1　2016～2019年我国短视频用户规模和用户使用时长占比

资料来源：Fastdata极数，《2019中国网络视听发展研究报告》。

（二）动漫IP衍生与电子游戏竞技

IP的孵化和运营已经成为动漫游戏产业发展的核心关键。“动漫北京”经过7年的发展积淀，已经成为动漫游戏领域行业交流、产业推介、交易互动的重要平台。在2019年第八届“动漫北京”开幕式上，首创数娱平台正式启动，并与北京动漫游戏产业协会等8个“IP衍生品推广工程”中的优秀IP签约，其未来规划涉及电竞、动漫、游戏、VR/AR等多个数字文化产业方向，进一步推动北京数字文化的“四位一体”业务布局。此外，北京2019年还发布了《关于推动北京游戏产业健康发展的若干意见》，提出了推动游戏产业健康发展的十三条举措，立足“一都五中心”的总目标，将北京建设成为“国际网络游戏之都”。

（三）网络文学的优化提质与海外拓展

网络文学作为数字内容产业核心价值的活水源泉在IP转化的产业链条中不断优化升级，满足人民群众对优秀网络内容产品的需求。据《互联网报告》网络文学部分的数据统计，截至2019年6月，我国网络文学用户规模4.55亿人，较2018年底增长2253万人（见图2），占网民整体的53.2%；手机网络文学用户规模达4.35亿人，较2018年底增长2527万人，占手机网民的51.4%。2019年在北京举行的中国“网络文学+”大会，运用网络文学与IP融合的衍生产业链，进一步推动了网络文学在内容创作上的积极导向，在形式渠道上多样创新。大会除主线活动、开闭幕式、行业活动和互动体验四大板块之外，还首次设置了面向用户观众的互动体验活动“IP嘉年华”。“网络文学+”突出融合发展的“+”概念；“电竞+”邀请

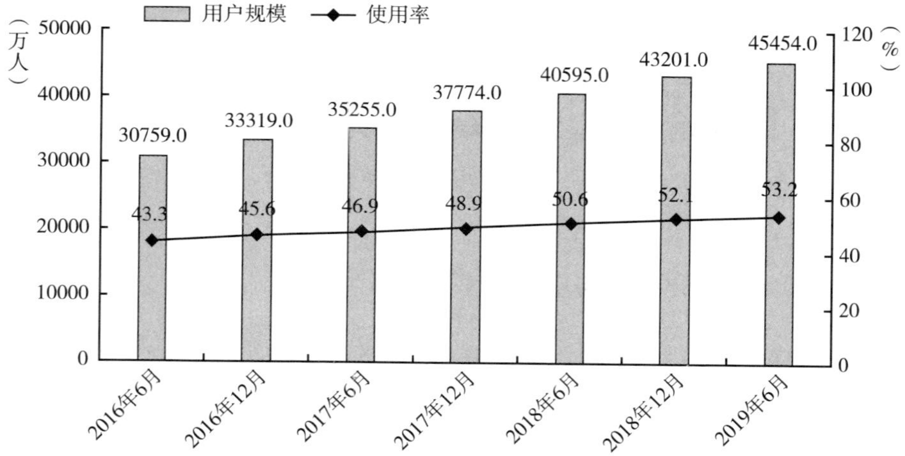

图2　2016年6月至2019年6月网络文学用户规模及使用率

资料来源：CNNIC中国互联网络发展状况统计调查。

到知名电竞团队现场对抗；“体验＋”结合网文 IP 布置线下的真人密室逃脱、故事创作和剧本解谜；“科技＋”展示了中文在线的电子阅读器和机器人、时光长廊、虚拟主播；“影漫游＋”则以网文改编的影视、动漫和游戏为核心，设立了多功能游戏体验活动。

目前，我国的网络文学出海已覆盖日韩、东南亚、北美、欧洲等多个地区。2018 年，向海外输出中国网络文学作品的数量已达 11168 部。总部在北京的掌阅科技针对“网文出海”启动了三步走战略，目前掌阅海外版 iReader 支持 14 种语言，覆盖 40 多个共建“一带一路”国家和地区，并支持相应的海外登录、支付方式，已经掌握 100 多部原创网络文学作品的海外版权，翻译成韩日泰英多种文字。网络文学的出海前景广阔，在推动优质文化作品输出的同时，开拓了构建“中国故事，全球表达”的数字文化产业的新视野、新阶段。

三　首都历史文化保护的数字化建设新进展

2019 年，北京贯彻落实国家《关于进一步加强文物工作的指导意见》《关于加强文物保护利用改革的若干意见》，积极使用多种数字技术推进历史文化资源保护。“互联网＋”时代下的大数据、人工智能、云计算等数字技术不仅有利于北京历史文化资源的保存与共享，还可以为历史名城的修缮保护工作提供多渠道、多平台的宣传与支持。而利用互联网技术和数字化平台形成产业热潮的文博文创，又为历史文化的推广和利用提供了新的思路。

（一）数字化视野下的历史名城保护

首都图书馆在历史名城保护的数字化建设工作中取得了创新性的进展。“古苑宸迹”南海子历史文化溯源线上展览在首都图书馆官网和“北京记忆”网站开通，展览通过丰富的图文材料，结合南海子历史研究阶段性成果，为观众展示了古今南海子的自然和人文风貌，直接推动了北京市西山永定河文化带建设，在保存南海子历史文献资源的同时，加强当下首都功能区建设和京津冀协同发展。

“北京印迹”历史文化名城保护宣传平台自2018年12月上线以来，形成了“北京印迹”网站、App等新媒体矩阵，线上线下联动宣传。2019年8月，“北京印迹”线下组织了儿童夏令营实地探访北京老字号活动，通过各种新兴技术向公众开放历史文化资源家底、宣传历史文化遗产知识、开展系列线下文化活动，为首都市民营造了一个交流共享的平台，向社会展示更为立体也更富有历史感的文化古都。

（二）文博文创开辟历史文化推广新思路

我国博物馆文创市场呈现高速增长态势，2019年的市场规模相比2017年增长3倍。故宫博物院正是这一轮文博文创的领头羊。从2010年在淘宝开店到2019年“故宫文具”的建立，故宫文创的互联网发展之路是我国博物馆文创发展中最有代表性的典型案例，这一模式也成为国内其他博物馆纷纷效仿的榜样。据《2019博物馆文创产品市场数据报告》，2019年，仅淘宝天猫平台上的博物馆旗舰店访问量就累计达16亿人次，是全国博物馆线下接待人次的1.5倍；结合阿里零售平台的数据，2019年购买博物馆文创产品的消费者数量已近900万，相比2017年增长超4倍。2019年10月10日故宫博物院迎来94岁生日，为庆生上新了文创产品如“故宫牌”的雪糕、徽章、气垫、新书等，引起话题#故宫出雪糕了#直接登上微博热搜榜，截至10月12日阅读量超过1.4亿次，讨论量达到2.2万次。只有鼓励图书馆、文化馆、博物馆、美术馆等文化机构充分利用自身馆藏资源，深入挖掘文化资源的价值内涵和文化元素，积极利用新兴技术开发、设计数字文化创意产品，才能更好地生产出适应现代生活、满足民众需求的数字文化产品。

四 首都网络文化发展面临的问题

（一）文博文创的互联网模式尚不成熟

博物馆、图书馆、美术馆等公共文化机构长期以来面临文创产品品类单

一、供应链薄弱的难题。如今“互联网+”时代到来，很多博物馆对自身IP资源进行孵化运营，在多样化互联网媒介的宣传推广下，新文创产品摇身一变成为网红爆款。但是从设计开发到生产营销再到消费反馈的整个文化产业链条中，高度同质化的品类和高概念、低质量的产品让这场掀起热潮的新文创遭遇冷静期。仍以故宫IP为例，2010～2019年九年之间，实际控股的企业也已多达17家。复杂的授权关系和全品类进军的野心、外包产品的制作品质堪忧且价格高昂、文创产品的文化内涵与当下人们生活或自身IP不符，这些都成为新文创持续稳定发展的问题和障碍。其归根结底是文博文创的产业机制不够健全，文博产业不能一味追逐市场和技术的步调，必须真正确立文化产业自身的核心价值，才能创造更大的经济价值。

（二）基层数字文化平台缺乏服务效率

北京各区的街道社区目前普遍建立了或正在建立自己的新媒体平台，包括网站、微信群、公众号、官方微博、文化云App及其他数字文化服务平台。但总体而言，基层“互联网+文化服务”存在重形式、轻内容的问题，要么一味强调文化资源的数字化，把电子书、视频等资料堆砌在平台上，实际利用率不高；要么只是把新媒体平台作为宣传部门日常工作的手段，内容缺乏文化性、趣味性，互动性差、回复迟缓。有的官方社交媒体账号则疏于管理、更新慢，或者管理员本人越界乱发声、自说自话。此外，不少基层文化活动室的数字设备缺乏专人管理，利用率不高。

（三）网络文学“走出去”缺乏统筹引导

随着我国网络文学的海外市场不断拓展，中国网文已经积攒了较高人气，在世界范围形成一定影响。《2019中国网络文学出海报告》称，综观中国网文出海的现状及海外市场，网文出海的潜在市场规模预计将超过300亿元，有着巨大的市场潜力。北京是我国网络文学产业的重镇，全国约六成的文学网站集聚首都，在积极“走出去”的过程中仍面临诸多问题和挑战。首先是产品输出问题，在保证创作内容优质优量的基础上，网文作品的翻译数量有待提升，较长的翻译周期与较高的翻译成本阻碍了相当规模的产品输出和文化交流；不同国家或地区具有不同的贸易政策、产权保护等法律法规，文化产品的海外维权也是数字文化产品“走出去”亟待解决的难点；同时因为海外读者的阅读需求存在明显的差异性，如何有效满足不同读者的阅读需求也成为出海产业首要考虑的因素；网文出海的付费阅读模式仍处于探索阶段，海外网文平台众多，仍未能构建互联互通、协调统一的数字文化海外输出共同体，不利于推动数字文化产业资源整合、在海外市场中提升竞争力。这些问题表明网络文学出海整体仍处于探索发展期，北京如果要抓住数字技术的新机遇，就必须进行提纲挈领式的统筹规划和协同管理。

（四）数字文化平台对个人信息保护不够

近年来，大数据、云计算、人工智能等数字技术的革新为人们的日常生活提供了极大的便利，全网互联、人脸识别、物联网技术让人们可以在不同的博物馆、图书馆、文化馆、美术馆“一卡通”式地享受多种服务，一部智能手机甚至可以直接解决所有问题，再不用反复地填写表格、完善资料、办理证件、携带多余现金。数字文化平台的应用伴随着大量的数据交换和信息共享，如何在提供高效便捷的数字化服务的同时规范个人数据收集行为，如何监管各式各样的 App、小程序对个人信息的使用，个人隐私泄露后如何追责惩治，这些个人信息安全保护不足的问题引起了社会的普遍关注。

五　推动首都网络文化发展的对策建议

（一）加强文博文创市场监管，规范周边产业资源配置

北京文博文创产业稳定、健康发展过程中，积极正向的文化价值观是固基之本。文博文创作为文化产业的重要组成部分，并不单纯遵循资本逐

利的一般规律，文化价值才是文博文创的最终目标。“互联网+”实现了数字文化的互通共享，成为资源和信息流动整合的重要媒介，想要实现文博文创互联网模式的持续稳定发展，就必须坚定立足于文化价值，明确认识到发展过程中经济效益的次要地位，加强市场监管，规范各类周边产品、文化资源的配置和传播。

（二）运用互联网思维，提升基层文化服务意识

文化管理部门及基层文化工作者应当积极研究新媒体的特点和发展趋势，吸收借鉴互联网思维中的“用户至上、体验为王、免费获取、通俗易懂”等理念来管理运用各种数字文化服务平台，做好公共文化服务的理念创新、手段创新、基层工作创新。避免居高临下的说教和灌输，以多媒体形式增强文化传播效果，积极与辖区居民展开互动，同时不断积累用户数据，以便精准把握新时代首都市民的精神文化需求。

（三）推进“出海”产业统筹，分步有序稳定发展

综合来看中国数字文化产业“出海”现状，网络文学、动漫游戏已渐呈细分领域格局，产业内容题材趋于多元，北京企业要借数字文化产业的出海热潮探索国际市场，必须进一步深入挖掘中华文化的优秀元素，实现“中国故事，全球表达”，从“走出去”向“走进去”发展，在文化交流中增进相互理解与信任。

在宏观层面，数字文化产业“出海”需要更有力的、国家层面的顶层设计和统筹规划，必须在实际业务中给予相关企业和单位相应的优惠政策，完善知识产权保护等法律法规，为应对国际市场竞争提供全方位的支持和保护。在微观层面，数字文化产业如网络文学“出海”要优化内容创作，打造文化精品，在生产宣发等环节建立更为成熟的产业链条，积极推动国际化建设、投资与合作。在IP开发和运营过程中有针对性地引导，有效利用新兴技术成果，推动文化与科技的深度融合创新。

（四）加强个人信息安全保障，完善隐私保护机制

“个人信息保护研究中心”是《南方都市报》北京新闻中心组建的第三方机构，其发布的《个人信息安全年度报告（2019）》在对来自10个行业的100款头部App进行测评后发现，有83款App隐私政策透明度在60分以上，达到合格水平。这与2018年《100款App个人信息收集与隐私政策测评报告》中100款中有多达91款App存在过度收集用户个人信息的状况相比有了很大的改善。数字化平台与多端新媒体互通意味着个人信息安全会涉及多个主体，这需要政府部门、相关企业、App开发商等多方机构共同努力，形成个人信息保护的良好环境和强大合力。相关部门应当尽快制定出台相关标准，完善隐私保护机制，各环节行业协同、综合治理。

B.17

2019年北京文化财政金融创新进展、问题与对策

何 群　李睿玲　李馥伊　张英汇*

摘　要： 2019年，北京在文化金融领域实现多方面创新。文化财政方面，优惠政策持续助力文化中心建设，文旅融合互促发展，数字经济推动文化产业创新发展；文化金融方面，银行文化金融服务体系不断升级，启动北京"文创四板"，优化文化金融"投贷奖"政策体系等。但在财政金融领域也面临挑战，如文化领域推广运用PPP模式的力度不足、政府引导基金主导的多元化文化投融资格局亟待完善和文化资本市场现阶段形势严峻等。对此，应当采取持续推进文化领域PPP模式的运用、完善多元化文化投融资格局、提升文化企业的专业能力等措施来解决这些问题。

关键词： 文化产业　文化财政　文化金融　北京

2019年，恰逢中华人民共和国成立70周年，是大事多、喜事多的一年。北京市聚焦全国文化中心建设，为进一步推进文化产业发展，一方面政府各部门积极出政策、建机制、搭平台；另一方面银行等金融机构在金融扶持上也做了

* 何群，博士，中央财经大学文化与传媒学院副院长、教授，硕士生导师，研究方向为文化产业、创意经济；李睿玲、李馥伊、张英汇，中央财经大学文化与传媒学院艺术管理方向研究生。

很多探索和创新，助力将北京建设成为对外展示国家文化形象、对内增强文化自信的全国文化中心，并对全国文化产业发展起到创新引领、辐射带动的作用。

一 北京文化财政金融的创新进展

（一）北京文化财政的创新

1. 优惠政策持续助力文化中心建设

2019年，北京市大事多、喜事多，各方面资金需求旺盛。北京市年初发布的《关于北京市2018年预算执行情况2019年预算的报告》显示，2019年本市安排123.8亿元在文化旅游体育与传媒支出上，与上年相比稳中有增长，资金主要用于以下四个方面：一是推动非物质文化遗产保护和传承，加快中轴线申遗保护，推进重点文物腾退及修缮，支持“一城三带”的保护建设；二是推动公共文化服务体系建设，加大对实体书店的扶持力度，实施惠民低价演出补贴政策；三是深化文化金融融合，设立“文创四板”，继续推进“投贷奖”联动政策，促进文化创意产业发展，缓解文创企业融资难、融资贵的问题；四是推动文化旅游产业融合和发展，扩大旅游消费，积极发展入境游业务。做好冬奥会和冬残奥会、庆祝新中国成立70周年、第二届“一带一路”国际合作高峰论坛和2019年北京世园会等重大活动服务保障工作。①

中小型企业是文化产业发展的主力军，发布实施针对这些企业的优惠政策，对推动文化产业发展具有重要意义。北京市2019年全面落实减税降费政策，其中对小微企业普惠性减税政策的落实被重点提及。在进行产业功能的精确定位和财源结构的深入分析过程中，北京市政府多个部门组建了工作专班监测市税源变动和居民收入形势，并对其中存在的财税问题提出完善的措施。早在2018年12月，《国务院办公厅关于印发文化体制改革中经营性

---

① 《关于北京市2018年预算执行情况2019年预算的报告》，北京市财政局，http://czj.beijing.gov.cn/zwxx/czsj/czyjs/P020190201575350563621.pdf。

文化事业单位转制为企业和进一步支持文化企业发展两个规定的通知》明确指出，经营性文化事业单位在转制为企业后的五年内可以免征企业所得税，2018年底之前已完成转制的企业，自2019年起可继续免征五年企业所得税。这些措施的顺利落地，表明北京市政府推动积极的财政政策，优化营商环境，激发文化市场主体活力，确保文创企业轻装上阵、实现更好更快发展。

除了发挥财政职能激活文化企业源动力，北京市在影视行业、非物质文化遗产、文化企业、文化产业园区等领域开展前沿布局，出台了多种优惠政策以优化区域营商环境。针对当前首都影视业发展遭遇的瓶颈，2月14日，北京市政府与相关单位出台了《关于推动北京影视业繁荣发展的实施意见》，提出要多效并举破解行业痛点和难点，以影视业为突破口助力文化产业的高质量发展，完善北京市“1+N+X”文化产业政策体系，更好地发挥全国文化中心的作用，加快建设中国特色社会主义先进之都。同年6月1日发布的《北京市非物质文化遗产条例》为具有北京特色的非遗保护工作可持续开展奠定坚实、科学的法律保障基础，北京市文化和旅游局紧密围绕全国文化中心“一核一城三带两区”建设的总体布局，推动非物质文化遗产活态传承、融入现代生产生活、不断实现创造性转化与创新性发展。以上政策的发布，说明了北京贯彻落实全国文化中心建设的工作，持续推进提升首都文化服务质量、提高城市文化品质的措施。

2. 文旅融合互促发展

2019年，北京市聚焦全国文化中心建设，深化文化和旅游业供给侧结构性改革，优化产业结构，丰富产业发展业态和产品供给，积极发展入境游、京郊游，扩大消费规模，提升消费品质。

北京市以2020年冬奥会为契机，通过举办冬奥会、冬残奥会，大力推动入境游市场。2019年4月1日，中国冰雪史上最具分量的国家级指导文件——《关于以2022年北京冬奥会为契机大力发展冰雪运动的意见》由中共中央办公厅、国务院办公厅发布，对于开展青少年冰雪运动、普及群众性冰雪运动、加快发展冰雪产业、全面推动中国冰雪产业的发展具有重要意义。除了通过冬奥赛事推动入境游，北京市还构建起“北京旅游海外推广合作伙伴计划”全球合作体系。2019 年 8 月，第二届“北京入境旅游全球战略合作伙伴会议”召开，通过与全球主流渠道和知名旅商加强合作，将高质量商业消费模式和旅游产业体系结合起来，不仅推动了入境游的高质量发展，也是对文旅融合发展的提质增效。

在构建“文化 + 旅游”双向互促发展模式的过程中，北京市继续大力发展京郊旅游，围绕乡村振兴战略，在建设京郊旅游休闲体系方面推出了一系列措施。11 月 1 日，北京市文化和旅游局召开 2019 年京郊旅游“百千万”培训工程开班仪式，会议中提到北京京郊旅游将实现六大转变：一是观赏美丽风光向体验美好生活的转变；二是简单同质向特色精品的转变；三是单兵作战向协同共进的转变；四是资源投入向内涵挖掘的转变；五是单一链条向全产业链的转变；六是由分散供给向共建共享的转变。下半年出台的《北京市关于促进乡村民宿发展的指导意见》《京郊精品酒店建设试点工作推进方案》等推动北京乡村旅游发展的文件，对旅游担保和保险政策落实、投融资促进、产业项目管理及产业资金管理改革、乡村旅游评定、“畅游京郊”活动品牌推广等工作进行了安排。2019 年文旅部公布首批 320 个全国乡村旅游重点村名单中，包括北京市密云区古北口镇古北口村、怀柔区渤海镇北沟村等在内的 9 个村落上榜，这是北京市盘活京郊旅游资源以振兴乡村，实现京郊旅游业向更高层次发展的重要成果。

在推进文旅融合的过程中，北京市全面推进了首都服务业扩大开放综合试点，在文化旅游领域深入探索服务业的扩大开放。8 月 27 日，北京市文化和旅游局发布了《文化旅游领域开放改革三年行动计划》，推动文化“走出去”和旅游“引进来”，将逐步完成“开放审批许可”“完善扶持政策”“支持重点项目”“创新市场监管”四个方面的主要内容。政策的扶持给引入国际文化旅游市场先进理念和经营模式搭建了平台，促进了文化旅游市场经营主体的多元发展和供给侧改革，是推动北京文化旅游市场更加繁荣，更好地满足人民群众对美好生活向往的必然要求。

3. 数字经济推动文化产业创新发展

2019 年被称为 5G 商用元年，文化产业的应用场景将随着 5G 技术的推广而获得进一步提升发展，产业融合能力进一步加强，因此鼓励发展数字经济也成为2019年上半年文化政策的一大亮点。2019年4月23日，文化和旅游部印发《公共数字文化工程融合创新发展实施方案》，推动实现公共数字文化工程的统筹管理和融合创新发展，是对数字文化资源的升级和二者深度融合的示范，创新了公共数字文化服务业态。5月16日，中共中央办公厅、国务院办公厅印发《数字乡村发展战略纲要》，对数字乡村的建设正式地、体系化地进行了认识上的部署，表明北京市积极实施数字乡村战略，适应移动互联网等现代科技发展趋势，借助“文化+科技”的融合提升政府服务效能，推动数字经济的发展。

在发展新兴文化业态，加快文化产业转型升级方面，北京市还聚焦影视领域。通过打造高端影视设备、建设一批影视科技融合发展的重点实验室，以及构建影视业高精尖产业结构等相关措施，助力影视产业的文化科技融合。2019年初，北京市印发的《关于推动北京影视业繁荣发展的实施意见》中，列出10项工作重点，其中文化科技位置突出。提出影视业应围绕大数据、人工智能、虚拟现实、增强现实、4K/8K超高清、下一代广播电视网（NGB）等关键技术加强与科技产业的深度融合，在培育和发展新兴影视业态打下科技基础。在北京市政府10月18日印发实施的《关于新时代深化科技体制改革加快推进全国科技创新中心建设的若干政策措施》中提到，应进一步引导更多科研人员聚焦在限制我国基础领域发展的共性关键技术上。这些共性技术不仅仅是科技领域的“特需”，在文化领域也已经期待已久，影视产业与科学资源的对接，有助于创造更多具有科学内涵的优秀影视作品，对促进科技成果服务于影视产业技术创新及应用开发，促进科技人才与影视艺术人才的交融、数据流通，协助相关标准体系的建立、对接等有积极的推动作用。

（二）北京文化金融的创新

北京市全国文化中心的建设，离不开文化金融为其注入驱动力。2019年，北京文化金融领域出现了一些新的发展趋势，各类金融机构也在金融扶持文化产业发展方面做了很多探索和创新，其中有些举措对全国文创产业发展产生了深远影响和带动作用。

1. 银行文化金融服务体系的不断升级

目前，推动文化金融融合成为推进北京文化产业发展和全国文化中心建设的必然趋势，也是金融业更好地服务实体经济、深化供给侧结构性改革的必然选择。商业银行是债权类文化金融的主要工具，近年来，以北京银行、中国工商银行、杭州银行等为代表，在产品创新、组织创新、服务创新方面取得了很大成绩。

北京银行积极开展与北京政府的深度合作，双方共同打造北京市文化金融服务体系。如面向影视行业，2019 年 4 月，北京银行携手北京国华文创融资担保有限公司创新推出了影视全产业链专属产品“影视贷”，支持了一批优质影视剧出品上映，例如助力博纳影业打造“中国骄傲三部曲”（《烈火英雄》《决胜时刻》《中国机长》）的制作发行，献礼新中国成立 70 周年。同时，这也标志着影视企业找到了更具产业格局和产业资源的金融合作伙伴，从而让一批影视企业重拾信心，实现长足发展。截至 2019 年 6 月末，该行文化金融贷款余额 640 亿元，较年初增加 113.7 亿元，增幅为 21.6%，资产质量良好。① 为推动首都文化与旅游产业深度融合，搭好文化旅游服务平台，构建多元化金融支撑体系，7 月 23 日，北京银行与北京市文化和旅游局签署了《支持文化和旅游产业高质量发展全面战略合作协议》，北京银行以“文旅贷”金融服务为支撑，二者共同展开全面战略合作，为实现推动文旅产业融合的共同目标，发挥各自优势杠杆的作用，也为推进双方深度合作推出了一系列金融服务计划，如推出“文旅贷”行动计划，通过金融服务的方式扶持文化旅游企业的发展，这些特色金融产品有利于文化领域供给侧结构性改革，推动文化金融服务往专业化、品质化方向发展。

文化产业作为银行获取新业务的增长点和新的竞争优势，一直备受关

① 金丽：《北京银行成为文化金融标杆企业　下半年围绕三大重点把握新机遇》，《投资时报》2019 年 9 月 12 日。

注。华夏银行近年来也高度关注文化产业发展，通过金融产品创新大力拓展文化产业蓝海，对首都文化产业的发展具有重大意义。2019 年 8 月 27 日，华夏银行举办了北京市文化金融融合工作推进会，在会议上发布了文化金融新产品“龙盈·知识产权通”，这是该行持续在文化金融领域创新的体现。通过发行将专利权、著作权、商标权等知识产权作为企业资产的证券化产品，华夏银行为文化企业提供了贷款等资金支持，以“商行＋投行”的金融模式盘活文化企业知识产权，让市场主体建立版权意识。目前，针对文化企业的资产评估批审问题，华夏银行已经组建了专业化团队，搭建起专业化金融支持平台，提供完善的服务机制，形成了以文创贷、文创融、文创投、文创贸为代表的四大产品体系。近年来，银行纷纷成立专门的文化产业事业部或研究机构，逐渐发挥专业化的审批优势，为北京的文化融资提供了支持，一系列国产优秀影片得到了金融支持，给首都影视业的繁荣发展增添了活力。华夏银行以事业部的形式专注于为文化产业提供金融创新产品，完善自身服务体系，从财务杠杆的角色逐渐转向资源杠杆的角色，为北京全国文化中心建设和文化产业高质量发展提供更多更好的金融服务。

2. 北京“文创四板”正式启动

2019 年 6 月 26 日，北京股权交易中心与国家文化产业创新实验区（以下简称“国家文创实验区”）共同建设的北京“文创四板”孵化培育基地挂牌国家文化产业创新实验区，二者的合作为首都文化企业提供了一系列专业化的金融服务，降低了中小型文化企业专业板块的准入门槛，畅通了文化企业融资渠道以激发文化企业活力。北京四板市场作为北京市唯一的区域股权市场，凸显出国家对文化金融服务体系的重视，而文创实验区的举措对满足北京文化企业多层次融资需求，全力打造“首都文化金融融合发展引领区”具有重大意义。截至 2019 年 5 月底，北京四板市场累计服务企业超过 1.2 万家，帮助各类企业累计获得股权和债务融资超过 300 亿元[①]，汇聚了一大批优质的文化企业，特别是影视、动漫这两大类投资回报周期较长的文化企

① 王飞：《北京“文创四板”正式落户国家文创实验区》，《新京报》2019 年 6 月 26 日。

业，四板市场提供了大量在政策支持下的公司转债产品，给投资人与融资人搭桥牵线，充分发挥平台的服务功能，对扶持优质中小型文化企业发展意义重大。

国家文创实验区是积极落实国家文化金融政策，主动服务首都全国文化中心建设的重要举措。自2014年12月成立以来，国家文创实验区积极发挥国家文化产业创新实验区的示范作用，聚集了一批优质的文化企业，提供完善的政策和服务体系，为文创四板的设立提供了资源杠杆。针对文化企业普遍存在的“融资难、融资慢、融资贵”等问题，大力推动文化金融等重点领域创新，搭建起资本市场的金融支持平台，为更多发展初期的优质文化企业提供资本市场的专业服务，有效构建起问题解决的长效机制，让北京四板市场成为首都文化资本市场体系中的重要环节。

3. 优化文化金融“投贷奖”政策体系

近年来，北京市已形成“优政策、建体系、搭平台、强服务”的文化金融融合“北京模式”，实施一系列文化金融政策，构建“投、融、担、贷、孵、易”首都文化投融资服务体系。自2017年北京市文化产业“投贷奖”联动机制实施以来，该政策极大降低了文化企业的融资成本，带动社会资本超过700亿元，大力推动了北京市文化产业的快速健康发展，为北京文化金融服务市场注入了活力。①

2019年，北京市“投贷奖”政策体系持续优化。首先，深度挖掘文化企业的融资需求，实现与相应金融机构的高效对接。北京市根据“投贷奖”搭建市级文化金融服务平台，将文化企业发布的融资需求分发给与之相对应的金融机构，实现了文化企业与金融机构的高效对接，也帮扶文化企业有针对性地开展融资计划。截至2019年8月，平台共入驻企业13854家，其中文化企业有12620家，受理融资申请1455笔，成功对接融资311.75亿元。②其次，进一步解决文创企业的版权质押问题。北京市相关部门积极推动金融机构将版权质押作为常规业务，针对版权开发出独具特色的金融产品。

① 潘福达：《优政策　建体系　搭平台　强服务　文化金融融合亮出北京模式》，《北京日报》2019年8月28日。

② 程婕：《做精文化金融　优化“投贷奖”政策体系》，《北京青年报》2019年8月28日。

这一举措破解了具有轻资产特性的文化企业无抵押物的难题，使文化企业可以凭借版权等无形资产获得银行授信与资本支持，为文化企业打破了因无质押物而造成的融资瓶颈，提升了文化企业获得融资的概率。最后，进一步创新各类信用增进措施，提高文化企业融资可行性。依托于“投贷奖”政策体系，北京市开创北京中小企业信用再担保公司等机构创新增信举措，并通过多种增信措施来分散风险，例如综合运用担保、再担保以及反担保等各类措施。与此同时，充分考虑到艺术品价值高、修复难、复制难等多种特性，人保财险北京公司特意推出艺术品财产保险和货运保险。“投贷奖”政策体系的构建是北京市文化金融服务发展的重要环节，相关部门也围绕优化“投贷奖”政策体系展开一系列行动，为北京文化金融的发展营造良好的营商环境。

二　北京文化财政金融创新面临的挑战

（一）文化领域推广运用 PPP 模式的力度不足

文旅部与财政部 2018 年联合发布《关于在文化领域推广政府和社会资本合作模式的指导意见》，明确提出深化文化领域供给侧结构性改革，推动政府职能转变，创新文化供给机制，引导社会资本积极参与文化领域政府和社会资本合作（PPP）项目。

据财政部政府和社会资本合作中心项目管理库和项目储备清单，目前北京市 PPP 项目已入库 67 个，其中文化类项目为 0 个；识别阶段项目共 43 个，而文化类仅占 2 个。而其他省份除天津市、西藏自治区、海南省、青海省之外，均有文化类 PPP 项目入库，其中山东省文化类 PPP 项目入库数目高达 31 个，湖北省达到 17 个，浙江省为 13 个。

从中可以看出，北京市在文化领域推广运用 PPP 模式的力度不够，未能充分发挥 PPP 模式的文化项目兼具公共属性与市场属性的优势。基于文化类 PPP 项目的准公共产品性质，其侧重于社会效益，而经济效益相对有限，对社会资本的吸引力较弱，北京文化财政应思考如何通过专业化、市场化的运作解决融资问题，以推动文化类 PPP 项目更多的落地，在保障公共服务优质的前提下，挖掘项目最大的市场价值，带动社会资本的积极性。

（二）政府引导基金主导的多元化文化投融资格局亟待完善

公共财政支持文化产业发展应充分发挥财政资金的引导和示范作用，广泛吸引社会资本投入，促进投资主体和投资渠道多元化。根据清科研究中心调研的情况，从北京市政府引导基金运行看，截至目前北京市共发起设立政府引导基金 63 只，目标总规模 5099 亿元，到位 2907 亿元，到位率 57%；其中文化类基金仅有北京文投公司在管的北京市文化中心建设发展基金 1 只，首期规模 200 亿元，基金股权结构为政府出资比例为 43%，社会资本（2 家）出资占 57%；文化基金规模偏小，仅占北京市政府引导基金总规模的 6.9%，引导社会资本也达不到预期效应，平均杠杆率不到 2 倍（见图 1）。

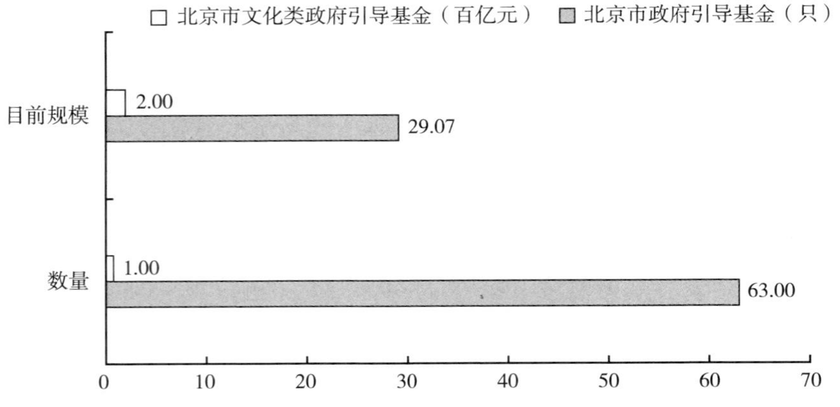

图 1　北京市文化类政府引导基金和政府引导基金

受限于 2018 年 4 月 27 日央行、银保监会、证监会、外汇管理局联合发布的《关于规范金融机构资产管理业务的指导意见》资管新规和市场社会募集资金难的困境，财政杠杆效应有所降低。另在全球经济运行偏软的状况下，财政收入增幅缓慢，在保障公益性文化事业单位投入的情况下，财政“要过紧日子”的现状，将影响对文化产业发展的投入。目前，现有的文化产业发展投融资体制亟待完善健全，由于相关政策不够完善、灵活，还不能充分吸纳社会各方资金，政府相关职能部门在政府引导、协调配合上未形成合力，在文化产业转型改革方面下的功夫不够，没有真正形成文化资产以公有制为主体的多种所有制并存的多元化投融资格局。

（三）文化资本市场现阶段形势严峻

近两年来，随着行业监管趋严，影视传媒类文化产业热钱退潮，资本逐步撤离的现象时有发生，影视传媒产业进入结构调整以及升级阶段。2018 年中宣部等部门联合印发文件，要求加强对影视行业天价片酬、“阴阳合同”、偷逃税等问题的治理，文化资本市场进入调整期。据初步统计，2018 年至 2019 年，已有 153 家文化传媒类公司从新三板摘牌，影视板块 IPO 则仍保持着零的纪录。北京的文化企业也受到波及，知名文化企业乐华文化、盛夏星空以及开心麻花相继宣布终止挂牌新三板。与此同时，北京的头部影视公司华谊兄弟和唐德影视股价持续下跌，市值严重缩水（见图 2、图 3）。

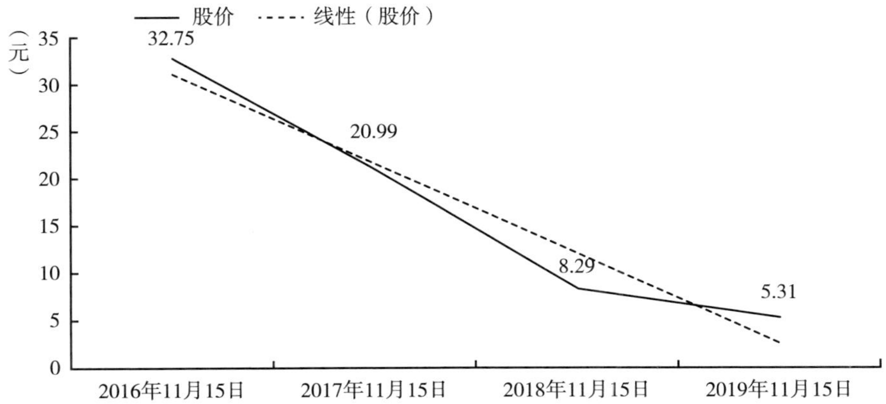

图 2　华谊兄弟股价趋势

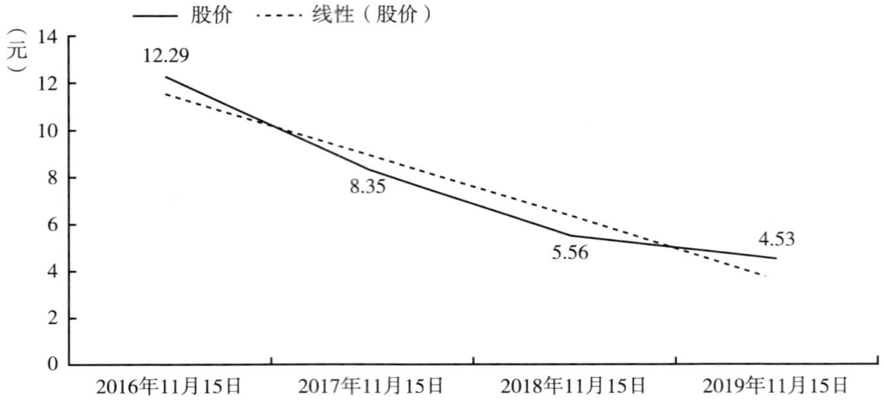

图3　唐德影视股价趋势

文化资本市场遇冷的原因，也与影视产业内部发展瓶颈有关，市场趋于饱和、优质内容紧缺、作品种类狭窄和短视频领域的崛起等因素都在冲击着影视产业的发展。在监管审核趋严的背景之下，文化企业如何通过内部调整来应对文化资本市场的特殊时期也是一个值得探讨的问题。

三　解决北京文化财政金融创新问题的对策

针对上述文化财政金融领域面临的挑战，北京市政府可以从以下方面探索创新发展路径，以推动北京文化创意产业的创新发展。

（一）持续推进文化领域PPP模式的运用

在带有公共属性的文化领域，PPP模式通过引入有丰富运营经验的社会资本参与公共文化建设，有助于推动文化领域的供给侧改革，提高文化产品和服务的供给质量，激发文化创新活力。在当前经济下行压力较大的背景下，还有助于分担政府的财政压力，因此北京市政府应持续推进PPP模式在文化领域的运用。

推动PPP模式重点是要规范项目的实施，充分发挥市场机制的作用，带动社会资本投入的积极性。可以通过合理设计回报机制、完善配套措施、强化信息公开等方式来进行。传统回报机制分为政府付费、使用者付费和可行性缺口补助三种方式，合理设计回报机制就是要根据项目特点确定回报机制，最大限度地挖掘项目的文化市场价值，使社会资本获得合理的商业性回报，进而提高民营企业的积极性。不断完善 PPP 模式所需要的相关配套措施，建立常规的再谈判机制，推出物有所值的评估指南，使 PPP 模式的操作流程更加科学和完备，以促进 PPP 模式的流程化推进，为 PPP 模式更多的落地提供制度上的保障。强化信息公开是为了提升运行效率、防止腐败滋生，北京市政府可以通过统一的政府平台或第三方权威机构，及时、完整、准确地公开文化 PPP 项目全生命周期信息，促进社会资本对项目信息的了解和认知，减少信息不对称，增强社会资本的信心，激励民营企业参与进来。

（二）完善多元化文化投融资格局

近年来，北京文化金融的发展正朝着以“投贷奖”联动、文化产业资本市场多元化、文化产业园区运营等方向发展。文化产业的繁荣发展，需要成熟的金融体系的支撑，完善政府引导的多元化文化产业投融资格局，对推动北京市文化产业的进一步发展具有重要作用。

首先，应当挖掘优势项目，寻找社会效益与经济效益兼具的文化项目。尤其在当前文化类基金数量偏少、规模偏小的状况下，政府引导基金应充分发挥财政基金的引导作用，引导金融机构扶持重点文化产业园区等具有示范性、导向性的文化产业项目，同时还要鼓励分散式的文化体验中心建设，带动文化消费。其次，利用政府信用，放大财政扶持杠杆的作用，充分吸纳社会各方资金，拓展融资渠道，丰富金融支持手段。政府引导基金除了以直接投资换取被投资企业股权的方式进入外，还可以通过与社会资本合作成立子基金进行市场化运作，再通过子基金以股权形式投入被投资企业。[①] 最后，

① 郝永明：《有效运用政府产业引导基金支持新旧动能转换的探讨》，《财会学习》2019 年 8 月5 日。

政府相关部门还要加强对文化项目的重视及组织领导，理顺各职能部门职责，建立跨部门工作协调机制，从而形成合力，及时解决项目实施中的重大问题，规范项目运作。

（三）提升文化企业的专业能力

2019年，由于影视行业税收问题整顿、演员不合理薪酬限制、题材及审核把控以及剧集长度限制等一系列监管措施和指导意见的出现，中国影视行业经历了洗牌式的深度调整期，但恰是借此机会影视行业逐渐挤掉泡沫趋于理性。恢复影视行业的生机，提升影视文化类企业的专业能力是关键，可以从这两方面着手，即回归以内容为核心的“初心”和拓展“文化+”领域使得产业布局多元化。

一方面，以内容为核心，就是要主动把握政策导向和市场需求，积极调整和优化产品结构，打造精品IP，生产经济效益和社会效益兼具的内容产品。重视影视作品前期策划，慎重选择题材，内容雅俗共赏，避免低俗化。文化产品离不开现实生活，打造注重人文情感、传统价值、文化内涵以及时代精神的能够沉淀下来的经典作品，而不是急功近利的快餐文化。在2019年第三季度影视行业整体表现不佳的状况下，光线传媒、北京文化凭借《哪吒之魔童降世》和《流浪地球》的高票房收入仍取得了较好的业绩。影视企业作为市场参与的主体，在追求经济利益的同时，还承担着弘扬中华优秀传统文化和塑造正确价值观的社会责任，必须坚持正确的政治方向和价值导向，生产更多集艺术性、思想性、观赏性于一体的文化产品。

另一方面，拓展“文化+”领域，实现多元化产业布局。结合当前产业融合的大趋势，文化企业应该伴随商业模式升级和技术进步，不断探索“文化+旅游”“文化+科技”等多渠道增加收入的方式，实现收益的持续性和稳定性。鼓励文化产业与其他产业融合，进一步推进文化和旅游产业融合发展，使更多的人到北京旅游体验独具特色的文化。政府也应加快影视旅游产业发展政策的拟定和出台，探索符合北京特色的影视旅游创新模式。还要加强影视业与科技产业的深度融合，科技创新已成为公司发展的重要驱动力，影视企业要结合自身特点，加强创新能力建设，使内容与新技术高度融合，不断创新表现形式，培育新型影视业态。完美世界2019年在影视领域持续保持发展势头，与游戏领域分摊了单一影视行业的风险并带来充裕的现金流优势不无关系。北京市应帮助影视文化类企业实现内部调整和转型，提升企业专业能力，从长远来看这也有助于影视行业的可持续发展。

2019年，北京市坚持和强化全国文化中心的核心功能，不断完善文化产业发展布局，在多个方面实现新的进展和创新，相信经过调整和改进之后，北京市文化产业将会得到进一步的繁荣和发展。

B.18 2019年北京影视产业发展背景、现状及趋势展望

赵玉宏*

摘　要： 随着2018年国家对影视行业监管的加强，北京影视产业发展面临影视资本撤退和影视生产数量缩减的挑战。在影视产业面临寒冬和衰退的宏观语境下，北京影视产业仍然呈现精品频出、精品产量居全国首位、影视机构集聚、产业扶持政策利好、产业链条完整等发展特征或趋势。为推动北京影视产业发展，继续强化价值导向、加强影视文化与科技融合、探索产品发行和传播的媒体融合，以及提升影视资本的集中度等，成为探索性的发展方向。

关键词： 影视“寒冬”　影视产业　北京

一　2019年北京影视产业发展宏观环境分析

（一）影视“寒冬”下遭遇的挑战

2018年以来，随着影视行业监管持续加强，影视行业生态环境发生了巨大变化，大量影视公司关停，影视行业进入了阶段性调整期，影视行业

* 赵玉宏，博士，北京市社会科学院传媒研究所副研究员，研究方向为影视传播、文化产业。

“入冬论”不绝于耳。

大众对影视“寒冬”论的了解起于范冰冰事件，影视创业者对寒潮的感知则源于融资难。史上最严“资管新规”限制了银行对影视产业的贷款，股价低迷导致一级市场水源干涸，募资难、LP撤资的传闻时有发生。而影视娱乐公司上市通道暂时封闭、游戏版号限制，则让资本市场更加冷静，从影视娱乐产业加速撤退。几家头部影视公司的市值平均萎缩70%以上，不及原来的1/3。在此背后，大批影视、动漫、自媒体、MCN公司业务萎缩、融资受阻。

据景星文娱行业分析，2018年，影视文娱行业有288家企业获得了393.61亿元融资，比上年减少400余家。2019年前三季度，全国电影总票房478.64亿元（上年同期为489.45亿元，同比减少2.21%），观影人群总人次为12.81亿。[①] 电视剧产业发展方面，数据显示，自2019年1月至8月，电视剧制作备案公示数量573部，总集数2.2万集，同比下降28%和30%，终结了2012年以来的增长趋势。电视剧发行方面，2019年上半年，全国共计生产完成并获准发行国产电视剧共108部4600集，发行数量持续下滑。[②]

在影视“寒冬”的影响下，近几年北京影视文化企业发展亦是步履艰辛。北京京西文化旅游股份有限公司（以下简称“北京文化”）曾因频频押中《流浪地球》《我不是药神》《战狼2》等爆款电影，在资本市场引起关注。但是，成功投资爆款电影虽然支撑起北京文化的业绩，却未能支撑起股价。2019年，北京文化资本“出逃”，成为业界关注的重要话题。

（二）影视行业“大洗牌”带来的机遇

众所周知，经济发展面临的挑战向来与机遇并存，我们经历的所谓影视“寒冬”不能简单等同于资本寒冬，而要考虑到经济泡沫以及政策调控因素影响。并且从历史经验来看，影视文化娱乐产业具备“抗经济周期属性”。一方面，国家对影视行业的监管，实际上是对我国影视行业积存已久且无法

---

① 数据来源：《中国电影：2019年第三季度报告》，www.cfi.net.cn。

② 数据来源：《2019年上半年中国电视剧行业市场现状及未来发展趋势分析》，www.chyxx.com。

自行消化问题的宏观调控。另一方面，影视市场成熟度不断提升，意味着人们对影视内容质量的要求越来越高。

数据显示，尽管在影视“寒冬”的阴云笼罩之下，2018 年中国内地市场电影票房总计达到 609.76 亿元，同比增长 9.06%。2019 年全网网络剧累计有效播放量逐年提升，上半年网络剧累计有效播放量为 746 亿次，同比增加 58%，增速高于 2018 年上半年的 53% 和 2018 年下半年的 57%，网络剧吸睛能力显著。2019 年上半年百度指数 TOP10 的网络剧整体高于 2018 年同期，关注度更高。回顾 2019 年的中国影视业，随着行业监管持续加强，从中长期发展趋势看，未来中国影视业向好，既有机遇也有挑战。

二 北京影视产业发展特征与趋势

（一）影视创作精品内容频出，顺应“全国文化中心”功能定位

党的十九大报告指出，中国特色社会主义进入新时代，中国社会的主要矛盾是“人民日益增长的美好生活需要和不平衡不充分的发展之间的矛盾”。因此，文艺创作上也要坚持为人民创作的导向，贯彻十九大精神。这对中国电影、北京电影同样提出了新的要求，即如何把握好电影创作导向。北京作为中国电影产业的中心，承担了巨大的历史责任。2018 年以来，北京电影人以北京为中心，不断创造有目共睹的成绩，讲述中国故事，弘扬家国情怀。

近年来，北京电影业绩突出，中国内地影史票房前三的影片《战狼 2》《流浪地球》《红海行动》，均是北京的影视机构出品。另外，电影《一代宗师》《北京遇上西雅图》《黄金时代》《亲爱的》《滚蛋吧，肿瘤君》《破风》《羞羞的铁拳》，以及动画电影票房冠军《哪吒之魔童降世》等，均为“北京创作”。

电视产业方面，北京卫视在综艺节目、周间常规节目、电视剧等内容创作方面全面发力，创作出一系列竞争力强的优质电视节目如《跨界歌王》

《非凡匠心》《我是演说家》等，这些体现文化内涵和人文关怀的创新节目和北京卫视的品质剧场奠定了北京卫视作为一线卫视的地位，使其在收视率和广告创收方面逆袭上扬。获奖数量方面，北京重点扶持的影片《战狼2》《湄公河行动》《百团大战》《智取威虎山》等，荣获第14届精神文明建设“五个一”工程奖，获奖数量位列全国各省区市之首。

（二）影视剧制作年产量全国居首，“票房”和“口碑”双赢

电视行业方面，2017年，北京市播出公共电视节目56套，播出时长37.78万小时；生产电视剧75部3210集，动画片22部680集6321分钟，纪录片224万小时。

电影行业方面，作品创作和票房收入均有较大发展。2018年生产影片共410部，占全国电影产量的50%，15部影片票房过亿元。2019年春节档期北京电影票房2.18亿元，北京出品影片贡献42.23亿元，占新上映影片总票房的72.4%。八部新片中，《流浪地球》《新喜剧之王》《疯狂的外星人》《神探蒲松龄》《小猪佩奇过大年》等均为北京出品。

（三）影视机构及影院数量众多，加快建设“影视之都”步伐

北京是全国重要的媒体传播中心和影视制作基地，汇聚了众多影响力广泛的广播电视媒体。北京市共有1座中央级电视台（中央电视台）、1座省级及以上电视台（北京电视台）、10座区级广播电视台和50个有线广播电视站。据统计，2018年北京市广播电视节目制作经营许可证持证机构共9895家，持有信息网络传播视听节目许可证机构125家，因此，无论是影视机构总量还是影视产业规模，北京均居全国第一。[①] 其中，北京共有影院238家，银幕1675块，座位数22.99万个，保持着高速增长的态势。全国年度票房最高的5家影院中，北京就占了4家。

① 数据来源：《北京影视产业规模全国居首2020年建成“影视之都”》，www.takungpao.com，2020年1月14日。

目前，北京参与影视制作的机构已超过万家，从事电影制作的机构1500余家，在全国遥遥领先；根据规划，2020年，北京市影院将达到300家，银幕数量达到2200块左右，从目前的平均1.5万人共享一块银幕发展为1万人一块；中影、万达、光线、开心麻花等明星企业纷纷落户北京；全国各地乃至世界主要影视企业都在北京设有分支机构或创作经营实体。北京集中了中国乃至世界的优质文化资源，成为加快建设“影视之都”的主体力量。

（四）影视扶持政策利好，加速影视产业高质量发展

北京对影视行业的各项政策扶持为产业发展带来诸多利好消息。为推动北京影视行业繁荣发展，北京市各部门联动，深入开展大调研活动，及时了解掌握影视企业需求，通过政策集成、综合施策，进一步优化营商环境，助推北京影视实现稳中有升。

一是设立宣传文化引导基金、文化艺术基金、广播电视网络视听基金等专门资金和专项基金扶持创作。电影作品《战狼2》《红海行动》《湄公河行动》《羞羞的铁拳》等，电视作品《平凡的世界》《情满四合院》等，网络视听作品《法医秦明》《最美中国》《了不起的匠人》等均获资金扶持，取得了良好的经济效益与社会效益。

二是完善多厅影院建设补贴政策。根据《北京市多厅影院建设补贴管理办法》规定，北京合理规划五环路以内影院建设，重点鼓励和支持在五环路以外的乡镇影院建设，鼓励和支持利用老旧厂房、仓储等改建影院，以及将老旧影院改扩建为多厅影院，鼓励和支持北京城市副中心影院建设，鼓励和支持高清影院建设，对采用IMAX、中国巨幕、4D和杜比音效等高新技术的影厅给予补贴。

三是出台电影事业发展专项资金政策。针对影院设备更新改造、少数民族语电影译制、重点制片基地建设发展、优秀国产影片，2019年推出《关于推动北京影视业繁荣发展的实施意见》，这一意见被称为“京十条”，从“文化+科技”等10个方面推动影视业和文化产业高质量发展。

（五）影视全产业链完整，着力打造国际影视平台

影视全产业链是指覆盖影视行业的包括影视项目开发、制作、宣传、商务、交易平台等环节的产业链条。作为全国文化中心，北京有着影视产业发展最为齐全的要素，聚集数量众多的培育影视人才的高等院校、根植于市场的影视企业、拍摄制作影视节目的影视基地，而且聚集上千万的人口，有庞大的年轻消费群体。日臻完善的产业链，是北京发展成全国最重要的影视产业中心的重要保证。此外，在影视国际交流平台搭建方面，北京以国际电影节为龙头，搭建平台，加强电影交流推广，在影片展映、人才交流、企业洽谈等方面发挥着重要的影响力和传播力，是全球电影交流、合作与发展的重要场所，已经成为北京建设国际文化之都的新地标和国际文化交流的新平台。

三　北京影视产业发展路径与展望

首先，影视内容创作趋势层面，影视创作应继续强化价值引导，主动承担弘扬社会主义核心价值观的功能与使命，注重社会主义主流价值观的弘扬和引导，顺应首都“建设全国文化中心”的发展定位。讲好北京故事，塑造典型北京人物形象，传递正能量，切实开展优秀传统文化、红色文化、创新文化、京味文化的继承和发扬工作。

其次，影视制作技术创新趋势层面，影视发展与科技进步密切相关，从放映技术到传播技术，从拍摄技术到录音音响技术，从动画技术到后期特效技术，电影相关科技行业的技术变革总能推动电影制作、传播和宣发的变化。北京影视制作应持续关注和紧跟国际先进拍摄技术，如人工智能、AR、VR 等技术对影视业的渗透与应用。

再次，影视产品发行和传播渠道趋势层面，媒体融合已进入加速期，互联网对电影行业和传统电视媒体的冲击越来越大，传统影视企业布局新平台和渠道的难度也在逐渐加大。北京影视企业和机构应进一步探索互联网时代

新媒体传播规律，改变影视剧和电视节目传统宣发和销售模式，尽快瞄准移动端和社交媒体发力，实现“互联网+电影”、电视行业“台网联动”新突破，只有这样才有望抓住融合转型的突破口。

最后，影视行业投资趋势层面，影视资本集中度将稳步提升。未来影视市场集中度的提升，一方面是通过并购和兼并，最大限度地发挥资本的作用，实现企业制作能力、传播能力和抗风险能力的提升；另一方面是在产能扩张的同时，优化影视作品的生产制作流程，实现产业发展质量的提升。

历史名城保护与文化交流传播

City Cultural Heritages Preservation and Cultural Communication

B.19

2019年北京历史文化名城保护新进展

晏　晨*

摘　要：为展现新中国成立70周年来北京在历史文化保护领域取得的新成就、新风貌，2019年北京历史文化名城保护围绕老城整体保护、三个文化带保护建设、革命文物保护利用、打造传统文化节庆和推动文博文创行业发展等方面展开，名城保护格局不断完善，名城文化创新传承水平持续提升。今后还需在完善遗产资源数据库、建立城市历史景观体系、打造传统IP和以“传统文化+”模式促进产业融合方面不断努力，提升北京历史文化名城保护的水平。

* 晏晨，博士，北京市社会科学院文化研究所助理研究员，研究方向为城市文化。

关键词： 老城保护　三个文化带保护建设　革命文物保护利用　传统文化节庆　文博文创

2019年，为庆祝中华人民共和国成立70周年，北京市积极展示建国以来文化发展建设的新风貌、新成就，持续推进全国文化中心建设，在历史文化名城保护领域，北京市利用丰富的历史文化资源，全方位、多层次、多手段拓展和深化历史文化名城保护，在历史文化名城整体保护和名城文化创新传承方面深入推进，不断加强历史文化保护、传承和利用工作，在古都风貌复现、三个文化带保护和传统文化传承方面取得一系列新进展。

一　以中轴线申遗保护为抓手，推进老城整体保护

擦亮北京历史文化金名片，2019年老城保护以中轴线申遗为抓手，推进老城综合整治取得新进展，地区风貌得到提升，南中轴御路全线贯通。为了配合北京市政府2019年2月印发的《关于加强新时代街道工作的意见》，东城、西城以街区为单元推动老城有机更新，进一步提升老城风貌和美学品质。

（一）中轴线申遗保护持续推进，老城综合整治取得进展

2019年，中轴线申遗保护主要围绕以下几方面展开。第一，中轴线申遗保护与老城风貌恢复同时推进。“中轴突出、两翼对称”是老城的基本格局，中轴线申遗保护以保护和修缮遗产点为基础，推动遗产点片区的环境整治。2019年，中轴线申遗保护工作加强遗产点周边区域城市环境综合整治提升，积极推动皇史宬等央产、军产文物腾退整治，完成钟楼北侧紧邻中轴线的宏恩观、红庙街正阳桥疏渠记方碑周边住户腾退，启动伍连德故居、郝寿臣故居等12项文物修缮工作，天坛周边、南中轴路周边环境整治项目进入收尾阶段，天坛圜丘坛东部泰元门的复原修缮工程完工，太庙地区的腾退整治工作取得进展，在2018年底完成73户居民住房腾退，区域内体育场已

完成拆除腾退的基础上，2019 年太庙以恢复和绿化为主提升地区风貌，新增游览面积 3480 平方米。第二，中轴线申遗保护体系不断完善。2019 年，中轴线申遗保护按照中轴线申遗保护规划、综合整治规划纲要及配套导则进一步推进，在老城整体保护的视野下，中轴线申遗保护工作的开展与老城整体保护规划和首都功能核心区控制性详细规划相衔接，进一步完善了申遗保护体系，通过规划层面的指导整体推进中轴线申遗保护。2019 年北京市结合专家意见和保护实践继续完善中轴线申遗文本，挖掘中轴线历史文化内涵。10 月 30 日，北京中轴线申遗保护国际学术研讨会以“北京中轴线的突出普遍价值与遗产构成”为主题，与会的 14 位国际遗产专家与 30 位国内专家就中轴线遗产价值、中外遗产比较研究、申报策略和遗产构成展开探讨，为进一步推动中轴线保护、完善申遗文本提供了理论支持。第三，作为中轴线遗产的重要组成部分，2019 年南中轴御路全线贯通，南中轴路珠市口至永安路段御道铺设完成，同时随着公交集团公司腾退 110 路电车总站临时停车场，北纬路以北、北京自然博物馆西北方路中区域启动御路恢复，至此长 3 公里的南中轴实现了步行全线贯通。南中轴的打通对于提升中轴线南段的景观风貌具有重要意义，也为游人直接体验这条宏伟的城市中轴线、更好地感受古都文化优化了游览环境。

（二）街区更新激发发展活力，老城复现传统风貌

2019 年，为了迎接建国 70 周年，东城、西城以街区更新助推老城面貌焕然一新。2019 年北京市和东城、西城两级政府大力推动街道街区工作开展，出台了一系列相关文件为老城更新提供政策支持。作为首都功能核心区，东城、西城积极落实北京市《关于加强新时代街道工作的意见》，科学划分街区单元并开展有机更新，分别划出 82 个、101 个街区，以街区为更新单元，确立历史文化遗产保护的首要价值导向，按照功能分类制订设计方案和更新要点，东城以《东城区街区更新实施意见（施行）》为指导全面推进街区更新，已打造史家胡同、草厂四条胡同等“精品示范街巷”，推出东四南、崇雍大街等街区更新样板；西城根据街区分类已形成多套城市设计导

则和重点地区深化设计方案，推出了 17 个重点街区，建成街道街区整理展示中心并对外开放。

12 月 30 日公布的《首都功能核心区控制性详细规划（街区层面）（2018 年 –2035 年）》（草案）提出要打造政务环境优良、文化魅力彰显、人居环境一流的首都功能核心区，塑造平缓开阔、壮美有序、古今交融、庄重大气的城市形象，划定古都风貌保护区、古都风貌协调区和现代风貌控制区三类特色风貌分区，以古风古貌融入现代城市空间和城市生活，进一步明确了老城保护的要求，包括依托城址遗存、棋盘路网、历史水系、坛庙建筑展现壮美的空间秩序，以历史文化街区、传统胡同街巷留存历史印记，以老字号、老物件和老手艺等非物质文化遗产留住京味等，规划将进一步引导老城保护和传统风貌再现，展示传统与现代交相辉映的首都风范和古都风韵。

为了贯彻《关于推进北京市核心区责任规划师工作的指导意见》，改善并恢复老城空间风貌，提升街区治理的精细化和人性化水平，东城、西城还建立街区责任规划师制度，东城制定《东城区街区责任规划师工作实施意见》和《东城区街区责任规划师管理办法》，吸纳了知名设计单位的专业人员担任街区责任规划师，协助街道开展街区治理工作；西城则继续按照街区整理思路推进地区更新，制定《西城区责任规划师制度工作方案》，聘请街道规划顾问共同推进街区更新工作，使改善人居环境与保护老城历史文化同时推进。通过街区历史文化的展示讲好传统文化故事，透过建筑本体揭示古都和历史文化名城的历史踪迹和文化过往，东城区在文物建筑修缮整治过程中进一步提升老城美学品质。东城区落实《北京历史文化街区风貌保护与更新设计导则》《北京老城保护房屋修缮技术导则（2019）》中对老城保护和修缮的技术导则、标准等规范要求，制定并出台《东城区老城风貌保护与房屋修缮技术导则》，明确了老城房屋保护性修缮技术标准和施工队伍准入标准，为胡同及院落、建筑的恢复性修建提供设计、施工标准。推进历史文化街区精细化治理，东城区交通委委托北京城市规划设计研究院制定《南锣鼓巷历史文化街区机动车停车规划》，至今南锣鼓巷地区不停车胡同增至 5 条，到 2025 年整个片区 29 条胡同都将禁止停车，进一步改善老城交通环境。

街区更新将保护传统风貌、腾退修缮文物与提升公共空间品质、完善便民服务设施相结合，按照“修旧如旧”的理念重现胡同院落传统风貌，并通过厕所革命、提供物业管理等服务切实改善民生，展示历史文化街区的新面貌。在推动街区保护更新的实践中，“共生院”模式成为老城更新的重要探索。共生强调建筑共生、居住共生和文化共生，通过对院落的腾退整治、保护修缮，增设便民设施，引入新业态新居民，让传统与老建筑和文化肌理共同保留延续，为地区注入新的发展活力。西城区完成了28项直管公房类文物腾退，其中砖塔胡同、菜市口西片通过“申请式退租”将腾退的完整院落用于引入人才公寓、文创等业态，以运营支撑更新发展，同时启动历代帝王庙、京报馆等文物修缮工程，并认定西板桥、山左会馆等8处区级文保单位。①

二　推进三个文化带保护，文物保护工作不断开拓局面

2019年，北京市统筹推进三个文化带保护建设工作，在遗产保护利用、景观带建设、区域环境整治、基础设施改造提升上持续用力，取得了良好成效。为了推动传统文化和近现代文化遗产的传承利用，北京公布首批历史建筑名单，不断加强革命文物和工业文化的保护和现代开发，取得了良好的成效。

（一）以保护发展规划为引导，三个文化带保护不断推进

2019年12月，中共中央办公厅、国务院办公厅印发《长城、大运河、长征国家文化公园建设方案》，明确了保护传承利用好长城、大运河历史文化资源的总体要求，2019年长城和大运河文化带保护的相关规划密集出台，遗产保护和景观带建设不断推进。2019年4月，《北京市长城文化带保护发

① 《西城区新认定8处区级文保单位》，http://bj.wenming.cn/xc/xcqyw/201903/t20190313_5037070.shtml。

展规划（2018 年 - 2035 年）》公布，长城文化带将按照“一线五片多点”展开保护利用，该规划对北京长城 664 处/片保护性资源共 2873 处资源点按照价值主体分为长城遗产、相关文化和生态资源三类，今后将围绕长城遗产保护、生态修复和增进民生福祉进一步推动长城文化传承。2019 年 10 月，延庆区发布《延庆区长城保护三年行动计划》，计划通过建立数字档案、开展数字化保护，在未来三年实现长城保护体系全覆盖。延庆以分段组团方式，有计划地推进重点长城段落抢救性修复、维护修缮和监测工作，并首次启动数字化保护技术，通过三维激光扫描、无人机巡查等方式开展数字化虚拟复原和监控，以信息化支撑长城文化传承保护。①

12 月《北京市大运河文化保护传承利用实施规划》和《北京市大运河文化保护传承利用五年行动计划（2018 年 - 2022 年）》出台，明确了 2025 年、2035 年、2050 年三个阶段大运河文化保护传承利用的中长期目标，从推进遗产保护、构建大运河文化带发展格局、开展沿线环境整治和河道治理以及提升旅游休闲功能等方面做了具体规定。2019 年大运河保护继续围绕河道遗产保护、河道治理、周边综合环境整治等方面展开。大运河源头遗址公园再现“龙泉漱玉”景观，通惠河景观廊道建设工程已完成概念方案编制。推进运河遗产融入现代城市景观，通州夜景亮化公园——西海子公园展现了云曲桥、水榭、揽月亭、四方亭、牡丹台、西海阁、名人轩和燃灯塔等 10 余处景观，运用新型光影技术点亮北京城市副中心夜景新地标，今后还将结合运河两岸的商务区、广场、景点、桥梁等进行亮化，呈现古建筑和高楼大厦、传统风韵和现代城市结合的独特城市美景。西山永定河文化带保护建设方面，石景山、海淀和房山区结合保护实践不断完善区域内历史文化资源保护和利用。9 月石景山区发布《石景山区西山永定河文化带保护发展规划》（以下简称《规划》），以《规划》为指导，石景山将围绕古都文化、红色文化、京味文化、创意文化深入挖掘八大处—模式口历史文化、西山永

① 《北京长城保护员烈日巡“城”，形成全覆盖无盲区长城遗产保护网》，北晚新视觉网站，https：//www. takefoto. cn/viewnews - 1831610. html。

定河生态文化、首钢工业文化等的深厚内涵，推动文化带保护发展。2019年海淀区启动东、西水磨地区环境整治；石景山区启动金阁寺古建筑群、十八磴古石堤等水利设施遗址遗迹保护修缮，继续修复永定河生态功能，持续推进模式口文保区修缮改造。“三山五园”研究不断推进，2019年12月北京大学和圆明园“牵手”成立“北京大学－圆明园研究中心”，开展科研合作，建立学术交流、信息资源共享、人才培养和交流、产学研合作交流协调机制，致力于打造首都知名文化品牌。房山区稳步推进琉璃河考古遗址公园规划建设，并积极推动《琉璃河遗址保护规划》和《琉璃河考古遗址公园修建性详细规划》的编制出台。

（二）文物保护工作覆盖面不断扩大，革命文物保护利用持续深入

在文物保护工作方面，北京市围绕历史建筑、革命文物和工业遗产保护利用持续推进历史文化资源的发掘和利用。2019年北京市公布首批历史建筑名单。北京市是全国第一批历史建筑保护利用的10个试点城市之一，2019年北京市推进历史建筑的保护利用工作，首次公布包括人民大会堂、吴晗故居、北京大学燕南园历史建筑群等在内的429处建筑物为北京市第一批历史建筑，广泛涉及居住、文化教育、办公、商贸、工业、医疗建筑等多种类型，其中273栋建筑位于核心区，这些建筑物反映了历史风貌和地方特色，具有一定的保护价值和时代特征，今后将进一步结合实际深入开展历史建筑的保护和活化利用工作。6月住房和城乡建设部、文化和旅游部、国家文物局等6部门公布了第五批列入中国传统村落名录的村落名单，北京市房山区佛子庄乡黑龙关村等2666个村落入选，全国总数达6819个。10月国务院公布《第八批全国重点文物保护单位名单》，北京的上宅遗址、双清别墅、北京站车站大楼等11处文物入选，下一步北京将继续推动文保单位的保护和利用。

2019年是新中国成立70周年，加大革命文物保护力度是北京历史文化保护的年度重点工作。革命旧址见证了中国共产党领导中国人民开展艰苦卓绝的长期斗争的革命历程，加强革命旧址保护利用是普及中国近现代史和开

展爱国主义、革命传统教育的重要内容，让人们铭记新中国的来之不易，更加珍惜当下的生活。按照《革命旧址保护利用导则（2019）》的要求，进一步加强对包括重要机构、重要会议旧址、重要人物故居、重要事件遗址遗迹等在内的革命旧址的保护利用，进行科学规划、分类管理、有效保护和合理利用，以革命旧址保护弘扬革命精神，在现场展示参观中传播革命文化，利用多种手段积极拓展教育传播方式，让红色基因一代代传承下去。香山双清别墅开展主题革命文化保护利用，增强了民众爱国爱党爱社会主义的情怀。截至 2019 年底，香山公园内的八处革命旧址已接待超 150 万游客参观，革命故事融入特色文创带火红色旅游，红鱼、红亭系列文创产品受到游客热捧，印有毛主席笔记的红鱼笔记本、反映革命元素的文创书签和根据领导人饮食习惯推出的特色套餐等，一经推出就成为香山文创的特色品牌，探索了革命文化传承利用的新模式。

为了促进工业遗产的保护、传承和利用，京张铁路遗址升级为公共文化空间。目前遗址公园五道口启动区已率先亮相，将铁路遗址融入绿植花园，重新弥合了被铁轨割裂的两侧城市空间，并在设计中将景观功能与市民运动健身、文化休闲和艺术创意相结合，使铁路遗产焕发新活力。利用传统工业园区改造城市艺术空间，京西首钢老厂区现场环境激发舞蹈创作灵感，2019 年首钢院环境舞蹈展演将舞蹈融入厂区环境，观众可在行走中欣赏 29 支不同风格的舞蹈作品，这种独特的艺术形式让肢体与建筑、自然或人工环境发生连接和对话，在舞者与观众、人与环境间创造新的交流形式，开创了城市公共空间艺术展演的新形式，也丰富城市文化艺术实践。

三　遗产日弘扬红色文化，传统民俗节庆玩出新花样

2019 年北京市围绕推进历史文化遗产保护利用、传承中华优秀传统文化，利用“自然和文化遗产日”以及传统节日，举办了一系列文化活动，北京历史名城文化得到彰显。自 2017 年“文化遗产日”更名为“文化和自然遗产日”以来，2019 年是我国第三个“文化和自然遗产日”，结合庆祝新

中国成立70周年的主题，弘扬红色文化，6月8日“文化和自然遗产日”北京地区以“保护革命文物　传承红色基因”为主题推出了覆盖各区和世界遗产地的57项主题活动①，包括延庆八达岭长城举办的长城修缮保护和长城文化带建设展示、故宫“知故宫历史，证国运兴衰”参观导览及榫卯主题教育课程、周口店北京人遗址管理处“弘扬科学精神　激发爱国情怀——科学家与周口店主题展览”、圆明园“保护革命文物，传承红色基因——我的一封红色家书”等在内的各类主题展览、讲座等让市民进一步了解文化遗产，感受红色文化的洗礼。

2019年，“我们的节日”文化活动激发了人们对传统节日的纪念和文化传承，如以“忆满京城　情思华夏”为主题的“2019年北京市清明红色祭扫活动”、以“和满京城　奋进九州”为主题的端午节系列文化活动、“爱满京城相约幸福”七夕文化活动、重阳节爱老敬老活动等。在传统节日当天，通过丰富的主题文化艺术活动如诗歌朗诵、文艺表演结合传统民俗体验、非遗展示等方式，让市民体验了传统节日和老北京文化特色，通过感受文化遗产营造了和谐的节日氛围，各区也发挥相关文化资源优势，举办了丰富多彩的活动。如2019年9月13日颐和园上演“佳节共赏天上月　金桂飘香在颐和”中秋文化活动，佛香阁、十七孔桥、廓如亭点亮景观照明系统，邀请游客游园赏月、逛灯会听名曲，在传统节日氛围中体验自然与文化交融的美感。北京市也利用网络推动传统节日文化传播，如2019年春节期间故宫94年来首次开放夜间赏灯活动“紫禁之巅上元之夜”，观众可通过网络预约门票，其吸引了无数故宫拥趸，成为重要的年度文化事件。此外，2019年春节举办的“文化惠民逛庙会　欢欢喜喜过大年——北京市人民政府向首都市民发放30万张春节庙会门票”活动，也是通过网络抢票的方式为市民送上春节大礼包，活动期间共476万人次参与，换票率87.98%，满意度高达99.09%，以龙潭庙会、厂甸庙会等为主吸引了大批市民参与到新春游

① 《2019年“文化和自然遗产日”活动拉开帷幕》，http://www.beijing.gov.cn/renwen/zt/whyc/dsbf/t1590260.htm。

园会中，传统民俗节庆日益融入现代城市生活并取得积极反响。

为了推动古都遗产保护工作的开展，不少遗产地发挥自身优势打造节庆品牌，2019年北京八达岭长城文化节以“长城聚首　壮美中华”为主题，推出了长城文化主题展览、高峰论坛、“长城夜话”文化沙龙等活动；通州运河文化艺术节则聚焦运河文化，包括“戏聚运河”剧目展演、“运河印象”文化艺术活动、“细说运河”主题讲座和开闭幕式演出，其中原创话剧《运河1935》作为压轴作品在闭幕式上演出，并将于2020年开启全国巡演。传承古都文化，第六届前门历史文化节于11月1日在修缮一新的前门大街广和楼正式开幕，本届历史文化节围绕“古都风韵·魅力前门”主题展开，文化节期间不仅为观众呈现了京剧、京韵大局等传统艺术表演，还推出“回眸商风梨园文脉传承　探寻保护复兴留住乡愁——百年记忆·前门今昔”前门历史文化展，以文字、图片、影像多种形式呈现该地区历史变迁和保护发展现状。此外，还推出了“好玩的艺术”潮玩文创市集、“最潮京娃逛前门”亲子游学体验等丰富的活动，将包括建筑文化、民俗文化、梨园文化、商贾文化在内的古都文化与时尚文化相结合，极大地提升了游客消费体验，同时“玩转前门”消费地图小程序正式上线，为游客带来更便利、有趣、丰富的文化体验。前门历史文化节以“传承精粹历史文化、探索街区发展路径、提升文化商业价值、倡导文化消费升级”为主线，将历史文化展示与游购娱结合起来，积极组织前门大街商户并邀请游客制作京味儿美食、参与传统民俗游戏等富有传统文化内涵的商业活动，提升了文化消费品质，打造了文化消费的京城新地标。

四　传统融入现代，文博文创受到热捧

北京作为著名古都和历史文化名城，文物文博资源丰富，目前北京拥有14座国家一级博物馆，居全国首位，全市免费开放的各类博物馆、纪念馆已达82家，年均举办展览600余场、活动超千次，接待观众超过5000万人次，长期霸占话题热度的故宫和首博成为近年来不可忽视的文化热点，逛博

物馆已构成市民文化生活的重要组成部分。北京拥有联合国教科文组织非遗名录项目 11 个，国家级非遗代表性项目 126 个，市级和区级非遗项目分别为 273 个、909 个，这些为展示北京特色传统文化、活跃市民精神文化生活提供了宝贵资源。

文物文化遗产展览展示彰显厚重古都文化，2019 年，北京市各大博物馆围绕庆祝建国 70 周年、传承名城历史文化开展了内容丰富、形式多样的展览展演活动。首都博物馆推出“江山如画——12 到 20 世纪中国山水画艺术展”“锦绣中华——古代丝织品文化展”等特展，汇聚了来自全国各地的国宝级文物，给观众奉上了高品质的文化大餐，同时首博还面向不同年龄观众组织了互动活动和相关讲座。国家典籍博物馆推出“中华传统文化典籍保护传承大展”，汇集了来自全国 20 多个省份的 330 多种珍贵藏品，分为“国宝吉光”“百代芸香”“汲古润今”“交流互鉴”四个主题，分别展示了以经史子集为线索的历朝历代的伟大成就、历代藏书家捐赠和收藏的多类珍贵古籍、大运河舆图等《国家珍贵古籍名录》中的舆图金石拓片、丝绸之路中外文化交流史迹和新中国成立后海外珍贵古籍回归成就，展示了国家传统典籍的丰富多元面貌。在非物质文化遗产传承领域，民族文化宫“壮丽七十年　奋斗新时代——非物质文化遗产汇报展”汇集了全国 31 个省区市的参展作品，展示了建国以来非物质文化遗产保护传承的伟大成就。历时两年的“大运河文化带文化遗产创新创意设计大赛”于 2019 年 9 月落幕，共征集到来自运河全流域八个省市的 2500 余件“运河礼物”，其中 189 件作品获奖，作为首个运河文化遗产保护利用和创意设计的文化品牌活动，运河沿线 75 家博物馆参与其中为设计师提供支持，后续将选择 20 件左右的优秀原创设计作品量产销售。围绕大运河文化保护主题，北京和扬州两地的工艺美术企业携手在千年古刹承恩寺举办“漆玉传情扬州工艺精品北京特展”，近万件金漆镶嵌精品和扬州漆器、玉器联合展出。北京国际设计周活动期间，为了展示新中国成立以来设计方面的成就，开设了建国初期国家形象展、“非遗之美、生活即道”传统工艺振兴主题设计展，凸显了为人民而设计的发展历程。设计周首次特设文博设计奖，促进文博单位文创产品的设计开发和市场营销，助推传统文创产品提质增效。石景山区五里坨村利用现存规模最大的四合院改建成京西五里坨民俗博物馆，博物馆分为婚房、酒馆、农具馆、生活馆等12个主题展馆，收藏品万余件，其中大多为当地居民捐赠的老物件，展览展示吸引了附近居民、中小学生和外国友人的来访参观，成为文化交流的平台，民俗博物馆还结合传统节日举办民俗文化活动。老字号也是北京重要的非遗项目，北京老字号协会新评选出新中国儿童用品商店、莫斯科餐厅、萃华楼等5家企业并完成授牌，北京老字号现已增加至197家。老字号六必居在前门建博物馆，博物馆不仅展出了六必居600年发展过程中的历史风貌，还开辟了包括传承人工作室、明代老井、研学实践区等在内的体验区，方便游客亲身感受六必居工艺文化。

打造传统文化IP，故宫创新步伐加快，文创产品品类日益丰富多元，除了故宫淘宝、故宫出版、故宫文创、故宫食品、上新了故宫文创，进一步推出了故宫文具系列，同样将故宫元素如牌匾题字、瓷器纹样、名画片段、祥瑞神兽等融入产品包装和设计之中，故宫文创成为著名文创品牌。传统文化传播日益深入人心，《上新了·故宫》获得第25届上海电视节白玉兰奖最佳电视综艺节目，继《如果国宝会说话》《国家宝藏》《上新了·故宫》后，北京卫视又结合天坛、颐和园推出文化体验节目《遇见天坛》《我在颐和园等你》，为满足观众的文化审美和对传统认知的渴求，不断推出高品质、内涵丰富、趣味性强的传统文化类节目，玩转国潮新风尚。为了进一步推动传统文化“走出去”，在中法建交55周年之际，“江山如此多娇——三山五园皇家园林光影艺术展”在法国巴黎展出，展览采用3D全息幻影成像和沉浸式数字化场景体验模式，以流动的博物馆方式向国外展示了三山五园皇家园林风景，吸引了大量法国观众。展览期间海淀区文促中心、天猫技术有限公司和中创文旅集团还就三山五园主题文创产品开发等签署三方战略合作协议，在传统文化传承利用方面不断推陈出新，通过设置融合三山五园元素的民族品牌展台向法国人积极推介中国文化IP，取得了良好反响。

五 推进北京历史文化名城保护的问题与建议

新中国成立以来，北京市在加强古都和历史文化名城保护方面取得了突出的成就，一方面文物遗产修缮保护不断深化，点—线—面—体四个层面的北京文化遗产保护体系得到建立健全，文保单位、文化遗产线路、历史文化街区、老城、历史文化名镇名村和历史文化名城整体保护不断完善，古都传统文化风貌得到复现；另一方面古都历史文化资源开发和名城文化传承持续推进，以故宫、国博为主的博物馆展览不断掀起“故宫跑”等文化热潮，品类丰富的文化创意产品日渐适应现代文化产业推陈出新，彰显传统文化内涵的文艺演出和电视节目吸引了大批观众和文化拥趸，历史文化保护工作不断开创新局面。在成绩面前，北京历史文化名城保护仍然面临着文化遗产数字化保护尚待加强，传统文化 IP 仍需不断增强实力，传统文化保护传承整体性、协同性仍需增强等问题。

（一）建立完善的北京文化遗产资源数据库

北京博大丰富的历史文化资源是城市发展的重要基础，也是不可再生的宝贵文化财富，当前北京名城保护已取得重要进展，但由于历史文化资源分布广泛、资金投入不足、占用情况复杂、对遗产的认识和重视程度不够等制约因素，迄今仍有部分文物遗产处于失修状态，亟须改善文物保护状况。为了解决这一难题，可考虑采取数字化保护和文物动态监测的方式，目前已有向公众开放的展示老城历史文化资源的“北京印迹”平台，今后需进一步深入推进全市范围内的文物遗产普查，全面统计全市各级各类文物古迹、非物质文化遗产基本情况，推广应用成熟的技术和科研成果，利用数字技术建立完善北京市文物遗产档案数据库，为每一件文物、每一处遗址、每一个遗产项目建立数字“身份信息”，详细记录并定期监测文物的现存状况，用先进的现代技术为文物保护保驾护航，为今后保护修缮工作的开展提供科学依据，并可结合具体情况有计划有步骤地面向公众开放数字文保信息。

（二）以历史景观体系的建立提升历史文化名城整体形象

历史景观是北京历史文化名城保护不可或缺的重要部分，亮化城市历史景观将不断推进历史文化名城保护效益的提升。北京作为古都和历史文化名城具有多种类型的丰富历史景观，但目前历史景观只是散落在城市各处，景观之间还缺乏必要的呼应和联系，历史文化线索仍有待厘清。推动建立北京城市历史景观体系，要从景观本体保护走向整体形态建构，从单一具体景观串联起传统文化主题线路，针对具体历史景观的阐释，要注意景观和场所，以及物质性文化景观和地方风俗、文化传统的结合，将城市历史景观还原到城市文脉和地区语境中，发挥地方特色，使景观内涵得到更全面、更系统、更深入的展示。从历史景观出发建构城市公共文化空间，加强历史景观保护与周边环境和城市发展的有机联系，就保护的角度而言，对历史信息的留存应坚持原样恢复，周边环境也应尽可能配合历史景观的传统氛围，从城市发展的角度来说，历史景观所在地区应符合城市的基本功能和定位，协调保护与发展的关系，将历史景观及周边划定为历史文化保护区或传统文化精华展示区，在历史文化保护的同时发展文化和旅游等相关产业，使传统文化与现代城市文明交相辉映、相得益彰，积极打造历史文化名城和世界文脉标志。

（三）深挖古都文化内涵，打造传统 IP 推动遗产保护利用

保护传统是为了更好地发展，历史遗产如何有效对接现代文化仍是重要的现实议题。需以历史文化名城保护和古都文化传承为城市更新发展注入新的生机和活力，不断深化历史文化名城保护、创新传统文化保护方式，以创新激发城市文化发展活力。继续深挖历史文化资源内涵，提炼传统文化理念和元素，融入现代创意讲好传统文化故事，以扎实的学术研究支撑传统的现代诠释，通过现代产业运作和文化传播创新让遗产融入现代文化、走入当代生活，彰显古都文化遗产的历史文化价值。具体而言，可借鉴国际文博 IP 开发的成功经验，在 IP 开发、运营、授权等各个环节制定相应的规则和模式，以体系完备、运营成熟的文博文创产业推动传统文化传承。IP 开发广

泛涉及文创衍生品、遗产数字化、出版影视、IP 主题展览等多个领域，目前虽已由“文创 1.0 时代”过渡到“文创 2.0 时代”，文创产品种类日益丰富、文化附加值逐渐增加，但文创产品并不是传统 IP 的全部，仍有广阔的领域尚待开发。目前，故宫文创衍生品和《上新了・故宫》主题综艺节目、三山五园数字艺术展览等都是打造传统 IP 的成功案例，但也面临仍有海量历史文化资源和文化藏品仍然默默无闻的状况，今后既要跨界合作不断推出具有文化特色、符合大众需要的文博文创产品，也要在历史文化阐释基础上找到灵活的传播方式，用现代科技和艺术手段丰富文化体验形式，进一步发掘名城的文化内涵和历史价值。

（四）以“传统文化 +”模式促进产业融合，不断提升名城保护效益

在现代产业融合趋势不断增强的当下，文化与各行各业的渗透交叉愈加明显，并不断出现新产业新业态，传统文化作为重要的文化资源和现代城市文化资本，在产业融合方面能激发更大的活力、更好地发挥地区优势，一方面“传统文化 +”能帮助古都和名城文化更好地传承和发扬，另一方面其也能带动多产业多领域深入发展，不断优化产业结构、增强产业活力并拓展产业发展空间。加强传统文化与旅游、体育、科技、动漫等多种业态的融合，不断提升产品和服务的品质，增强产业实力，如顺应文化和旅游融合发展的要求，推动“传统文化 + 旅游”业态融合模式，以传统文化对接现代旅游开发，不断增强新产品的研究开发能力和市场运营能力，可设计皇家园林游、胡同游、红色文化旅游、非遗旅游等多个传统文化旅游线路项目，提升旅游服务的文化内涵，促进旅游项目、旅游节庆的文化体验和欣赏，以产业化提升北京历史文化名城保护效益，实现城市可持续发展。

B.20
2019年北京非物质文化遗产保护与传承

黄仲山*

摘　要： 2019年，北京非物质文化遗产保护与传承整体上稳中求进，在非遗立法、名录体系建设、人才培育等方面取得较大进展，尤其是在非遗文创发展、非遗文旅融合等方面呈现突出亮点。然而，北京非遗保护与传承在发展定位和管理规范等方面也仍然存在诸多问题，主要体现在非遗标识认证管理、非遗传播工作定位、文化创意对接社会生活等方面还存在欠缺和短板，需要充分考虑非遗业态发展特点，结合首都文化发展趋势和大局，充分发挥已有的优势，补齐短板，推动非遗文化在京华大地落地生根，发扬光大。

关键词： 非物质文化遗产　文化创意　文旅融合　文化体制

2019年，北京非物质文化遗产保护与传承稳步推进，尤其是在全国文化中心建设的大棋局下，非遗文化发展不仅拥有政策扶持，而且还有市场托举和社会支撑，在整体格局和细分领域都有亮眼的表现。

一　非物质文化遗产保护与传承的整体格局

2019年，北京非物质文化遗产保护与传承呈现稳步发展的整体格局，

* 黄仲山，北京市社会科学院文化研究所副研究员，研究方向为城市文化、美学。

在非遗立法、名录体系建设、京津冀协同、人才交流沟通与研习研培等方面不断推进，注重非遗业态产、学、研、展、销的有机衔接，体现首都作为全国文化中心在非遗保护与传承上的示范引领作用。

（一）非遗立法工作取得突破性进展

本年度，北京在非物质文化遗产立法方面取得重大进展，标志性的事件是：经过几年的酝酿，《北京市非物质文化遗产条例》（以下简称《条例》）于2019年1月20日由北京市第十五届人民代表大会第二次会议通过，自2019年6月1日起施行，这标志着北京非物质文化遗产保护与传承正式进入了法制化的新时期。《条例》对标2011年出台的《中华人民共和国非物质文化遗产法》，同时体现了首都非遗发展与保护工作的特色。

该《条例》作为地方性法规，从制定到出台经历了充分的酝酿过程，涉及专家论证、起草、人大审议、公开征求意见、修改完善等诸多环节，有267位市人大代表、1000多位区和乡镇人大代表及400多位群众代表提出意见建议共912条，充分体现了立法的严肃性，也使《条例》内容能够反映社会各界的意志，为法规顺利推行打下牢固的基础。从《条例》内容来看，其对非遗保护、传承传播各个环节和领域的实践行为都进行了法律规定，包括非遗历史和现状的调查与资料保存、代表性项目名录建设、非遗技艺传承与分类保护、非遗文化传播与发展等，对各项工作流程和方法进行了规范，对非遗相关的个人、群体、部门的法律责任进行了规定，同时为他们的各项权利提供了法律保障。《条例》的出台对于北京非遗文化发展无疑具有里程碑意义，不仅意味着非遗保护与传承工作有了明确的法律保障，而且将会为非遗文化创新发展扫清障碍，使非遗文化更深入有效地融入现代社会空间。

（二）非物质文化遗产名录体系建设有序推进

从2018年到2019年，北京部分区开展了区级非物质文化遗产代表性项目名录的评选、审定工作（见表1）[①]，从最终确定进入各区非遗名录的代表性项目来看，涵盖了各个类别，申报和保护主体涉及社会各界，代表了各区的文化特色，体现过去一两年各区非遗名录体系建设的最新成果。

表1　2018～2019年北京部分区级非物质文化遗产代表性名录项目评选结果

区县	项目类别	项目名称	项目申报单位
东城区第六批区级非物质文化遗产代表性项目名录(共计31项)	传统音乐(2项)	箜篌艺术	北京市华嘉博艺文化传媒有限责任公司
		古琴艺术	北京市彭天艺品有限公司
	传统戏剧(1项)	京剧(余派老生)	北京市彭天艺品有限公司
	曲艺(1项)	白派京韵大鼓	中青美思(北京)文化传播有限公司
	传统体育、游艺与杂技(1项)	双石技艺	崇文门外街道社区服务中心
	传统美术(4项)	核桃微雕技艺	北京兴鑫京艺文化中心东城分中心
		北京彩塑脸谱	北京兴鑫京艺文化中心东城分中心
		北京纸塑	北京国谊国礼文化中心
		印章篆刻艺术	九州升平(北京)文化传媒有限公司
	传统技艺(16项)	葫芦雕刻	北京兴鑫京艺文化中心东城分中心
		传统单钩开锁技艺	中安特保(北京)国际贸易有限公司
		绒帽制作技艺	北京制帽厂
		千层底制作技艺	北京市前进鞋厂
		折扇手工制作技艺	北京市东城区体育馆路街道文化服务中心
		兔儿爷制作技艺	北京汉祖恒晟文化发展有限公司

① 由于非物质文化遗产项目名录从项目征集、评审到公示、最终确定需要一个周期，不少项目名录评选都跨越了不同年份，这里统计的是从2018年到2019年评选的项目。

续表

区县	项目类别	项目名称	项目申报单位
东城区第六批区级非物质文化遗产代表性项目名录(共计31项)	传统技艺(16项)	中国传统绘画矿物质颜料制作技艺	北京玉和天下黄金珠宝有限公司
		板寸技艺	北京金板寸文化发展中心
		京派手工沿条缝绱工艺	北京同升和鞋业有限责任公司
		太平燕	北京市彭天艺品有限公司
		绳结	北京国谊国礼文化中心
		清式斗拱营造技艺	神州紫禁建筑文化(北京)有限公司
		东来顺清真特色菜	北京东来顺集团有限责任公司
		龙须面制作技艺	北京国际职业教育学院
		北京稻香村京八件手工制作技艺	北京稻香村食品有限责任公司
		大兵黄砂板糖制作技艺	北京砂板糖科技有限公司
	传统医药(6项)	北京永安堂手工塑制蜜丸制作技艺	北京永安堂医药连锁有限责任公司
		同仁堂微丸传统手工制作技艺	中国北京同仁堂(集团)有限责任公司
		同仁堂壮骨药酒传统制作技艺	中国北京同仁堂(集团)有限责任公司
		中医传统制剂方法(血余蛋黄油制作技艺)	首都医科大学附属北京中医院
		中医传统制剂方法(黑色拔毒膏制作技艺)	首都医科大学附属北京中医院
		中医传统制剂方法(子宫锭制作技艺)	首都医科大学附属北京中医院
海淀区第五批区级非物质文化遗产代表性项目名录(共计46项)	传统音乐(2项)	古琴艺术(泛川琴派)	中关村学院
		京西吹打乐	北京市海淀区文化馆
	传统舞蹈(1项)	前沙涧少林子弟棍会	北京市海淀区苏家坨镇杨彤养殖中心
	传统体育、游艺与杂技(6项)	霍元甲迷踪拳(霍氏练手拳)	北京平英一诺文化有限公司
		中幡(万柳)	海淀街道汇新家园居委会
		掼跤	北京体育大学
		太极拳(王其和式)	北京大学

续表

区县	项目类别	项目名称	项目申报单位
海淀区第五批区级非物质文化遗产代表性项目名录（共计46项）	传统体育、游艺与杂技（6项）	六子联方	新莱蒙文化艺术（北京）有限公司
		梅花拳	北京武悦体育产业发展有限公司
	传统美术（13项）	葫芦雕刻	诗书开世（北京）教育科技有限公司
		蛋壳雕	北京市海淀区文化馆
		核雕	北京玉海腾龙文化艺术有限责任公司
		连环画	神州共享（北京）技术有限公司
		染色剪纸	北京百美源文化艺术中心（有限合伙）
		剪纸	北京玉海腾龙文化艺术有限责任公司
		北京雕漆	北京博利宏泰商贸有限公司
		纸塑（胡青梅）	北京三师汇文化传播有限公司
		面塑（姚惠敏）	北京市海淀区翠微小学
		食品雕刻	北京龙凤鲲鹏商贸有限公司
		石画	北京玉海腾龙文化艺术有限责任公司
		剪纸（倪巧凤）	北京静东文化传媒有限公司
		鸟虫篆	文化部艺术发展中心鸟虫篆艺术研究院
	传统技艺（13项）	京式旗袍制作技艺	京华绣丽（北京）文化有限公司
		景泰蓝制作技艺	北京铭客诚景泰蓝工艺品有限公司
		毛猴制作技艺	北京市海淀区文化馆
		纸胎容器制作技艺	北京诺信泰克信息技术有限公司
		中山装制作技艺	北京市工贸技师学院
		八珍糕制作技艺	上和元（北京）中医研究院有限公司

续表

区县	项目类别	项目名称	项目申报单位
海淀区第五批区级非物质文化遗产代表性项目名录(共计46项)	传统技艺(13项)	吹糖人技艺	北京玉海腾龙文化艺术有限责任公司
		传统制香技艺	北京太平庚寅商贸有限公司
		绒布唐工艺	新莱蒙文化艺术(北京)有限公司
		金镶玉制作技艺	北京艺博鼎园商贸有限公司
		盘扣制作技艺	新莱蒙文化艺术(北京)有限公司
		普洱茶膏制作技艺	北京市海淀区东升青少年活动中心
		传统核桃油制作技艺	诗书开世(北京)教育科技有限公司
	传统医药(9项)	鹿胶膏制作技艺	北京金丰餐饮有限公司
		刘氏正骨	北京优逸互动广告有限公司
		道医按摩正骨	北京金雀未来科技有限责任公司
		邢氏利水散	北京中豪国研中医门诊部
		中医膏滋制作技艺	北京城市学院
		连氏针法	上和元(北京)中医研究院有限公司
		高氏点穴	北京盛邦科华商贸有限公司
		何氏通络开结术	何氏浩生(北京)国际中医药科学研究院
		连氏饮膳制作技艺	上和元(北京)中医研究院有限公司
	民俗(2项)	京西北坞村普兴万缘净道圣会	北京市海淀区玉泉工业公司
		前沙涧灯棚习俗	北京市海淀区苏家坨镇杨彤养殖中心
房山区第五批区级非物质文化遗产代表性项目名录(共计18项)	传统舞蹈(1项)	上万村小车会	北京市房山区青龙湖镇文化体育服务中心
	传统戏剧(2项)	山梆子戏(史家营乡)	北京森缘山梆子戏剧文化有限公司
		山梆子戏(西苑村)	北京逸之行体育文化发展有限公司

续表

区县	项目类别	项目名称	项目申报单位
房山区第五批区级非物质文化遗产代表性项目名录(共计18项)	传统体育(3项)	戴氏心意拳	北京市房山区武术家协会
		陈式太极拳	北京市房山区武术家协会
		形意拳	北京市房山区康健青少年体育俱乐部
	传统美术(4项)	汉白玉雕刻	北京石窝雕塑艺术学校
		泥塑	北京市房山区房山第二中学
		剪纸	北京市房山区燕山文化馆
		葫芦烙画	北京市房山区燕山文化馆
	传统技艺(8项)	制埙技艺	北京市房山区佛子庄乡佛子庄村经济合作社
		古琴斫制技艺	北京太和坊文化传播有限公司
		青石砚制作技艺	北京北河振军实叶石材商店
		风车制作技艺	北京市房山区城关街道文体中心
		道口烧鸡制作技艺	北京盛聚玄德商贸有限公司
		苏造肉制作技艺	北京龙凤缘千禧食府
		老北京烧饼制作技艺	北京巧姑靓嫂文化发展有限公司
		“皇城四酱”制作技艺	北京利民恒华农业科技有限公司
大兴区第六批区级非物质文化遗产代表性项目名录(共计7项)		大辛庄仙橇圣会	
		曹氏风筝	
		牛骨数来宝	
		李氏柳编	
		清代官式建筑彩画技艺	
		石垡高跷	
		青云店人祖门少林派	
门头沟区第六批区级非物质文化遗产代表性项目名录(共计4项)	传统医药(2项)	满针技艺	北京市门头沟区中医院
		拔罐悬通术	善惠众健康管理咨询有限公司
	传统体育、游艺与杂技(1项)	随意鞭	大峪街道办事处大峪村
	民俗(1项)	吉祥佛乐	北京市门头沟区石龙文化有限公司

续表

区县	项目类别	项目名称	项目申报单位
怀柔区第六批区级非物质文化遗产代表性项目名录(共计6项)	传统技艺(5项)	明长城传统修复技术	怀柔区龙山街道
		荆编技术	怀柔区雁栖镇
		北京沙燕吉祥鸟制作技艺	怀柔区桥梓镇
		北京雕漆技艺	怀柔区渤海镇
		茯茶酱食技艺	怀柔区桥梓镇
	传统体育、游艺与杂技(1项)	满族游艺(跳杨木杆、撞拐)	怀柔区长哨营满族乡

非物质文化遗产名录体系建设不仅包括非遗代表性项目，也包括非遗代表性传承人，各区在代表性传承人认定方面也做出许多工作，比如在5月14日，顺义区经过评审，确定顺义骨雕等20个非物质文化遗产项目的代表性传承人为第一批区级非物质文化遗产代表性传承人。目前，全市普查到各种非遗类信息12000余项，其中昆曲、古琴艺术等11项进入联合国教科文组织《人类非物质文化遗产代表作名录》，国家级非遗代表性项目126个，市级非遗代表性项目273个，区级非遗代表性项目909个；国家级代表性传承人101位，市级代表性传承人252位，区级代表性传承人731位。①

（三）非遗展陈、展演、营销专门场所不断增加

近两年，北京非遗展陈、展演和营销等活动场所呈现专门化和固定化趋势，除了借用商场等商业场所，广场、公园等公共场所，展览馆、博物馆等文化场所外，专门的非遗展览馆、非遗陈列馆、非遗文创园、非遗剧场如雨后春笋一般不断涌出，这一方面得益于政策支持，另一方面是由于非遗传播发展的实际需求不断增长。

目前，不仅东城区、西城区、海淀区等文化强区纷纷建立非遗传习所

① 数据信息参见《贯彻落实北京市非物质文化遗产条例　推动首都非遗保护工作创新发展》，《北京日报》2019年6月6日，第12版。

(基地),平谷等郊区也在积极筹建多个传习所,而且非遗主题剧场、非遗文创园也不断涌现。比如,东城区将“咏园”1.4万平方米空间改造为全国首个非遗主题文创园,在园内设置非遗传承人工作室,并设立非遗生活体验空间,承担非遗产品营销、非遗培训等功能;西城区则计划将西四胜利影院变成北京首家非遗剧院,专门上演京剧等表演类非遗项目。

(四)非遗人才研习培训与联系交流不断加强

非物质文化遗产保护与传承离不开大量专业性人才,由于目前北京非遗业态逐渐跨越传统的圈层,开始向现代产、学、研各领域延伸,依托非遗技艺和文化,在文化产品生产、技艺传习培育、创新研究等方面不断扩展。

北京拥有强大的科教资源,在非遗文化研究和教育方面占据优势,因此每年都依托高校举办各种非遗人才研习培训活动,比如在2019年,由北京市文化和旅游局牵头组织,在清华大学美术学院、中央美术学院、北京服装学院等院校开展非遗传承人群研修研习培训计划,举办了10期研培班,涉及剪纸、灯彩等多个非遗项目,共培训包括北京在内的全国各地非遗传承人200余人。

目前,由于非遗业态发展,各种人才聚集形成规模效应,而且由于非遗业态系统性建设的需要,各方面人才的联系与交流不断加强。各级部门、企业、团体都在推动各类人才的沟通,这其中有非遗传承人之间的交流,促进各类非遗技艺相互借鉴和结合,也有非遗传承人与非遗文创、投资、研究、教育等人才的交流,使非遗文化能够得到更好的保护和传承传播,使非遗产业化之路走得更为顺畅。在这方面,文化部门起到了牵线搭桥的作用,为人才的联系与交流搭建各类平台。比如,由东城区相关部门牵头和指导,北京京城非遗人才创新发展联盟于2018年成立,立足于建立非遗保护与传承领域产、学、研人才综合服务平台,目前联盟成员已经发展到近百人。[①] 联盟自成立以来非常活跃,在2019年举办了多场活动,其中“京城非遗会客

① 相关信息来自东城区非物质文化遗产保护中心。

厅”已成为重要的品牌活动，2019 年共举办三期，邀请非遗传承人展示非遗技艺，与非遗爱好者进行交流互动。

（五）非遗保护与传承机制常态化、固定化

经过长时间的发展，北京非物质文化遗产保护与传承已形成较为成熟的机制，包括传播机制、传习机制、认证机制等都逐渐固定，区域和部门之间的合作机制也逐渐常态化。

随着京津冀协同发展国家战略的推进，京津冀三地非遗也逐渐形成固定的联展、联演等合作模式，6 月 5 日至 9 日，北京市文化和旅游局、天津市文化和旅游局、河北省文化和旅游厅共同主办第五届京津冀非物质文化遗产联展，作为三地非遗合作的标志性活动，联展已连续举办了五届，这映射出京津冀非遗合作机制的常态化趋势。此外，除了前文所述非遗名录评选机制外，非遗示范基地的认证、优秀项目的评选机制也逐渐常态化，比如非遗生产性保护示范基地、非遗培训基地、优秀实践项目等的评选与认证，形成了固定的名称和评选标准。截至 2019 年，全市已认定清华大学等 35 所大中小学为“北京市非遗培训基地”，认定北京珐琅厂等 15 家单位为非遗生产性保护示范基地，认定民族乐器修复等 3 个非遗优秀实践名册项目①，这在非遗保护与传承方面形成了非常突出的示范作用。

二　非物质文化遗产保护与传播的亮点分析

本年度非物质文化遗产保护与传承工作平稳推进，同时在非遗文创、非遗文旅融合、非遗新媒体传播等方面呈现诸多亮点，不仅体现了非遗发展“见人见物见生活”的目标，而且围绕非遗打造首都文化金名片，提升了城市文化形象。

---

①《贯彻落实北京市非物质文化遗产条例　推动首都非遗保护工作创新发展》，《北京日报》2019 年 6 月 6 日，第 12 版。

（一）与文化创意高度契合

当下非遗与文化创意产业之间的结合越来越紧密，文化创意产业中非遗已成为重要的元素，从另一个角度来看，非遗融入现代生活的重要突破口也正是文化创意，通过受人关注和喜爱的文创产品传播非遗文化。

2019 年，非遗文创的亮点体现在几个标志性活动中，首先，非遗文创跨界时尚业，体现传统文化与现代时尚的融合之美。由西城区文化和旅游局主办的“民间瑰宝·魅力之都”2019 北京非物质文化遗产时尚创意设计大赛于 5 月 10 日开幕，西城区非遗保护中心联合中国民营文化产业商会以及中国传媒大学、北京服装学院、北京城市学院等多所院校，策划成立青年设计师联盟，活动得到北京非遗业界和时尚设计业界的关注和支持，真正体现了跨界影响力。其次，非遗文创一般集中在手工艺类非遗上，比如景泰蓝、京绣、漆雕等，都是非遗文创的明星产品。北京每年都会借助文博会、非遗工艺展和其他文创活动，展示手工艺类非遗文创产品，突出非遗文化主题。本年度北京有多场代表性的展示活动，比如在 10 月 18 日至 10 月 24 日，恭王府博物馆联合多个文化团体和高校举办 2019 年度“锦绣中华——中国非物质文化遗产服饰秀”系列活动，这是传统绣法技艺和布艺的大集合，京绣、苏绣、广绣、南通蓝印花布、苗族挑花、黄梅挑花等各地非遗项目集中亮相，展现了中华大地服饰制作方面精美绝伦的技艺和文化。最后，不同非遗项目之间沟通交流往往碰撞出创意的火花。在这方面，非遗大师钟连盛和孙颖做出了很好的表率，他们分别是景泰蓝和京绣的国家级代表性传承人，为庆祝新中国成立七十周年，两位非遗大师发布了首次跨界合作的作品《锦绣乾坤》，实现了景泰蓝与京绣这两个北京最具代表性的非遗项目的完美融合。

（二）与文化旅游深度融合

文化和旅游融合在当下成为新的发展趋势，北京丰富的非物质文化遗产是重要的旅游资源，非遗文旅融合不仅是城市发展战略的一部分，也是非遗自身发展的一个重要机遇。

2019 年，北京非遗文化发展坚定地走文旅融合之路，实实在在地将北京非遗当作一张旅游名片，为旅游产品注入了有生命力的文化内核。由北京市文化和旅游局指导、北京旅游网主办的“2019 您最喜爱的北京文旅机构”系列评选活动中，花丝镶嵌制作技艺、京西太平鼓、京剧等入选“2019 您最喜爱的非物质文化遗产”，而爨底下村、水峪村、遥桥峪村这些拥有代表性非遗项目的村镇获得“2019 最具人气特色民俗村”称号，体现非遗文化对于民俗旅游的推动作用。此外，北京旅游部门和媒体有意识地将非遗推向旅游业前台，除了将非遗文化元素嵌入原先的旅游景点，通过非遗展览展演方式丰富景点文化体验，还专门推出“非遗文化旅游”的概念，将非遗文化打造成专门的旅游产品，推广非遗体验游等特殊线路，比如北京珐琅厂等非遗企业、拥有众多非遗老字号的前门大街都成为非遗体验游的重要场所。12 月 16 日，由北京惠民文化消费季组委会、首都文化产业协会共同主办的北京文化消费品牌榜在首都博物馆发布，其中北京非遗文化体验之旅、景泰蓝艺术体验之旅入围“十大文化旅游线路”榜单。围绕这些具有广泛知名度的代表性非遗项目打造明星旅游产品，或许是今后非遗文旅融合的发展方向。

（三）与首都发展重大主题紧密结合

北京作为首都，以全国政治中心、全国文化中心、国际交往中心、科技创新中心为发展定位，北京非物质文化遗产保护与传承离不开首都乃至国家发展的大环境。本年度首都发展重大主题包括“建国 70 周年”“北京冬奥会”等，许多非遗文化活动都与这些主题密切关联，成为本年度非遗文化活动的重要亮点。

2019 年正值建国 70 周年，很多非遗文化活动以此为主题，并在活动内容上突出建国以来非遗保护和文化发展取得的成就。比如，2019 年 1 月举办的 2019 非物质文化遗产国际艺术节就以“建国 70 周年献礼”为宗旨，此外 12 月 6 日，北京首次举办的国家级、市级非物质文化遗产传承人群研修研习培训计划成果联展开幕，此次成果展以“我和我的祖国——传承文化根脉　共筑民族未来”为主题。北京冬奥会近几年一直是热点话题，围绕冬奥会这一主题，非遗业界制作相关的文创产品，结合冬奥会运动项目进行主题宣传，比如5月11日，北京京城非遗人才创新发展联盟在红桥市场设立的“非遗遇上冰雪”主题展销馆开馆，推出多位非遗传承人制作的“非遗遇上冰雪”主题作品，而且这一展销馆为常设馆，将一直延续到北京冬奥会举办。

（四）与网络新媒体密切结合

“互联网+非遗”一直是近年来非遗文化发展的热点，许多非遗文化部门、非遗老字号、非遗传承人都建立网站，开通微博、微信公众号与网民进行互动宣传，民众通过网络可以随时掌握非遗活动动态，了解非遗文化知识。

2019年，非遗与网络新媒体的结合模式不断创新，非遗不仅借助网络传播文化信息，而且深度嵌入网络，开始形成独具一格的内容生产模式和产品营销方式，比如网上非遗直播、非遗网店等，使非遗文化通过网络变得更具亲和力。此外，非遗文化的网络传播离不开年轻人的参与，尤其在高校，大学生是网络中最为活跃的群体，充分利用网络在大学生群体中吸聚人气，是非遗传播的重要途径。7月18日，由中央网信办、文化和旅游部、教育部等相关部门联合主办2019～2020年度“文脉颂中华·非物质文化遗产新媒体传播”主题活动，这项活动近年来每年举办一次，2019年的主题活动重点是“非遗进校园与网络时代的文化传承”，强调在大学校园展开非遗的新媒体传播，鼓励大学生群体通过网络关注非遗文化保护，传承传播非遗文化。

三　非物质文化遗产保护与传承的问题分析

2019年北京在非遗保护与传承方面取得了不少成绩，但同样存在不少问题，既包括之前已存在的诸多痼疾，也包括不断涌现的新问题，尤其值得注意的是，非遗保护与传承中的热点和亮点往往同时潜藏着各种各样的问题，这是工作推进和文化发展过程中难以避免的，问题的存在预示着今后发展和改进的方向。

（一）非遗名号标识的认证管理需要加强

当下非物质文化遗产已成为社会文化中的一个热门词语，社会民众已普遍将非遗与传统文化、精湛技艺、古法传承等联系在一起，但非遗社会影响力的提升，导致这块金字招牌屡屡被冒用，不少商家和媒体都打着非遗的旗号进行广告营销，以非遗为卖点混淆视听，兜售产品，这损害了非遗的整体声誉，也侵害了非遗业界的利益。

目前，非遗名号被冒用的情况有几种：一是生造历史故事，将产品包装成古法制造，伪装成非遗产品；二是借壳非遗技艺产品，借用真实的非遗认证项目和传承人名号，销售实际与非遗文化内核和技艺流程并无关联的产品；三是夸大宣传，在营销中自行提升非遗的级别，滥用国家级非遗项目和非遗大师等名号；四是打擦边球，与非遗传承人和非遗企业通过入股、加盟等形式进行商业关联，在广告宣传中使用非遗称号，采用碰瓷式营销。这些乱象在北京文化市场中不同程度地存在，需要非遗管理部门、非遗企业、传承人乃至文化执法队伍相互配合，加强非遗名号标识的认证管理，对广告营销中的非遗字样进行甄别、核实、清理，另外亟须建立一个具有公众影响力和公信力的非遗认证和查验平台，使“李鬼”无所遁形，还非遗业态一个风清气正的发展环境。

（二）非遗传播工作定位的矛盾长期存在

北京作为全国文化中心，注定了在非遗文化传播方面承担更多的责任，其必然要超越本地文化的界限。北京每年举办大量全国性乃至国际性文化活动，来自全国的非遗项目都在北京亮相，这其中包含着几个因素，一是北京作为首都、作为全国文化中心具有特殊的功能；二是北京有许多央属文化部门，如文化部各类机构场馆常常举办全国性的非遗展，综合性文化艺术展、演出活动也大量包含非遗文化内容；三是北京作为大都市，拥有大量文化展演场所和期刊出版平台等，自然汇聚各地的文化资源，来自全国的非遗文化在这个舞台交流碰撞；四是广大市民拥有多元化的文化需求，全国各地非遗文化都能找到爱好者。

北京非遗文化传播活动中，来自全国的非遗文化频繁交流融合，这是文化上的一大优势，但同样留下了问题，即在现实工作中一直都存在如何处理本地非遗与外地非遗的关系问题。这其中涉及诸如央属文化部门与本地文化部门的协调问题、北京非遗在文化活动中的传播定位问题、北京本地非遗特色的彰显与各地非遗文化融合问题等，这在现实中不同程度地体现为各级部门沟通不畅、各自为政，各类非遗文化活动缺乏统一筹划，各种非遗扶持政策缺乏统一规划，各非遗传习、展演场馆缺乏统一布局等。其中一个突出的例子就是前门大街的定位问题，近十年来，前门大街一直缺乏明确的定位，曾围绕是否会打造“全国非遗一条街”产生过争议，最终在保存本地文化、承载国家文化、彰显国际文化几种功能定位的选择中产生错位和矛盾，直接影响了前门大街整体文化形象的塑造。总之，如何兼顾全国各地非遗文化融合与北京本地非遗的特色彰显，将是北京非遗保护与传承面临的一个亟待明确和解决的问题。

（三）非遗文化创意对接社会生活不够充分

如前文所述，北京近年来在非遗文化创意方面不断推进，展现出一个文化之都和创意之都的活力和底蕴，但正因为这一领域备受关注，在实践成效方面的期待也就越高。目前来看，非遗文创是非遗产业发展和文化传播最亮眼的部分，但存在的问题是不少文创产品过于注重艺术化和高端化，与日常生活的对接不够充分，没能使这些融合非遗文化元素的产品在百姓生活中普及开来。

这方面比较突出的是演艺类非遗项目和手工艺类非遗项目，北京演艺类非遗项目不仅包括京剧、昆曲、相声、京东大鼓等传统戏曲、曲艺，还包括花会、幡会等游艺杂技，前者能够借助京城各演艺场馆、商业场所获得常年演出的机会，但后者一般只在特殊场地、场合和特定节日表演，这大大限制了这些非遗项目的亮相机会。从现有的经验来看，不少地方将这些演艺类非遗放在旅游区演出，形成独特的民俗展示景点，还有一个可供借鉴的例子是广东醒狮，在店铺开张、活动颁奖、婚丧嫁娶等场合都可演出，已深度融入百姓生活。目前就北京来说，这类传统游艺杂技与日常生活的对接还不够充分，在演出场所和场合、时间等方面都没有太大的拓展。此外，不少手工艺类非遗项目也遇到推广普及、对接社会生活的难题，比如“燕京八绝”包括了景泰蓝、玉雕、金漆镶嵌等北京最具代表性的非遗手工技艺，以技艺精湛、作品精美著称于世，但从业者稀少、制作繁难、制作周期长、原料相对稀有，这意味着这些技艺很难用于制作日常生活用品。但随着人们生活水平的提高，对高端工艺品的消费需求也逐步提升，从目前的高端艺术品市场来看，人们对非遗高端手工艺品的消费热情和认可程度有待提升，这就造成了发展定位的矛盾，一方面这些工艺品高端文化形象并没有很好地在普通民众中树立起来，另一方面这些制作技艺又无法下沉到日常社会生活，极大地压缩了这些非遗技艺的市场生存空间，也限制了这类手工艺类非遗产品的生活应用范围。因此，重新思考手工艺类非遗文创产品的市场定位，使非遗产品在高端艺术品与日常应用品之间取得平衡，是关乎这类非遗技艺存续发展的重要问题。

四　非物质文化遗产保护与传承的对策分析

针对当下非物质文化遗产保护与传承新的形势，面对过去一年存在的新旧问题，应该充分考虑非遗业态发展特点，结合首都文化发展趋势和大局，在以下几方面重点着力，改善非遗文化发展环境，推动非遗保护与传承工作向前发展。

（一）以非遗立法为契机，理顺非遗保护与传承体制机制

在本年度出台的《北京市非物质文化遗产条例》中，明确规定了非遗

文化部门、非遗保护单位、非遗传承人等各方应尽的职责和享有的权利，这有助于理顺目前在很多方面存在欠缺的体制机制。

就非遗相关的文化部门而言，各种层级关系和部门关系比较复杂，市、区、乡镇、街道文化部门的工作往往不能做到完全对接；文化局、文委、文化馆、非遗保护中心等部门各有隶属，都直接和非遗保护与传承工作相关，却又产生职责分工的问题，如果这些体制机制不能理顺，将会在某些领域形成内耗，而在某些领域又形成管理上的空白。非遗立法则有利于解决这些问题，新出台的《条例》，对各部门在非遗代表性项目逐级申报、非遗项目日常管理、非遗文创、文旅融合的促进、非遗人才培训培育等方面的工作职责，都做出了较明确的规定。因此，应该充分发挥《条例》的指导、规范和监督作用，理顺体制机制，使各部门形成合力，使非遗保护与传承工作突破发展瓶颈。

（二）以各项政策为助力，拓展非遗保护与传承发展空间

非物质文化遗产保护与传承需要强有力的政策支持，无论是资金、人才还是各类文化活动的开展，都需要借政策的东风，如果能搭上各种政策的快车，就可以使非遗保护与传承工作事半功倍。

北京建设全国文化中心，必然会在文化发展方面提供极大的政策空间，非物质文化遗产是北京重要的文化资源，其保护与传承也是北京文化建设发展的重要一环。从这个意义上说，北京非遗保护与传承工作长期来看肯定是政策利好，如何善用政策，合理、合规地搭上政策快车，将考验着文化部门和非遗从业人员的智慧和意志。首先，要对非遗关联的政策范围应有清晰的认知。这其中不仅包括直接与非遗相关的政策法规，如各类非遗项目保护政策、非遗传承人补助政策、非遗法规等，而且还应广泛纳入其他类型的文化相关政策，如文化创意产业扶持、文化发展资金补助、文化人才培训等方面的政策，这些都可以用来作为推进非遗发展的动力，作为争取扩大非遗文化发展空间的依据。其次，要打造一个立足非遗的政策空间。目前来看，北京市已形成非遗发展的特定圈层，包括从市级到区级的非遗保护中心、非遗企

业、传承人等，非遗圈层对应着非遗业态，应该共同努力，探索打造非遗政策空间，探讨非遗借助政策加速发展的模式。比如，非遗业态应针对错综复杂的政策条款有较为准确且专业的研判，哪些与非遗保护和传承工作有关，哪些可以有效促进非遗产业化发展，哪些税收优惠和贷款通道适用于非遗相关企业等，使非遗业态发展有章可循、有规可依、有力可借。最后，要积极为非遗从业者提供政策咨询服务。由于政策法规的运用和理解属于相对专业的领域，尤其是各类政策和法规是交错的，增加了理解和实际运用的难度，如果缺乏引导，不少政策就很难渗透到广大非遗从业人员当中，对非遗发展的支撑作用也就大打折扣。比如北京市针对文化创意企业在贷款上有不少优惠政策，甚至有不少直接的资金补助项目，非遗相关部门应适时引导，及时提供扶持信息，帮助非遗企业和传承人把握这些政策内容，为非遗业态获取政策信息提供咨询服务，并且发挥牵线搭桥的作用，为非遗企业、传承人等享受各类服务提供绿色通道。

（三）以文化生态为视角，扎牢非遗文化传承延续的根基

北京城市文化构成一个相对独立的生态系统，非物质文化遗产是这个文化生态系统中重要的组成部分，从文化生态整体出发，可以更深刻地理解和阐释非遗保护与传承的意义，可以使相关的工作更有目的性，根基更牢固。

北京作为国际性大都市，是一个具有悠久历史的古都，自身形成了相对完整的文化生态。从文化生态的视角来推进非遗保护与传承工作，可以给我们以下启示：一是维持非遗文化生态链的完整。非遗项目涵盖很多种类，这些种类跨度很大，但传统文化的某些内核是一致的，在现实生存与发展中形成一个文化生态链，每个非遗项目都在文化生态整体中获得文化的价值和意义，并从文化生态链中获取发展资源。在非遗保护与传承实践中，应协调各非遗项目的关系，统筹资金和人才资源，共同促进非遗各种技艺的传承发展。二是对照自然生态保护的诸多观念和策略，探索非遗在城市文化生态中的生存与发展模式。比如，与自然生态保护区一样，可以尝试建立以街区为

基础的非遗文化生态保护区，使历史文化街区更有文化的内涵与质感。三是充分发挥非遗文化的多样性，服务城市不同的文化需求。在北京这样的都市存在着不同的文化人群，要使非遗融入城市文化生态中的各类群体，使非遗充分接地气、聚人气、蕴文气，使不同文化背景和文化爱好的人群都能成为非遗文化爱好者和非遗产品的潜在消费者。

B.21 北京市文化文物单位文创产品开发调研报告

梅松　王鹏　廖旻　杨越明*

摘　要： 文创产品开发是推动中华优秀传统文化创造性转化与创新性发展的生动实践。本报告在系统梳理北京市文化文物单位文创产品开发现状的基础上，通过对消费者的需求侧调查分析，就文化文物单位文创产品开发的政策与生态建设等问题提出对策建议：解决文化文物单位下属企业合法性、净利润分配与文创人员岗位合规性等问题；打通文化文物单位 IP 转化通道；以人才、资金、无形资产三要素为核心，完善文化文物单位文创发展生态；建设产品开发市场生态，以特展带动文创产品消费；推动文化科技融合，以整合营销传播推动文创活动发展，通过线下、线上互动引流，拓展文创渠道和传播影响力等。

关键词： 北京　文化文物单位　文创产品开发

党的十八以来，党中央、国务院高度重视文化文物事业。习近平总书记多次强调，要推动优秀传统文化创造性转化、创新性发展，“让收藏在禁宫

---

* 梅松，北京市文化创意产业促进中心主任，研究方向为文化经济；王鹏，北京市文化创意产业促进中心副主任；廖旻，北京市文化创意产业促进中心产业发展部副部长；杨越明，北京师范大学教授。

里的文物、陈列在广阔大地上的遗产、书写在古籍里的文字都活起来”。2016 年 5 月，文化部、国家发改委等部门联合出台《关于推动文化文物单位文化创意产品开发的若干意见》，北京市相关部门也出台了实施办法。北京作为历史文化名城，历史文化遗产数量多、类型齐、级别高。拥有世界文化遗产 7 项，市级及以上文物保护单位 342 处，市级及以上非物质文化遗产项目 273 项，历史文化保护区 43 片。这些资源内涵博大精深，底蕴深远厚重，具有较高的文化创意价值和巨大的创造性转化潜质，是取之不尽的文化富矿。推动文化文物单位开发文创产品是促进首都文化资源优势转化的有效途径，是推进全国文化中心建设的时代要求，是推动首都文化产业高质量发展的重要举措。为更好地推动北京文化文物单位文创产品开发工作，根据北京市委、市政府领导的意见，组成专题调研组，历时半年，全面深入了解北京市文化文物单位文创产品开发情况，有针对性地提出对策建议。

一　北京文化文物单位文创产品开发现状

2018 年，25 家北京市文化文物单位文化创意产品开发试点单位文创总收入达 4027.4 万元。其中，中国科技馆以 1187 万元位居第一，首都图书馆与国家大剧院以 600 万元并列第二，首都博物馆、中国铁道博物馆以 406.0 万元、404.7 万元分列第四、五位。前 5 位文创收入总和占 25 家文化文物单位总收入的 79.4%，且有 9 家单位文创收入为零（见图 1）。例如，首都博物馆 2018 年共推出 61 种新品，主推粉彩番莲纹饰、狻猊①、兔儿爷三大文创系列。各家博物馆不断推陈出新，在北京文博文创领域已经显现出一定程度的行业聚集效应。2018 北京文化创意大赛期间，单独设立了文博产品设计赛区，征集作品总数超过 500 件。

与此同时，“北京公园文创”另辟蹊径，在试点单位之外异军突起。北京市属公园，既有以天坛、颐和园、北海等为代表的皇家园林，有着深厚的历

① 狻猊：（suān ní）中国古代神话传说中龙生九子之一，外貌与狮子相似能食虎豹的猛兽。

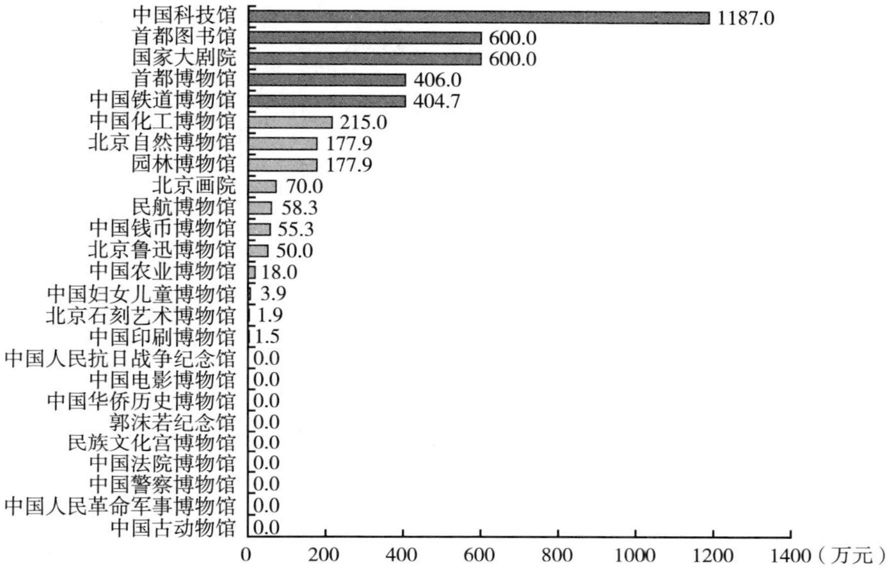

图 1　2018 年北京文化文物单位文化创意产品开发试点单位文创收入

史文化积淀和文博资源，又有以动物园、植物园、玉渊潭为代表的各具特色的近现代园林，有着独有的人文景观和名园资源。自 2016 年开始，市公园管理中心主动作为、克服困难、不等不靠，全力推进市属公园文创产品开发工作，在全国率先打响了“北京公园文创”的牌子，实现了一年一大步、一园一变化。2018 年 11 家市属公园单位文创产品开发工作整体处于发力阶段，颐和园、天坛等遗产公园增长势头强劲，其他各公园不同程度地开展特色创新。

据北京市公园管理中心统计，2015 年，各公园文创销售总金额不足 400 万元，而 2018 年猛增至 4156 万元（见图 2）。2019 年前两个月总销售额达到 3560 万元。各公园共有文创商店 31 家，总面积近 3600 平方米。在文创产品方面，颐和园通过 IP 授权方式，已开发九大类 2289 种文创产品。并通过学习、借鉴故宫文创的发展思路和运营模式，把产品设计、实体店铺拓展为大营销、大线上的大文创开发，还以 IP 授权的模式，借力天猫、京东、微信（微店）、网易严选等 6 家主流电商平台，共同打造推广“颐和园文创”品牌。天坛文创更加侧重于文化元素的设计与研发，通过三年时间设计研发文创产品超过500种，在公园内开设了四家文创商店。玉渊潭樱花节期间，公园围绕“樱花”元素开发吉祥物环保帆布袋、水杯、创意胸章等文创产品，广受好评，仅“樱花冰糕”一项在2018年樱花节期间销售额就接近18万元。北海公园提取北海景观建筑、植物、山石、花鸟等元素，与不同节气内涵相对应，创作出24幅节气主题插画，以此衍生出北海二十四节气主题文创系列产品。在2019年立春当天，北海公园推出的“特色门票之立春”单日销售超过1500张，这对于以持公园年票和团队票入园为主的北海公园来说，在售票数量上取得了极大突破。

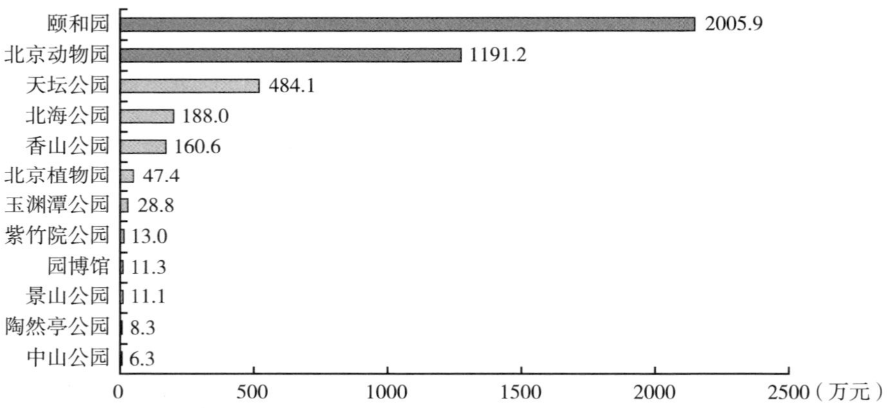

图2　2018年北京公园文创收入

（一）北京文化文物单位文创产品开发的优势

1. 北京历史文化资源禀赋优势

北京共有七处世界级物质文化遗产，在全国排名第一，包括长城、明清故宫、周口店北京人遗址、北京皇家祭坛－天坛、北京皇家园林颐和园、明清皇家陵寝、大运河等。2018年各城市博物馆数量方面，北京排名第一（北京157家、上海108家、成都96家、西安91家、武汉83家）。

北京拥有11家市属公园（包括颐和园、天坛2家世界文化遗产单位）、8家全国重点文物保护单位、10家国家重点公园。现存古建筑21.14万平方米、可移动文物56426件（套）、古树名木13969株，这些是中国悠久的园林文化传承至今的实物载体。受益于文化资源禀赋的天然优势和稀缺属性，北京市公园文创成为全国城市中独一无二的首创，有效承载着文化传承和传播功能。

2. 全国老百姓对北京文化文物单位兴趣浓厚

调查显示，全国老百姓对北京博物馆、公园、遗产等各类文博机构的平均参观兴趣高达79.7分（满分100分，下同），接近“非常感兴趣”程度（见图3）。首都文博机构所承载的文化价值已经转化为全国文化中心的核心吸引力。

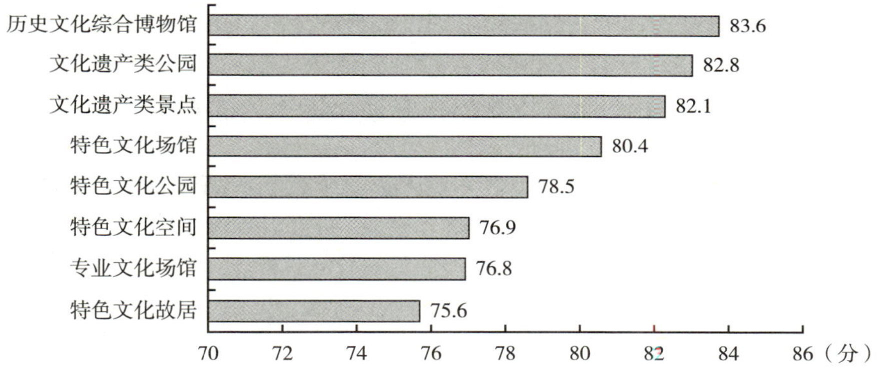

图3　老百姓对文化文物单位感兴趣程度

市属公园中颐和园和天坛年均客流量达1700万人次，北海年均客流量达1000万人次，动物园、陶然亭、紫竹院达800万人次（见图4），而玉渊潭樱花节、香山红叶季、北京植物园桃花节等特定季节的游客流量相对集中。北京文化文物单位所拥有的客流量优势为相关文创产品开发提供了良好的市场基础。

3. 北京创意设计企业及人才高度集聚

2019年1～10月，北京市规模以上创意设计服务领域法人单位收入为2217.7亿元，占规模以上文化产业收入的22.37%，仅次于新闻信息服务业，居九大领域的第二位。北京是联合国教科文组织授予的“设计之都”，拥有大量优秀的创意设计人才、机构和资源。

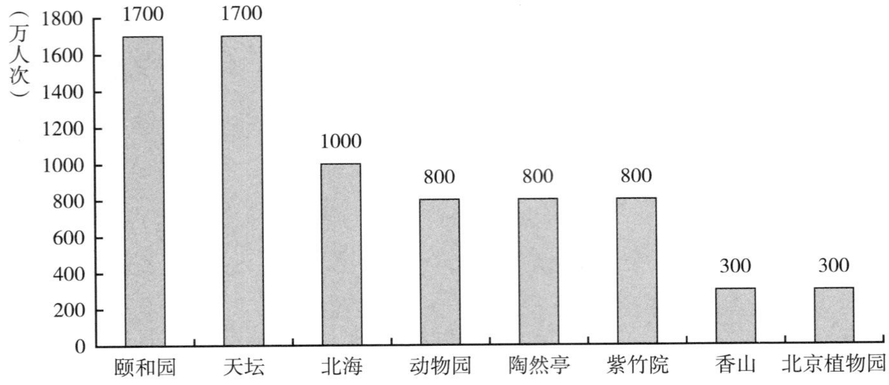

图4　市属公园年均客流量

（二）北京文化文物单位文创开发现实难点与问题

调查显示，北京文化文物单位从业人员对于文创产品开发的现状评估与发展前景预期存在较大差异（见图5）。

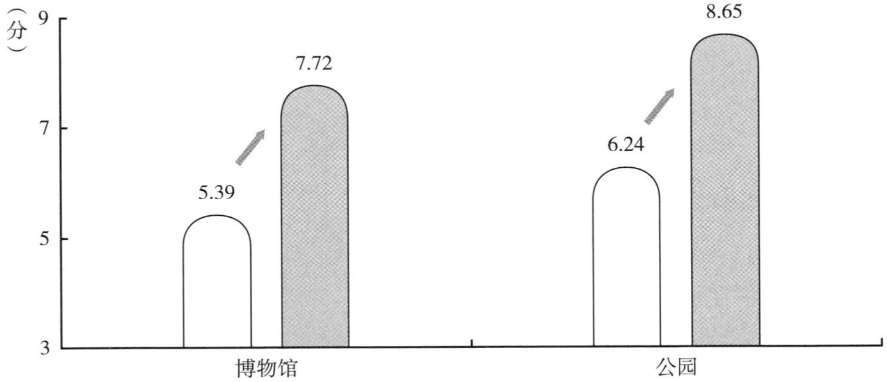

图5　从业人员对北京文化文物单位文创产品开发的现实评价与前景预期（10分制）

绝大多数从业者看好未来北京文化文物单位文创产品开发前景，总体打分为8.23分（其中打9～10分的占46.53%，打7～8分的占36.64%），但对于北京文化文物单位文创产品开发现状的总体打分仅为5.85分（其中作出 0 ~6 分评价的占 65.35%）。

概括来看，北京文化文物单位在文创产品开发上存在三方面问题。

一是体制机制所限，北京文化文物单位文创产品开发积极性不足。其一，博物馆作为一类事业单位，发展文创业务名不正言不顺。其二，公园作为二类事业单位，在文创业务开展上存在有空间但归属难的问题。

二是 IP 开发与品牌授权专业能力不强，文创产品市场开发存在隐患。首先，单凭博物馆或公园单位，很难做出文化资源市场价值的前瞻性判断。其次，文创开发的前置性条件是知识产权确权，但文化文物单位对文化资源的数字信息采集与确权明显滞后。最后，北京文化文物单位文创产品开发的品牌授权模式关系到文创品质，“典藏文物衍生品”与“观光纪念品”很难区隔。受到工业文化因素影响，很多产品仍表现为在日常消费品类基础上印制文化符号，无法凸显其文化价值，从而导致文创产品流于“旅游纪念品”的印象。

三是内容与传播创新能力不足，资源要素与创意要素间缺乏化合反应。目前市属博物馆文创试点单位，特色展陈、特色活动与文创开发处于“平行线”状态，未主动进行议程设置，将观展人群转化为文创消费人群。在文创品类方面，大部分文博单位还是以推出新品类的“量”为主，依靠单品形成一定口碑，产品关联不足，难以形成消费黏性。此外，特色文创产品与其他文化资源的内在嫁接不足。

二　文化文物单位文创发展需求侧调查分析

本次采用问卷调查与大数据分析两种方式，对文化文物单位文创发展需求侧进行调查分析，具体内容如下。

一是面对全国老百姓进行线上调查，采用在线样本库（online - panel），覆盖中国七大地理区域、55 个城市，回收有效样本 6000 个。了解全国老百姓对文化文物单位文创的文化资源偏好、产品功能偏好、购买类型偏好、购买心理价位等。

二是面对北京居民与在京游客进行线下拦访，调查16家有代表性的博物馆/公园文创店顾客，最终有效样本1600个。了解实体店顾客对于文创商店的体验感、兴趣点，未来博物馆、公园提供“大文创”服务的接受度、参与意愿等。

三是对京内22家全国博物馆文创试点单位以及11家公园文创单位的高层管理者、中层文创管理人员与基层文创工作人员，就首都文化文物单位文创工作现状、发展难点、政策需求等问题展开问卷调查。

与此同时，还采用大数据分析方式，进一步了解线上销售情况及消费者信息，对目前文化文物单位文创消费者做用户画像和消费偏好分析，根据线上大数据进一步分析消费者喜好与痛点，探查线上文创的未来发展趋势。

通过调研可以发现，北京市文化文物单位文创发展主要呈现以下特征。

一是小文创层面（特征一至五）。无论是从线上问卷中看到的全国老百姓对于实体文创产品的购买意愿、类型偏好、价格敏感度，还是在线下问卷中看到的北京居民与在京游客对于文化文物单位文创实体商店的评价、文化文物单位文创产品购买痛点的评价等，都能为北京市相关文博与公园单位实体文创产品开发、实体文创商店布局提供重要参考。

二是大文创层面（特征六至八）。文化文物单位文创发展背后是完整的文创生态。无论是博物馆、公园单位推出的特色展览、文化活动，还是在“文化+科技”驱动下探索的数字文创产品，都意在提升老百姓对于文化文物单位文创整体生态的接受度和参与度。

三是用户画像层面（特征九）。在线上场景式文创消费逐渐成为主流的背景下，通过大数据画像挖掘文化文物单位文创主要消费群体的特征、偏好，可为文化文物单位文创精准开发提供参考依据。

1. 特征一：消费者偏爱美食、饰品、文具等轻型文创产品

在所有文化文物单位文创产品类别中，最受欢迎的三类为创意点心（80.6分）、饰品配件（77.8分）、家居摆件（77.2分）。文化文物单位文创与生活日用品的结合已经成为发力点。

值得关注的是，老百姓对传统的旅游纪念品品类，如旅行用品（71.2

分）、玩偶玩具（73. 5 分）等已经产生一定的审美疲劳，感兴趣程度都不高（见图 6）。

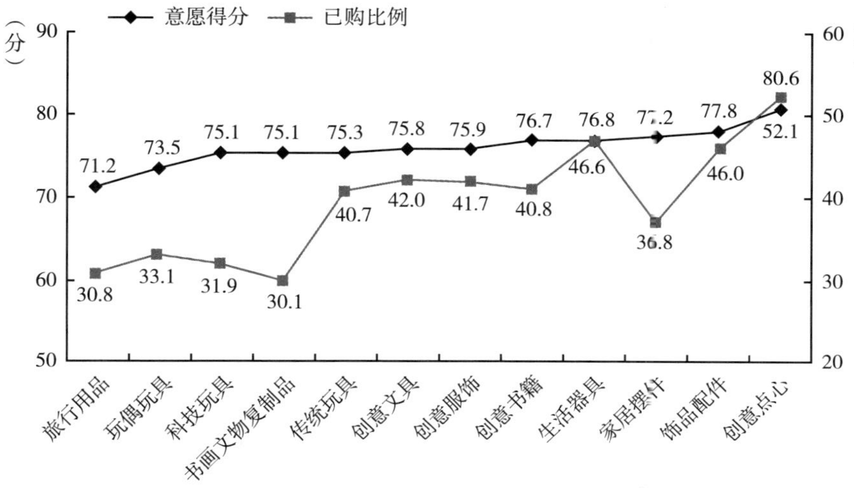

图 6　老百姓对文化文物单位文创产品的现实购买比例与潜在购买意愿

2. 特征二：消费者更注重文创产品的“美、趣、品”，“价廉”未必拉动购买力

在通常印象中，老百姓对商品的要求是“物美价廉”。但通过调查发现，老百姓在选择文化文物单位文创产品时，首先考虑的是品质（86. 3%）、设计和趣味（84. 2%）、历史感（82. 5%）、美感和品位（82. 2%），而对价格便宜（77. 1%）、生活实用（75. 5%）的重视程度并不高（见图 7）。

这表明相比市场上的普通商品，老百姓对于文化文物单位文创产品的期待相对更高，在购买心理上更偏向于文化价值与创意价值，为了追求更美、更有趣、更有品质的生活，愿意付出更多的钱。

3. 特征三：300元为价格阈值，高创意附加值有望促进消费升级

从文创产品单价指标来看，老百姓目前购买文化文物单位文创产品时，有 36. 6% 选择 101 ~ 300 元，31. 8% 选择 51 ~ 100 元，两者合计达到

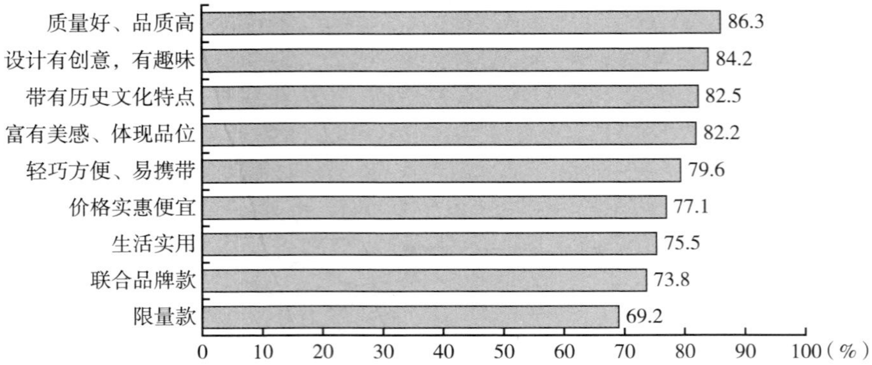

图7　老百姓看重的文化文物单位文创产品特点

68.4%。未来，如果有更具创意和特色的文创产品，在可承受价格方面，有34.2%选择301～500元，32.8%选择101～300元，两者合计达到67.0%（见图8）。由此可以判断，如果文化文物单位文创产品极具设计特色，普通老百姓可以接受更高的售价，主流消费价位将从51～300元提升至101～500元，特色文创产品对推动文化消费升级起到显著作用。

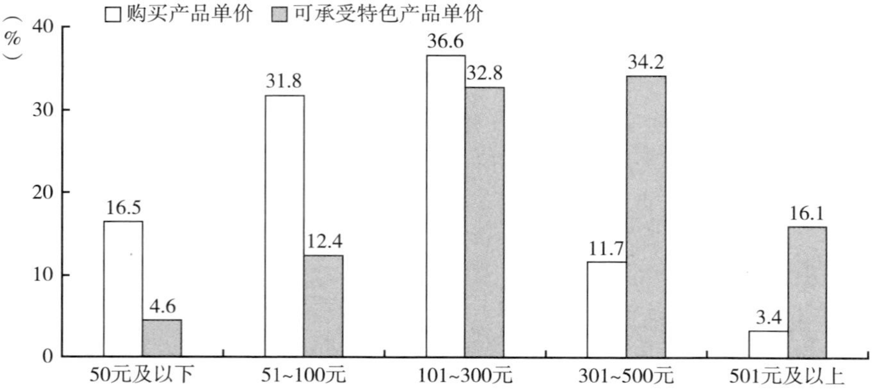

图8　老百姓购买文创产品的现实价格与潜在预期

4. 特征四：实体商店体验整体良好，展陈和服务是短板

消费者逛完文化文物单位的文创店后，对文创店的整体评分是75.1分，

对店内商品的整体评分是75.5分，这个分值的含义是"还可以""还能更好一些"（见图9）。

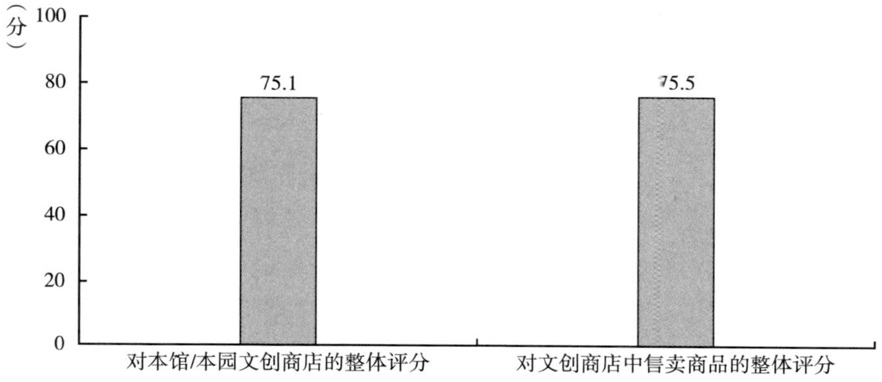

图9　老百姓对文创商店及售卖商品的整体评分

在具体指标上，商品展陈和导购服务让人舒服、购物体验好的得分只有68.5分，文创说到底是体验经济，文化文物单位商店的体验感仍有很大的提升空间。此外，商店选址和商店本身的文创气息，得分分别仅为70.9分和71.6分，都需要升级，在空间氛围营造与购买便利性方面需要完善和提升（见图10）。

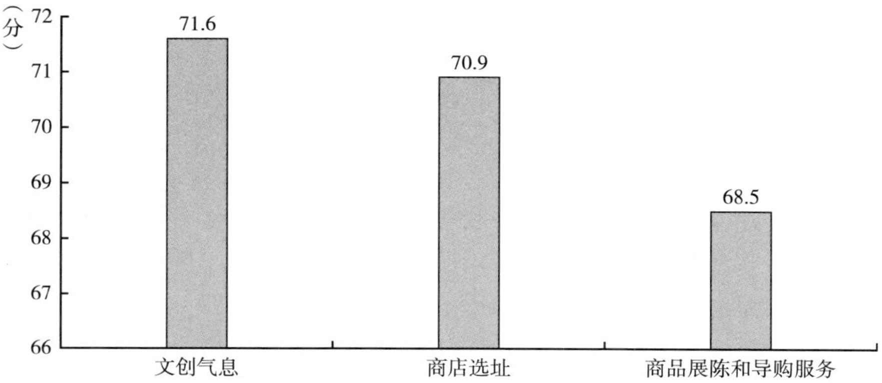

图10　老百姓对于实体文创商店的评价

5. 特征五：线上线下渠道各美其美，充分挖掘城市空间可能性，拓展文创销售渠道

问及文化文物单位文创产品购买渠道时，老百姓最期待的是建立北京博物馆/公园文创的统一销售平台，选择比例高达 81.3%。

除了博物馆、公园等景点的实体文创商店外，老百姓很期待在西单、王府井等商业街区，或者 798 等艺术园区也能够购买相应的带有北京文化特色的文创产品。即使机场、火车站等交通枢纽排名垫底，也有超过六成消费者愿意消费。

值得注意的是消费者对天猫、京东等电商平台旗舰店的选择比例并不如想象的高，仅为 76.6%（见图 11）。可以判断，文化文物单位文创产品的购买行为包括消费者在实体店的首次购买与电商平台上的复购。

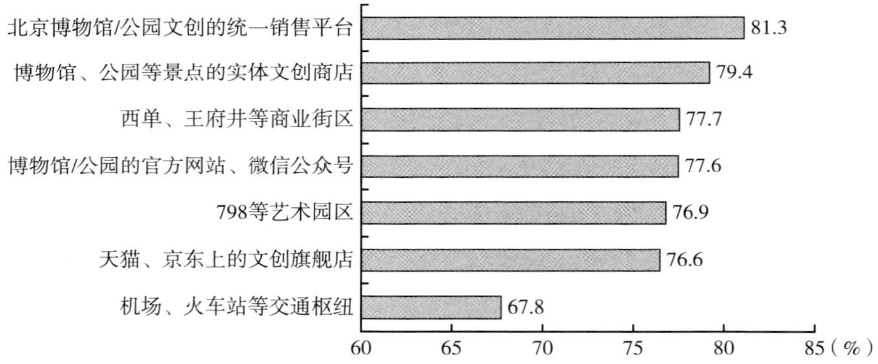

图 11　老百姓对于文化文物单位文创产品购买渠道偏好

6. 特征六：假日经济与夜间经济“双轮驱动”文创活动

老百姓对文化文物单位举办的七大内容板块文创活动非常感兴趣的主要有三类——春节庙会、元宵灯会之类的传统节日节气相关文化活动（81.6%），夜游船、主题夜宴之类的晚间主题文化活动（80.7%），夜宿博物馆、公园探秘之类的夜间主题文化活动（80.4%）。百姓对夜间文创活动的需求意愿强烈，夜间文创活动可助力首都夜间消费升级。

此外，百姓对于赏花、赏叶、赏月等户外赏景主题活动的兴趣也很高（79.7%），接近“非常感兴趣”（见图 12）。

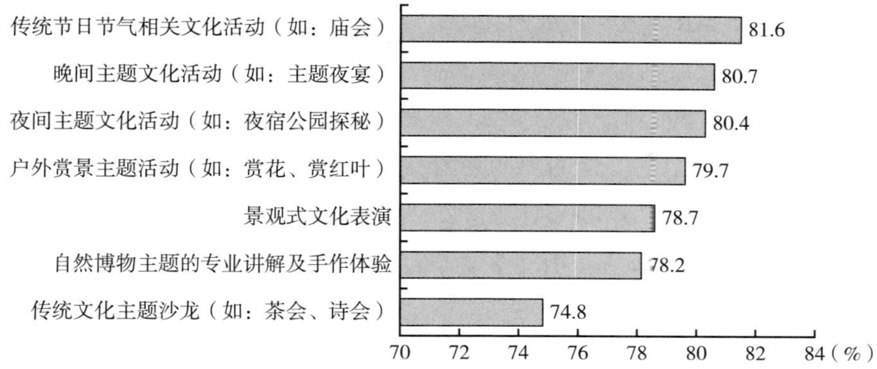

图 12　老百姓感兴趣的文化文物单位文创活动类型

7. 特征七：科技与文创融合前景看好，高科技互动展演受追捧

“科技 + 文创”为文化文物单位文创活动提供了一条创新发展道路。常见的六类数字文创中，老百姓更偏爱以“清明上河图 3.0”版为代表的高科技互动展演（82.9%）和 4D/5D 体验影厅（81.8%），这两类均属现场体验类科技展演活动。

用户对手机端数字文创产品的整体偏好度也较高，对以博物馆掌上 App 为代表的智慧博物馆、以《千里江山图》为代表的线上网络游戏，两者选择比例分别为 78.2%、77.0%（见图 13）。从年龄差异看，35 岁以下的青年群体是数字文创的活跃人群，对各类高科技文创产品的兴趣都非常高。

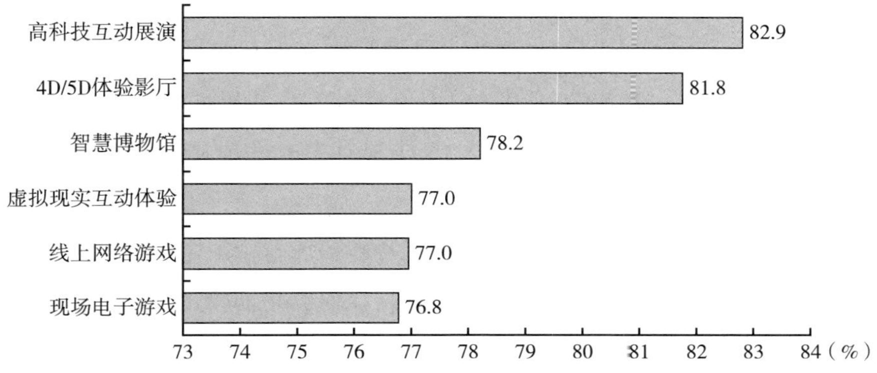

图 13　老百姓感兴趣的文化文物单位文创虚拟活动类型

8. 特征八：文创活动有望成为文化文物单位未来文创增长爆点

就现实消费而言，文创活动的主要价格区间集中于 101 ~ 300 元（33.5%）、301 ~ 500 元（31.1%），两者合计为 64.6%。同时，如果未来文创主题活动极富特色，老百姓也愿意接受更高的价格：针对 301 ~ 500 元档的消费意愿比例为 36.3%，上升了 5.2 个百分点；针对 501 ~ 1000 元档的消费意愿比例为 16.6%，上升了 2.9 个百分点（见图 14）。

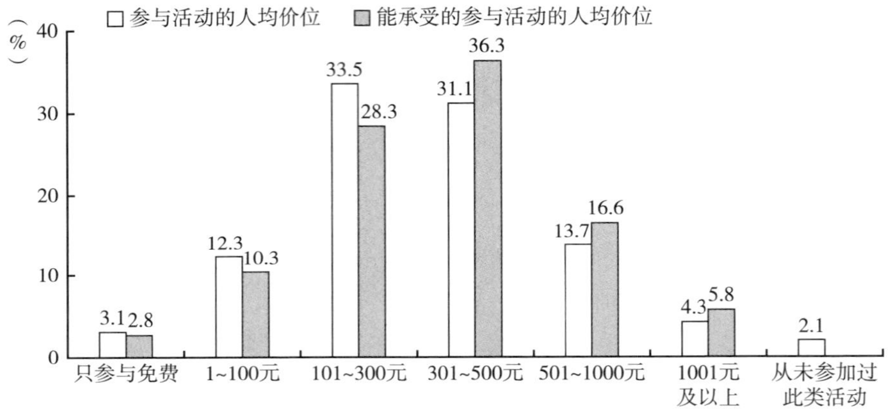

图 14　老百姓参与文创活动的现实价格与潜在预期

9. 特征九：线上场景式文创消费逐渐成为主流，女性、上班族、年轻化、个性化成为文创产品设计关键词

“博物馆 + 电商平台”已经成为推进博物馆文创高质量快速发展的主要引擎之一。2018 年，在淘宝和天猫等电商平台上，如果搜索“博物馆”用户数，2018 年是 2016 年同时期的 2.15 倍。其中有九成用户最终的注意力流向了博物馆文创产品。

以天猫博物馆文创数据为例，故宫博物院稳居首位，中国国家博物馆和大英博物馆位列第二、第三，构成第二阵营。而苏州博物馆、陕西历史博物院、上海博物馆等兄弟省市博物馆也是各美其美。北京地区的颐和园也初步显现“线上”活力（见表 1）。

表 1　主要博物馆文创网店粉丝数量及开店时间

单位：万个

类别	粉丝数	开店时间
故宫博物院	333	2016 年 4 月 8 日
中国国家博物馆	86.9	2015 年 8 月 27 日
大英博物馆	69.1	2018 年 5 月 29 日
苏州博物馆	14.9	2018 年 5 月 3 日
颐和园	12.6	2018 年 4 月 17 日
陕西历史博物院	10	2018 年 4 月 10 日
上海博物馆	6.9	2018 年 8 月 10 日
敦煌研究院	4.3	2018 年 6 月 4 日
秦始皇兵马俑博物馆	0.68	2018 年 10 月 11 日

从性别差异看，博物馆文创消费者中女性占比超过 3/4，这与女性容易产生冲动消费有关（见图 15）。

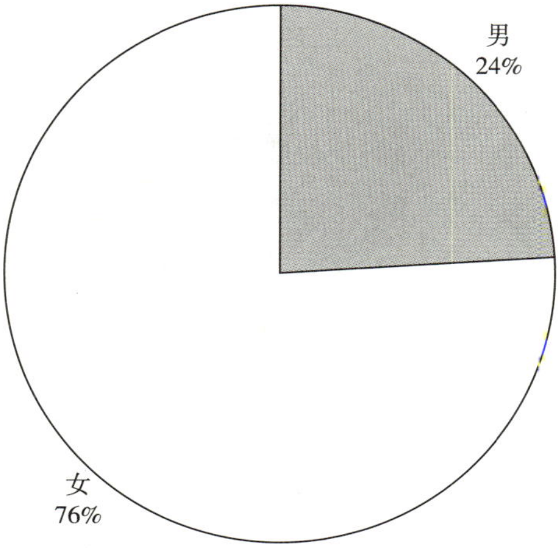

图 15　博物馆文创线上消费人群的性别分布

从职业差异看，文创购买力最强的是上班族（公司职员、个体经营/服务人员），其次是学生（见图 16）。

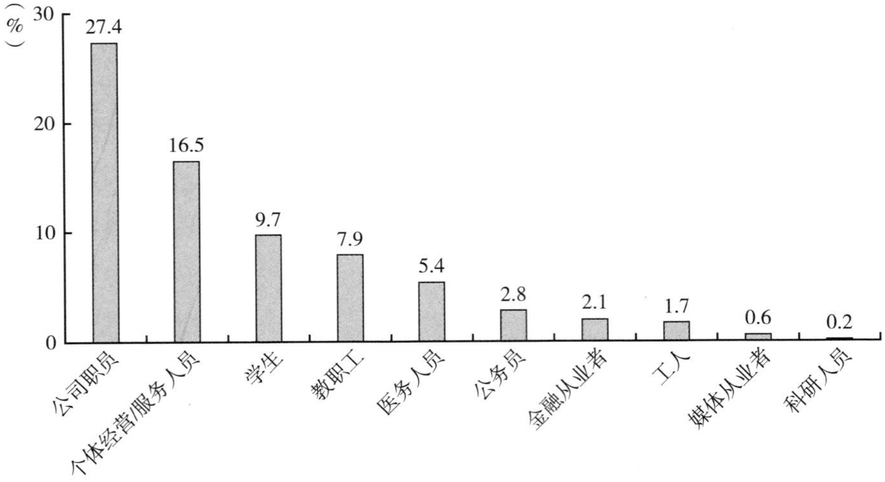

图 16　博物馆文创线上消费人群的职业分布

从年龄差异看，文创消费年轻化趋势明显。“90 后”的消费者占比过半，其中“95 后”占比达 30%。显然，年轻人对于博物馆文创产品的新鲜与个性化特质有更大的需求（见图 17）。

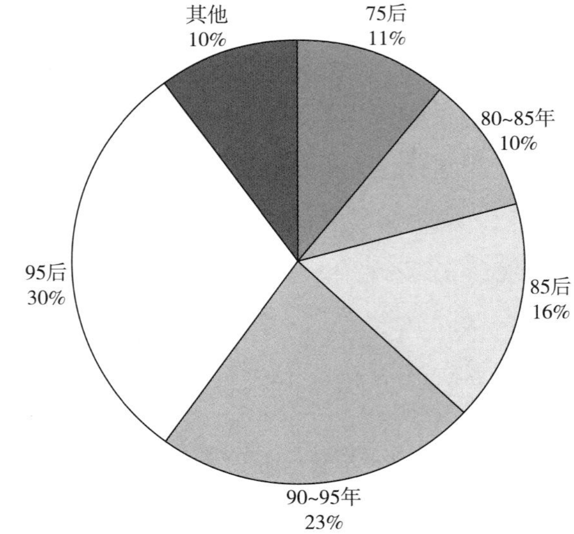

图 17　博物馆文创线上消费人群的年龄分布

从产品风格差异看，最受消费者欢迎的是文艺/雅致风和复古风，偏好率都超过七成；其次是极简风、萌/可爱风，偏好率均超过四成（见图18）。

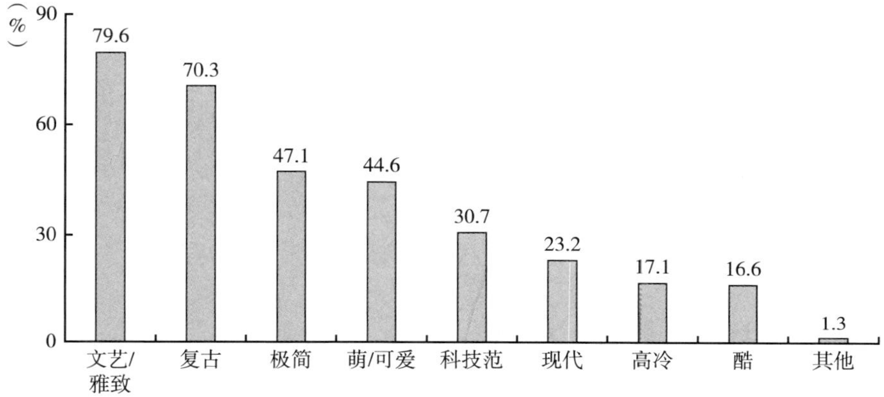

图 18　博物馆线上文创产品的风格偏好

从线上购买频率看，首次线上购买博物馆文创产品的消费者占70.2%。第二次购买的比例为13.9%，两者合并为84.1%，由此看出绝大多数消费者对于文化文物单位文创产品的线上购买都还处在尝试阶段。值得关注的是5次以上购买的比例达到6.4%，这类人群可视为超级“粉丝”（见图19）。

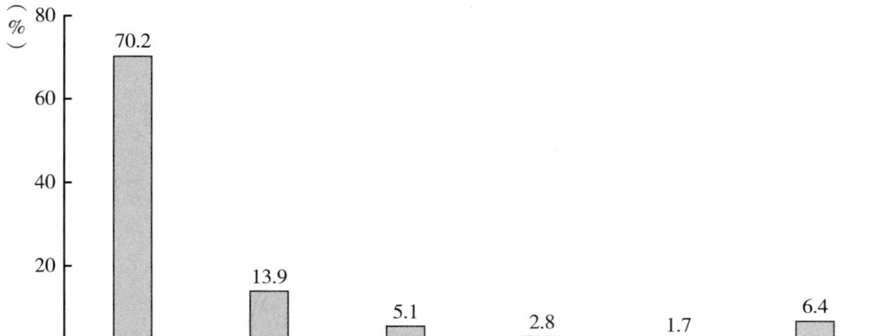

图 19　博物馆文创产品线上购买频率

三　推动北京文化文物单位文创产品开发的对策建议

根据调研数据，文创专职专岗人员短缺（64.36%）、文博文创政策不明朗（59.41%）、文创投入资金短缺（58.42%）是目前文化文物单位文创发展的前三个痛点。此外，知识产权保护也是文创发展的短板，选择知识产权保护缺少专业指导的比例高达44.55%（见图20）。

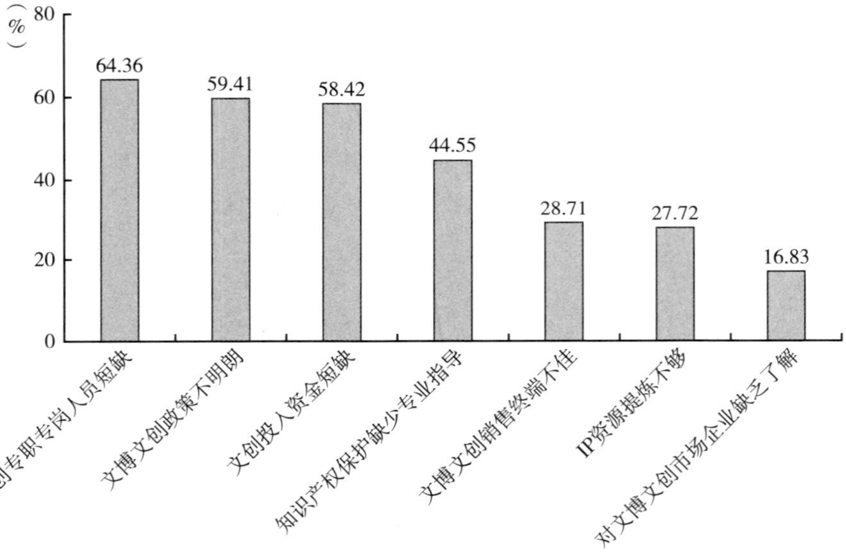

图20　北京文化文物单位文创发展痛点

针对调研发现的问题，提出对策建议如下。

1. 解决文化文物单位下属企业合法性、净利润分配与文创人员岗位合规性等问题

要给现行制度“松绑”，确保文化文物单位能够直接面对市场进行业务拓展。首先，确保文化文物单位开设下属文创企业“名正言顺”。其次，确保下属企业文创净利润的一部分直接用于事业单位内部激励或文创业务拓展。最后，通过灵活方式允许事业单位人员去下属企业开展实职工作，最大

限度地为文化文物单位文创专业人才赋能。

2. 打通文化文物单位 IP 转化通道，明确“事”（文化文物单位）、“企”（下属文创企业）、“社”（产业资源社会化平台）关联

建议在政策层面主导建立内外部两类平台，打通文化文物单位 IP 转化通道。一方面，为确保 IP 开发兼顾文化价值与市场效益，“头部”文化文物单位可综合相关权益方成立文创制作委员会。另一方面，为解决起步阶段中小型文化文物单位市场要素不对接问题，可以“组合拳”方式搭建文化文物单位与文创开发企业的合作平台。

3. 以人才、资金、无形资产三要素为核心，完善文化文物单位文创发展生态，推动文化文物单位文创产品开发可持续发展

一是人才层面要充分调动高校优势资源，加强文化文物单位在岗人员专项业务培训，提升在岗人员专业认知及专业水平，特别是需要储备熟悉文化文物单位文创发展规律的设计总监与熟悉文化文物单位文创授权规律和兼具商务、法务判断力的品牌总监，并多方位培养文化文物单位文创的潜在从业人员。二是资金层面设立文化文物单位文创发展引导专项资金，资金投向企事业及消费者，支持跨界联合开发。三是无形资产层面加强文化文物单位文创无形资产的数字化储备与知识产权保护。例如，设立文化文物单位特色文化资源数字化采集专项资金，对核心 IP 进行前置性储备；设立文化文物单位文创知识产权绿色通道，解决市场开发的后顾之忧。

4. 提炼核心文创 IP，建设产品开发市场生态，完善产品开发预警机制，以特展带动文创产品消费

一是鼓励市场竞争，同时建立文化文物单位文创开发预警机制，及时调整设计开发方向。综合线上线下销售数据，发布不建议开发和建议开发的文创产品类别和价格区间，指导和修正文创开发工作。二是文化文物单位要提炼超级 IP 并保持稳定持续传播，实施“一园一品”战略，提升消费者的黏性与心理认同感。三是为现象级特展开发特色文创产品，与老字号、大品牌联名开发文创产品，把文创与参观行为、文化生活紧密结合。

5. 推动文化科技融合，结合热门展览、节庆活动，以整合营销传播推动文创活动发展

一是科技为文化文物资源赋能，文创活动为科技提供场景应用。鼓励文化文物单位通过其下属企业与科技创新企业在尊重知识产权基础上进行合资、合营、合作，为现象级数字文创活动的举办以及文化文物单位文化资源市场化打下坚实基础。二是配合热门展览，开设特色文创活动。各单位可基于热门展览 IP 开发系列文创活动、开展教育服务及数字文创。例如，在《千里江山》大展后，故宫与网易联合推出的手游《绘真·妙笔千山》；上海博物馆为大英博物馆百物展举办“最后 100 分钟”闭幕活动等。三是结合岁时节令，结合百姓趣味，开发特色活动。各单位可突出自身优势，以传统节日节气为抓手，积极开发与岁时节令主题相关的文创活动，提升文创活动与老百姓生活的贴合度。

6. 门店建设突破围墙“走出去”，合理选址建设文化空间，以设计和服务提升文创空间体验感

首先，突破惯性思维，把文创店开进文创园区、商业街区、交通枢纽，以首店、首发效应促推消费。利用首店效应、首发优势，把文化文物单位独特的文化资源，转化为时尚、潮流的实体门店品牌。“围墙之外的文创店”应采用一站式销售模式，对单一文创系列不必求全，有选择性地整合呈现各文化文物单位的代表性文创产品，与“围墙内文创店”实现互补。其次，在主要游览路线、出口位置布点文创商店，重视消费导流标识。最后，合理规划空间，扩大文化消费开放区域，增设文化体验活动、文创餐饮，根据单位意愿开设夜间消费场所及活动，协同相关部门设立营业许可绿色通道。

7. 以文创主题节目吸引青年群体，通过线下、线上互动引流，拓展文创渠道和传播影响力

一要借力大众媒介，开发文创主题节目，提升文化文物单位文创品牌影响力。例如，北京电视台在《上新了，故宫》之后，推出与颐和园、天坛公园合作的《我在颐和园等你》《遇见天坛》等深受年轻人喜爱的“明星真人秀 + 文创”形式的电视综艺节目，借大众传播打通文创开发、电商销售

等环节。各单位应充分利用全媒体营销渠道，主动参与文创主题节目创制，以提升文创市场的品牌影响力。二要与网店代运营公司形成咨询辅导或代运营合作，例如中书艺莲、文创中国等，推动文化文物单位文创网店建设和运营专业化。规模较大、产品开发能力较高的单位可开设独立网店，其他中小规模单位可尝试联合、集成网店。三要有计划有步骤地铺设文创无人售货机，配合机身、门票、馆内宣传品上的二维码，将线下游客导流为线上粉丝。建议各单位可基于实际情况，有计划有步骤地在馆内、馆外铺设文创无人售货机。并在无人售货机机身和门票上印制网店二维码，将庞大的线下参观人群导流至线上文创店，形成具有真实购买力的线上文创粉丝群体。

B.22

重大国际交往活动推进北京全国文化中心建设分析

张　丽*

摘　要： 北京国际交往活动具有多元、多样、多层的立体性特点，对北京全国文化中心建设起到了极大的推动作用，反映了北京"四个中心"建设协调发展、共同推进的态势。2019 年北京国际交往实践活动数量多、层次高、规模大，客观地推动了北京全国文化中心建设向纵深发展。面对国际国内发展环境和国家战略发展需要，北京全国文化中心建设需要统筹国内国际两个大局，重视发挥城市国际交往功能在文化建设中的作用，在全球视野中进一步强化推进。

关键词： 北京　国际交往　文化中心

更加开放的中国正与世界形成更加良性的互动，频繁的国际交往活动深刻影响着北京"四个中心"建设，尤其是大国首都的文化建设。以重大国际活动为契机，开辟宣传北京文化的新窗口，是北京全国文化中心建设深入发展的重要渠道。

一　国际交往活动对全国文化中心建设的促进作用

国际交往活动是国家间对话交流的渠道，是国际关系领域的常态现象。

* 张丽，北京市社会科学院副研究员，研究方向为文化贸易。

重大国际交往活动是一个国家与世界对话的平台，在积极树立国家形象、提高国际地位、参与全球治理中起着重要作用。2019 年北京全国文化中心建设深入发展，文化建设与国际交往的联系日益紧密，在国际交往中展示新时代中国的国家形象。

1. 主场外交活动促进北京在国际舞台上展示大国首都风貌

近年来，我国主场外交活动频繁举办，在外交领域取得了重要成就，提高了国际地位，增强了国际话语权，同时也带动了文化对外交流与贸易，提升了文化软实力。仅就 2019 年三场主场外交活动来看，北京在服务保障主场外交活动顺利开展的同时，大国首都的时代风范得以充分显现。北京服务国家外交活动的过程中，不断彰显着大国首都的时代风貌。

2019 年 4 月，第二届“一带一路”国际合作高峰论坛在北京举办，参加论坛的有 40 位国家政府首脑、元首和国际组织负责人，150 个国家、92 个国际组织的 6000 余名外宾。在服务保障论坛顺利举办的过程中，北京深入拓展对外文化交流平台，彰显出首都文化软实力。随着共建“一带一路”国家间的人文交流不断深化，北京举办了系列具有国际影响力的文化交流活动，成为弘扬中华文化的重要窗口。北京历史文化名城的品牌作用凸显，以北京城市为重要节点的精品旅游线路被广泛推广，进一步优化了北京的国际文化发展环境。北京为弘扬丝路文化，建立了“一带一路”体验中心，北京及全国各地观众纷纷前往中心沉浸式体验共建“一带一路”国家自然风光与文化氛围，获得很好的效果。在北京文化活动的引领下，各地广泛推进文化、教育、旅游等国际人文流合作，全国文化中心的示范引领作用得以显现。

历时 162 天的 2019 年中国北京世界园艺博览会是一个园林艺术会展，更是一个文化盛会。在展现世界各地园艺精品的过程中，世园会扩大了北京生态文化在世界的影响力。北京为园区的运营做了充分的服务保障工作，特别举办了北京日、中国国家馆日、延庆特色文化月等品牌特色活动。2019 年 5 月 1 日到 3 日北京世园会举办了“北京日”活动，除了重点展示北京生态文明建设成果，更展示了北京历史文化名城形象。园区以牌楼、胡同、四合院、红墙等元素为载体，反映北京市民的美好生活图景，呈现北京古都风范与现代时尚活力。2019 年 9 月举办“延庆特色文化月”活动，融合了传统与现代、文化与旅游等要素，借助世园会平台向世界充分展现出延庆地域生态文明建设发展的成果。

2019 年 5 月 15 日在北京召开的亚洲文明对话大会是一次文化大交流的盛会。这是北京举办的首届亚洲文明对话大会，是中国主要面向亚洲搭建的重要对话合作机制，范围覆盖了亚洲所有国家，同时面向全世界开放，对于维护人类文明多样性、传承人类文明发挥了重大的平台作用。在亚洲文明对话大会期间，举办了亚洲文化嘉年华和亚洲文明周等系列文化活动。中国为这次大会的召开承担了大国的担当，首都北京展示了维护文明对话的能力，在国际社会呈现北京传统与现代文化，丰富了全国文化中心建设的内容，注入文化发展的新动力。

亚洲文明对话大会取得丰富的成果，形式丰富多样。比如，其中的“文化旅游与人民交往”论坛致力于推动文化旅游的融合发展，而“亚洲文明全球影响力”这一论坛致力于丰富亚洲文明内涵与提升当代价值。同时，这次盛会期间推出亚洲文明巡游、亚洲美食节等活动，汇聚亚洲各国的特色文化，生动展示了亚洲文明。除了在主会场设置 8 个展区呈现亚洲特色餐饮之外，北京主要大商圈同期举办美食节活动，北京城市现代活力和美食文化得以充分显现。

2. 重大国际活动推动北京各领域在国际社会弘扬中华文化

国际交往外延广泛，内容丰富。目前，北京举办的重大国际交往活动覆盖科技、旅游、饮食等各个领域，全方位呈现中国文化的博大精深。

世界设计领域进行对话与交流，开展城市创意活动，进一步提升首都城市的国际知名度和世界影响力，既凸显北京城市的历史价值，又彰显都市生活的时代新意，提升市民生活品质，助力北京高质量发展。自 2011 年开始举办的北京国际设计周目前已经成为北京具有国际影响力的一个文化品牌。2019 年北京召开的第十届国际设计周以设计赋能城市创新为主线，促进城市以优秀中华传统文化为内核进行产业化创新。设计周期间举办城市更新全球经验高峰论坛，邀请国际国内城市更新领域的专家、学者、机构代表分享全球城市更新经验与案例，共同探讨北京在城市更新等方面的话题，推动了北京城市更新、街区保护利用和工业遗址改造等方面的创新发展，北京全国文化中心建设的成果得以展现。

北京餐饮文化是都市文化的重要组成部分。“国际美食在北京”活动于2019年6月18日举行，围绕“国际美食、乐惠北京”在美食领域进行国际交流，提高本地与外来人员对于北京美食的满足感、获得感，同时也致力于吸引国际美食品牌在北京落户，最终推动北京美食文化品牌的塑造。

与重大国际赛事相关的国际文化交流活动频繁在北京举办，既有公益性质的，也有嘉年华形式的，把居民生活、城市文化与体育精神融为一体，对于城市名片的打造和文化建设都具有推动作用。

在2019世界斯诺克中国公开赛、北京国际长跑节北京半程马拉松等赛事过程中，北京体育赛事的运营经验逐渐得到积累，以国际性赛事为载体，宣传北京，向世界展示城市活力，展示中国文化，有力地促进文化中心建设。

3. 国际交往活动搭建文化创新发展平台

国际交往活动一个重要的功能在于深入挖掘本地文化创新的潜力，在原创基础上进行交流传播。2019年9月，北京市文联、中图公司充分发挥北京全国文化中心和国际交往中心的作用，进行资源整合，发挥优势互补作用，联合打造“三个平台”，即文学作品的翻译推广平台、国际推介平台和文创开发对接平台，共同开展“京味儿”文学的国际推广，拓宽北京文学作品国际化推广渠道，增加北京文化“走出去”的渠道。与此同时，北京作家通过国际交流活动打造专属品牌，推动国际社会进一步了解北京文化所反映的居民生活方式、风俗习惯等，促进北京文化向世界传播，提升新时代北京的文化软实力。

2019年北京举办的国际青年旅游季活动主题为“魅力北京、文化之旅”，致力于以中外青年为桥梁把北京文化更广泛地推向世界，重点开展了书香北京、览胜北京、感知北京活动，把文化和旅游紧密融合，以旅游为载体，以文化资源为内容，设计打造经典旅游线路。首先，活动发布征集作品通知，以与北京生活相关的话题为题材创作文章或拍摄视频、图片；然后，举办现场交流会，进行成果分享交流。同时，结合青年人网络化、现代化生活方式，开展打卡北京特色地点的活动，把北京文化艺术资源充分展现在网络空间。总之，通过系列国际青年旅游季的活动，北京浓郁的文化氛围与艺术气息得以充分展现，既彰显了北京旅游的文化魅力，更提升了北京文化的引领作用，为中国旅游文化创新发展提供了典范。

二　国际交往活动促进全国文化中心深入发展中存在的问题

除了国际文化交流与合作活动之外，其他领域的国际交往活动在客观上促进了国际文化的交流，对于全国文化中心的建设起到了积极的作用。因此，我们要充分重视国际交往活动对于大国首都文化中心建设的推动性作用。目前，我们对于国际交往活动和全国文化中心建设之间的关联度的认识存在不足，限制了在各类国际交往活动中开展文化专项建设的积极主动性。

1. 在国际交往活动中缺乏对文化内涵与外延的把握

由于文化内涵与外延较为复杂，内容丰富，各类国际交往活动都能成为交流传播与发挥影响力的平台，是文化品牌塑造的重要机遇。但是，目前北京文化精品的创作、文化创意的培育、文化信息的传播、文化交流的展开等在国际交往活动中并没有广泛而全面地实现。北京服务保障重大的国际交往活动、举办各领域的国际交往活动期间，对于文化影响力的提升大多停留在人文交流层面，缺乏有影响力的文化品牌。

2. 在国际交往活动中缺乏文化的多领域融合发展

近年来，在北京开展的对外文化交流活动取得一定的进展，但是相对于源远流长的具有浓厚底蕴的中华文化和首都文化来说，相对于正在全方位改革开放、世界影响力逐步扩大的大国首都来说，北京的文化建设面临新的任务。

文化建设涉及多领域，是一项系统性极强的工程。目前，在国际交往活动中，涉及文化与科技、文化与经济等的融合，文化交流与合作已经在各个领域开展，但是融合发展的深度与广度仍然不够，缺乏以文化为核心内容的多领域融合发展。文化与科技、文化与经济等领域的融合形式创新不够，文化品牌通过高科技手段与国际交往融合的领域及行业还很有限。

3. 在国际交往活动中缺乏北京文化引领的全国系列文化活动

作为全国文化中心，北京文化建设肩负传承中华文化的历史使命，具有引领全国文化的龙头意识。在重大国际交往活动开展期间，系列活动的举办往往涉及全国各地，许多城市设有分会场，开展配套的活动。城市间系列活动的配套举办既能够发挥北京文化引领功能，又能合力传播中华文化。目前，国际交往活动期间北京与其他城市的文化配套活动相对不足，并没有完全发挥全国文化中心的引领功能。

三 深入推进全国文化中心建设的对策建议

北京自从成为新中国的首都以来，就把文化中心建设作为重要的首都功能。《北京城市总体规划（2016 年 - 2035 年）》明确北京作为全国文化中心的城市战略定位。2017 年 8 月，北京市推进全国文化中心建设领导小组成立并召开了第一次会议，将全国文化中心建设提高到前所未有的高度。2019 年 6 月，推进全国文化中心建设领导小组召开第五次会议。蔡奇强调，“把全国文化中心的建设与服务党和国家工作大局、提升首都经济社会发展水平、增进市民群众文化福祉结合起来，找准切入点和着力点，做好首都文化这篇大文章，推动各项工作不断取得新成效。”① 为深入推进全国文化中心建设，本文从国际交往活动的视角提出对策建议。

1. 把握北京“四个中心”建设的内在联系

全国文化中心建设不仅是“四个中心”功能建设的重要组成部分，作为软实力，也贯穿于其他三个中心建设中。加强全国文化中心建设，是履行

① 《做好首都文化这篇大文章 推动全国文化中心建设不断取得新成效》，《北京日报》2019 年 6 月 1 日，第 1 版。

首都职责的要求，是贯彻落实首都城市战略定位、建设国际一流的和谐宜居之都的必然要求。加强北京全国文化中心建设需要更多新思路，需要把握“四个中心”建设之间的关联性，尤其是国际交往中心与全国文化中心的内在联系，促使北京文化建设更加彰显中华文化的价值，提升国际影响力。北京文化资源基础雄厚，市场潜力巨大，文化产业前景广阔。既需要精心保护好北京历史文化，在国际交往活动中突出展示北京历史文化价值，也需要彰显并创新发展现代文化，在国际交往与文化创新发展中弘扬中华文明，彰显人文风采。在全国文化中心建设领导小组的组织领导下，统筹协调各方资源力量，共同推动全国文化中心建设取得更大进展。

作为全国文化中心，北京要坚定文化自信，大力培育和践行社会主义核心价值观，坚持北京特色、坚持中国特色，保存好、弘扬好中华优秀传统文化。这需要具有全球视野，在历史名城保护中，推进文明城区的创建，充分发挥地缘优势，把具有深厚底蕴的中华文化传承下来、传播出去，在中国日益走向世界舞台的进程中，在对中华历史文化遗产实现整体保护的发展中，推动全国文化中心建设走向新高度。

2. 抓住国际交往活动时机弘扬中华文化

办好重大文化活动，在全球文化发展中增强自己实力，使中华文化影响力彰显，成为向全世界展示自己的窗口。在全力保障国家主场外交活动中，以服务保障重大的国际活动为契机，开展各种形式的宣传教育活动，不断提升大国首都的文化影响力。

北京举办的国际活动越来越多，需要积极探索文化在其中的作用，并通过各类国际活动促进文化品牌建设与传播。第一，明确国际活动的性质与关键环节，将文化内涵与文化自信融合在国际活动举办的全过程。国际交往活动是弘扬中华文化、全面增进人类文明对话的重要途径，文化品牌是一个国家对外交流的重要名片、特色标识，要使其贯穿国际活动的各个环节，使文化交流与各类国际交往活动形成良性互动，向世界展示首都文化、中华文化的价值。通过重大的国际活动推动文化融入，在与国外合作交流中，把中国各个领域的文化融入世界各地人们的日常生活中，在饮食、体育运动、医疗等领域形成文化消费。第二，有针对性地举办特色文化交流活动。通过系列文化节、文化论坛、文化博览会等方式，积极创设文化交流传播平台，在国际文化交流活动开展的过程中，挖掘拥有悠久历史的东方智慧，塑造中华文化的吸引力。把反映新时代中国的创新精神、文化观念、生活方式通过文化的国际交流展现给国际社会，呈现新时代中国文化在世界文化格局中的地位。第三，建立全国文化中心对外交流体系，在开放、发展、合作、共赢中确立文化引领作用。中华优秀传统文化的传承与新时代社会发展相协调，在传承中创新，实现传统与时代元素的相互呼应，全面塑造中华文化软实力，塑造北京文化品牌。大国首都作为全国文化中心，既是世界文化交流的平台，也是全国文化引领与示范的核心。

国家文化形象是一个国家经济实力与政治形象的精神支撑，是一个国家的软实力。良好的文化形象有利于促进民族文化认同，增强民族自豪感，自觉坚持和维护民族历史文化传统和价值观念。在国际关系实践中，国际社会联系越强，越需要各国间的文化交流，而基于本国历史底蕴的文化交流受到国际交往的影响，各国之间的交往多渠道提供文化交流空间，在文化交流中促进国际政治经济关系的改善。因此，从国际关系与国家文化建设之间的关系来看，要特别重视通过国际交往活动推动本国文化建设，特别是在各种不同民族的文化交流中树立文化自信，提升文化软实力。

要重视以国际交往活动加快推进历史名城建设。历史名城建设是全国文化中心建设的重要内容，而历史名城建设需要以国际视野传承城市优秀历史文化、传承中华民族优秀文化、建设城市特色文化。“从北京作为国际城市以及中国国家首都来看，北京的文化建设既要具有世界包容性，也必须具有自身的价值导向性和鲜明的文化性格，必须自觉加强自身的文化价值和文化精神建设，把北京建设成为弘扬、发展和宣传中国特色社会主义先进文化的文化中心城市，建设中国特色社会主义先进文化之都。”① 在国际交往活动中，北京的文化精髓以“讲好中国故事”的方式向国际社会传播，北京城

① 李建盛：《以习近平首都建设思想为指导推进全国文化中心建设》，《前线》2018 年第 4 期。

市故事的传播促进全国文化中心内容的建设。

北京国际交往空间布局逐步优化，既有首都功能核心区优化提升现有国事活动空间的规划，也有集中承载国际交往功能的中轴线和长安街及其延长线的设计，更有对于东、北、西、南“四区域”的整体布局。要结合国际交往空间的建设加强文化交流，打造城市文化品牌，着力文化品牌创新与传播。在空间布局规划中，结合中轴线申遗，北京要努力培育优质的国事活动场所，抓住时机，把此项设计与北京历史文化名城保护结合起来，进一步发挥北京文化的优势，推动全国文化中心建设深入前行。北京西部重点强化国际科技创新合作与国际文化体育交流的功能，这就把国际交往活动和文化交流与合作结合起来，有利于国际交往中心建设与全国文化中心建设的相互促进。东部地区着力提升外交外事功能的承载能力，要结合规划设计，进一步提升国际化社区的管理水平，提供高水准的国际化公共文化服务。北部地区在提升重大外交外事活动综合保障能力上下功夫，需要动员多方力量，把文化内涵与文化品牌体现在外事服务中，提升中华文化软实力。南部地区致力于打造国际交往的新门户，尤其要在新的规划设计中，把北京文化融合进去，通过生活方式与工作环境质量的提升，借助国际交往新空间塑造城市文化品牌，塑造文化强国形象。

3. 多领域深入融合开展国际文化交流与品牌塑造活动

目前，要不断探讨以文化为核心内容、以多领域为载体的国际文化交流与文化品牌塑造的途径，全方位强化全国文化中心建设。

随着我国产业结构的调整和经济转型加速升级，文化产业在近年获得迅速发展，北京文化产业领跑全国。文化渗透于各个产业，文化要素已经与各领域更加广泛、深入地融合起来，形成了“文化＋”的发展形态。“文化＋科技”“文化＋电商”“文化＋金融”等新业态不断创新发展，形成跨界融合发展的新模式。

随着“互联网＋”的高端应用，科技的力量日益显现，大数据、AI等新技术使文化创新不断拓展新思路。在人们生活方式发生深刻变化的网络时代，文化在内容形态、传播方式等方面的变化影响着文化被接受的程度，不断推动文化与科技融合发展，这也是国际交往活动中文化展示与传播的大势所趋。科技创新使文化以多姿多彩的形式得以展现，增强了诸如新闻出版、演艺、会展、壁画、历史文物等文化产品的表现活力，在数字影像等方面对文化发展构成强大的支撑。在高新科技的运用中，文化艺术作品与科技创新结合已经使中国故事开始广泛地被展示。因此，要跟上科技进步的步伐，进一步运用 AI、5G 等新技术全面支持文化新业态的发展，通过数字化方式将反映中华优秀传统文化的艺术作品与高科技结合，使科技创新成为文化发展的引擎，运用高新技术进一步创新文化的生产方式，深入培育文化新业态，借助国际交往时机，在世界舞台上展示具有独特魅力的中华文化。

需要着力搭建文化交流的国际交往平台，要把握政策机遇，科学统筹规划，结合新时代新要求不断创新发展文化产业。要面向文化强国的高度，搭建国内外文化传播与合作交流的平台，把握文化“走出去”的机遇，多方创设文化“走出去”的渠道，促进中华文化走向国际舞台，走进国际社会，让国际友人进一步认识新时代的中国，展现新时代北京的新气象及中国人的时代风貌。

充分利用各类载体，搭建文化展示平台，在多个领域倡导并运用“文化+”概念，促进各个领域在全球视野中举办文化创新活动，开展国际文化交流，创新各类文化品牌，使文化活动走向国际社会，提升首都文化影响力，并在全国起到引领性作用。要以文化和旅游等领域融合发展为契机，不断进行体制机制创新，不断挖掘文化潜力、整合区域资源，利用国际交往平台大力推动文化产业创新发展，通过文化的发展带动经济转型升级，改善民生，满足人民需要。要利用城市文化标志着力打造城市文化品牌，塑造剧院文化、博物馆文化、书店文化品牌，在城市建设进程中打造北京文化符号、打造面向世界的北京文化名片，引领文化发展方向。面对国家发展文化创意产业的战略机遇、面对大运河文化带发展的时代机遇、面对京津冀区域协同发展的空间机遇，建设好全国文化中心，辐射影响全国，全面把首都文化及中华文化推向世界，提升中国话语权。

B.23
2019年北京文化传播现状与问题分析

景俊美　胡　云*

摘　要：　2019年北京文化的在地传播呈现全方位、精品化、创新化的特点，但文化产业协同性有待提升。在国内，北京文化建设提供了良好的示范，并大力扶持其他地区，但措施的针对性未能得到充分体现。海外传播方面，北京文化已具品牌特色，交流合作的创新性不断提升，但传播主体较为单一。因此，在地传播应推动数字文化产业协同发展；国内传播要因地制宜，发挥文化传播的长板效应；海外传播应培育多元主体，合力讲好中国故事。

关键词：　文化传播　在地传播　海外传播　四全媒体

2019年是新中国成立70周年，也是决胜全面建成小康社会第一个百年奋斗目标的关键之年。作为首善之区的首都北京，也是世界著名古都和现代化国际城市，担负着建设社会主义文化强国、不断铸就中华文化新辉煌的时代重任。习近平总书记强调："文化是一个国家、一个民族的灵魂。"北京作为全国政治中心、全国文化中心，也是世界文化遗产最多的城市，拥有着丰富的名胜古迹，一方面要充分挖掘优秀历史文化，并做好传承工作，另一方面更要着力擦亮历史文化金名片，提高北京文化在全国的辐射力，借助北京文化讲好中国故事，增强北京文化的国际传播力，进而提升我国的文化软实力。

* 景俊美，文学博士，北京市社会科学院副研究员，研究方向为民族艺术与文化产业研究；胡云，北京师范大学新闻传播学院2018级硕士研究生。

2019 年北京文化传播在多方面取得成就，多项举措可成为其他地区的借鉴经验，不过在发展中面临的一些问题也是很多地区不可避免的，因此对北京文化传播现状和问题的研究与分析，可以更好地促进我国的城市文化传播，并且对进一步讲好中国故事、建设社会主义文化强国都具有十分重要的意义。

一　在地传播：具有全方位、精品化、创新化的特点

（一）全方位：文化建设全面繁荣，成果全方位服务群众

新中国成立的 70 年是政治经济取得斐然成就的 70 年，也是文化事业繁荣昌盛的 70 年。在新中国 70 年的光辉历程中，北京市的文化建设获得了长足的发展，不仅在政策层面实现稳定后方，更通过精准发力为文化建设插上腾飞翅膀。此外，北京公共文化服务体系的高质量和全覆盖也得以体现，群众能最大限度地受惠于文化建设。

1. 政策发力，为文化建设插上腾飞翅膀

当前，文化政策已经不再仅仅是为文化的发展保驾护航，而是通过对创作生产、文化企业、文化市场等关键环节的支持为其插上腾飞的翅膀，从而更好地助力文化建设。党的十八届四中全会明确提出要制定“文化产业促进法”，北京市政府除了做好政策的维稳，一直寻求机会激发文化内在发展潜力，通过政策支持为其提供助力。12 月 5 日，《北京市大运河文化保护传承利用实施规划》和《北京市大运河文化保护传承利用五年行动计划（2018 年 -2022 年）》通过国家大运河文化保护传承利用工作省部际联席会议审议。规划和行动计划对大运河文化保护传承利用的中长期目标进行了安排，要求发挥大运河文化带对城市功能空间的组织和优化作用，以大运河北京段为轴线，组织推进大运河文化保护传承利用，建设大运河文化带。[①] 在

① 《构建“一河、两道、三区”：北京发布大运河文化保护传承利用实施规划》，http://www.gov.cn/xinwen/2019-12/06/content_5458911.htm。

做好大运河文化带保护传承工作之余，也将大运河文化元素与城市建设深入融合，对大运河沿线诸如平家疃村、皇木厂村、里二泗村等多个富有历史传说的古村古镇进行开发，以发掘展示其文化价值。12 月 31 日，由北京市推进全国文化中心建设领导小组印发的《关于推动北京音乐产业繁荣发展的实施意见》发布。该意见立足北京市音乐产业现状与优势，聚焦行业核心问题，围绕实现一都一中心、建好两区三平台，着力实现四个突破。一都一中心，即将北京建设成为国际音乐之都和华语音乐的全球中心；两区，即重点打造音乐产业示范园区、音乐文化综合性消费区，也即音乐小镇，推动产业集聚，形成文化名片；三平台，即支持建立音乐版权管理及分发服务平台、音乐行业大数据平台、音乐产业发展高端智库平台，全方位服务产业发展；四个突破，指在四大重点领域着力突破，始终占据领先地位，包括原创内容、科技创新、品牌节展、文化氛围。①

2. 多层次文化产业空间体系助力文化繁荣

文化产业是北京的支柱性产业，既支撑着城市产业转型，又是满足群众精神文化生活的重要路径。多年来，多层次、立体化的文化产业空间的逐渐形成已成为推动文化产业高质量发展的重要力量，文化产业园区百花齐放为北京市文化建设繁荣提供极大助力。目前，北京出版创意产业园、文心华策、郎园 Vintage、中关村软件园等产业园区的涌现极大地增强了北京文化产业园区的影响力，蓝海电视、时代光华、新浪、磨铁、字节跳动、网易、百度、快手、华策影视等知名企业更是发光发热，成为城市文化传播的新窗口。而北京积极打造的剧场、书房等空间以及开发出的文化沙龙、读书会等活动更是让文化产业园区成为城市文化的新地标。

3. 公共文化服务全覆盖、广受益

目前，北京市公共文化服务在增加投入的基础上，获得的成效也十分显著，不仅建成全覆盖的文化设施网络，群众参与文化活动的积极性

① 《〈关于推动北京音乐产业繁荣发展的实施意见〉新闻发布会》，http：//www.beijing.gov.cn/shipin/Interviewlive/99.html。

也被最大限度地调动。2019 年，北京市建成市—区—街乡—社区村四级公共文化服务设施网络，形成一刻钟（15 分钟）文化服务圈。市级设施包括首都图书馆和北京文化艺术活动中心，区级设施包括 22 个图书馆和 20 个文化馆，街乡级设施包括 330 个综合文化中心，社区村级设施包括 6757 个综合文化室，覆盖 270 个街乡，全市公共图书馆已经实现了“一卡通”的通借通还。同时，北京市公共文化服务的网络化进程也随着服务设施的完善而及时到位。当前，北京市建立 4295 个文化信息资源共享工程站点，300 个数字文化社区，177 个 24 小时自助借书机。北京市群众参与文化活动的积极性很高，在新中国成立 70 周年群众联欢演出活动中，北京市共有 47 支队伍、2884 人参与进来。在北京世界园艺博览会期间，有 80 支艺术团队、2100 名演员共举办 28 场特色演出，向国外游客展示北京的文化艺术。

（二）精品化：舞台艺术精彩纷呈，文化品牌百花齐放

1. 精品节目不断涌现，擦亮首都文化金名片

2019 年正值新中国成立 70 周年，也是文化艺术活动的大年，这样重要的时间节点为文艺创演提供了重要契机。北京在文艺创作方面，始终深入生活、扎根人民，激发创作积极性，与时俱进推出一大批艺术精湛、思想深刻的文艺精品。同时，一大批全国优秀剧院进京演出，推动首都文艺演出的繁荣。例如，国家大剧院策划“献礼新中国成立 70 周年”专题，并邀请北京人民艺术剧院、北京曲剧团共同演绎，如北京人民艺术剧院推出的《小井胡同》《天下第一楼》；北京曲剧团推出的《龙须沟》，该剧曾获文化部第八届“文华新剧目”奖、北京市委宣传部“十个一”工程奖、北京市文化局演出百场奖；国家大剧院历时四年打造出的原创中国史诗歌剧《长征》、原创话剧《抉择》、民族舞剧《天路》等。由北京市文旅局主办的“北京故事”优秀小剧场剧目展演汇聚国有和民营院团的 20 部作品，包括京剧、话剧、越剧、昆曲、淮剧、河北梆子、形体剧、现代舞等 8 个艺术种类。展演通过“古・今”“变・化”“生・活”三个板块分别

展示了小剧场戏曲的传承与创新、对改革开放成就的赞扬、对百姓日常生活酸甜苦辣的描绘等。此外，由中宣部、文化和旅游部主办的2019年全国基层院团戏曲会演通过推出一批富有时代特点、蕴含艺术价值、充满文化内涵的优秀作品，集中展示了基层院团对戏曲艺术优秀创作成果的传承与发展。上述文化活动多数都是持续性的活动，并通过多年积累形成了自己的口碑，成为北京市的文化名片，这种非一时一地的举办方式，有利于强化文化传播的影响力、辐射力和带动力，是首都北京在地文化传播的重要特色。

2. 文化品牌百花齐放，凸显城市气质特色

北京一直致力于推动优秀传统文化的创造性转化与创新性发展，着力打造一批富有特色的文化品牌活动，这些活动不仅是北京文化实力的体现，而且营造了浓厚的极具辐射力和影响力的城市文化空间，成为首都作为全国文化中心的特色与亮点。文化和旅游部、北京市人民政府主办“中国戏曲文化周”品牌活动，在2019年，来自全国65家院团、社团的23个剧种在22个空间举行了370余场演出；4月13～20日，北京国际电影节围绕“家·国”主题，通过光影献礼祖国70华诞，电影节期间，有展演、评奖、论坛、对话、沙龙等300多项活动，签约总金额309亿余元，破历年纪录，同比增长18.48%；“首都剧场精品剧目邀请展”在2019年用“国际单元”“兄弟院团展演单元”“原创剧目邀约单元”“特别影像单元”等四个单元全方位展示了戏剧的魅力，以引进剧目与本土剧目的交流互鉴模式打造出富有特色的文化品牌活动。4月20日，以“壮丽70年，颂读新时代”为主题的“书香中国·北京阅读季”活动正式启动，该活动策划组织了“庆70周年，读70种书”主题荐书、庆祝新中国成立70周年专场朗诵会以及“读原著、学原文、悟原理”主题读书等一系列阅读活动，营造出“阅读无处不在”的浓厚氛围。在世界读书日期间，北京各地也通过换书大集、以阅读为主题的话剧《书店》、经典名篇诵读会、“游花海品书香”阅读马拉松、“祖国，我想对你说”讲故事比赛、大型群众诗歌朗诵会、“经典诵读文化传承”等活动打造出北京文化品牌。

（三）创新化：文化传播借力新技术，打造产业发展新态势

2019 年是互联网诞生 50 周年，也是以 5G 为代表的数字技术与文化产业深度融合的元年。在互联网技术与各种政策的驱动下，文化产业以新业态、新商业模式、新产业的发展方式渗透进各行各业，“文化 + 科技”“文化 + 创意”“文化 + 服务”等呈现新的发展态势，文化产业在国民经济中的比重持续上升。

1. 拓展文化外延，探寻“文化 + ”可能性

点亮夜经济，助力“文化 + ”市场繁荣。夜间经济不仅可以满足人民群众的精神文化需求，更可以通过带动消费促进城市经济增长。朝阳区率先研究出台了《朝阳区促进消费升级工作方案（2019 – 2021 年）》，向夜间特色商圈注入文化元素，从而打造出一批夜间经济载体，促进了夜间经济的高品质消费。在文博会期间，751D · PARK 北京时尚设计广场发布了“文化消费街区”项目，将园区的剧场演艺、设计展示、流行音乐、品牌活动、美食创意、高端发布、文化沙龙、书店、音乐吧等结合起来，通过举办一系列特色文化活动营造园区内“全民乐读”的氛围，从而提升园区的文化生活品质。此外，朝阳区还立足国际文化消费小镇，打造富有文化意蕴的新商圈，全面布局文化消费业态，并通过夜跑、夜间读书沙龙、脱口秀等文娱活动带动夜间文化消费。

拓宽创意维度，力促文创产品研发。故宫是中华民族的骄傲，也是中国优秀传统文化的艺术宝库。12 月 9 日，故宫博物院与被称为“中国魔水”的健力宝开展“故宫中国节”活动，双方将在特定的中国节日推出相应文创产品。例如，推出的首款文创产品“祥龙纳吉罐”以乾隆皇帝的龙袍为灵感，提取祥龙纹、蝙蝠纹、火焰纹、祥云纹等元素，该产品的整体设计体现出吉祥的寓意，让受众从中感受到文化提升生活品质的美好。健力宝作为拼搏进取的优秀民族品牌，和故宫展开合作无疑是拓展了传统文化的表达形式，双方的资源优势互补更是促成了文创产业与社会企业的强强联手。12 月 17 日，天坛公园首次推出天坛国潮黄金首饰系列新年贺岁产品，同时亮

相的还有祈福礼盒丝巾套装、中和韶乐八音盒、天坛祈福白茶、天香香水等4款文创产品。天坛国潮黄金首饰系列产品共包括6件饰品，分别以天圆地方、龙凤合喜、龙凤呈祥、天作之美命名，体现出中国传统文化的吉祥寓意。此外，2020年的文化体验真人秀《遇见天坛》也让以天坛礼乐为代表的传统文化再次被人们关注，而同期文创产品的推出更是让受众全方位、沉浸式地体会到天坛的神韵与格调。

2. 挖掘传统文化底蕴，把握传播新契机

移动互联网与人工智能的发展使得信息的呈现方式更为多元化，这也促使文化拥有了更为丰富的表达载体与渠道。北京作为一座现代化大都市，不仅拥有着厚重的文化底蕴，在科技探索方面更是一直走在前列。近年来，北京一直致力于拓宽文化的表达渠道，尽可能地利用时尚、新鲜的元素将文化更为生动地表达出来。9月21日，由北京冬奥组委联合专业设计团队打造的北京2022年冬奥会吉祥物“冰墩墩”和冬残奥会吉祥物“雪容融”的首套微信表情包正式上线。这套表情包由16个微信表情组成，其中冰墩墩和雪容融的表情各5个，两个吉祥物的组合表情6个。这次的表情包开发将吉祥物的特点与时尚的社交语言结合起来，让更多人通过这种流行的社交语言来认识冬奥会和冬残奥会。11月27日，庆丰包子铺策划的全国首个包子文化展览馆正式对外开放，该展览馆利用全息技术、幻影成像、VR等多种“黑科技”，通过中华面食及馅料文化起源、庆丰历史、企业文化和未来发展三个展厅全方位展示了包子的历史与文化。该馆还用幻影成像的方式，还原出诸葛亮七擒孟获班师回朝时以带馅“馒头”祭天的传说。包子作为中华传统饮食，是百姓餐桌上最常见也最贴近生活的食品之一。企业能通过多维度、广视角的方式来呈现其文化意蕴，无疑增强了饮食文化的丰厚韵味，也让更多人了解到文化的博大精深与深潜多维。

二　国内传播：发挥良好的示范与扶持作用

北京作为全国文化中心，在文化建设方面一直居于领先地位，这也为全国其他城市或地区的文化发展树立了典范。12 月 1 日，由中央财经大学、新华网与北京文投大数据有限公司共同发布“中国文化高质量发展指数”，该评价体系包括高效率投入与产出两个方面对全国 31 个省区市（暂不包括港澳台地区）文化产业高质量发展指数进行了计算，结果显示北京文化产业发展在经济效益和社会效益方面皆居于全国首位。由中国人民大学主办、中国人民大学文化科技园和中国人民大学文化产业研究院承办的“2019 中国文化产业系列指数发布会”显示，北京依靠文化产业影响力和驱动力优势在全国文化产业发展的综合指数方面依旧处在全国领先地位。

（一）京津冀区域共建共享，推动文化协同发展

京津冀区域地缘相近、文化相通，一直以来都致力于通过合作的方式达成区域联动、协同发展。由北京市演出有限责任公司出品，天津人民艺术剧院联合出品，集结京津冀地区优质文艺创演资源、讲述大运河故事的话剧《运河 1935》在大运河沿线多个城市进行巡演。该剧选取 1935 年作为时间起点，讲述了运河儿女在华北危急的特殊时刻，凭借着天然的正义感、朴素的爱国情怀选择抗日的故事。这部剧将传统意义上的主旋律话剧特点与当下的审美相结合，既展示出大运河北端的独特风貌，又彰显出运河儿女的光辉人性。此外，由雄安新区主办、北京国资公司所属北交所等单位承办的 2019 河北雄安新区文创和旅游商品创意设计大赛是雄安首个文创和旅游商品创意设计活动，这也是落实京津冀协同发展战略及乡村振兴战略的重要一步。北交所深度参与雄安新区文化和旅游产业发展将推动更多的优质项目落地，也会促进雄安新区文化和旅游业发展实现从资源依赖型到资本驱动型的转型，进一步推动雄安新区、河北省文化和旅游产业的持续健康发展。

（二）深入开展“春雨工程”，推进公共文化服务均等化

当前，北京在实现文化高质量发展的同时，也尽可能地通过整合北京活动精品工程，向全国其他地区倾斜，加强彼此之间的文化交流与互动。文化和旅游部所实施的“春雨工程”便是为满足边远地区群众基本文化需求，

推动边远地区基本公共文化服务均等化而推出的文化惠民举措。2019 年，文化和旅游部、中央文明办印发《2019 年文化和旅游志愿服务工作方案》进一步推动文化和旅游志愿服务，促进文化和旅游志愿服务的制度化、规范化和常态化，通过实施“春雨工程”——全国文化和旅游志愿服务行动计划、“阳光工程”——中西部农村文化志愿服务行动计划、“圆梦工程”——农村未成年人文化志愿服务计划“三大工程”广泛动员各方力量，营造出互帮互助的良好风尚。10 月 22 日至 24 日，2019 年“春雨工程”公共数字文化走基层走进山西省静乐县和娄烦县，不仅为其配送了包含影视、戏剧、舞蹈、文学、摄影、书法、绘画等在内的资源服务宝，更赠送了 1 万册图书。此外，志愿小分队也对两县的业务骨干进行了群众文化活动组织、基层文化馆建设、阅读推广理念与方法、公共数字文化服务推广等方面的业务培训。北京今日美术馆东侧的“北京二十二街”汇聚当代艺术室、旅游资源推广、非遗展示售卖、特色物产汇聚、文化娱乐休闲、潮牌店铺直播等项目于一体，打造出极具特色的“红运坊潮牌文化街市集”，成为北京市文旅融合新地标。该街区将会带动城市新消费，助力民族文化的宣传。另外，也将致力于公益活动，大力开展公益扶贫，对来自西北、西南等偏远山区的优质农产品进行展示推介，通过销售农产品的方式来带动扶贫，让山区的特色得以展示。

三　海外传播：日渐形成品牌性、创新性特点

首善之区的首都北京，始终将海外文化传播作为国家外交大局的重要环节。多年来持续走进多个国家与地区，与不同文明、不同文化、不同城市进行交流，展示中华文化魅力。一方面通过持续打造“魅力北京”海外推广、“北京之夜”文化交流、北京海外“欢乐春节”等品牌活动，用讲好北京故事的方式来讲好中国故事，增进世界各国人民对中国的认同与理解，另一方面通过各种合作方式实现文化资源的互换共享。

（一）品牌魅力凸显文化自信

北京在进行海外传播时十分注重文化“走出去”，并着力于打造特色文化品牌，通过品牌的魅力向海外受众展示文化自信。“欢乐春节”作为我国对外文化交流覆盖面最广、参与人数最多、海外影响力最大的综合性品牌活动，2019 年特别体现了深入践行文旅融合的理念，并与现有旅游推广品牌“美丽中国”结合，在 133 个国家的 396 座城市开展 1500 余场活动，将中国春节的喜庆氛围带到世界各地。中外文化交流中心联合海外中国文化中心和驻外旅游办事处主办的 2019 年“中国旅游文化周”活动在全球 34 家海外中国文化中心和 19 家驻外旅游办事处共举办各类文化和旅游交流活动 250 余场，集中展示了中国风貌。由北京市文化和旅游局举办的“魅力北京”图片展和“公众日”活动陆续走进巴拿马、维也纳、东京、柏林、圣彼得堡等城市，展示中国传统的文艺节目，并通过京剧戏服试穿、手绘纸扇、手绘灯笼、学写汉字等互动让当地居民近距离感受北京文化，增强其对北京、对中国文化的认识和了解。

（二）合作交流展开数字化“丝绸之路”

“国粹”京剧不仅是北京特色的传统文化，更是中华优秀传统文化的瑰宝，向来是中外文化交流的重要名片。2019 年中国国家京剧院赴瑞士演出《大闹天宫》，赴葡萄牙、英国演出《杨门女将》，赴美国演出《太真外传·长生殿》、《大闹天宫》和《三岔口》，同时以讲座和文化体验的方式让海外观众了解京剧、了解中华文化、了解北京。在欧洲、美国及拉美三大歌剧联盟的联合倡导下，2019 年 10 月 25 日被确立为首个“世界歌剧日”。国家大剧院与欧洲知名剧院利用信息技术展开深度合作，实现歌剧直点播国际化合作。国家大剧院以直播的方式使“走出去”战略落地，将原创中国史诗歌剧《长征》推向维亚纳歌剧院数字平台，这也是中国歌剧面向海外的首次直播，双方以数字形式开展的合作为两国铺上了一条数字版的文化“丝绸之路”。

四　北京文化传播的问题分析与对策建议

（一）在地传播：推动数字文化产业协同发展

北京作为世界上拥有世界文化遗产最多的城市，具有独一无二的历史文化资源优势。随着数字化技术对文化产业的深入渗透，推动数字文化产业在更广的范围与更深的层面进行融合已成为势不可当的趋势。北京本地拥有丰富的历史资源宝藏，在数字化进程方面也始终走在前沿。然而，北京在实现本地文化产业发展时仍存在着极大的不平衡，数字文化产业向其他领域的拓展方式与最终效果参差不齐，协同发展的产业集群尚未形成。例如，故宫博物院在数字化进程方面一骑绝尘，条漫、直播等新玩法层出不穷，精品内容频出，且社会影响力大，但其余的一些历史文化资源的数字化进程就相应缓慢，虽然也进行了诸多尝试，但并未引起较大影响。北京文化建设要取得长足进步不能仅仅依靠个案带动，而应该在现有资源基础上充分整合、协同进步。

北京文化在地传播需要深挖文化内涵，以数字技术盘活文化资源，汲取中华传统文化的精髓所在，创造出既与时俱进又能体现出中华文化底蕴的精品内容。更重要的是，需要推动本地数字文化产业的跨界融合与集群式发展，对优秀个案的成功经验进行复制推广，推动资源、技术、商业的优化整合，促进数字文化产业向更多领域蔓延，形成艺术、文旅、信息等行业的协同发展，更好地打造数字文化产业“蜂房”。

（二）国内传播：因地制宜，发挥文化资源长板效应

北京通过整合本地优势资源向其他地区倾斜的方式发挥了良好的带动作用，但我国地大物博，不同地区、不同城市的文化差异较大，统一性的帮扶与助力很难形成实质性的文化改观。有学者指出：“文化因为地域差异而不同，这种差异的凸显也是保证文化异质性体验的途径。”像东北地区浓厚的

工业风情与西南地区的自然风光便有着强烈的对比，这就使得在对待有较大差异的地区时不能简单将帮扶方式复制推广，而要考虑当地的现实情况，充分发挥当地的优势资源。此外，北京在发挥带动作用时将主要工作落在保障层面，比如提供相应的资源、培训等，这些举措发挥的是输血功能，虽然可以推进当地的文化建设甚至是全国公共文化服务的均等化，但是无法真正发挥当地特色优势，从而实现文化的造血功能和高质量发展。因此，在提供资源的同时，也要转变思维方式，发挥长板效应，让当地特色文化创造更大的价值。

北京文化在进行国内传播时要注重不同城市和不同地区的差异性，因地制宜采取针对性措施，充分挖掘当地文化资源优势，明确当地民众诉求，针对不同地区的不同特点制定相应的传播策略。同时，在传播中要注重对传播过程进行管理，学会主动造势，将北京特色装进不同的载体，真正满足不同受众群体的需求。因此，北京文化在国内传播时可以寻求彼此的共性与差异，找到契合点，通过资源互换、优势互补，既增强北京文化在不同地区的辐射力，也更好地发挥当地资源优势，推进当地文化的高质量发展。

（三）海外传播：培育多元主体，合力讲好中国故事

北京拥有众多能凸显中国特色的文化资源，也始终通过推动文化的海外传播来讲好中国故事，从而更好地服务于国家外交战略。近年来，北京打造出一系列文化品牌，并通过文化交流与艺术合作等方式加深了海外受众对中国的印象，然而在现有的海外传播中，传播主体依旧以政府和官方机构为主导。这虽然使得北京文化的海外传播更加全面和系统化，但在国际关系相对紧张的态势下也会受到层层阻碍。此外，随着信息技术的发展和移动社交网络的兴盛，以个人为单元的传播主体迅速崛起，并以强大的渗透力取得了较好的传播效果，例如2020年爆红的短视频博主李子柒，她在YouTube的粉丝数超600万，累计播放量超千万，在海外的影响力日渐上升。因此，在新的传播态势下，北京进行海外文化传播时应该通过培育多元主体来增强影响力。

北京文化在进行海外传播时需要放下身段，赋能于民间组织和个体，立足新时代采取相适应的传播策略。2019 年 1 月，习近平总书记在主持中共中央政治局第十二次集体学习时强调：现在已进入“四全媒体”时代，即全程媒体、全息媒体、全员媒体、全效媒体，信息无处不在、无所不及、无人不用，导致舆论生态、媒体格局、传播方式发生深刻变化，新闻舆论工作面临新的挑战。[①]“四全媒体”时代的来临既意味着传播态势的改变，也为个体传播中国文化提供了契机，这也是面对西方霸权时的破局之举。因此，北京可以借此扶植一批民间组织和个体，借助他们的力量来打造北京形象，传播中华文化，讲好中国故事。

① 习近平：《推动媒体融合向纵深发展，巩固全党全国人民共同思想基础》，《人民日报》2019 年 1 月 26 日。

B.24 后 记

《北京文化发展报告（2019～2020）》是本人主编的第10部年度发展报告。这10部《北京文化发展报告》无疑都是集体撰写的年度研究成果，凝聚着所有课题组成员和每位作者的智慧和辛劳。在这10年中，主持和组织《北京文化发展报告》的撰写工作着实花了许多的时间和精力，特别是每年撰写总报告时我都有一种深深的焦虑感，组织和编撰10年的年度报告并不容易。尽管花了很多时间和精力，仍然觉得存在许多不足和需要进一步完善的方面，无论是在主题确定、内容选择还是在报告撰写方面，都确实还有不少可以深化和提高的地方。当然，能够坚持10年的时间来编撰这个文化发展报告，得益于一个很好的团队和一批支持这项工作的优秀作者，得益于北京市社会科学院各个方面的支持。在此特别要提到的是，陈红玉博士、王林生博士、陈镭博士、黄仲山博士、晏晨博士、张凯博士、王淑娇博士都是这个团队的骨干成员。同往年一样，她/他们在组稿、编稿和撰稿等方面做了许多工作，尤其是三位副主编做了大量工作；其他专家学者唐正才、高音、刘洪新、常力强、何磊、吕宗坤、徐健、余安安、代冬梅等参与了本报告的相关调研、课题研讨、问题咨询、资料整理等工作，为本报告的顺利完成提供了重要的智力支撑和实际支持，在此谨表谢意。感谢撰写各分报告的新老作者和相关专家学者的有力奉献，同时感谢社会科学文献出版社的支持和责任编辑的辛勤付出，正因为有了她/他们的大力支持和倾情帮助，《北京文化发展报告》的编纂和出版才得以坚持。我希望，同时我也相信，今后的《北京文化发展报告》会比我主持和主编得更好，更出色。

李建盛

2020年2月20日

Abstract

Making clear of the capital's developmental orientation, strengthening the cultural confidence, Beijing keeps pushing forward the construction of the national cultural center, persisting the creative transformation and innovative development, in order to advance capital's cultural development. In the year of 2019, Beijing has made great achievements in every aspect of the development of national cultural center. According to the analysis of this report, in the ranking of the related index in 2019, first tier cities in the mainland such as Beijing, Shanghai, Shenzhen and Guangzhou have maintained the forefront in the country in aspects of economical competitiveness, sustainable competitiveness, business strength and technology strength. Beijing ranked 5th in the economical strength, 2nd in sustainable competitiveness and leading technology, but listed 13th in livable city competitiveness, which suggest Beijing's comprehensive competitiveness is in the first place in China, but livable competitiveness is relatively weak. In the ranking of top 100 cities in China, Beijing, Shanghai, Guangzhou, Shenzhen have maintained top 4 in five consecutive years from the year of 2015, these four cities reveal their capacities in the urban overall competitiveness in Chinese cities. In the ranking of top 100 cities in 2019, Beijing's economic indicator and soft economic indicator ranked 1st, Shanghai, Beijing, Shenzhen, Hangzhou and Guangzhou are top 5 cities in cultural score in soft economic indicator. In aspect of initiating economic power of cultural, Beijing, Shanghai, Shenzhen are very competitive, which reflect in the development of urban culture, in 2019, Beijing ranked 1st in urban cultural brands, urban cultural & creative industries, image of culture and tourism, cultural tourism and urban creativity index, the ratio of the added value of cultural industry to GDP is 9.64%, which is also the 1st in China. As the national cultural center, these indexes suggest Beijing is in the dominant position, but there is a certain gap between Beijing and some international cities.

The first part is the general report, this report focuses on the construction of the national cultural center based on the cultural confidence, generalizes situations and trends of the preservation of Beijing historical city, construction of the system of public culture service, development of cultural & creative industries, as well as cultural communications in the year of 2019. This part compares and analyses the strength and weakness of comprehensive competitiveness and cultural strength of Beijing in the national and international system of cities, then proposes five suggestions based on the problems of cultural development. The second part is "Cultural Construction and Cultural Development Strategy", focusing on the related policies in cultural development, and generalizes the situations and trends of cultural development in Beijing. The third part is "City Culture and Public Cultural Service", analyses the advancements of construction of urban culture and the system of public cultural service. The fourth part is "Cultural & Creative industries and Cultural Economy", focuses on the development of cultural industries and construction of cultural economy. The fifth part is "Cultural Heritage Preservation and Cultural Communication", analyses the preservation of historic city and intangible cultural heritage, cultural diffusion, as well as international cultural communication of Beijing and global development. These sub reports generalize the new progress in relevant fields, and analyse the existing problems, then provide targeted countermeasures.

Keywords: National Cultural Center; the Preservation of Historic City; Public Cultural Service; Cultural & Creative Industries Beijing

Contents

Ⅰ General Report

Abstract: Making clear of the capital's developmental orientation, strengthening the cultural confidence, Beijing keeps pushing forward the construction of the national cultural center, persisting the creative transformation and innovative development, in order to advance capital's cultural development. In the year of 2019, Beijing has made great achievements in every aspect of the development of national cultural center. According to the analysis of this report, in the ranking of the related index in 2019, first tier cities in the mainland such as Beijing, Shanghai, Shenzhen and Guangzhou have maintained the forefront in the country in aspects of economical competitiveness, sustainable competitiveness, business strength and technology strength. Beijing ranked 5th in the economical strength, 2nd in sustainable competitiveness and leading technology, but listed 13th in livable city competitiveness, which suggest Beijing's comprehensive competitiveness is in the first place in China, but livable competitiveness is relatively weak. In the ranking of top 100 cities in China, Beijing, Shanghai, Guangzhou, Shenzhen have maintained top 4 in five consecutive years from the year of 2015, these four cities reveal their capacities in the urban overall competitiveness in Chinese cities. In the ranking of top 100 cities in 2019, Beijing's economic indicator and soft economic indicator ranked 1st, Shanghai, Beijing, Shenzhen, Hangzhou and Guangzhou are top 5 cities in cultural score in soft economic indicator. In aspect of initiating economic power of cultural, Beijing, Shanghai, Shenzhen are very competitive, which reflect in the development of urban culture, in 2019, Beijing ranked 1st in urban cultural brands, urban cultural & creative industries, image of culture and tourism, cultural tourism and urban creativity index, the ratio of the added value of cultural industry to GDP is 9.64%, which is the 1st in China. As the national cultural center, these indexes suggest Beijing is in the dominant position, but there is a certain gap between Beijing and some international cities.

Keywords: Cultural Confidence; National Cultural Center; Capital Culture; Competitiveness

Ⅱ Capital Culture Construction and Culture Development Strategy

Abstract: In the year of 2019, progress has been made in improving the quality of cultural development in Beijing, the construction of the national center has been continuously consolidated, new achievements and new appearance in the field of urban culture have been made and displayed, the cultural competitiveness and influences of Beijing have further strengthened. This report generalizes the new progress in cultural development in Beijing, and put forward suggestions based on the problems of cultural development.

Keywords: Historic City; Public Cultural Service; Cultural and Creative Industry; Cultural Communication

B. 3 Report on Cultural Construction and Development of Beijing Sub Center in 2019 *Wang Wenchao* / 063

Abstract: The cultural construction of Beijing Sub Center is an important strategy to promote the high-quality development of the sub center and also an important part of promoting the construction of Beijing National Cultural Center. In order to create a cultural city, we need to tap the historical and cultural resources with the Grand Canal as the core, build a cultural tourism integration development zone and related cultural scenic spots, create public space and service system that can meet the high-quality cultural needs of the public, and promote the cultural integration and coordinated development of Beijing, Tianjin and Hebei.

Keywords: Urban Sub Center; Cultural Construction; Grand Canal; High Quality Development

B. 4 The Present Situation, Characteristics, Problems and Countermeasures of BeiJing-TianJin-HeBei's Cultural Integration Construction in 2019 *An Jing*, *Lei Lan* / 075

Abstract: In 2019, the BeiJing-TianJin-HeBei region has continuously strengthened the concept of coordination, accelerated the pace of cultural coordination, and made remarkable achievements. Under the guidance of the national strategy of coordinated development of the BeiJing-TianJin-HeBei region, the three regions combines the protection of traditional culture with the creation of modern culture, explores and integrates the cultural resources of the three regions, accelerates the improvement of the cooperation mechanism of the three regions' cultural industries, and activats the development of the cultural industry. At the same time, there are some difficulties and problems in the coordinated development of BeiJing-TianJin-HeBei culture, which hinder the three regions from achieving real cultural integration and cooperation. Active and effective exploration is still needed to promote the construction of a community of Shared future for BeiJing-TianJin-HeBei culture.

Keywords: BeiJing-TianJin-HeBei; Coordinated Development; Cultural Integration Construction

Abstract: The "14th Five-Year Plan" period is the historical confluence period of China's "two hundred-year" goals, and it is also an important opportunity period to start a new journey of building a socialist modernized country. Facing profoundly changing world conditions, national conditions and market conditions, and facing the historical task of socialist modernization in the new era, Beijing is accelerating the cultivation of "highly sophisticated" cultural industry systems that are compatible with the new requirements of the new stage and future-oriented and participate in global competition. The modern market system can provide strong support for promoting the high-quality development of the cultural industry.

Keywords: "Fourteenth Five-Year Plan" Period; Culture Industry; Beijing

Abstract: Taking into consideration the growth cycle of culture firms and particularity of managing culture projects, policy-makers should meet the needs of culture companies and deal with the sore points of their development to better implement relevant policies. Based on evaluations of business environment by surveying culture companies, this article analyzes some innovative examples of improving business environment in the culture sector, and put forward suggestions such as improving the precision of reforms to streamline administration and delegate power, improve regulation, and upgrade services in the culture sector by the use of big data.

Keywords: Culture Company; Business Environment; Sore Points; Innovation

Ⅲ Capital City Culture and Public Services

Abstract: In 2019, Beijing emphasized and accelerated the construction of innovative cities according the "accelerating the construction of an innovative country" proposed by the Nineteenth National Congress. Beijing has opened a new chapter in the construction of creative cities in the new era, focusing on the overall implementation of urban planning and the optimization and upgrading of the functions of the "four centers".

Keywords: Creative City; Urban Innovation and Development; Overall Innovation and Transformation

Abstract: In 2019, Beijing developed public cultural services to promote the integration of cultural and tourism, it also standardized the transformation of old factories into cultural spaces. Important progress has been made in the construction of cultural facilities in the suburbs of Beijing. This report summarizes Beijing's construction of public cultural service system of 2019, and analysis the new issues. It also proposes some countermeasures and suggestions for the development of Beijing Public Cultural Services.

Keywords: Beijing; Public Cultural Service System; Cultural Space

Abstract: Under the requirements of integration of culture and tourism, the integrated development of public cultural services and tourism in Beijing has emerged in a new situation of institutional reform, policy adjustment, service quality improvement and remarkable governance results. However, in the process of integrated development, Beijing also faces some problems, including lack of top-level design, service supply, and network platform. In view of these problems, Beijing should strengthen top-level design, deepen policy reform, enhance supply capacity, develop tourism resources, build a comprehensive platform and optimizeonline experience, so as to further promote the in-depth integration of public cultural services and tourism, and accelerate the coordinated development of culture and tourism undertakings.

Keywords: Public Cultural Services; Tourism; Integration of Culture and Tourism; Beijing

B. 10 Comparative Analysis of Public Cultural Infrastructure in suburbs of Beijing

Dai Dongmei / 170

Abstract: This report analyses the distribution of public cultural infrastructure in suburbs of Beijing, and compares it with other districts. It also gives spatial balance analysis of cultural infrastructure in suburbs of Beijing, and put some suggestions.

Keywords: Beijing; Public Cultural Service; Cultural Infrastructure

B. 11 Research report of Beijing Museum in 2018 -2019

Wang Tao, Wei Miao, Cai Jinsong, Zhang Pubiao and Zheng Yiran / 183

Abstract: In 2019, the overall development of Beijing museum is stable and presents its own characteristics. Based on the overall situation of Beijing museums, this article makes a comprehensive analysis of Beijing museums in 2018 -2019 from the aspects of scale and quantity, level and classification, number of collections, exhibition and educational activities, and number of visitors, according to specific museum data released by the State Administration of Cultural Heritage. On the basis of investigation and research, this paper selects the medium and small museums and university museums that have attracted much attention in the field of museums in recent years to carry out a in-depth analysis, points out the existing problems, and puts forward targeted development suggestions, in order to promote the healthy development of museums in Beijing.

Keywords: Beijing; Museum; Public Cultural Construction

Ⅳ Culture Industries and Culture Economy

Abstract: The paper analyzes the features of Beijing culture and tourism market in 2019, investigate the Beijing citizens cultural and tourism happiness, forecasts the trend of the future development, and give some suggestions on it.

Keywords: Integration; Quality Tourism; All-For-One Tourism

Abstract: In 2019, Beijing deepened the integration of cultural and tourism industry, and made important progress in policy guidance, innovation of cultural-tourism products and services, promotion of cultural and tourism consumption, and construction of home stay facilities. This report summarizes the current situation of the development of integration of cultural industry and tourism industry in Beijing in 2019, and puts forward corresponding countermeasures and suggestions for the current problems in the development of integration.

Keywords: The Development of Integration of Cultural and Tourism Industry; Cultural-tourism Products; Cultural Consumption

B. 14 The Analysis on the development of night-time economy in Beijing in 2019

Wang Shujiao / 235

Abstract: The achievements of the development of night-time economy in Beijing are remarkable. This paper mainly summarizes the current situation of night-time economy from the aspects of system guarantee, the content and form of consumption, the distribution of hot business districts, consumption subjects and supporting services, and then analyze the existing problems and put forward relevant suggestions for the sustainable prosperity of night-time economy.

Keywords: Night-time Economy; Night-time Consumption; Night-time Semice

B. 15 The Path and Problems of the Content Governance of Beijing's Internet Cultural Industry

Wang Linsheng / 253

Abstract: The governance of Beijing's Internet cultural industry content is a major proposition related to the modernization of the governance system and capabilities of the capital. In 2019, the capital has effectively promoted the governance of the content of the Internet culture industry through measures such as strengthening the construction of laws and regulations, promoting changes in management methods, giving play to the role of Internet companies as market players, investigating and punishing irregularities, and strengthening moral guidance. However, in the content governance of the cultural industry, there are also constraints such as the maintenance of national cultural security, capital bubbles, inadequate laws and regulations, and the negative impact of the value of "science and technology neutrality". Therefore, strengthening the value guidance of content governance, establishing a risk warning mechanism, improving the legal system, and advocating the concept of "science and technology for good" have become Beijing's alternative ways to explore the content governance of the Internet cultural industry.

Keywords: Internet; Cultural Industry; Content Governance

B. 16 Analysis of the Current Situation of Internet and Digital Culture Industry in Beijing 2019

Zhang Qia-qia / 264

Abstract: In 2019, Beijing has made new progress in the public digital cultural service, the Internet cultural industry and the digitalization of historical and cultural resources. However, there are still some problems such as personal information security and immature cultural and creative industry system. We need to further strengthen the privacy protection, industry coordination and supervision of digital culture construction, and strive to promote the building of digital culture industry innovation system.

Keywords: Public Cultural Services; Digital Culture Industry; Internet +; Beijing

B. 17 The Analysis on the Innovation of Beijing's Finance and Culture Development in 2019

He Qun, Li Ruiling, Li Fuyi and Zhang Yinghui / 277

Abstract: In 2019, Beifang culture and finance have achieved many innovations. In terms of cultural finance, preferential policies continue to assist in the construction of cultural centers, promote the development of cultural and tourism integration, and the digital economy promotes the innovative development of the cultural industry. In terms of cultural finance, the bank's cultural and financial service system has been continuously upgraded, and the Beijing "Cultural and Cultural Four Boards" has officially started. Initiation and optimization of the cultural and financial "investment and loan award" policy system. However, there are also challenges in the field of finance, such as insufficient efforts to promote the use of the PPP model in the cultural field, the need for a diversified cultural investment and financing pattern dominated by government-led funds, and the severe situation of the cultural capital market at this stage. To this end, measures such as continuing to promote the use of the PPP model in the cultural field, improving the diversified cultural investment and financing structure, and enhancing the professional capabilities of cultural enterprises should be adopted to solve these problems.

Keywords: Culture Industry; Cultural Finance; Cultural Finance; Beijing

Abstract: In 2018, the state strengthened supervision of the film and television industry. The development of Beijing's film and television industry faces the challenges of the withdrawal of film and television capital and the shrinking number of film and television production. This article analyzes the macro-environmental background and development status of the development of Beijing's film and television industry in 2019. Based on this, it looks forward to the development trends of Beijing's film and television culture creation, film and television shooting technology, film and television distribution channels, and film and television investment.

Keywords: Movie "Winter"; Film and Television Industry; Beijing

V City Cultural Heritages Preservation and Cultural Communication

Abstract: In the year of 2019, new achievements and new appearance in the field of preservation of historic city have been made and displayed to celebrate the 70th anniversary of the founding of the People's Republic of China. Progress has been made in the preservation of the old city, the preservation of the three cultural belts, the preservation and utilization of artifacts of the revolution, commemoration of the traditional cultural festivals and development of traditional cultural and creative industry. The overall preservation pattern of historic city has been constantly elevated, the ability of cultural innovation and inheritance has been continuously improved. More efforts should been delivered to establish the database of heritage resources and system of historic urban landscape, create traditional IP and apply modes of "traditional culture +" to promote industrial development.

Keywords: Preservation of the Old City; Preservation of the Three Cultural Belts; Preservation and Utilization of artifacts of the Revolution; Traditional Cultural Festivals; Traditional Cultural and Creative Industry

Abstract: In 2098, the protection and inheritance of intangible cultural heritage in Beijing presented a steady progress on the whole, and made some progress in the areas of legislation, catalogue system construction, and talent cultivation, etc, especially showed prominent highlights in culture creativity development and cultural tourism integration, etc. However, there are still many problems in the development orientation and management norms of Beijing's intangible cultural heritage protection and inheritance. It is necessary to give full consideration to the characteristics of the development of intangible cultural heritage, combine the trend and overall situation of Beijing's cultural development, give full use of the existing advantages, make up for shortcomings, and promote the development of intangible cultural heritage in Beijing.

Keywords: Intangible Cultural Heritage; Protection and Inheritance; Culture Creativity; Cultural Tourism Integration; Culture System

Abstract: The development of cultural and creative products which allows cultural relic resources to "use and live", is a vivid practice to promote creative transformation and innovative development of excellenttraditional Chineseculture. Based onthe current development of cultural and creative products by cultural relicsorganizations, and analysis of consumer demand side, this reportput forwards suggestions onpolicies and ecological construction of cultural and creative products.

Keywords: Beijing; Cultural Relics Organizations; Cultural and Creative Products

Abstract: Beijing's international exchange practices are diversified, multi-layered and multi-dimentional, which in turn help Beijing to take lead as the cultural center of China and strengthen the synergy of Beijing's endeavors in fulfilling its role as "four centers". In 2019, Beijing has hosted a large number of international exchange programs with high profiles and large scales, which further strengthened its role as the cultural center of China. In view of the international and domestic environment and the strategic development of the country, Beijing should continue to leverage both domestic and international resources and heighten the role of international exchange in its cultural development, and further step up its efforts in building the cultural center of China with a global vision.

Keywords: Beijing; International Exchange; Cultural Center

Abstract: This report analyzes the current situation of the industry of cultural communication in Beijing in 2019. It analyzes the status quo and problems in the cultural communication in Beijing from three aspects: the cultural communication in Beijing city, cultural diffusion and communication across China, and culture's "going abroad". It proposes suggestions which including "promote the coordinated development of the local cultural digital industry", "domestic cultural communication should take advantage of local advantages", and "overseas communication should cultivate diversified communication subjects".

Keywords: Cultural Communication; Local Communication; Integration of literature and Tourism; Culture's "going abroad"; Four Full Media; Long Plate Effect

皮书

智库报告的主要形式
同一主题智库报告的聚合

✧ 皮书定义 ✧

皮书是对中国与世界发展状况和热点问题进行年度监测，以专业的角度、专家的视野和实证研究方法，针对某一领域或区域现状与发展态势展开分析和预测，具备前沿性、原创性、实证性、连续性、时效性等特点的公开出版物，由一系列权威研究报告组成。

✧ 皮书作者 ✧

皮书系列报告作者以国内外一流研究机构、知名高校等重点智库的研究人员为主，多为相关领域一流专家学者，他们的观点代表了当下学界对中国与世界的现实和未来最高水平的解读与分析。截至 2020 年，皮书研创机构有近千家，报告作者累计超过 7 万人。

✧ 皮书荣誉 ✧

皮书系列已成为社会科学文献出版社的著名图书品牌和中国社会科学院的知名学术品牌。2016 年皮书系列正式列入“十三五”国家重点出版规划项目；2013~2020 年，重点皮书列入中国社会科学院承担的国家哲学社会科学创新工程项目。

S 基本子库
SUB DATABASE

中国社会发展数据库（下设 12 个子库）

整合国内外中国社会发展研究成果，汇聚独家统计数据、深度分析报告，涉及社会、人口、政治、教育、法律等 12 个领域，为了解中国社会发展动态、跟踪社会核心热点、分析社会发展趋势提供一站式资源搜索和数据服务。

中国经济发展数据库（下设 12 个子库）

围绕国内外中国经济发展主题研究报告、学术资讯、基础数据等资料构建，内容涵盖宏观经济、农业经济、工业经济、产业经济等 12 个重点经济领域，为实时掌控经济运行态势、把握经济发展规律、洞察经济形势、进行经济决策提供参考和依据。

中国行业发展数据库（下设 17 个子库）

以中国国民经济行业分类为依据，覆盖金融业、旅游、医疗卫生、交通运输、能源矿产等 100 多个行业，跟踪分析国民经济相关行业市场运行状况和政策导向，汇集行业发展前沿资讯，为投资、从业及各种经济决策提供理论基础和实践指导。

中国区域发展数据库（下设 6 个子库）

对中国特定区域内的经济、社会、文化等领域现状与发展情况进行深度分析和预测，研究层级至县及县以下行政区，涉及地区、区域经济体、城市、农村等不同维度，为地方经济社会宏观态势研究、发展经验研究、案例分析提供数据服务。

中国文化传媒数据库（下设 18 个子库）

汇聚文化传媒领域专家观点、热点资讯，梳理国内外中国文化发展相关学术研究成果、一手统计数据，涵盖文化产业、新闻传播、电影娱乐、文学艺术、群众文化等 18 个重点研究领域。为文化传媒研究提供相关数据、研究报告和综合分析服务。

世界经济与国际关系数据库（下设 6 个子库）

立足“皮书系列”世界经济、国际关系相关学术资源，整合世界经济、国际政治、世界文化与科技、全球性问题、国际组织与国际法、区域研究 6 大领域研究成果，为世界经济与国际关系研究提供全方位数据分析，为决策和形势研判提供参考。

法律声明